Harold Bloom

Shakespeare

Die Erfindung des Menschlichen

Zweites Buch
Tragödien und späte Romanzen

Aus dem Amerikanischen
von Peter Knecht

Berliner Taschenbuch Verlag

August 2002
BvT Berliner Taschenbuch Verlags GmbH, Berlin,
ein Unternehmen der Verlagsgruppe Random House GmbH
Die Originalausgabe erschien 1998 unter dem Titel
Shakespeare – The Invention of the Human
bei Riverhead Books, New York

Umschlaggestaltung: Nina Rothfos und Patrick Gabler, Hamburg,
unter Verwendung des Details »Delphische Sibylle« aus dem Fresko
der Sixtinischen Kapelle von Michelangelo
Gesetzt aus der Stempel Garamond durch psb, Berlin
Druck und Bindung: Elsnerdruck, Berlin
Printed in Germany · ISBN 3-442-76093-3

Für Jeanne

Inhalt

Chronologie

Die Datierung der Stücke Shakespeares ist nach wie vor umstritten. Die Chronologie, die ich hier biete, ist notwendigerweise hypothetisch. Wo ich von in der Wissenschaft etablierten Meinungen abweiche, habe ich kurze Anmerkungen hinzugefügt.
Shakespeare wurde am 26. April 1564 in Stratford-on-Avon getauft und starb dort am 23. April 1616. Wir wissen nicht, wann er mit der Welt der Londoner Bühnen in Berührung kam, ich vermute aber einen relativ frühen Zeitpunkt, etwa 1587. Wahrscheinlich im Jahr 1610 zog Shakespeare wieder nach Stratford und blieb dort bis zu seinem Tod. 1613 schrieb er (zusammen mit John Fletcher) *Die beiden edlen Vettern*, danach gab er das Stückeschreiben offenbar auf.
Die wichtigste Frage, in der ich von der mehrheitlich akzeptierten Lehre der traditionellen Shakespeare-Forschung abweiche, ist die des frühen *Hamlet*. Ich folge hier Peter Alexander, der in *Introduction to Shakespeare* (1964) die These verficht, Shakespeare selbst und nicht Thomas Kyd habe diesen *Ur-Hamlet* (entstanden irgendwann zwischen 1589 und 1593) verfasst. Ein weiterer Dissens betrifft den *Edward III.* (1592–1595), den eine Richtung in der neueren Forschung in den Kanon der Werke Shakespeares aufgenommen wissen möchte. Ich für meinen Teil finde in dem Stück nichts, was die Handschrift des Autors von *Richard III.* trägt.

Heinrich VI./1	1589–1590
Heinrich VI./2	1590–1591

Heinrich VI./3	1590–1591
Richard III.	1592–1593
Die beiden Veroneser	1592–1593

Die meisten Kollegen datieren die *Veroneser* auf das Jahr 1594, aber das Stück verrät weit weniger Kunstfertigkeit als *Die Komödie der Irrungen* und scheint mir Shakespeares erste erhalten gebliebene Komödie zu sein.

Hamlet (erste Fassung)	1589–1593

Shakespeare trat 1594 der Truppe bei, die sich später »Lord Chamberlain's Men« nannte. Im selben Jahr wurden der *Hamlet* sowie *Titus Andronicus* und *Der Widerspenstigen Zähmung* ins Repertoire aufgenommen. Das Ensemble spielte nie irgendein Stück von Kyd.

Venus und Adonis	1592–1593
Die Komödie der Irrungen	1593
Sonette	1593–1609

Das früheste der Sonette entstand vielleicht schon 1589; das würde bedeuten, dass die Sonette im Lauf von zwanzig Jahren geschrieben wurden, das letzte im Jahr vor Shakespeares Rückzug nach Stratford.

Die Schändung der Lucretia	1593–1594
Titus Andronicus	1593–1594
Der Widerspenstigen Zähmung	1593–1594
Liebes Leid und Lust	1594–1595

Der Qualitätsunterschied zu den früheren Komödien ist so bedeutend, dass es mir schwer fällt zu glauben, dass *Liebes Leid und Lust*, dieses große Fest der Sprache, wirklich schon 1594 entstanden sein soll. Wir wissen allerdings, dass Shakespeare das Stück 1597 für eine Aufführung bei Hof überarbeitet hat. Vielleicht ging ja diese Neubearbeitung weit über das hinaus, was wir üblicherweise mit dem Begriff »Revision« verbinden. Die erste gedruckte Fassung stammt aus dem Jahr 1598.

König Johann	1594–1596

Auch dieses Stück ist in seiner Widersprüchlichkeit schwer zu datieren. In weiten Teilen wirken die Verse so archaisch, dass man sie dem Shakespeare der Zeit um 1589 zuordnen möchte, und doch ist der Bastard Faulconbridge Shakespeares erste Figur, die mit einer ureigenen individuellen Stimme spricht.

Richard II.	1595
Romeo und Julia	1595–1596
Ein Sommernachtstraum	1595–1596
Der Kaufmann von Venedig	1596–1597
Heinrich IV./1	1596–1597
Die lustigen Weiber von Windsor	1597
Heinrich IV./2	1598
Viel Lärmen um nichts	1598–1599
Heinrich V.	1599
Julius Cäsar	1599
Wie es euch gefällt	1599
Hamlet	1600–1601
Phönix und Taube	1601
Was ihr wollt	1601–1602
Troilus und Cressida	1601–1602
Ende gut, alles gut	1602–1603
Maß für Maß	1604
Othello	1604

König Lear	1605
Macbeth	1606
Antonius und Kleopatra	1606
Coriolanus	1607–1608
Timon von Athen	1607–1608
Perikles	1607–1608
Cymbeline	1609–1610
Das Wintermärchen	1610–1611
Der Sturm	1611
Elegie für Will Peters	1612
Heinrich VIII.	1612–1613
Die beiden edlen Vettern	1613

Teil I
Die großen Tragödien

EINS
Hamlet

Die Ursprünge des berühmtesten Stücks von Shakespeare sind so dunkel wie die Details der Textkritik verwirrend. Es gibt einen frühen *Hamlet*, den Shakespeare überarbeitete und in seinem Drama hinter sich ließ, aber diese Vorstufe oder Vorlage ist nicht erhalten, und wir wissen nicht, wer sie verfasst hat. Die meisten Gelehrten schreiben es Thomas Kyd zu, dem Autor des archetypischen Rachedramas *Die spanische Tragödie.* Ich für meinen Teil glaube eher, dass Peter Alexander mit seiner Vermutung Recht hat, Shakespeare selbst habe jenen *Ur-Hamlet* vor 1589, dem Jahr, in dem er als Dramatiker debütierte, geschaffen. Wenn diese Annahme richtig ist, so hatte der *Hamlet*, der in seiner endgültigen Gestalt dem Publikum einen völlig neuen Shakespeare zeigte, mehr als eine Dekade Zeit, sich, im Schoß des Autors schlummernd sozusagen, zur Vollkommenheit auszubilden.

Das Stück ist riesig; es umfasst fast viertausend Verse und wird kaum je ohne Schnitte aufgeführt. T. S. Eliots Urteil, *Hamlet* sei »gewiss künstlerisch misslungen« (welches literarische Kunstwerk wäre dann wohl als gelungen anzusehen? Trotzdem gab es eine Zeit, in der diese Meinung tatsächlich Mode war), scheint sich vor allem auf das Missverhältnis zwischen der Figur des Prinzen und dem Drama zu beziehen. Hamlets gewaltiges Bewusstsein sprengt offenbar den Rahmen des *Hamlet* – die größte Darstellung eines Intellektuellen, die das Abendland hervorgebracht hat, geht schlicht über den Horizont einer Rachetragödie. Aber *Hamlet* ist eben nicht die Rachetragödie, die zu sein das Stück vorgibt. Vielmehr haben wir es mit wirklichem Welttheater zu tun, mit einem Werk von der Art und Klasse der *Göttlichen Komödie*, von *Paradise Lost*, des *Faust*, des *Ulysses*, von *Auf der Suche nach der verlorenen Zeit.* Shakespeares frühere Tragödien bieten nur eine Vorahnung davon, und in den späteren Arbeiten hallt der *Hamlet* zwar wider, aber sie sind doch in Geist und Tonart ganz anders. Keine Figur in allen Stücken, nicht einmal Falstaff und Kleopatra, klingt so ungebrochen mächtig nach wie Hamlet.

Das Phänomen dieser von dem Stück losgelösten Gestalt ist einzigartig in der schönen Literatur des Abendlands. Don Quijote und Sancho Pansa, Falstaff und vielleicht noch Mr. Pickwick haben eine ähnliche Karriere wie der dänische Prinz machen können und sind zu eigenständigen, von ihrem unmittelbaren literarischen Kontext unabhängigen Mythen geworden. Einen in etwa vergleichbaren Status haben auch einige Figuren der antiken Literatur erlangt, unter ihnen Helena, Odysseus/Ulysses und Achill. Trotzdem: Hamlet bleibt etwas Besonderes; er besitzt eine transzendente Qualität, die ihn mit König David und noch erhabeneren biblischen Gestalten verbindet, eine Aura des Übernatürlichen umgibt sowohl den Tragödienhelden wie auch den seinem Drama entrückten Mythos. Wirkliches Charisma ist selten in der weltlichen Literatur und – sonderbarerweise – sehr selten bei Shakespeare. Heinrich V. soll es offenbar haben, aber er macht es, ebenso wie vor ihm Shakespeares Julius Cäsar, profan und gemein. Lear hat zu dem Zeitpunkt, da wir ihn kennen lernen, sein Charisma bereits weitgehend eingebüßt, und Antonius wird sehr bald zu einem exemplarischen Fall, an dem sich studieren lässt, wie diese Aura sich verflüchtigt. Die narzisstische Kleopatra liebt so sehr die große Pose, dass wir ihr die charismatische Apotheose ihres Sterbens nicht ganz glauben können, und dem Geheimwissenschaftler Prospero haftet zu viel von einem Schwarzkünstler an, als dass er je ein Charisma erlangen könnte, das uns völlig geheuer wäre. Hamlet ist das erste und einzige Geschöpf Shakespeares, das mit König David und mit dem Jesus des Markusevangeliums um den Titel des größten aller Charismatiker streiten kann. Man könnte noch den Joseph des Jahwisten als ebenbürtigen Konkurrenten nennen, aber wer sonst käme in Frage? Es gibt den Hadschi Murad, das Alter ego des greisen Tolstoi, und es gibt den skandalösen Sir John Falstaff, an dem nur die Tugendbolde Anstoß nehmen; allerdings sorgen die Literaturwissenschaftler unter ihnen, indem sie ihrer Empörung in penetrantem Gezeter Luft machen, dafür, dass das Charisma dieses großen Geistes nicht nach Verdienst gewürdigt wird.

Hamlets überragende Größe ist nie angezweifelt worden, und das führt auch uns auf die oft gestellte schwierige Frage: »War sich Shakespeare selbst im Klaren darüber, welchen Reichtum er in seinen Prinzen hineingelegt hatte?« Viele Interpreten haben betont, dass Falstaff sich von Shakespeare unabhängig gemacht, ein Eigenleben gewonnen habe, und das scheint ohne weiteres einsichtig, wenn wir auch nicht wissen können, ob Shakespeare die allgemeine überschäumende Begeisterung, mit der das Publikum von Anfang an Falstaff aufnahm, vorausgesehen hat. Der zweite Teil von *Heinrich IV.* ist ebenso Falstaffs Stück wie der erste, der fette Ritter der *Lustigen Weiber von Windsor* dagegen ist ein bloßer Hochstapler, der unter dem Namen des charismatischen Genies Falstaff agiert, und das muss Shakespeare gewusst haben. Können wir uns vorstellen, dass Hamlet oder auch nur ein falscher Hamlet in einem anderen Stück von Shakespeare auftritt? Wo könnten wir ihn einfügen, welcher dramatische Kontext würde ihn aushalten? Die großen Bösewichter – Jago, Edmund, Macbeth – würden in sich zusammenfallen, Hamlets brillante Spöttereien wären tödlich für sie. Keine Figur der späten Tragödien und Romanzen könnte neben Hamlet auf der Bühne stehen: Seinen Skeptizismus allein könnten sie aushalten, nicht aber einen Skeptizismus, der mit Charisma einhergeht. Hamlet wäre in jedem anderen Stück fehl am Platz – freilich: er ist es in seinem eigenen Stück auch. Der durch und durch korrupte Hof von Helsingör ist eine zu kleine Mausefalle für Hamlet, auch wenn er freiwillig dorthin zurückgekehrt ist, um sich töten zu lassen und selbst zu töten.

Doch die Größe allein ist nicht das ganze Problem. *König Lear* ist Shakespeares weitester psychischer Kosmos, aber der Dramatiker hat hier mit Bedacht eine archaische Welt geschaffen – Hamlet dagegen ist weniger archaisch als jede andere Figur. Er ist ja nicht nur ein Nachfahre von Machiavelli und Montaigne, sondern auch von Shakespeare selbst – das heißt nicht, dass er in einer post-Shakespeareschen Ära lebte; dessen kann sich bis heute niemand rühmen. Ich will nicht etwa andeuten, Hamlet sei mit Shakespeare identisch oder vertrete seine Stelle. Etliche Kritiker haben mit Recht auf die Parallele zwischen dem Verhältnis Falstaffs zu Hal und dem Shakespeares zu dem jungen Edelmann der Sonette (wahrscheinlich der Earl of Southampton) verwiesen. Die Moralisten wollen nicht wahrhaben, dass in Falstaff – noch mehr als in Prospero – etwas ganz Wesentliches von Shakespeares Geist aufscheint; wenn ich Vermutungen darüber anstellen wollte, wo und in welcher Weise Shakespeare sich selbst dargestellt hat, würde ich am meisten Ähnlichkeit im Porträt Falstaffs finden. Hamlet ist nicht Shakespeare, wohl aber ist er Shakespeares idealer Sohn, so wie Hal Falstaffs Sohn ist. Das ist nicht meine Entdeckung, sondern die von James Joyce; er hat als erster Shakespeares einzigen Sohn Hamnet mit dem Dänenprinzen identifiziert. Das Kind starb im Alter von elf Jahren 1596, vier oder fünf Jahre vor der Fertigstellung der uns vertrauten Fassung des *Hamlet*, und als das Stück dann aufgeführt wurde, spielte der Vater dieses Hamnet Shakespeare den Geist von Hamlets Vater.

Wenn wir den *Hamlet* lesen oder auf der Bühne sehen, bemerken wir schnell, dass der Prinz tatsächlich sein Drama transzendiert. Der Begriff der Transzendenz bereitet den meisten von uns

Schwierigkeiten, besonders hier, wo er im Zusammenhang mit etwas ganz und gar Weltlichem, nämlich einem Stück von Shakespeare, gebraucht wird. Uns fällt auf, dass etwas in und um Hamlet nach Erkenntnis, die aus einer Sphäre jenseits des Horizonts unserer Sinne kommen muss, verlangt (und selbst solche Erkenntnis liefert). Hamlets Sehnsüchte, seine Ideale, sein Ehrgeiz sind in der korrupten Sphäre von Helsingör so fehl am Platz, dass sie geradezu absurd wirken. Hamlet gebraucht das Wort »shuffle«, wenn er von dem Zustand spricht, in dem wir »den Drang des Ird'schen [this mortal coil] *abgeschüttelt*« haben – wenn Claudius dasselbe Wort verwendet, bezeichnet es einen mörderischen Schwindel, den er in dem nur allzu ird'schen Drang, Hamlet aus dem Weg zu räumen, anzettelt: Mit ein bisschen Tricksen (»with a little shuffling«), so sagt er zu Laertes, könne dieser leicht statt einer gestumpften eine scharfe Klinge wählen und Hamlet damit töten. Und vom Himmel, an den er weder glaubt noch nicht glaubt, sagt er seufzend, dort helfe einem kein Tricksen (»There is no shuffling«). Der miese Falschspieler Claudius ist schwerlich der »mächt'ge Gegner« Hamlets, auch wenn dieser ihn so nennt; der erbärmliche Thronräuber kann seinem Neffen nicht das Wasser reichen. Wenn Shakespeare nach zehn Jahren seinen eigenen *Ur-Hamlet* neu bearbeitet hat, wie ich glaube, so hat er vielleicht aus dem Hamlet eine Gestalt gemacht, die mit dem ersten Entwurf kaum mehr etwas gemeinsam hatte, Claudius dagegen ist wohl weitgehend unverändert in die letztgültige Fassung des Dramas übernommen worden; er ist ein Bösewicht, der keine Spur vom Genie Jagos, Edmunds und Macbeths besitzt.

Der Teufel Jago, Vater von Miltons Satan, ist der Autor der tragischen Farce *Die Eifersucht Othellos und die Ermordung der Desdemona.* Dieses Stück ist nicht identisch mit Shakespeares *Othello*, sondern nur zum Teil darin eingebettet, weil Jago sein Werk unvollendet ließ. Aus Frustration darüber, dass Emilia ihm seinen letzten Akt verpatzt, ersticht er sie und verweigert dann jede Auskunft über sein Tun: »Von Stund an rede ich kein Wort.« Hamlet, der als Autor ein noch größerer Metaphysiker ist als Jago, schreibt seinen 5. Akt selbst, und wir können unmöglich sagen, ob Shakespeares und Hamlets Stück mehr das Werk des einen oder des anderen ist. Wie immer Shakespeares Gott ausgesehen haben mag, so erscheint doch jedenfalls Hamlets Gott als ein Autor, der Farcen und nicht christlich erbauliche Komödien schreibt. Seine größte Stärke in seinen alttestamentarischen Schriften, vor allem im Buch Hiob, sind rhetorische Fragen. Auch Hamlet formuliert gern rhetorische Fragen, aber er hat, anders als der hebräische Gott, nicht immer den Ehrgeiz, sogleich die Antwort mitzuliefern. Der alttestamentarische Gott, zumindest der, der aus dem Text des Jahwisten spricht, ist vor allem ein Ironiker. Hamlet, der selbst ein Ironiker ist, hat keine Sehnsucht nach einem ironischen Gott, aber Shakespeare gestattet ihm keinen anderen.

Harry Levin, der über diesem Problem lange gegrübelt hat, beschrieb *Hamlet* als ein Stück, das sich mit obsessivem Eifer dem *Fragen* widmet (das Wort »question« kommt siebzehn Mal vor) und »den Glauben an Geister wie auch den Kodex der Rache« in Frage stellt. Ich möchte dieser Obsession auf dem Weg einer etwas anderen Fragestellung näher kommen. Shakespeare hat sich von dem Hamlet der Legende und Geschichtsschreibung zuallererst dadurch distanziert, dass er, ganz subtil, die Ausgangsbedingungen des Prinzen veränderte. Bei dem dänischen Geschichtsschreiber Saxo Grammaticus und in der französischen Erzählung des Belleforest ist der Prinz Amleth von Anfang an in wirklicher Gefahr, von seinem Onkel ermordet zu werden, und er stellt sich verrückt, um durch diese List sein Leben zu retten. Vielleicht war Shakespeare im *Ur-Hamlet* dieser Logik der Handlung gefolgt, in dem uns vertrauten *Hamlet* jedoch ist davon wenig übrig geblieben. Dort ist Claudius nur allzu glücklich darüber, in seinem Neffen einen Erben zu haben; mag auch vieles faul sein im

Staate Dänemark, so besitzt doch Claudius alles, was er wollte, Gertrude und die Macht. Hätte Hamlet nach der Erscheinung des Geists nichts unternommen, dann wären Polonius, Ophelia, Laertes, Rosencrantz, Guildenstern, Claudius, Gertrude und Hamlet selbst keines gewaltsamen Todes gestorben. Alles in dem Stück hängt von Hamlets Reaktion auf sein nächtliches Erlebnis ab, eine Reaktion, die, wie es seinem ganzen Wesen entspricht, hochgradig dialektisch ist. Die »Frage« des *Hamlet* muss immer wieder Hamlet selbst sein, denn Shakespeare verlieh seinem Protagonisten ein derart ambivalentes und gespaltenes Bewusstsein, wie es nur irgend möglich war, ohne die Kohärenz des Dramas zu gefährden.

Shakespeares erster Hamlet war bestimmt eine Figur à la Marlowe, wohl ein Mann der zu großen Gebärde, ein von sich selbst entzückter Machiavellist, ein Rhetoriker, der es verstand, andere zu Taten anzustacheln. Der gereifte Hamlet ist eine weit kompliziertere, ja unerhört komplexe Persönlichkeit. Von seinem faszinierten (und faszinierenden) Genie geleitet, gab Shakespeare dem Vater und dem Sohn Hamlet denselben Namen (gegen die Vorlage – dort hieß der Vater Horwendil), den Namen, den auch Shakespeares einziger Sohn trug. Der scharfsinnige Beobachter Peter Alexander bemerkt in seinem *Hamlet, Father and Son* (1955), dass der Geist ein Krieger sei, der einer isländischen Saga entsprungen sein könnte, der Prinz dagegen ein akademisch gebildeter Intellektueller, Vertreter eines neuen Zeitalters: Zwei Hamlets, die kaum mehr als den Namen gemeinsam haben, treffen aufeinander. Der Geist erwartet von Hamlet, dass dieser sich als jüngere Version seines Vaters erweist so wie der junge Fortinbras als Neuauflage des alten Fortinbras. Die Begegnungsszene ist durch und durch ironisch: es ist, als ob die Welt der Edda und die Montaignes einander gegenüberstünden, die archaische Frühzeit und die Ära der Renaissance, ein Effekt, der so sonderbar ist wie nur irgend denkbar.

Der Geist heißt nicht nur anders, er *ist*, wie wir zu begreifen beginnen, auch nicht Horwendil, vielmehr ähnelt er mehr dem Amleth der dänischen Quelle: er ist ein harter Bursche, ein Mann des Kriegs, beweist aber durchaus einige Schlauheit bei dem Versuch, seinen studierten Sohn in die gewünschte Richtung zu lenken. Prinz Hamlet, ein skeptischer, kluger Renaissancemensch, der Montaigne gelesen hat und die Theater von London kennt, ist ein ganz anderer als der Hamlet des Belleforest und auch ein ganz anderer als Shakespeares Ur-Hamlet. Als Shakespeare 1601 selbst die Rolle des Geists spielte, stand er auf der Bühne einem jungen Mann gegenüber, der sein lebenswirklicher Sohn Hamnet hätte sein können und der vielleicht seinem Wunschbild dieses Sohns entsprach. Der Geist redet von seiner Liebe zu Gertrude, und mit einem Mal erkennen wir, dass dieses Motiv zwar auch schon in der alten Quelle existierte, dass es dort aber nicht dem Vater Horwendil, sondern Amleth zugeordnet war: dieser geht in der alten Geschichte letztlich an seiner allzu großen Liebe zu seiner treulosen zweiten Frau zu Grunde. Indem Shakespeare so die Generationen »verwechselt«, deutet er bereits etwas von der hochgradigen Komplexität seines Dramas an. Die Erkenntnis der Schwierigkeit des Unternehmens könnte uns vollends verzagen lassen, sie könnte uns aber auch bei dem Versuch helfen, uns in dem Labyrinth besser zurechtzufinden.

Die Sache ist von einem Witz, der Joyce hätte neidisch machen können: Der Hamlet von 1588–1589 wird zum Vater des Hamlet von 1600–1601 und erscheint in dem jüngeren Stück passend als das Gespenst, das prompte Rache fordert und ein langwieriges Blutopfer, das sich über fünf Akte und 4000 Verse hinzieht, bekommt. Was den Geist von 1588–1589 betrifft, den wir der Einfachheit halber Horwendil nennen wollen, so ist festzustellen, dass dieser in das Stück von 1600–1601 schlicht nicht mehr passte. Das Gespenst Horwendil besaß nach allem, was wir wissen, einen recht beschränkten Wortschatz, sein penetrant wiederholter Ruf: »Hamlet! Rache!« war offenbar zu einem Witz unter Theaterbesuchern geworden. Der Geist Hamlet ist keine lächerliche Figur, er ist Amleth, der dänische Herakles, ebenso listig wie unbarmherzig. Es ist eine transzendente Ironie Shakespeares, dass er diesen König Hamlet zum Vater der intelligentesten Gestalt der gesamten Literatur macht. Es braucht keinen auf die Spitze getriebenen Intellekt und kein unbegrenztes Bewusstsein, um Claudius niederzumähen, und Prinz Hamlet weiß besser als wir, dass die Aufgabe, die ihm übertragen wurde, ihm nicht gemäß ist. Hätte Hotspur oder Douglas Heinrich IV. erschlagen, so hätte das Bewusstsein, für die Rolle des Bluträchers überqualifiziert zu sein, Hal nicht gehindert, prompt seine Pflicht zu tun. Im Vergleich mit dem Hamlet von 1601 erscheint Heinrich V. bei all seinem exquisiten Witz, den er seinem Lehrer Falstaff verdankt, als ein gewöhnlicher Heuchler und Machiavellist. Das Problem ist nicht, dass Hamlet, der sein eigener Falstaff ist, einer Rachetragödie aufgepfropft wurde, vielmehr hätte er, auch darin Falstaff ähnlich, in jedem beliebigen Stück den gesamten geistigen Raum für sich beansprucht. Auch die Verse, die Hamlet nicht spricht (etwa zwei Drittel des Texts), sind letztlich um seinetwillen geschrieben und könnten aus seiner Feder stammen. Der witzige Vergleich: »Das ist wie *Hamlet* ohne den Prinzen von Dänemark« bezeichnet so treffend das Leere, Bedeutungslose, dass er sprichwörtlich geworden ist. Falstaff war, wie ich einmal bemerkt habe, Shakespeares erstes großes Experiment zu der Frage, wie Sinn entsteht. Hamlet bringt dieses Experiment erfolgreich zu Ende, seine Person führt uns vor Augen, dass Sinn nicht durch Wiederholung des Immergleichen noch durch einen glücklichen Zufall oder aus dem Irrtum entsteht, sondern dadurch, dass man dem Weltlichen eine neue Transzendenz abgewinnt – aber diese Apotheose bedeutet zugleich eine Verneinung und Vernichtung aller in der Kultur tradierten Gewissheiten.

Wahrscheinlich hat Shakespeare nicht nur 1601, sondern auch ein Dutzend Jahre zuvor bei der Aufführung des *Ur-Hamlet* die Rolle des Geists gespielt, sicher wissen wir aber, dass in dieser Version des Stücks die Rolle bereits existierte. Ich vermute, dass Shakespeare sie bei seiner Überarbeitung stark zusammengestrichen hat: dem Geist kam wohl in der ersten Fassung eine größere Bedeutung zu als in der zweiten, weil Funktionen, die er erfüllt hatte, in der Person Hamlets internalisiert wurden. Gewiss war der Geist nie so prominent, dass er das Stück dominierte; Shakespeare war das, was wir heute einen »Charakterdarsteller« nennen würden, und er hat die Schauspielerei wohl nie so ernsthaft betrieben, dass er sich eine Hauptrolle zugetraut hätte. Warum spielte er den Geist? Offenbar hatte er sich auf die Darstellung von älteren Männern spezialisiert – im Einzelnen verbürgt sind allerdings nur zwei solche Auftritte: Außer dem Geist von Hamlets Vater spielte er den alten Adam in *Wie es euch gefällt*. Hatte er vielleicht persönliche Gründe? Stephen Dedalus war davon überzeugt, wie seine großartige *Hamlet*-Fantasie in der Bibliotheksszene des *Ulysses* beweist, und sein Autor Joyce war, so versichert uns Richard Ellman, ganz seiner Meinung. Ich glaube, wir müssen hier etwas weiter in Shakespeares Leben zurückgehen und fragen: Was hat es zu bedeuten, dass Shakespeare seinen Sohn nach dem Amleth von Belleforest bzw. nach dem »grünen Mann Hamlet«, wie er in der englischen Folklore heißt, benannte?

Als Shakespeare noch ein Kind war, ertränkte sich eine junge Frau namens Kate Hamlet oder Hamnet im Avon bei Stratford, wahrscheinlich aus Liebeskummer. Man kann über mögliche Beziehungen zu Ophelia spekulieren, aber eine Verbindung zu Hamnet Shakespeare lässt sich schwerlich herstellen, die Namensgleichheit ist schlicht zufällig. Erklärtermaßen wurde der Sohn des Dramatikers nach dessen Freund Hamnet oder Hamlet Sadler benannt, doch ändert das nichts an der Tatsache, dass jeder englische Hamnet/Hamlet nun einmal den Namen des legendären Amleth trug, und dem jungen Büchernarren Shakespeare war das gewiss nicht unbekannt. Amleth war sehr populär, seine Schlauheit sprichwörtlich, jeder kannte die Geschichte, wie er sich närrisch gestellt und über seine Feinde triumphiert hatte. War der *Ur-Hamlet* überhaupt eine Tragödie? Mußte der Prinz wirklich sterben, oder bezahlte er erst in der zweiten Fassung für die Apotheose seines intellektuellen Bewusstseins mit dem Leben? Der Amleth der Tradition, von dem Belleforest berichtet, heiratet die Tochter des Königs von Britannien und rächt dann seinen Vater an seinem Onkel. Er wird dadurch ein gewissermaßen britischer Heros, und man mag sich vorstellen, dass Shakespeare, als er den ersten *Hamlet* schrieb, zuweilen hoffnungsfroh an seinen damals drei oder vier Jahre alten Sohn gedacht hat. Als der uns vertraute *Hamlet* entstand, war Hamnet Shakespeare bereits vier Jahre tot, und der Geist des Elfjährigen erscheint gewiss nicht in dem Stück. Joyce/Stephen allerdings ist etwas anderer Meinung: für ihn sind der Däne Hamlet und Hamnet Shakespeare Zwillinge, und der Geist-Darsteller Shakespeare ist folglich der Vater seiner bekanntesten Figur.

Aber ist der Geist der Autor des Stücks? Shakespeare zeichnet mit viel Bedacht, wenn nicht mit Tücke, Vater und Sohn als völlig verschiedene Charaktere. Von König Hamlet wissen wir, dass er ein großer Kämpfer und Kriegsheld war und seine Frau sehr geliebt (oder doch heftig begehrt) hat. Der kriegerische Vater scheint keine einzige von den Qualitäten besessen zu haben, die uns den Prinzen so bemerkenswert erscheinen lassen. Wie konnte aus der Verbindung des alten Hamlet mit Gertrude ein derart intellektueller Sohn hervorgehen, der aus jedem Rahmen fällt, sogar aus dem von Shakespeares Stück? Prinz Hamlet sieht seinem Vater so wenig ähnlich wie seinem Onkel, dem Thronräuber. Shakespeare gibt seinem Hamlet in dem Hofnarren Yorick einen Erzieher, der in gewissem Sinn als sein Ziehvater gelten kann:

Auch der Prinz ist ja ein unermüdlicher Spaßmacher – nur ein einziger Schritt trennt ihn von dem gefährlichsten aller Spaßmacher, Jago.

Wir wissen nicht, ob der mysteriöse Übergang vom 4. zum 5. Akt wirklich Shakespeares Abschied von seiner Jugend bezeichnet, sicher aber sagte er hier dem Hamlet seiner jungen Jahre endgültig Adieu. Der Name Amleth leitet sich von einem altnordischen Wort her, das einen Schwachsinnigen bezeichnet oder auch einen Narren aus List, der den Schwachsinnigen mimt. Von dem »wunderlichen Wesen«, das Hamlet angenommen hat, ist nach der Friedhofsszene nichts mehr zu spüren, und schon während dieser Szene erscheint der Wahnsinn in eine intensive Ironie gegenüber den kruden Bildern des Todes verwandelt. Warum schuf Shakespeare überhaupt die Episode auf dem Friedhof, die den toten Yorick ins Spiel bringt, die Handlung des Stücks jedoch in keiner Weise befördert? Diese Frage wird erst dann interessant, wenn wir sie verallgemeinern und die Untersuchung auf eine ganze Reihe von Szenen dieses erstaunlichen Dramas ausdehnen, das mit seinen fast viertausend Versen viel zu lang für die Bühne ist. (Es mag allenfalls sein, dass den Aufführungen, die zu Shakespeares Lebzeiten in Oxford und Cambridge veranstaltet wurden, der Text in voller Länge zu Grunde lag, dass das Stück in London ohne Schnitte gespielt wurde, ist doch sehr zu bezweifeln.)

Es ist denkbar, auch wenn die Idee praktisch allen modernen Shakespeare-Experten ketzerisch erscheinen mag, dass Shakespeare sich hier – und bei keinem anderen Werk – bisweilen von rein privaten inneren Notwendigkeiten leiten ließ, dem klaren Bewusstsein zum Trotz, dass in der praktischen Theaterarbeit Schnitte unvermeidlich sein würden. Das erklärt vielleicht auch, weshalb in der First-Folio-Fassung 230 Verse fehlen, die in der 3800 Verse langen Second-Quarto-Version enthalten sind. Dass die First Folio andererseits auch 80 zusätzliche Verse bietet, zeigt wohl an, dass Shakespeare nach dem Erscheinen der Second-Quarto-Ausgabe 1604–1605 noch weiter am Text des *Hamlet* gefeilt hat. Ich nehme an, dass die Folio-Ausgabe wohl die letztgültige Bühnenversion des Texts bietet, auch wenn das Stück mit einem Umfang von 3650 Versen immer noch um einiges zu lang für die Londoner Bühne war. Für den vollständigen, 3880 Verse umfassenden *Hamlet* unserer modernen Ausgaben spricht nicht zuletzt, dass er uns nachdrücklich daran erinnert, dass das Drama nicht nur »die Mona Lisa der Literatur«, sondern auch Shakespeares weißer Elefant ist, eine Anomalie in seinem Werk.

Ich glaube, dass Shakespeare nie aufgehört hat, an diesem Stück zu arbeiten, von ca. 1587–1589 an, als er den *Ur-Hamlet* schrieb, bis in die letzten Jahre hinein, die er in Stratford verbrachte. Wahrscheinlich lag der Second-Quarto-Fassung sein Manuskript zu Grunde, während der First-Folio-Druck die Version bot, die seinen überlebenden Schauspielerkollegen als die letztgültige erschien. Shakespeare war ganz offenbar von diesem Stück besessen, aus keinem von seinen achtunddreißig anderen Dramen spricht so viel persönliches Engagement, keines beschäftigte ihn so lange und so intensiv. Vielleicht hat der »Meister der Ironie«, wie Kierkegaard Shakespeare nannte, mit ironischem Vergnügen zur Kenntnis genommen, dass nur Kyds *Spanische Tragödie*, die nach Meinung einiger Gelehrter den *Hamlet* beeinflusst hat, ein ebenso großer Publikumserfolg war wie der *Hamlet* und die Falstaff-Dramen. *Die spanische Tragödie* ist heute nur mehr Literaturgeschichte; ich habe das Stück nie auf der Bühne gesehen, selten auch nur von einer Inszenierung gehört und bezweifle, dass ich es aushalten würde, obwohl ich immerhin auch schon Aufführungen von *Titus Andronicus* durchgestanden habe. *Hamlet* hat alles überlebt, sogar Peter Brook, und Falstaffs unsterblicher Größe vermag selbst Verdis beste Oper nichts hinzuzufügen. Können wir etwas genauer benennen, was Hamlet für Shakespeare bedeutete?

2

Es besteht kein Grund zu der Annahme, dass es uns jemals gelingen wird, Näheres über Shakespeares religiöse Empfindungen in irgendeiner Phase seines Lebens zu erfahren. Anders als sein Vater, der als Katholik starb, hielt Shakespeare, was dieses gefährliche Thema betrifft, konsequent an seiner gewohnten Politik der Uneindeutigkeit fest, und auch der *Hamlet* ist weder ein protestantisches noch ein katholisches Drama, ja, mir scheint sogar, dass es weder christlich noch nicht-christlich ist, denn wenn es auch wahr ist, dass Hamlets Skeptizismus über den Montaignes, der vielleicht sein Lehrer war, hinausgeht, so führt er doch im 5. Akt in etwas Fremdartiges hinüber, für das wir keinen Namen haben, das aber jedenfalls einen üppigen Reichtum bedeutet. Wir verspüren nicht den Wunsch, Fortinbras zurückzuhalten, wenn dieser ankündigt, er wolle Hamlet mit Feldmusik und allen Kriegsgebräuchen wie einen gefallenen Helden bestatten, aber auch Horatios Ruf nach den Engelscharen erscheint uns keineswegs unpassend. Und doch: In welchem Krieg hat denn Hamlet gekämpft, und was hat er mit den Engeln zu schaffen? Das Stück endet mit einer höchst originellen und recht weltlichen Epiphanie, ein transzendentaler Glanz scheint hervorbrechen zu wollen, wenn die Soldaten Hamlets Leiche zum Gipfel des Ruhms tragen. Den Hintergrund der Szene bildet Horatios erstaunlicher Selbstmordversuch kurz vorher, den Hamlet vereitelt hatte, damit der Freund sein Gedächtnis bewahre und seinen »verletzten Namen« heile. Aber nicht Horatio, sondern Fortinbras hat das letzte Wort, und das lautet »shoot«, »feuern«. Der Salut, den er hier befiehlt, ist Teil des militärischen Zeremoniells, das Hamlet als einen Krieger vom Schlag des Fortinbras ausweisen soll. Man kann sich des Eindrucks nicht erwehren, dass Shakespeare die Tragödie mit einer Ironie enden lässt, die Hamlets würdig ist, einer Figur, die nicht nur selbst ironisch, sondern auch die Ursache fremder Ironie ist. Weder Horatio noch Fortinbras hat Sinn für Ironie, Shakespeare lässt uns im Stich, und Hamlet ist tot und kann keine Schlussbemerkung mehr machen, die das, was aussieht wie Ironie und doch über alle uns bekannte Ironie hinausweist, erhellen würde.

Mir scheint, dass der Ansatz von Interpreten wie Empson und Graham Bradshaw, die Problematik des *Hamlet* mit dem Paradigma der Abstoßungsreaktion zu deuten, nicht weiterhilft, einfach deswegen, weil die Inokulation, die diese Gelehrten postulieren, nie stattgefunden hat: Shakespeare hat seinen *Hamlet* eben nicht auf den Wildling eines Kydschen Melodramas gepfropft, sondern er hat sein eigenes Frühwerk bearbeitet. Von J. M. Robertson bis heute hat es eine Menge Spekulationen über den *Ur-Hamlet* und seinen Verfasser gegeben, sehr viel weniger Mühe hat man an den frühen Hamlet gewendet. Auch wenn das Stück des Jahres 1587 oder 1588 von Shakespeare selbst war, kann doch sein Titelheld von damals unmöglich mehr als eine rohe Skizze zu dem Hamlet, den wir kennen, gewesen sein. Die Schwierigkeit für Shakespeare bestand nicht so sehr darin, seinen Hamlet in einen dramatischen Kontext einzupassen, der ihm nicht gemäß war, als vielmehr darin, im Inneren einer relativ grob gestrickten Figur eine subtile Persönlichkeit sichtbar zu machen. Man darf wohl davon ausgehen, dass Shakespeares erster Hamlet noch viel Ähnlichkeit mit Belleforests Amleth hatte: ein listenreicher archaischer Heros, der mehr über die Gefahren, denen es zu entrinnen galt, nachdachte als über sich selbst. Der zweite, der revidierte Hamlet ist nicht der Gefangene einer dramatischen Form, die ihm nicht gemäß ist, sondern mindestens zwei Wesen in einem: ein heroischer Überlebenskünstler der folkloristischen Tradition und ein Zeitgenosse Montaignes. Und das funktioniert ganz wunderbar: Der alles überwältigende Zauber, der von Hamlet ausgeht, lässt die Kluft, die Saxo Grammaticus von Montaignes *Essays* trennt, verschwinden. Es mag sein, dass dieses Unternehmen am Anfang nur eine Art Privatwitz Shakespeares war, wir werden es nie erfahren, aber er schaffte es tatsächlich, und es funktioniert bis heute.

Der Hamlet von 1601 kann uns als Bluträcher nicht überzeugen, weil seine intellektuelle Freiheit, die raumgreifende Gewalt seines Denkens, sich mit der Mission, die der Geist des Vaters ihm auferlegt, ganz offensichtlich schlecht verträgt. Hier kommen wir nun zu einem Problem des *Hamlet*, das die Interpreten immer irritiert hat, und auf die Frage, ob nicht die Hypothese, dass Shakespeare seinen *eigenen Ur-Hamlet* überarbeitet hat, auch hier etwas mehr Klarheit schaffen könnte. Der Hamlet, den Shakespeare uns in den ersten vier Akten zeigt, ist, ebenso wie Belleforests Held, ein junger Mann von höchstens zwanzig Jahren; er ist nur zu Besuch in der Heimat und will anschließend mit seinen Kommilitonen, dem edlen Horatio und dem unseligen Gespann Rosencrantz-Guildenstern, nach Wittenberg zurückkehren, um dort sein Studium fortzusetzen. Laertes, der zur selben Generation gehört, will offenbar an die Universität von Paris. Aber der Hamlet des 5. Akts ist, obwohl nur wenige Wochen vergangen sind, nun plötzlich dreißig Jahre alt (nach der Rechnung des Totengräbers) und wirkt mindestens so alt wie der siebenunddreißig Jahre alte Shakespeare. Wir denken uns, dass der Dramatiker, als er sich sein altes Stück wieder vornahm, anfangs die Vorgabe Belleforests und des *Ur-Hamlet*, die den Prinzen als einen noch jungen Mann angelegt hatten, akzeptierte, dass sich jedoch im Verlauf der Arbeit der reife Hamlet des 5. Akts herausbildete. Da er sich jedoch von der Konzeption des Hamlet in seinem frühen Werk nicht völlig lösen konnte und wollte, ließ er kühn den Widerspruch stehen. Shakespeare war gerade einundzwanzig, als er seinem Sohn den Namen Hamnet gab, und höchstens fünfundzwanzig, als er seinen *Ur-Hamlet* schrieb. Er wollte das eine tun und das andere nicht lassen, er wollte an seinem frühen Entwurf des Prinzen festhalten und ihn dennoch am Ende zu vollkommener Reife gelangen lassen.

In der *Geburt der Tragödie* (1873) erfasst Nietzsche mit denkwürdiger Präzision das Problem Hamlet: Der Prinz von Dänemark ist nicht etwa ein Mann, der zu viel denkt, er ist vielmehr einer, der zu gut denkt:

> Die Verzückung des dionysischen Zustandes mit seiner Vernichtung der gewöhnlichen Schranken und Grenzen des Daseins enthält nämlich während seiner Dauer ein *lethargisches* Element, in das sich alles persönlich in der Vergangenheit Erlebte eintaucht. So scheidet sich durch diese Kluft der Vergessenheit die Welt der alltäglichen und der dionysischen Wirklichkeit voneinander ab. Sobald aber jene alltägliche Wirklichkeit wieder ins Bewusstsein tritt, wird sie mit Ekel als solche empfunden; eine asketische, willenverneinende Stimmung ist die Frucht jener Zustände. In diesem Sinne hat der dionysische Mensch Ähnlichkeit mit Hamlet: beide haben einmal einen wahren Blick in das Wesen der Dinge getan, sie haben *erkannt*, und es ekelt sie zu handeln; denn ihre Handlung kann nichts am ewigen Wesen der Dinge ändern, sie empfinden es als lächerlich oder schmachvoll, dass ihnen zugemutet wird, die Welt, die aus den Fugen ist, wieder einzurichten. Die Erkenntnis tötet das Handeln, zum Handeln gehört das Umschleiertsein durch die Illusion – das ist die Hamletlehre, nicht jene wohlfeile Weisheit von Hans dem Träumer, der aus zu viel Reflexion, gleichsam aus einem Überschuss von Möglichkeiten, nicht zum Handeln kommt; nicht das Reflektieren, nein! – die wahre Erkenntnis, der Einblick in die grauenhafte Wahrheit überwiegt jedes zum Handeln antreibende Motiv, bei Hamlet sowohl als bei dem dionysischen Menschen.

Wir können das absonderliche und doch überaus lohnende Experiment machen und Nietzsches Einsichten auf einen anderen unverkennbar dionysischen Menschen anwenden, das einzige Geschöpf Shakespeares, das Hamlets alles begreifendem Bewusstsein und seiner messerscharfen Intelligenz Gleichwertiges entgegenzusetzen vermag: Sir John Falstaff hat lange vor der Zeit, da wir ihn kennen lernen, einen wahren Blick in das Wesen der Dinge getan; der alte Militär hat das Wesen des Kriegs durchschaut und die Ehre und den Ruhm des Soldaten als verderbliche Illusionen erkannt. Anders als Hamlet aber hat Falstaff nicht zugleich mit der Erkenntnis den Ekel gewonnen, und das Wissen hindert ihn nicht zu handeln, sondern macht ihn fähig, das Handeln als irrelevant in einer zeitlosen Welt des Spiels zu verachten. Hotspur hat ganz Recht, wenn er sagt:

> ... Wo ist sein Sohn,
> Der schnellgefüßte tolle Prinz von Wales,
> Und seine Kameraden, die die Welt
> Beiseite schoben und sie laufen ließen?
>
> *Heinrich IV./1*, IV.1, 94–97 [222]

Als sein eigener Falstaff hört Hamlet kaum je einmal auf zu spielen, mag er auch – anders als der bei allem Poltern letztlich doch sanfte Falstaff – noch so grimmig rasen. Einige marxistische Interpreten verwechseln ihren Materialismus mit Sir Johns Stofflichkeit und halten den großen Witzbold für einen Opportunisten. Falstaff setzt auf den Witz um des Witzes willen, Hamlet nicht. Man stelle die beiden nur einmal in ihrer ganzen Brillanz einander direkt gegenüber, Hamlet auf dem Friedhof, Falstaff im Wirtshaus:

HAMLET: Der Schädel hatte einmal eine Zunge und konnte singen: wie ihn der Schuft auf den Boden schleudert, als wär es der Kinnbacken Kains, der den ersten Mord beging! Dies mochte der Kopf eines Politikers sein, den dieser Esel nun überlistet; eines, der Gott den Herrn hintergehn wollte: nicht wahr?

HORATIO: Es ist möglich.

HAMLET: Oder eines Hofmannes, der sagen konnte: »Guten Morgen, geliebtester Prinz! wie geht's, bester Prinz?« Dies mochte der gnädige Herr der und der sein, der des gnädigen Herrn des und des Pferd lobte, wenn er es gern zum Geschenk gehabt hätte: nicht wahr?

HORATIO: Ja, mein Prinz.

HAMLET: Ja ja, und nun Junker Wurm; eingefallen und mit einem Totengräberspaten um die Kinnbacken geschlagen. Das ist mir eine schöne Verwandlung, wenn wir nur die Kunst besäßen, sie zu sehen. Haben diese Knochen nicht mehr zu unterhalten gekostet, als dass man Kegel mit ihnen spielt? Meine tun mir weh, wenn ich dran denke.

Hamlet, V.1, 74–91 [683 f.]

FALSTAFF: Oh, du hast verruchte Nutzanwendungen im Kopf und bist wahrhaftig imstande, einen Heiligen zu verführen. Du hast viel an mir verschuldet, Heinz, Gott vergebe es dir! Eh ich dich kannte, Heinz, wusste ich von gar nichts, und nun bin ich, die rechte Wahrheit zu sagen, nicht viel besser als einer von den Gottlosen. Ich muss dies Leben aufgeben, und ich will's auch aufgeben. Bei Gott, ich bin ein Schuft, wenn ich's nicht tue; ich will für keinen Königssohn in der Christenheit zur Hölle fahren.

Heinrich IV./1, I.2, 88–95 [166]

Wie können wir »Eh ich dich kannte, Heinz, wusste ich von gar nichts, und nun bin ich, die rechte Wahrheit zu sagen, nicht viel besser als einer von den Gottlosen« und »Das ist mir eine schöne Verwandlung, wenn wir nur die Kunst besäßen, sie zu sehen« miteinander vergleichen? Zwei witzige Köpfe, die über sich selbst hinauswachsen, aber wie wenig haben doch diese beiden gemeinsam! Falstaffs komisches Genie wendet in einem Handumdrehen den Witz gegen ihn selbst und überschreitet zugleich auch diese Wendung, indem es der puritanischen Scheinheiligkeit einen wunderbaren Hieb versetzt. Falstaffs schiere Lust steht in scharfem Kontrast zu Hamlets unheimlichem Galgenhumor, der sich zugleich gegen die Sterblichkeit und gegen alle unsere Prätentionen richtet. Durch Falstaffs Witz hindurch hören wir das Gebot: »Es muss lustvoll sein«, in dem Hamlets klingt die Erkenntnis: »Es muss sich ständig verwandeln, und es gibt nur eine einzige letztgültige Form der Verwandlung.«

Die Suche nach dem *Ur-Hamlet* des Thomas Kyd ist erfolglos geblieben, weil ein solches Stück niemals existiert hat; es ist lediglich eine Schimäre, die in der Shakespeare-Forschung spukt. Thomas Nashe machte in einer Huldigungsadresse an seinen glücklosen Freund Robert Greene dunkle Andeutungen, deren wahrer Charakter von den meisten Kollegen verkannt wurde, da sie sich nicht klar machten, dass Nashe hier gleichermaßen auf Marlowe, Shakespeare und Kyd losschlug, die er (und mit ihm Greene) der Marlowe-Schule zurechnete:

> Ich wende mich wieder dem ersten Text zu, den ich mit Vergnügen studiert habe, und nehme das zum Anlass, einigen unserer Trivial-Übersetzer freundlich ins Gewissen zu reden. Es ist heutzutage gängige Praxis bei einer gewissen Sorte wendiger Gesellen, die allerlei Künste durchlaufen haben, bei denen aber keine so recht anschlagen wollte, ihrem angestammten Handwerk des *Noverint* abtrünnig zu werden und sich mit den Dingen der Kunst zu beschäftigen; sie könnten schwerlich, wenn sie in die Verlegenheit kämen, auch nur das lateinische Verslein aufsagen, das sie vor dem Galgen rettete, aber der englische *Seneca*, bei Kerzenlicht gelesen, gibt allerlei

> gute Sentenzen her wie *Blut ist ein Bettler* und dergleichen, und wenn man es gar an einem frostklaren Vormittag probiert, kann man ganze Hamlets herausholen, will sagen: dutzendweise tragische Monologe. Aber, o Kummer! *Tempus edax rerum* – was könnte ewig währen? Wenn man das Meer tropfenweise ausschöpft, wird es endlich trocken liegen, und der geschröpfte *Seneca*, den man Vers um Vers, Seite um Seite aussaugt, wird eines Tages sterben, ein Opfer unserer Bühnenkunst. Seine ausgehungerten Jünger aber müssen es nun so machen wie das Zicklein [Kid] in der äsopischen Fabel, das, vernarrt in die modischen Verrücktheiten des Fuchses, partout in einer neuen Lebensweise sein Auskommen finden möchte, und so verlegen sich denn diese Leute ohne alle Rücksicht auf ihre Glaubwürdigkeit und Reputation darauf, italienische Übersetzungen zusammenzustümpern: Wie armselig die Machwerke sind, die sie (weder im Italienischen heimisch noch sonst mit den Besonderheiten der Sprache irgend vertraut) in diesem Fach hervor- und in Zwei-Penny-Pamphleten unters Volk bringen, mögen alle unvoreingenommenen Herrschaften beurteilen, die selbst in Italien gereist sind.

Peter Alexander bemerkt zu diesen absichtsvoll undeutlichen Anwürfen sehr klug dieses:

> Es ist schwer, diesem Wust von polemischen Reden irgendwelche präzisen Informationen zu entnehmen. Immerhin scheint doch wenigstens klar, dass unter den Machwerken ungebildeter Dramatiker eines ist, das den Titel *Hamlet* trägt und, wie Nashe meint, vieles enthält, was aus dem englischen Seneca geborgt ist. Zweitens scheint deutlich, dass einer der kritisierten Dramatiker Kyd ist, denn Nashe schmuggelt den Namen ein, obwohl weder Äsops Text noch der Spensers (auf dessen *Shepheard's Calendar*, nämlich auf das Gedicht zum

Monat Mai, er sich bezieht) etwas enthält, was die behauptete Parallele zu der Situation, die hier beschrieben wird, so recht stimmig erscheinen lässt. Nun aber den Schluss zu ziehen, dass Kyd der Autor des frühen *Hamlet* gewesen sei, ist unzulässig; der Text stützt diese Annahme in keiner Weise, und spätere Zeugnisse sprechen eher dagegen. Nashe spricht von Autoren einer gewissen Sorte, von etlichen Dramatikern, die er zu einer Gruppe zusammenfasst. Einer von ihnen war Kyd, und unter den Dramen, die Nashe dieser Gruppe zurechnete, war eines, das *Hamlet* hieß, aber das ist auch schon alles, was wir diesem Text, der sich in neckischer Undeutlichkeit gefällt, entnehmen können.

Auf der Grundlage dieser Erkenntnis möchte ich vorschlagen, dass wir unsere Vorstellungen von der beruflichen Laufbahn Shakespeares revidieren. Leeds Barroll warnt uns in seinem *Politics, Plague, and Shakespeare's Theater: The Stuart Years* (1991) davor, uns bei der Datierung der Stücke von vermeintlich aktuellen Anspielungen leiten zu lassen, und verficht die These, dass der reife Shakespeare nur dann neue Projekte in Angriff genommen habe, wenn die Aussicht bestand, dass sie vom Theater angenommen würden. Das erklärt den Wechsel von »unfruchtbaren« Phasen der Brache und wahren Explosionen der Produktivität, zum Extrem gesteigert in der nur vierzehn Monate dauernden Zeitspanne, in der Shakespeare den *König Lear*, *Macbeth* und *Antonius und Kleopatra* aus dem Boden stampfte.

Barroll stellt auch den Gelehrtenmythos in Frage, demzufolge sich Shakespeare nach der Vollendung des *Sturms* 1611, im Alter von erst siebenundvierzig Jahren, in Stratford zur Ruhe gesetzt hat. Shakespeare lebte noch fünf Jahre und schrieb zusammen mit John Fletcher bis ca. 1613 noch drei Stücke, nämlich *Heinrich VIII.*, den offenbar verlorenen *Cardenio* und *Die beiden edlen Vettern*. Mit fünfzig dann fasste Shakespeare offenbar tatsächlich den Entschluss, nicht mehr für das Theater zu arbeiten, und es besteht kein Zweifel daran, dass er die letzten zweieinhalb Jahre seines Lebens im Ruhestand lebte. Wir wissen nicht, woran er mit zweiundfünfzig starb; eine zeitgenössische Quelle deutet an, die unmittelbare Ursache sei übermäßiger Alkoholgenuss gewesen – Shakespeare hatte diesem Zeugnis zufolge eine große Sauftour mit zwei alten Freunden, Ben Jonson und Michael Drayton, unternommen –, ein Ende, das zu dem liebenswerten Falstaff-Charakter Shakespeare passen würde. Die Tradition weiß auch zu berichten, dass dem Tod eine lange Zeit der Krankheit vorherging, vielleicht litt er an einer Geschlechtskrankheit – auch das scheint keineswegs unglaubwürdig. Vielleicht hat die Macht der Krankheit den schöpferischen Willen mehr und mehr geschwächt. Was immer der Grund dafür war, dass Shakespeare zu schreiben aufhörte, so hat doch Barroll Recht, wenn er feststellt, dass *Der Sturm* nicht den Charakter eines letzten Vermächtnisses hat und dass Shakespeare nirgends besser ist als in den erhaltenen Teilen von *Die beiden edlen Vettern*, einem Drama, das nur faktisch, nicht seinem inneren Wesen nach, ein letztes Werk ist.

Einer ähnlichen, wenn auch radikaleren Korrektur bedarf, glaube ich, auch unsere Sicht auf Shakespeares Anfänge als Bühnenautor. Der *Ur-Hamlet* scheint nach allem, was wir wissen, 1588 oder in den ersten Monaten des Jahres 1589 entstanden zu sein, also vor allen sicheren Frühwerken Shakespeares, einschließlich des dreiteiligen *Heinrich VI.* (1589–1591), des *Richard III.* (1592–1593) und des *Titus Andronicus* (1593–1594). Wir wissen nicht, wann Kyd seine *Spanische Tragödie* schrieb, wir können lediglich sagen, dass es zwischen 1588 und 1592 gewesen sein muss. Ich habe nie verstanden, wie und warum Philologen die These verfechten können, der *Hamlet* sei von diesem Stück irgend schwerwiegend beeinflusst worden. So erfolgreich *Die spanische Tragödie* zu ihrer Zeit war, ist sie doch ein grauenhaft schlechtes Stück und ein albernes dazu, wie jeder, wenn er nicht gerade Philologe ist, bei dem Versuch, es zu lesen, feststellen wird. Es wird sich kaum jemand finden, der über die ersten paar Seiten hinauskäme und dem die Behauptung einleuchtete, dergleichen habe Shakespeare imponiert. Es ist wohl eher vernünftig, davon auszugehen, dass Shakespeares erster *Hamlet* Kyd beeindruckt habe und dass der reife *Hamlet* allenfalls insofern von Kyds scheußlichem Melodram »beeinflusst« wurde, als Shakespeare dort geistiges Eigentum wiederfand, das von je her seines gewesen war.

Wahrscheinlich wird man nie den unwiderlegbaren Beweis führen können, dass Peter Alexanders These, Shakespeare selbst habe den *Ur-Hamlet* geschrieben, richtig ist, aber es gibt durchaus Indizien, die seine Vermutung stützen. Nachdem Shakespeare zu der Truppe gestoßen war, die 1594 Lord Chamberlains Ensemble wurde, studierte man drei Stücke ein, nämlich *Der Widerspenstigen Zähmung*, *Titus Andronicus* und *Hamlet*, zu keiner Zeit aber hatte die Kompanie *Die spanische Tragödie* oder sonst etwas von Kyd im Repertoire. Wir wissen – von der Szene mit dem Geist des Vaters einmal abgesehen – nichts Näheres über den Inhalt des ersten *Hamlet*, aber angesichts all dessen, was den Verfasser der Stücke vor *Titus Andronicus* von dem Meisterdramatiker der Ära nach Falstaff trennt, halte ich es für wenig wahrscheinlich, dass der frühe *Hamlet* uns besonders tief berührt hätte. Das Stück, das vielleicht sein erstes Werk überhaupt war, weckte gewiss wenig angenehme Erinnerungen in Shakespeare; wie bereits erwähnt, lassen zeitgenössische Quellen vermuten, dass der Ruf des Geists: »Hamlet! Rache!« als Gegenstand von Witzeleien einige Popularität erlangt hatte. Was uns freilich mehr interessiert, ist die Frage, was Shakespeare an diesem Stoff so sehr reizte.

Der älteste Gewährsmann, der von Hamlet Nachricht gibt, ist Saxo Grammaticus, der im 12. Jahrhundert eine lateinische Geschichte Dänemarks, die *Gesta Danorum*, schrieb. Eine erste gedruckte Ausgabe des Werks erschien 1514 in Paris. Shakespeare hat die Chronik wahrscheinlich nicht gelesen, und sicher hat sie ihm nicht den Anstoß zu seiner Beschäftigung mit Hamlet gegeben, vielmehr verdankte er seine Bekanntschaft mit dem Stoff den *Histoires Tragiques* (1570) des französischen Autors Belleforest, der im 5. Band seines Werks eine auf Saxos Bericht fußende Hamlet-Geschichte erzählt: Der Held Horwendil erschlägt den König von Norwegen im Zweikampf und gewinnt Gerutha, die Tochter des Königs von Dänemark, zur Frau. Dieser Verbindung entspringt Amleth. Horwendils eifersüchtiger Bruder Fengon ermordet Horwendil und heiratet Gerutha, was als Inzest gedeutet wird. Amleth stellt sich, um sein Leben zu retten, verrückt, bleibt standhaft, als eine Frau zu ihm geschickt wird, die ihn verführen soll, ersticht in Geruthas Schlafzimmer einen heimlichen Lauscher, redet seiner Mutter erfolgreich ins Gewissen und wird von Fengon nach England geschickt, wo er sogleich exekutiert werden soll. Amleth schreibt den Urias-Brief, den Fengon ihm mitgegeben hat, um und sorgt dafür, dass seine beiden Reisegefährten, Gefolgsleute des bösen Onkels, an seiner Stelle sterben müssen. Er kehrt nach Hause zurück, tötet den Thronräuber mit dessen eigenem Schwert und wird unter allgemeinem Jubel neuer König der Dänen.

Belleforests Amleth hat, wenn man einmal von der Handlung absieht, wenig mit dem Hamlet Shakespeares gemeinsam, und wir können annehmen, dass der Tragödienheld sich von seinem rabiaten Urbild immer mehr entfernte, je weiter die neue Fassung des Dramas voranschritt. Was immer es gewesen sein mag, was Shakespeare an der Figur Amleth/Hamlet faszinierte, so muss es doch schon früh dagewesen sein, nämlich vor dem Jahr 1585, in dem der Dramatiker seinem Sohn den Namen Hamnet, den Namen ebendieses dänischen Helden, gab. Da ich fest davon überzeugt bin, dass Peter Alexander Recht hat, wenn er Shakespeare für den Autor des *Ur-Hamlet* hält, scheint mir die Frage, was den Vater Hamnets an dieser Geschichte und der Gestalt ihres

Helden vor Beginn seiner Schriftstellerkarriere reizte, von einiger Bedeutung.
Belleforests Amleth besitzt durchaus vorbildliche Qualitäten; er ist nicht umzubringen, verfolgt konsequent geradlinig seinen Racheplan und gelangt schließlich auf den dänischen Thron. Er ist zweifellos ein harter Bursche, aber ist das Grund genug für einen Mann wie Shakespeare, den einzigen Sohn nach ihm zu benennen? Wir haben das Gefühl, dass das noch nicht alles sein kann.
Amleths Ausgangssituation ist schlecht, aber über ihm liegt eine primitive, nordländische Version jenes Segens, dessen Inhalt ein »Mehr an Leben« ist, und diese spirituelle Energie macht ihn letztlich frei. Shakespeare sah vielleicht in Amleth eine nordische Version des biblischen König David, einen charismatischen Helden, der schwere Prüfungen auf seiner Bahn zum Thron und zum Segen durchleiden muss. Aber König Saul ist kein Fengon, und der biblische David steht dem Hamlet Shakespeares sehr viel näher als dem legendären Amleth, dessen Witz und Tapferkeit etwas Ursprüngliches und zugleich Groteskes haben, etwas, in dem wir den Geist der eddischen Mythologie spüren. Shakespeare, der zeitlebens sehr feine Antennen für die Problematik sozialer Degradierung besaß, hat vielleicht seinen Sohn Hamnet genannt, weil dieser Name eine Verheißung zu enthalten schien, dass es gelingen werde, die Familie wieder zu altem Glanz zu bringen; vorbildlich an Amleth wäre dann die Beharrlichkeit gewesen, mit der er für die Familienehre stritt und dem Vater Genugtuung zu verschaffen suchte.
Wir dürfen wohl annehmen, dass Shakespeares erster Hamlet dem Amleth Belleforests sehr ähnlich war: ein in den Norden verirrter Rächer im Stil Senecas. Shakespeares eigentümliche Kunst der Internalisierung ist in den Stücken vor der triumphalen Erscheinung Falstaffs noch nicht voll entwickelt, wenn sich auch imposante Spuren davon in Bottom und in der grotesk ambivalenten Innerlichkeit Shylocks finden. Wir behaupten nicht,

Shakespeares Ur-Hamlet sei ein transzendenter Geist gewesen. Nachdem er Falstaff, Hal und Brutus geschaffen hatte, beschloss Shakespeare – vielleicht im Gedenken an seinen toten Sohn Hamnet –, zum Hamlet-Stoff und damit zu seinen Anfängen als Dramatiker zurückzukehren. Es herrscht eine zutiefst elegische Stimmung im *Hamlet*, der vielleicht erst nach dem Tod von Shakespeares Vater im September 1601 ein letztes Mal überarbeitet wurde. Vielleicht ist es Trauer um Hamnet und um John Shakespeare, was in Horatios Trauer um Hamlet widerhallt und uns so tief berührt. Das Geheimnis Hamlets und des *Hamlet* hat mit dem Trauern zu tun, das ja auch ein Prozess der Neubearbeitung, der Revision ist, und vielleicht damit, dass diese Revision Shakespeares Trauerarbeit war, seine Art, sein eigenes früheres Ich zu betrauern. Vielleicht hat er damals, mit sechsunddreißig, gefühlt, dass er einem Gipfelpunkt zustrebte; alle seine Gaben scheinen in eins zusammengeflossen zu sein, als er das Werk noch einmal anpackte, um es in einem einzigartigen Kraftakt neu zu erschaffen.

Marlowe war schon lange ausgetrieben; mit dem *Hamlet* von 1600–1601 wird Shakespeare sein eigener Vorläufer: er revidiert nicht nur den *Ur-Hamlet*, sondern zugleich alles, was er bis dahin geschrieben hat, den *Julius Cäsar* eingeschlossen. Und das Drama im Inneren des Dramas *Hamlet* ist noch einmal ein Prozess der Revision: In seinem zweiten Anlauf schafft Shakespeare etwas, wozu er als Anfänger nicht fähig war, und stellt im 5. Akt einen Protagonisten auf die Bühne, dessen Verhältnis zum Hamlet des 1. Akts genau dem zwischen seinem Autor und dem *Ur-Hamlet* entspricht. Hamlets Revision des Ich verdrängt das Rachestreben. Die einzige Rache, die zählt in diesem Stück, ist jene, die Nietzsche, der Theoretiker der Revision, die Rache des Willens an der Zeit genannt hat und an dem »Es war« der Zeit. »So wollte ich es!«, dieses erlösende Wort des Willens könnte Nietzsche von Shakespeare gelernt haben, in dem Sinn, wie er auch das, was er *Zur Genealogie der Moral* zu sagen hat, dem *Hamlet* ablauschte. Keine Erkenntnis Nietzsches aber ist so sehr von Shakespeare wie diese: »Wofür wir Worte haben, darüber sind wir auch schon hinaus. In allem Reden liegt ein Gran Verachtung.« Das ist Hamlet, wie er leibt und lebt. Der Rest ist Schweigen; Reden bedeutet Aufgeregtheit, Verrat, Ruhelosigkeit, leiden und leiden machen. Shakespeare gelangt im *Hamlet* zu einer Aporie, die noch in der großen Komödie von *Was ihr wollt*, wo Feste als Erbe Hamlets agiert, fortwirkt.

Es gibt keinen »wirklichen« Hamlet, so wie es auch keinen »wirklichen« Shakespeare gibt: die Figur ist ebenso wie ihr Schöpfer ein großer Spiegel, in dem wir immer nur uns selbst sehen müssen. Man lasse diesem Dramatiker freie Hand, die Widersprüche zusammenzubringen, und er wird uns jeden und keinen zeigen, und das gleichzeitig. Wir haben gar keine Wahl, wir müssen ihn und seinen Hamlet gewähren lassen, denn beide haben nicht ihresgleichen.

Anne Barton betont, dass der *Hamlet* den früheren Stücken Shakespeares mindestens ebenso viel verdanke wie dem *Ur-Hamlet*. Auch wenn Peter Alexander Recht hat (und er hat Recht) und der *Ur-Hamlet* selbst eines dieser früheren Stücke ist, muss man feststellen, dass das Stück *Hamlet* und Hamlet selbst den beiden Teilen von *Heinrich IV.* und Falstaff näher verwandt und inniger verbunden sind als dem noch ganz unentwickelten frühen *Hamlet*-Drama. Seine Innerlichkeit, und diese ist es, die seine eigentümliche Freiheit ausmacht, allen seinen Leiden zum Trotz, ist die kostbarste Gabe des reifen Hamlet, und Witz, so lehrt uns zuerst Falstaff und dann auch Hamlet, ist nur ein anderer Name für diese Innerlichkeit und diese Freiheit. Schon der ganz frühe Shakespeare führt uns in den Historien von Heinrich VI. innere Triebkräfte vor Augen, wenn er auch in diesem Stadium seiner künstlerischen Entwicklung über Andeutungen nicht hinauskommt. Marlowe konnte Shakespeare auf seinem

Weg zu einer Kunst der Internalisierung nicht weiterhelfen (obwohl der Barabas ein großartiges Ungeheuer ist, die einzige Bühnenrolle, in der ich mich gerne einmal versuchen würde). Chaucer konnte es: Sein Ablasskrämer ist ein Abgrund von einem Menschen, eine Innerlichkeit, die der Jagos und Edmunds in nichts nachsteht. Das Weib von Bath bot ein Paradigma für Falstaff, der Ablasskrämer konnte eines für Jago bieten, aber es gibt in Chaucers Welt keine Gestalt, an der sich Shakespeare orientieren konnte, als er den Hamlet, den wir heute kennen, schuf, auch wenn die Ironie dieses Hamlet Elemente enthält, die unverkennbar auf Chaucer weisen. Diese ironischen Komponenten erzeugen zusammen mit anderen ein sonderbares Phänomen, das Graham Bradshaw den Pirandello-Effekt genannt hat: Hamlet erscheint manchmal als eine wirkliche Person, die sich irgendwie in ein Theaterstück verirrt hat, und weil sie nicht mehr herauskann, gezwungen ist mitzuspielen. Bradshaw, selbst irregeleitet von dem Gerücht, Kyd sei der Autor des *Ur-Hamlet*, meint, das Publikum im Globe müsse diese sonderbare Empfindung gehabt haben, wenn es Hamlet zusah, wie er da, gefangen in einem alten mittelmäßigen Stück des Lohnschreibers Kyd, agierte. Der Pirandello-Effekt (vom Beckett- oder *Endspiel*-Effekt nicht zu reden) wird noch um einiges stärker, wenn Shakespeares neuer Held in Shakespeares frühestem Stück gefangen agiert und dabei eine in der Weltliteratur einzigartige Innerlichkeit entfaltet, deren Gewalt jenes Gefängnis wahrhaftig sprengt.

Im Zentrum von Falstaffs Welt steht die Idee des *Spiels*, eine nicht minder große Bedeutung hat für Hamlet die des *Schauspiels.* Das eine fällt nicht mit dem anderen zusammen: Das *Spielerische* ist Falstaff eigen und kaum überhaupt dem Prinzen, dieser ist dafür in einem Maß *theatralisch*, das Falstaff fremd ist. Der neue Hamlet weiß, dass er Theater spielt, und er will es, der alte ging wahrscheinlich, sagt Bradshaw, in melodramatischer Theatralik unter. Irgendwie ist dem intellektuellen Ironiker Hamlet bewusst, dass er seine grob geschnitzte frühe Version vergessen machen muss, ja, man könnte sagen, dass er ein sonderbar doppeltes Spiel spielt: Hamlet muss sich nicht allein gegen den Geist behaupten, sondern auch gegen das Gespenst des ersten Geistes und gegen das Gespenst des ersten Hamlet. Das ergibt nicht nur einen veritablen Hyper-Pirandello-Effekt, sondern hilft uns auch besser zu verstehen, warum Hamlet, der sonst alles und jedes in Frage stellt, das Gebot der Rache nicht hinterfragt, da er doch so wenig Eifer an den Tag legt, es zu erfüllen.

Aber genau das ist typisch für Hamlets Bewusstsein; sein Geist ist so gewaltig, dass darin völlig gegensätzliche Haltungen, Bewertungen und Urteile kohärent nebeneinander existieren können, so kohärent, dass Hamlet allen Männern und auch einigen Frauen nahezu alles geworden ist. Hamlet, der den Wert der Liebe verschmäht, verkörpert den Wert der Persönlichkeit. Wenn er sein eigener Falstaff ist (die schöne Formel stammt von Harold Goddard), so ist er ein Falstaff, der keinen Hal mehr braucht, so wie er auch die arme Ophelia nicht braucht und ebenso wenig Horatio, der nur als überlebender Berichterstatter unverzichtbar ist. Gemeinsam ist dem *Magister ludi* Falstaff und dem Dramaturgen Hamlet, dass sie erhabenen Witz als Anti-Machiavelli einsetzen, als Waffe gegen eine korrupte Welt.

Wir wissen nicht, wie verspielt Shakespeare war, aber wir kennen seine Theaterstücke, und auch das ist ein Grund, weshalb wir ihn leichter in Hamlet wiedererkennen als in Falstaff. Es fällt uns schwer, uns vorzustellen, wie Falstaff Schauspielern Anweisungen gibt, ja, selbst der Gedanke, Sir John könnte sich im Theater ein Schauspiel ansehen, ist uns fremd – für ihn ist ja die ganze Wirklichkeit ein Spiel. Wir genießen es, wenn Falstaff für uns Heinrich IV. gibt und anschließend den Prinzen Hal, aber wir wären perplex, wenn Falstaff Falstaff spielte, weil er so ganz und gar mit sich selbst identisch ist. Eine jener zahlreichen Fähigkeiten des Prinzen, über die wir nur ratlos staunen können, ist die, dass er uns immer im Ungewissen lässt, ob er nun gerade den Hamlet, »wunderlich« oder normalsinnig, nur schauspielert oder nicht. Mimesis, die überzeugend nachahmende Darstellung einer Person, ist ein Problem, das Hamlet beschäftigt, Falstaff lässt es ganz kalt. Bei aller Brutalität gegenüber Falstaff, einer Brutalität, deren Hamlet niemals fähig wäre (man stelle sich vor, Hamlet stieße Horatio in dieser Weise von sich!), hat doch Hal etwas mit Hamlet gemeinsam, nämlich die mimetischen Interessen – auch er inszeniert gern Theater im Theater –, allerdings verbinden sie sich bei ihm mit einer Heuchelei, für die Hamlet nur Hohn übrig gehabt hätte. Wenn aber Hamlet je auf den Thron gelangt wäre, so sicher nicht als eine witzigere Version von Fortinbras, will sagen: als ein Heinrich V., vielmehr hätte er, auch hierin ganz sein eigener Falstaff, sein Spiel zur Kunst gesteigert. Wir kommen hier wieder auf das Paradox zurück, dass Hamlet den *Hamlet* hätte schreiben können, während Falstaff es für überflüssig gehalten hätte, eine Falstaffiade zu verfassen. Falstaff ist ganz immanent, und er besitzt in überquellender Fülle jenes Sein, das Jago und Edmund fehlt. Falstaff lehrt, wie Sinn zustande kommt – Hamlet, der ebenso negativ wie witzig ist, verhindert, vereitelt Sinn, außer im Jenseits der Transzendenz.

Der christliche Denker Auden, der dennoch Witz besaß und Falstaff weit mehr schätzte als Hamlet, nannte den fetten Ritter »ein komisches Symbol für die übernatürliche Macht des Erbarmens«, eine Entdeckung, die mir einiges Unbehagen bereitet, da Auden letztlich dem von der Welt verachteten Falstaff christusähnliche Züge verleiht. Man kann durchaus mit Auden Don Quijote über Hamlet stellen, wenn man denn Kierkegaard folgen will, der den Apostel dem Genie vorzieht. Allerdings mutet es schon recht merkwürdig an, dass Auden aus dem Genie Falstaff partout einen Apostel machen will, da es doch bei Shakespeare schlicht keine Apostel gibt. Kierkegaard zum Beispiel, wie Hamlet ein witziger und melancholischer Däne, war dennoch ein

Charakter, den Shakespeare schwerlich erfunden haben könnte, eben weil er ein Apostel war. Auden war zum Glück keiner, sondern ein wahrer Falstaffianer im Geiste, und daher sei es ihm verziehen, dass er Sir John sich selbst entfremdet, indem er ihn zu einem christlichen Missionar macht.

Gibt es im Werk Shakespeares Figuren, die ebenso autonom sind wie Falstaff und Hamlet? Zur Klasse der großen Charaktere müssen auf jeden Fall Bottom, Shylock, Rosalind, Jago, Lear, Macbeth, Kleopatra und Prospero gerechnet werden. Aber wenn alle diese Persönlichkeiten auch zu tiefen Betrachtungen anregen können, so ist doch jede einzelne mehr in die Welt des umgebenden Stücks eingebunden und davon abhängig als Falstaff und Hamlet. Falstaff ist ohne Zweifel Shakespeare aus der Hand geglitten und hat sich von ihm emanzipiert; dasselbe konnte, glaube ich, dem Dichter mit Hamlet nicht passieren, denn ihn schuf er als einen inneren Menschen, Falstaff dagegen war anfangs nur eine äußerliche Konstruktion, die sich, vielleicht sogar gegen Shakespeares ursprüngliche Absichten, verinnerlichte. Hamlet, so vermute ich, war gewollt, das Produkt langwieriger Überlegungen und eben nicht wie Falstaff ein glücklicher Wurf. Beide Figuren füllen allein den dramatischen Raum, in dem sie agieren, restlos aus, aber nur Hamlet war diese Rolle von Anfang an zugedacht: Er soll die Bühne beherrschen, das ist seine einzige Rolle; anders als Falstaff ist er kein Rebell, der gegen die Zeit und die Ordnung aufbegehrt. Falstaff ist glücklich, Hamlet unglücklich im Bewusstsein seiner selbst und der Realität. Die beiden zusammen bezeichnen das Zentrum von Shakespeares Kunst der Menschenerfindung.

3

Eine der Merkwürdigkeiten an Shakespeares triumphaler Wirkungsgeschichte ist, dass ein Werk, das sich durch ein in der abendländischen, wenn nicht der Weltliteratur einzigartiges Maß an Originalität auszeichnet, uns derart vertraut werden konnte, dass wir, bereits wenn wir ihm zum ersten Mal begegnen, das Gefühl haben, wir hätten es schon einmal gelesen. Hamlet – als Person, oder, wem dies lieber ist, als Rolle – ist bei aller Originalität jedermann ebenso vertraut wie das Stück, in dem er agiert. Dr. Johnson, der den künstlerischen Wert des *Hamlet* schwerlich in Frage stellte, pries die abwechslungsreiche »Vielfalt« des Stücks, und vielfältig vielschichtig ist auch die Persönlichkeit des Protagonisten. Wie das Stück so hat auch der Prinz eine Ausnahmestellung im Werk Shakespeares, nicht zuletzt deswegen, weil die Macht der Gewöhnung dem Reiz seines unbegrenzt wandelbaren Wesens nichts anhaben kann. Er ist ein Held, den man für einen Bösewicht halten kann, wenn man seine Handlungsweise betrachtet: er ist kalt, scheut sich nicht, Menschen zu manipulieren, tötet bedenkenlos, er ist ein Egozentriker, ein Nihilist. In einer solchen Beschreibung könnten wir Jago sehr wohl wiedererkennen, Hamlet dagegen nicht, sein Wesen ist mit diesem Verfahren nicht zu erfassen. Was ihn unverwechselbar macht, ist sein Bewusstsein, das so wach und klar ist wie das keiner zweiten literarischen Gestalt. Hamlet vermittelt uns die Illusion, dass ihm nichts entgeht, dass ihm nichts fremd ist. Er ist ein Henry James, der auch mit dem Degen umgehen kann, ein Philosoph, der eines Tages das Reich regieren soll, Prophet einer geistigen Wachheit, die den Menschen eines noch fernen besseren Zeitalters vorbehalten ist.

Obwohl Shakespeare nach dem *Hamlet* noch sechzehn Stücke schrieb und sich erst am Anfang der zweiten Hälfte seiner Karriere befand, ist doch unverkennbar, dass dieses Drama in gewissem Sinn sein Alpha und Omega war. Der ganze Shakespeare steckt darin, es ist Historie, Komödie, Satire, Tragödie, Romanze – man beginnt notgedrungen wie Polonius zu reden, wenn man versucht, diese »unbegrenzte Dichtung« in Kategorien zu zwängen. Polonius meint mit »poem unlimited« nur jene

Gattung dramatischer Dichtung, die sich nicht an das Gebot der Einheit von Zeit und Ort, wie es der neoklassizistische Ben Jonson verfocht, zu halten braucht – der *Hamlet* aber vernichtet ironisch, und noch drastischer, als es der *Othello* tun wird, alle kohärente Vorstellung von Zeit. Shakespeare selbst hat wahrscheinlich sehr genau gewusst, dass der Ausdruck, den er Polonius in den Mund legte, besser als irgendein anderer das Genre bezeichnen kann, dem sein neuer *Hamlet*, Tragödie und Nicht-Tragödie in einem, zuzurechnen war. Von Goethe, dessen *Faust* dem *Hamlet* nur allzu viel verdankte, kann man besser als von jedem anderen lernen, was solche unbegrenzte Dichtung vermag. Die dämonische Apokalypse des *Faust II* ist wahrhaftig skandalös unbegrenzt und verliert doch viel von ihrer Aura, wenn man das Stück direkt dem *Hamlet* gegenüberstellt. Shakespeares Drama ist, denke ich, ebenso individualistisch, kapriziös, launenhaft wie der *Faust II*, und es fasst dennoch auf unheimliche Weise in sich einen noch weiteren Raum als selbst Goethes Hexenwerk. Der »verlorene« *Ur-Hamlet* war ohne Zweifel nicht weniger eine Shakespearesche Rachetragödie als der *Titus Andronicus* oder der *Julius Cäsar* (wenn man nämlich das Stück so betrachtet, als hieße es *Die Rache des Mark Anton*), aber der gloriose *Hamlet* ist ein kosmologisches Drama vom Schicksal des Menschen, und die Rache ist nur ein dramatischer Vorwand und nicht der eigentliche Motor des Stücks. Vergessen wir Hamlets »Entscheidungsschwäche« und seine »Pflicht«, den thronräuberischen Onkel umzubringen. Hamlet selbst braucht eine Weile, um all das zu vergessen, aber am Anfang des 5. Akts hat er es endgültig hinter sich gelassen: der Geist, das Gespenst des Vaters ist fort, das Schreckbild hat keine Macht mehr über ihn, und wir fangen an zu erkennen, dass Innehalten und Innewerden in diesem gewaltigen Stück ein und dasselbe sind. Wir könnten geradezu davon sprechen, dass das Bewusstsein als solches zögere, denn Hamlet wird zum Schöpfer jenes Dramas der gesteigerten Identität, das

selbst Pirandello und Beckett nur, in verschärft verzweifeltem Ton, kopieren konnten und das Brecht vergeblich zu unterwandern versuchte. Brechts marxistisch motiviertes Unternehmen lebt heute ebenfalls in Kopien wieder auf, so in Tony Kushners Stück *Angels in America*, das zeigen will, dass es keine wirklichen Individuen gibt, das sich aber nur dort zu echtem Pathos aufschwingen kann, wo der schurkische Held Roy Cohn, so einsam wie nur je ein gequältes Bewusstsein in der Tradition Hamlets, sich der Bühne bemächtigt.
Wir Nachgeborenen, ob wir es nun wissen oder nicht, können genau genommen gar nicht von Hamlet absehen, wenn wir über uns selbst als isolierte Individuen nachdenken. Seine Welt ist nicht in erster Linie eine Welt der Entfremdung der Menschen voneinander und auch nicht eine Welt ohne Gott (oder eine von Gott verlassene Welt), vielmehr ist seine Welt das innere Ich, das immer größer und reifer wird, das er bisweilen zurückweisen möchte, das er aber gleichwohl fast durchgehend, wenn auch nicht explizit, feiert. Was ihn von seinen Erben, von uns, unterscheidet, ist wohl kaum etwas Historisches, denn er ist uns ja zugleich weit voraus und wird es immer sein. Eine unablässig suchende Vorläufigkeit zeichnet sein immer knospendes Bewusstsein aus; wenn er es nicht schafft, sich selbst je vollständig zu erkennen, so deswegen, weil er ganz Sensibilität in brandender Bewegung ist, sein Denken und Empfinden jagt immer vorwärts. Für Hamlet ist das Ästhetische, wie Wilde bemerkt hat, keine Mystifikation, sondern es stellt die einzige normative oder moralische Instanz für das Bewusstsein dar. Und Wilde sagt auch, Hamlet sei schuld daran, dass die Welt traurig geworden sei. Je mehr sich Hamlet seiner selbst bewusst wird, desto stärker wird seine Melancholie, die zunehmend alles andere verdrängt.
Kein Mensch wird je auf die Idee kommen, Hamlet als den »fröhlichen Dänen« zu charakterisieren, aber man kann einem derart lebendigen und jederzeit hellwachen Geist unmöglich ge-

recht werden, indem man ihm kurzerhand das Etikett »melancholisch« aufklebt. Selbst in seinen dunkelsten Momenten hat Hamlets Gram etwas Unentschlossenes. Man könnte von einer »zögerlichen Trauer«, einem Trauern mit Vorbehalt, sprechen; das klingt wie ein Oxymoron, beschreibt aber ziemlich genau das Wesen Hamlets, der sich nie rückhaltlos hingibt, sich nie restlos mit einer Überzeugung, einer Haltung, einer Mission oder was auch immer identifiziert. Seine Sprache verrät es allenthalben, keine zweite literarische Figur springt so geschwind von einer Stilebene zur anderen. Er hat kein Zentrum: Othello hat seinen Beruf, das ruhmreiche Kriegshandwerk, Lear, jeder Zoll ein König, hat seine Majestät, Macbeth seine proleptische Einbildungskraft, die seinem Ehrgeiz vorauseilt. Hamlet ist zu intelligent, als dass er je mit einer einzigen Rolle eins sein könnte, und selbst die Intelligenz verliert ihre zentrale Stellung in dem Moment, wo sie sich der absoluten Desinteressiertheit des Prinzen verbindet. Es ist letztlich unmöglich, Hamlet auf einen Begriff zu bringen. Falstaff, der kaum weniger intelligent ist, identifiziert sich mit der Freiheit des Witzes, mit dem Spiel. Auch Hamlet ist frei, auch er amüsiert sich mit bitterem Witz und bitterbösem Spiel, aber das ist nur ein Aspekt seiner Person, in anderer Beziehung ist er determiniert, fremdbestimmt, und wir können keine endgültige Balance finden.

Wenn wir es mit einem christlichen oder mit einem unchristlichen Stück zu tun hätten, so könnten wir sagen, Hamlet sei ein Gesegneter, ein Träger jenes alttestamentarischen Segens, der auf David, Joseph und dem listigen Jakob ruhte. Hamlet besitzt mehr Charisma als irgendeine andere Figur Shakespeares, noch mehr als Falstaff und Kleopatra, aber er trägt den Segen wie einen Fluch. Claudius teilt uns voller Groll mit, dass das dänische Volk Hamlet liebe, und das Publikum fast aller Zeiten hat diese Zuneigung geteilt. Nun ergibt sich aber ein Problem: Segen bedeutet »mehr Leben für eine grenzenlose Zeit«, Hamlet jedoch verkörpert zwar durchaus eine derartige heroische Lebensfülle, aber er steht eben auch für die Grenze der Zeit schlechthin, für den Tod, das unbekannte Land. Shakespeare schuf in Hamlet die personifizierte Dialektik antithetischer Wesenszüge, deren Widerspruch selbst der Tod nicht auflösen kann. Hamlet repräsentiert nichts Geringeres als Shakespeares Kreativität, seine Kunst, die selbst Natur ist. Und Hamlet ist auch Shakespeares Tod, sein toter Sohn und sein toter Vater. Das klingt überspannt, ist aber eine ganz handfeste Wahrheit. Wenn eine Figur sowohl die leibhaftige Kunst ihres Autors als auch dessen nihilistische Perspektive darstellen soll, liegt es nahe, dass sie eine extrem undurchsichtige und vieldeutige Rolle spielen wird, die eines schurkischen Helden. Hamlet ist ein transzendentaler Held, der mit gleichem Recht wie der David im Buch Samuel als ein Mensch ganz neuen Typs gelten darf, aber der unmittelbare Vorgänger Jagos und Edmunds ist auch ein Schurke neuen Typs, nämlich ein Autor des Bösen, der lebendige Menschen benutzt und nicht bloß Wörter, um sein dramatisches Werk zu schaffen. Hamlet allerdings ist mehr Held als Schurke, weil seine Transzendenz am Ende triumphiert, obwohl er mehr oder weniger direkt den Tod von sieben Menschen und seinen eigenen dazu verschuldet hat. Der Täter Hamlet hat dafür gesorgt, dass am Ende nur noch der farblose Horatio, der schneidige Fortinbras und der Hofschranze Osric auf der Bühne stehen.

Die Durchtriebenheit, mit der Shakespeare seinen Hamlet als einen Tanz von Widersprüchen angelegt hat, ist nicht genug zu rühmen, auch wenn er auf diese Weise in der Nachwelt eine Menge Missverständnisse, darunter viele kreative, provoziert hat. Auf dem Tintenmeer der Hamlet-Interpretation schwimmen lauter Enten: Hamlet, der Mann, der zu viel denkt, der sich nicht entscheiden kann, der zu gut ist für seine Aufgabe, zu gut für die Welt. Wir haben einen romantisch verklärten und einen modernistisch vulgarisierten Hamlet erlebt, und heute haben wir einen

Hamlet à la Foucault, den Subversion-und-Regulations-Hamlet, Superlativ des französischen Hamlets von Mallarmé, Laforgue und T. S. Eliot. Diese Spottgeburt war in meiner Jugend herrschend, im Zeitalter Eliots. Man kann ihn auch den neo-christlichen Hamlet nennen: Oben auf den Zinnen von Helsingör (oder Yale) tritt er dem Geist gegenüber, der eine nostalgische Erinnerung an eine verlorene Spiritualität ist. Das ist offensichtlich absurd, es sei denn, man wäre mit Eliot der Ansicht, der Teufel sei besser als weltlich aufgeklärte Sinnlosigkeit. Auden bewies mehr Verstand, wenn er (mit einiger Missbilligung) in Hamlet den Genius weltlicher Transzendenz sah; damit kommt man Shakespeares rätselhafter Intellektuellengestalt schon ziemlich nahe, die selbst auf subtilere Weise als der faule Hof und Staat Dänemark korrumpiert ist. Die Doppeltheit der Haltung, die weltlich und transzendent zugleich ist, gehört Shakespeare selbst an; sie ist allenthalben präsent in den Sonetten und findet im *Hamlet* einen Ausdruck, der auf seltsame Weise persönlicher ist als in der brillant ranzigen Triade *Troilus und Cressida*, *Ende gut, alles gut* und *Maß für Maß*. Falstaff war vielleicht in Shakespeares Augen die größere Kostbarkeit (und wir sollten eigentlich auch so urteilen), aber Hamlet war eine zutiefst persönliche Angelegenheit für seinen Schöpfer. Wir brauchen wohl nicht zu fürchten, dass wir allzu sehr in die Nähe der heute so verschrienen Shakespeare-Anbeter der Romantik geraten, wenn wir vermuten, dass Hamlet recht weitgehend Shakespeares eigenes Bewusstsein ist.

Hamlet könnte nie überstürzt handeln, etwas in ihm ist eisern entschlossen, nicht allzu entschlossen zu sein. Seine Freiheit besteht nicht zuletzt darin, dass er den Dingen nicht vorauseilt. Spiegelt er, so verstanden, Shakespeares ironisches Bedauern darüber wider, dass er den *Ur-Hamlet* zu früh, ja ganz am Anfang seiner Karriere als Dramatiker, geschrieben hat? Unabhängig davon, ob wir nun glauben, dass Hamlet die große Rede des Schauspieler-Königs (III.2, 186–215 [646 f.]) geschrieben hat oder nicht, fragen wir uns: Steht sie nicht vielleicht im selben Verhältnis zu *Die Ermordung des Gonzago* wie zum *Ur-Hamlet*? Die Rede in ihrer ganzen Negativität kann auch als Kommentar zu Shakespeares misslungenem frühen *Hamlet* verstanden werden. Wenn man das 1600–1601 vollendete Stück als das Produkt einer Revision auffasst, so eröffnet diese Perspektive auch einen neuen Zugang zum Helden des Dramas, insofern nämlich, als man ihn als einen Menschen erkennt, der sich selbst revidiert. Die Ironien der Rezeptionsgeschichte hätten Shakespeare gewiss köstlich amüsiert! Wenn meine Vermutung zutrifft, dass Shakespeares *Ur-Hamlet* älter ist als *Die spanische Tragödie* und Kyd überhaupt erst zu seinem Unternehmen anregte, so war Shakespeare sowohl der Erfinder als auch der große Erneuerer der Rachetragödie. Eine zweite hübsche Ironie liegt darin, dass Ben Jonson, der seine Theaterkarriere als Schauspieler begann, den Rächer Hieronomo in der *Spanischen Tragödie* spielte und dieses Stück dann später revidierte – Shakespeare spielte den Geist des Vaters im Globe (und vielleicht auch den Schauspieler-König). Wie mag ihm zumute gewesen sein, wenn er an seinen Auftritt als Geist im *Ur-Hamlet* und an den Hohn, den der Ruf »Hamlet! Rache!« provoziert hatte, dachte?

Wenn man sich von der Vorstellung freimacht, Shakespeare habe ein *fremdes* Werk, nämlich den fabelhaften *Ur-Hamlet* Kyds, bearbeitet, so gewinnt der Begriff der Revision eine ganz neue Bedeutung. Aber auch das, was Hamlet tut, ist Selbst-Revision, Revision des Ich; schlägt in seiner Haltung Shakespeares hellsichtige Auseinandersetzung mit seinen eigenen stümperhaften Anfängen als Dramatiker durch? Von den parodistischen – Kyd und Marlowe parodierenden – Elementen des *Titus Andronicus* einmal abgesehen, ist dieses Stück eine wahre Gruselkammer voller Scheußlichkeiten, die uns zuverlässig davon abhalten, uns mit irgendeiner der handelnden Figuren positiv zu identifizieren. Der große Plagiator Brecht hat seinen »Verfremdungseffekt« ganz offenbar dem *Titus Andronicus* abgeschaut, dessen Titelheld uns gleich am Anfang von sich stößt, indem er Tamoras Sohn als Menschenopfer abschlachten lässt und dann auch noch seinen eigenen Sohn umbringt. Jeder Theaterbesucher und jeder Leser muss den bösen Mohren Aaron dem Titus vorziehen, denn Aaron ist ein furchtbarer Clown, während Titus ein furchtbarer Leidensmann ist.

Ich habe den Verdacht, dass Shakespeare bei seiner Arbeit nicht nur Marlowe und Kyd im Visier hatte, sondern auch seine eigene Sympathie für seinen ersten Hamlet, der wahrscheinlich ein tückischer Rächer war. Eines der Geheimnisse des letztgültigen Hamlet ist das seiner Liebenswürdigkeit: Warum, fragen wir uns verwundert, kann dieser Mann dem gemeinen Volk der Dänen und uns allen Liebe einflößen? Hamlet seinerseits liebt bis zum 5. Akt den toten Vater (oder doch wenigstens dessen Bild), aber nichts lässt darauf schließen, dass er sonst irgendeinen Menschen liebe oder je geliebt habe. Völlig kaltblütig ersticht der Prinz den Polonius, ebenso wenig Bedauern hat er für Ophelia übrig, die er in den Wahnsinn und in den Selbstmord treibt, oder für Rosencrantz und Guildenstern, die ihm nichts zu Leide getan haben und die er ohne Not in den Tod schickt. Wir glauben ihm nicht, wenn er Laertes gegenüber behauptet, er habe Ophelia geliebt, denn seiner Charismatikernatur ist Reue ganz offensichtlich fremd – allenfalls kann er Unterlassungen bedauern. Nicht mit Trauer, sondern mit Abscheu blickt er auf den Schädel des armen Yorick, und der letzte Gruß des Sohns an die tote Mutter lautet kurz und herzlos: »Arme Königin, fahr wohl!« Ein ungewöhnlich hohes Maß an Wertschätzung wird dem treuen Freund Horatio zuteil, aber auch von ihm reißt sich Hamlet los, als er ihm mit heftigen Worten verbietet, Selbstmord zu begehen: Nicht etwa weil Hamlet ihn liebt, muss der Freund weiterleben, sondern nur weil er das Geschick des Prinzen der Nachwelt melden soll, damit dessen Name nicht für immer verletzt bleibe. Die Vertreter der Anklage in einem »Fall Hamlet«, wie ihn in jüngster Zeit Alistair Fowler betrieben hat, können ohne Zweifel auf einiges Belastungsmaterial verweisen, aber wenn Hamlet auch wirklich ein schurkischer Held sein sollte, so bleibt er doch gleichwohl *der* Held des Bewusstseins in der Kultur des Westens.

Die Internalisierung des Ich ist eine von Shakespeares ganz großen Leistungen, bewundernswert nicht zuletzt deswegen, weil die Zeit in keiner Weise reif dafür war. Es gibt im Protestantismus ein wachsendes inneres Ich, aber es findet sich doch im gesamten Werk Luthers nichts, was uns das Mysterium Hamlets erklären könnte; seine wirkliche Innerlichkeit wird bleiben: »Was über allen Schein, trag ich in mir.« Shakespeare versucht nie, Hamlets Quintessenz direkt in dramatische Handlung umzusetzen – vielleicht war das eine Lehre, die er aus dem ersten *Hamlet* gezogen hatte –, stattdessen schenkt er uns die sieben großen Monologe, die bis heute alles andere als abgedroschen sind; sie werden lediglich von Regisseuren und Schauspielern verhunzt und von den Lesern nicht verstanden. Die erhabenste dieser Dichtungen, »Sein oder Nichtsein«, war Ralph Fiennes, dem Hauptdarsteller und Regisseur der letzten *Hamlet*-Inszenierung oder besser: *Hamlet*-Travestie, die ich gesehen habe, derart peinlich, dass er sich hinter der Bühne versteckt hielt, während er den ersten Teil der Rede vor sich hin brabbelte, um dann ins Rampenlicht zu treten und den Rest eilig herunterzuhudeln. Gleichwohl ist dieser Monolog das Zentrum des Hamlet, alles und nichts in einem, Fülle und Leere in changierender Gleichzeitigkeit. Diese Rede legt den Grund für alles das, was Hamlet im 5. Akt sagen wird, sie ist gewissermaßen seine vorweggenommene Totenrede, die Prolepsis seiner Transzendenz.

Es ist sehr schwierig, zu allgemeinen Aussagen über Hamlet zu gelangen, weil jeder einzelnen Beobachtung eine andere gegenübersteht, die sie zu widerlegen scheint. Er ist der Inbegriff der Trauer, aber er verleiht ihr mit unvergleichlich frischem Schwung

Ausdruck, und sein nimmermüder Witz lässt ihn in all seiner Düsternis hochgestimmt wirken. Zum Teil verdankt sich dieser Effekt einer verbalen Energie, die der Falstaffs nahe kommt. Ich mache mir manchmal einen Spaß daraus, mir vorzustellen, wie es wäre, wenn Shakespeare dem fetten Ritter nicht Prinz Hal, sondern den Prinzen Hamlet zum Partner gegeben hätte. Aber ich habe ja schon öfter die hübsche Feststellung Goddards zitiert, der zufolge Hamlet sein eigener Falstaff ist, und bei dem Gedanken, dass Falstaff die Rolle des Horatio übernehmen könnte, wird einem schwindlig. Und dennoch scheint mir Falstaff die Brücke zu sein, auf der Shakespeare vom Ur-Hamlet zum Hamlet gelangte: Weil er die Figur des Falstaff geschaffen hatte – in den Jahren 1596 bis 1598 –, konnte er den ersten Hamlet (mag dieser seine Existenz nun ihm selbst oder einem anderen verdanken) in den Hamlet von 1600–1601 verwandeln. Wie Swinburne bemerkt hat, zeichnet Falstaff und Hamlet eine Weite des Bewusstseins aus, die im Werk Shakespeares und überhaupt einzigartig ist. Beide Gestalten besitzen außerdem eine Gabe, die W. B. Yeats William Blake nachrühmte, die der »schönen, lachenden Rede«. Der Unterschied besteht darin, dass Falstaff oft aus ganzem Herzen lacht, mit unerschüttertem Glauben an die Sprache und sich selbst, Hamlets Lachen dagegen kann uns aus der Fassung bringen, weil es einer umfassenden Skepsis entspringt: Hamlet glaubt weder an die Sprache noch an sich selbst. W. H. Auden, dem Hamlet wohl nicht besonders sympathisch war, hat vielleicht am schärfsten gesehen, was gegen den Prinzen einzuwenden ist:

> Hamlet fehlt der Glaube an Gott und an sich selbst. Folglich muss er seine Existenz als Funktion fremder Existenzen definieren, etwa in der Art: Ich bin derjenige, dessen Mutter seinen Onkel, der seinen Vater ermordete, geheiratet hat. Er wäre gerne wie der Held einer griechischen Tragödie: eine

> Kreatur der Umstände. Daher seine Unfähigkeit zu handeln; er kann nur eine »handelnde Person« *spielen*, und das heißt letztlich: mit Möglichkeiten tändeln.

Das ist ungeheuer durchtrieben: Hamlet möchte vielleicht gern wie Ödipus oder Orest sein, aber (auch wenn Freud anderer Meinung ist) er ist keinem von beiden im Geringsten ähnlich. Es fällt mir allerdings schwer, Hamlet als »eine Kreatur der Umstände« zu begreifen, weil seine Umgebung, seine Mitmenschen diesen Helden der Innerlichkeit kaum überhaupt kümmern. Das ist der Grund, weshalb es keine zentrale Szene oder Passage im *Hamlet* gibt. Hamlet, der freieste Künstler seiner selbst, den Shakespeare geschaffen hat, weiß nichts von unentrinnbaren Zwängen äußerer Notwendigkeit, auch wenn der Geist des Vaters sie ihm auferlegen will. Er klagt zwar, er sei nicht frei, aber wie könnten wir einem Geist, der sich ständig selbst zu belauschen scheint, sogar dann, wenn er schweigt, das (oder sonst etwas) glauben? Wie könnten wir ein derart wandlungsfähiges Wesen, das mit nahezu jeder Äußerung unsere Erwartungen durchkreuzt, sich andauernd verändert, als »eine Kreatur der Umstände« begreifen? Auden sagt freilich, Hamlet *wäre gerne* eine solche Kreatur, er *ist* es also, so muss man schließen, nicht, mag auch sein Wunsch als solcher dafür verantwortlich sein, dass der Prinz nicht wirklich handeln, sondern nur spielen kann. Aber bedeutet das tatsächlich einen Mangel, ein Defizit? Richard Lanham gelangt zu dem Urteil, dass Hamlets Identität von seinem zutiefst theatralischen Wesen gar nicht zu trennen ist; dem ist, ebenso wie Audens These, schwer zu widersprechen, und doch ist es (für mich jedenfalls) eine sehr schmerzhafte Erkenntnis. Jago und der Edmund im *Lear* sind große und mörderische Schauspieler – Hamlet ist etwas anderes, obwohl auch sein Spiel mörderisch genug ist; immerhin steckt doch so viel blutiger Ernst darin, dass nur Horatio, Fortinbras und Osric mit dem Leben davonkommen.

Der Hamlet des 5. Akts spielt nicht mehr; er ist während seiner kurzen Seereise um zehn Jahre gealtert, und wenn er seinem ganzen Wesen nach immer noch eine theatralische Existenz ist, so ist sein Theater von anderer Art, ein merkwürdig transzendentales, entrücktes Über-Theater, in dem der abgrundtiefe Widerspruch zwischen »eine Person *spielen*« und »eine Person *sein*« aufgehoben ist.

Das bringt uns wieder dorthin zurück, wo alle Wege des reifen Hamlet hinführen, nämlich zum Problem der Revision des Ich, zum Wandel durch Selbstbelauschung und zur willentlichen Selbstveränderung. *Hamlet*, wie immer auch die Urfassung ausgesehen haben mag, ist zuallererst das Drama eines tragischen Helden, der sein Selbstgefühl, sein ganzes Wissen von sich selbst, einer Revision unterzieht. Nicht von der künstlichen Stilisierung eines Ich ist die Rede, sondern von einer Revision; für Foucault ist das Ich etwas, das erst gemacht werden muss, für Shakespeare ist es vorgegeben und allerlei Veränderungen unterworfen. Der große Topos Shakespeares ist der des Wandels: Alle seine Erzschurken, von Richard III. bis hin zu Jago, Edmund und Macbeth, machen auf ihrer Bahn erstaunliche Wandlungen durch. Man wird den *Ur-Hamlet* niemals wiederfinden können, er ist im Palimpsest des *Hamlet* letzter Hand aufgehoben. Die Haltung des Spotts ist Hamlet wesentlich, er spottet über sich selbst und über andere und auch über die Rache, so dass sich die Grenze zwischen Rachetragödie und Satire verwischt. Hamlet erkennt irgendwann, dass seine Traurigkeit und sein komisches Genie immer miteinander über Kreuz liegen werden. Er ist im 5. Akt weder lustig noch melancholisch: Bereitsein, Willens-Sein, ist alles. Shakespeare schlägt so der moralischen Kritik die Waffen aus der Hand und erteilt seinem Helden die Absolution, bevor das blutige Finale seinen Lauf nimmt. Gertrude, Laertes, Claudius und Hamlet selbst fallen allesamt den heimtückischen Machenschaften des Königs zum Opfer, aber Polonius, Ophelia,

Rosencrantz und Guildenstern hat er nicht auf dem Gewissen, vielmehr ist für ihren Tod die theatralische Natur Hamlets verantwortlich, der in sonderbarer Personalunion die Rolle der komischen Figur und des Rächers gleichzeitig spielt. Aber selbst Claudius wird nicht eigentlich ein Opfer der Rache – sein Tod ist eher die letzte Entropie seiner Tricksereien.

Die letzte blutige Szene gibt also nichts her, was gegen Hamlet zu verwenden wäre, und das erlösende Ende seiner Selbstrevision wird vom Publikum als eine transzendentale Musik erlebt, die im Gesang von Horatios Engelschören und Fortinbras' Ehrensalven ausklingt. Ist es gar zu fantastisch, wenn wir vermuten, dass Shakespeare, indem er sich selbst revidierte, auch einen Weg fand, sich von der Trauer um seinen eigenen Sohn Hamnet zu erlösen? Kenneth Burke hat mich gelehrt, immer zu fragen: Welchen ganz persönlichen Gewinn versprach sich der Autor/die Autorin von diesem Werk? Von ihm habe ich auch gelernt, Nietzsches große Weisheit auf den Hamlet zu beziehen: »Wofür wir Worte haben, darüber sind wir auch schon hinaus. In allem Reden liegt ein Gran Verachtung.« Nichts ist dem Geist Hamlets näher und dem Falstaffs ferner als diese Erkenntnis. Wofür Falstaff Worte hat, das lebt in seinem Herzen, und in seinem Reden liegt kein Gran Verachtung. Falstaff besitzt Witz, damit er nicht an der Wahrheit zu Grunde gehe; Hamlet tut allen Witz von sich ab, ehe er in den 5. Akt eintritt, und so wird er zu der erhabenen Persönlichkeit, deren Schicksal es ist, an der Wahrheit zu Grunde zu gehen. Indem er Hamlet revidierte, erlöste sich Shakespeare von ihm und wurde wieder frei wie Falstaff.

Der »endgültige« *Hamlet* (wenn man ihn so bezeichnen will) hat etwas an sich, was ihm eine Ausnahmestellung unter den etwa drei Dutzend Stücken Shakespeares verleiht. Möglicherweise hat man das schon immer so empfunden, aber dokumentiert wird dieses Gefühl zum ersten Mal 1770 von Henry MacKenzie, der die »extreme Sensibilität« von Hamlets Geist rühmte. Hamlet verkörperte für MacKenzie »die Majestät der Melancholie«. Dr. Johnson scheint Ophelia stärker angerührt zu haben als der Prinz von Dänemark, der, wie er kühl anmerkt, »das ganze Stück hindurch mehr ein Werkzeug als eine handelnde Person« sei. Diese Beobachtung widerspricht nicht notwendigerweise dem Bild Hamlets, das die deutschen und englischen Romantiker zeichneten, aber Johnson ist dennoch Lichtjahre weit vom romantisierten Hamlet entfernt. In der Literaturkritik von Goethe und Hazlitt über Emerson und Carlyle bis hin zu A. C. Bradley und Harold Goddard dominiert die Begeisterung für den zaudernden Helden, aber der Überschwang solcher Gefühle inniger Nähe verleitet uns dazu, Hamlets fortdauernder Fremdheit und seiner Einzigartigkeit, der alle Nachahmer nichts anhaben konnten, allzu wenig Aufmerksamkeit zu widmen. Was immer Hamlet Shakespeare genau bedeutet haben mag, so verhält er sich doch jedenfalls zu allen anderen literarischen Gestalten wie Shakespeare zu allen anderen Schriftstellern: Er ist eine Klasse für sich, seine Intelligenz und sein ästhetischer Wert haben nicht ihresgleichen. Der Prinz und der Dramatiker sind Genies der Veränderung, und Hamlet ist wie sein Schöpfer kein bloßes Werkzeug der Veränderung, sondern sehr wohl ein aktiver Veränderer (hier hat Dr. Johnson ganz deutlich genickt).

Wenn man ein Leben lang fleißig ins Theater geht, kann man die Erfahrung machen, dass es unter all den verschiedenen Lears, Othellos und Macbeths doch immer wieder gewisse Ähnlichkeiten gibt. Dagegen unterscheiden sich die Hamlet-Interpretationen in geradezu absurder Weise voneinander. Der denkwürdigste Hamlet, den ich gesehen habe, der von John Gielgud, besaß den ganzen charismatischen Adel des Prinzen, allerdings kam vielleicht seine rastlose Intellektualität ein bisschen zu kurz. Es wird immer so viele Hamlets geben, wie es Schauspieler, Regisseure, Zuschauer, Leser, Kritiker gibt. Hazlitt spricht eine

Wahrheit jenseits aller romantischen Schwärmerei aus, wenn er sagt: »Hamlet, das sind wir selbst.« Dieses »wir« schließt gewiss auch Dostojewski, Nietzsche und Kierkegaard, Joyce und Beckett ein. Hamlet hat sich im Bewusstsein der Literaten des Westens festgesetzt, er beherrscht die Bewusstseinsschwellen, keiner kann an ihm vorbei in transzendentale Jenseitsräume hinüber. Aber die meisten von uns sind keine schöpferischen Denker und Künstler, auch wenn wir an einer wesentlich literarischen Gesamtkultur teilhaben (einer Kultur, die von den Universitäten schon jetzt verschwindet und vielleicht nur allzu bald ganz ausgerottet sein wird). Was Hamlet seine Universalität verleiht, ist vor allem seine besondere Trauer und die Anmut, mit der er trauert. Am Anfang zentriert sich diese Trauer um den toten Vater und die verlorene Mutter, aber im 5. Akt ist ihr Brennpunkt überall und ihre Reichweite endlos.

Shakespeare hatte seine eigenen, ganz persönlichen Kümmernisse, in den Jahren 1600–1601, als der *Hamlet* seine endgültige Form annahm, noch mehr als 1587–1589, der Zeitspanne, in der vielleicht die Anfänge seines Dramas liegen. Wenn es freilich die Trauer um das Kind Hamnet war, die Shakespeare vor allem beschäftigte, so hat sie in Hamlet eine völlig andere Gestalt angenommen. Was Hamlets Zauber ausmacht, ist nicht zuletzt seine Unbekümmertheit; obwohl er im 5. Akt ganz Revisionär ist, erscheint er wie von einer Flutwelle der Uninteressiertheit, des Seelenfriedens getragen, als ob er mit jeder Verwandlung seines Ich einverstanden wäre und nur nicht gewillt, die Veränderung zu *wollen*. Der Dramatiker Shakespeare scheint in seiner Weise bisweilen ebenfalls recht unbekümmert, aber das bedeutet nicht, dass er etwa achtlos die Regeln der Kunst in den Wind geschlagen hätte, vielmehr drückt sich darin dieselbe Offenheit gegenüber der Veränderung aus, die auch Hamlet auszeichnet. Auch hier sehen wir eine Parallele zwischen dem universalen, aber diffusen Hamlet und dem Dramatiker, der zu voller Universalität gelangt, indem er ein frühes, vielleicht sein allererstes Werk wiederaufgreift, eines, an dem er gescheitert war. Alles scheint mir dafür zu sprechen, dass der *Hamlet* von Anfang an immer in Shakespeares Vorstellung als *sein* Stück präsent gewesen war, und es ist kein Zufall, dass er, nachdem er die Neufassung erfolgreich beendet hatte, mit solchem Elan die folgenden großen Tragödien anpackte: *Othello*, *König Lear*, *Macbeth*, *Antonius und Kleopatra*, *Coriolanus*. In Hamlets Wesen, jedenfalls in den Akten 1 bis 4, liegt etwas wild unwiderstehlich Triumphales, und die tragische Apotheose des Prinzen scheint in dem Dramatiker ähnlich sieghafte Energien freigesetzt zu haben. Irgendwie hatte Hamlet mit seinem erhabenen Tod alles gut gemacht, und auch Shakespeare hatte seinen *Hamlet* (und Hamlet) im zweiten Anlauf zu einem guten Ende gebracht und war nun frei für die Tragödie.

Shakespeares einziger Sohn und sein Vater waren tot, als der gereifte *Hamlet* entstand, aber ich habe nicht den Eindruck, dass der Gedanke der Sterblichkeit in dem Stück stärker präsent wäre als in irgendeinem früheren oder späteren Werk Shakespeares. Auch Hamlet hat keine auffällig intensive Beziehung zum Tod; Horatio hat ganz Recht, wenn er die Bluttaten seines Freundes »casual slaughters« nennt. Was den *Hamlet* von früheren Werken (den ersten *Hamlet*, so nehme ich an, eingeschlossen) unterscheidet, was sich verändert hat, hat mit dem Problem der Veränderung zu tun, denn Hamlet verkörpert den Wandel. Die letztgültige Verwandlung ist der Tod – vielleicht erklärt sich hieraus die weit verbreitete Vorstellung, Hamlet sei in ganz besonderer Weise mit dem Tod assoziiert. Die Gestalt des Prinzen *muss* uns verunsichern: wir haben es hier mit einer Figur zu tun, die sich andauernd, praktisch mit jeder Äußerung, verändert und dennoch genügend konsistente Identität bewahrt, um unverwechselbar zu bleiben.

Fast alle Versuche, die Umrisse des *Ur-Hamlet* zu rekonstruieren, gingen von der Annahme aus, Kyd sei der Autor, und so ist es denn zu erklären, dass man das Stück weithin für so etwas Ähnliches wie *Die spanische Tragödie* hält. Wenn es aber, wie ich glaube, in Wahrheit von Shakespeare stammt, so müssen wir uns, um etwas darüber herauszufinden, an seine Dramen halten, und zwar an seine frühesten außerhalb des komischen Fachs; das sind die drei Teile von *Heinrich VI.* und *Richard III.*, dazu kommt noch der *Titus Andronicus*, der vielleicht insofern als Shakespeares Gegenstück zu dieser Tetralogie aufzufassen ist, als er hier in parodistischer Form gegen Marlowes Geist rebelliert, der in diesen Historien stürmt. In diesen frühen Dramen finden sich nur zwei Figuren von einiger Bedeutung, nämlich Richard und der Mohr Aaron, und beide sind Varianten des Machiavellisten Barabas, des schurkischen Helden von Marlowes *Der Jude von Malta*. Ich vermute, dass der junge Shakespeare, überwältigt von dem Erlebnis des *Tamburlaine* (beide Teile des Dramas waren gegen Ende des Jahres 1587 auf der Bühne zu sehen) und entschlossen, etwas Ähnliches zu schaffen, 1588 mit der Arbeit an seinem *Hamlet* begann und das Stück im Jahr darauf, nun ganz im Bann des *Juden von Malta* stehend, vollendete. Aaron ist (wie ich oben gezeigt habe) unverkennbar eine bewusst gestaltete Travestie des Barabas, überhaupt ist der *Titus Andronicus*, auch wenn viele Kollegen ganz anderer Meinung sind, eine ungeheure Verhöhnung Marlowes. Selbst der Held Hamlet, den wir kennen, hat sehr viel von einem Bösewicht in der Art Jagos, und der Hamlet von 1588–1589 besaß wohl die Tücke seines Vorbilds Barabas, wenn er auch anders als dieser auf Notwehr plädieren konnte und für eine »gerechte« Sache kämpfte.

4

War Shakespeares erster *Hamlet* eine Tragödie? Durfte der Held am Ende, so wie in den alten Versionen der Geschichte, triumphieren, oder starb er wie der Hamlet von 1601? Wir wissen es nicht, ich vermute aber, dass der *Ur-Hamlet* eher *Hamlets Rache* als *Die tragische Geschichte von Hamlet, dem Prinzen von Dänemark* hätte heißen können. Vom Schluss einmal abgesehen könnte die Handlung hier und dort ziemlich weitgehend dieselbe gewesen sein, der große Unterschied lag wohl in der Figur Hamlets. In der ersten Fassung wird er ähnlich wie Richard III. und Aaron nicht viel mehr als eine Grobskizze im Stil Marlowes gewesen sein. Der Hamlet von 1600–1601 ist mit dem ganzen Reichtum an Innerlichkeit ausgestattet, den Shakespeare bis dahin angehäuft hatte; er ist der Erbe einer langen Reihe von Ahnen, die mit dem Bastard Faulconbridge in *König Johann*, Richard II., Mercutio, Julia, Bottom, Portia und Shylock begann und in dem unsterblichen Falstaff einen ganz Großen hervorbrachte. Heinrich V., Brutus und Rosalind bereiteten dann Hamlet den Weg, der den zweiten Gipfelpunkt in Shakespeares Schaffen bezeichnet und seinerseits Feste, Malvolio, Jago, Lear, Edgar, Edmund, Macbeth, Kleopatra, Imogen und Prospero möglich machte. Unsere Wahrnehmung, dass Hamlet viel zu groß für sein Stück ist, hat vielleicht damit zu tun, dass der Protagonist einen so gewaltigen Wandel erfährt, während die Handlung des Stücks, jedenfalls in den ersten vier Akten, nur relativ wenig Veränderung bringt. Der 5. Akt hat wahrscheinlich sehr wenig Ähnlichkeit mit dem der Fassung von 1589, und hier liegt wohl einer der Gründe verborgen, warum es manchmal geradezu scheint, als hätten wir es nicht mit der Fortsetzung der Akte 1 bis 4, sondern mit einem anderen Stück zu tun.

Harry Levin meint, die Trennungslinie zwischen Historien und Tragödien sei in Wirklichkeit nicht ganz so scharf, wie die Folio-Ausgabe suggeriert. Der *Hamlet* letzter Hand ist ohne Zweifel eine Tragödie, wie immer man diese Gattung definieren mag; Hamlets Tod kann nur als tragisch beschrieben werden. Da der Amleth der Folklore und der mittelalterlichen Geschichtsschreibung ein listiger Possenreißer war, der den Schwachsinnigen spielte, um zu überleben und sein Königreich zurückzugewinnen, erforderte es einiges Geschick, um ihn zu einem tragischen Helden zurechtzubiegen, und ich bezweifle, dass der erst fünfundzwanzig Jahre alte Shakespeare das Selbstbewusstsein besaß, einen so entscheidenden Schritt weg von Marlowe zu tun. Wir müssen uns das Stück wohl eher als eine Rachehistorie mit komischen Akzenten vorstellen, in der ein sehr junger Hamlet seine Feinde überlistet und, wenn er schließlich Helsingör niederbrennt, triumphal glücklich endet, anders als der Usurpator Richard III. und seine machiavellistischen Gesinnungsgenossen Barabas und Aaron. Mit Richard und Aaron aber verband den ersten Hamlet wohl eine andere Gemeinsamkeit: alle drei trugen unleugbar Züge des Barabas und des Tamburlaine. Von Barabas hatten sie die offen zur Schau getragene Lust an sich selbst, die sich auf das Publikum überträgt, von Tamburlaine die Aggressivität des hohen Stils, eine schlagkräftig poetische Rhetorik, die Feinde friedlich stimmen oder besiegen konnte.

Richard III. und der schwarze Aaron haben bis heute etwas von ihrem unheimlichen Reiz bewahrt, wenn sie auch nicht entfernt den Elan und die übersteigerte Ungeheuerlichkeit des Barabas besitzen. Vielleicht wäre uns der erste Hamlet einigermaßen problematisch erschienen, denn er muss etwas Heroisches gehabt haben (so wie der Amleth von Belleforest), aber mit einer Beimischung jenes nordisch Unheimlichen, das die wild rasenden Krieger der Edda und der Sagas auszeichnet. Dieses Unheimliche hätte sich herstellen lassen, indem man Tamburlaines himmelstürmende Kühnheit mit Barabas' Schlauheit mischte. Was dem Ur-Hamlet wahrscheinlich vollkommen fehlte, war das, was wir heute mit Hamlet assoziieren: jenes zentrale Bewusstsein, das uns während der vier Jahrhunderte nach Shakespeare erleuchtet hat. Der endgültige Hamlet ist jünger als Falstaff und auch jünger als Rosalind und Brutus, allesamt Vorläufer des Prinzen, die auf seine intellektuelle Potenz vorausweisen. Der trickreiche

Schwindler Hamlet hatte vielleicht Ähnlichkeit mit Puck, jener andere Hamlet, der mehr gegen übernatürliche Gewalten als gegen Claudius kämpft und der weiß, dass er selbst nicht minder als der Staat Dänemark von der Verderbnis befallen ist, ist über den Witz und alle Selbstbespiegelung hinaus. Nichts klingt sonderbarer als die Theorie, dass die Anfänge des *Hamlet*, wie immer sie auch ausgesehen haben mögen, in Shakespeares allererstem Stück liegen, weil das rätselhafte Meisterwerk des Jahres 1601 so sehr als ein Endgültiges wirkt und eben nicht als ein Ursprüngliches, und dennoch ist es wohl so.

Die Figur Hamlet befremdet uns, weil sie so unendlich viel zu denken gibt. Sind ihm überhaupt Grenzen gesetzt? Seine *Innerlichkeit* ist es, was ihn so einzigartig macht; das unablässig wachsende innere Ich, der Traum von einem unendlichen Bewusstsein, ist nie so vollkommen dargestellt worden. Shakespeares große Gestalten vor dem revidierten Hamlet sind allesamt komische Geschöpfe; das gilt, wie ich zu zeigen versucht habe, sogar für Shylock und Heinrich V. Auch Hamlet selbst ist ein großer Komödiant – die Tragödie *Hamlet* enthält Elemente einer tragischen Farce. Aber Hamlet betrachtet sich fast das ganze Stück hindurch als einen Versager, als einen gescheiterten tragischen Helden, und vielleicht war er das am Anfang, jedenfalls in Shakespeares Augen, tatsächlich. In der fast überall spürbaren Illusion oder dem Gedankenspiel, Hamlet wolle in gewisser Weise Shakespeare die Autorschaft streitig machen und selbst das Stück schreiben, spiegelt sich vielleicht etwas von den Mühen wider, die Shakespeare mit seinem widerspenstigen Protagonisten hatte. Was bedeutet es für unser Shakespeare-Bild, wenn wir annehmen, er habe seine Schriftstellerkarriere mit einem *Hamlet*-Drama begonnen, das seinem eigenen Urteil nach und in den Augen der Klügeren im Publikum misslungen war, und er wäre etwa zwölf Jahre danach mit einem neuen *Hamlet* zum Gipfel seiner Kunst gelangt? In gewissem Sinn bedeutet es sehr wenig, denn im einen wie im anderen Fall haben wir es mit einem Shakespeare zu tun, der sich entwickeln musste und nicht lediglich entfalten. Und doch macht es sehr wohl einen Unterschied, ob Shakespeare seinen *Hamlet* auf den Trümmern eines gescheiterten – und, wie er selbst fand, zu Recht gescheiterten – Projekts schuf oder nicht. In dem Stück geht noch ein zweiter Geist um, das Gespenst des ersten Hamlet. Es ist nicht ganz falsch, aber lange nicht so wahr, wie wir es gerne hätten, wenn behauptet wird, Shakespeare sei ein nüchterner Geschäftsmann gewesen, dem Geld alles und der Ruhm nichts bedeutete. Wie sein Freund Ben Jonson wusste Shakespeare, dass hohe Kunst harte Arbeit bedeutet; er und Jonson mussten sich offensiv gegen die antiken Klassiker behaupten und ihnen zugleich nacheifern. Die große Komödie ging Shakespeare leicht von der Hand, und Falstaff könnte wie eine Offenbarung über ihn gekommen sein. *Hamlet* dagegen war wie auch *König Lear* das Ergebnis grimmig entschlossener Revisionsarbeit, eines Prozesses, in dessen Verlauf ein früheres Ich starb und ein neues Ich geboren wurde. Von diesem neuen Wesen geben nur die Stücke nach *Hamlet* Zeugnis, unter denen sich keine einzige »reine«, von fremden Beimischungen freie Komödie findet. Wenn Hamlet als ein Menschenopfer sterben muss, das transzendenten Mächten dargebracht wird, so waren diese Mächte doch ganz Shakespeares eigene oder wurden ihm, durch Hamlets tragische Uninteressiertheit versöhnt, in Gestalt schöpferischer Energien zu eigen.

5

»Dänemark ist ein Gefängnis«, sagt Hamlet, und doch vermittelt er uns wie keine zweite Figur im ganzen Werk Shakespeares den Eindruck, dass nichts ihn zu beschränken, zu halten vermöchte. Unter allen »freien Künstlern ihrer selbst« (Hegel) ist er der freieste. Shakespeares Stück ist Kerker und zugleich Raum der Befreiung für seinen tragischen Helden, der manchmal das

Gefühl hat, er könne in Helsingör gar nichts vollbringen, und dann wieder fürchtet, viel zu viel zu tun und ein Nero zu werden, der Gertrude zu einer Agrippina macht, Mutter, Geliebte und Opfer in einem. Die Skala der Freiheiten, die Hamlet offen stehen, ist verstörend groß: Er könnte Ophelia heiraten und auf den Tod des Claudius warten, um dann als dessen Erbe den Thron zu besteigen, er könnte auch, wenn er die nötige Geduld nicht aufbrächte, Claudius jederzeit umbringen, er könnte durchbrennen und wieder nach Wittenberg gehen, einen Putsch durchführen (schließlich ist er der Liebling des gemeinen Volks), ja, er könnte sich auch dem Theater widmen und Schmierenstücke fabrizieren. Er könnte in die Fußstapfen seines Vaters treten und wie der junge Fortinbras den Krieg zu seinem Lebensinhalt machen oder aber seinen geschliffenen Geist weniger unsystematischen Spekulationen zuwenden als bisher, etwa der Philosophie oder den hermetischen Wissenschaften. Bevor der Wahnsinn über ihn gekommen sei, so klagt Ophelia, sei er ein musterhafter Hofmann, Soldat und Gelehrter gewesen, der Inbegriff von Bildung und Eleganz. Wenn *Die Tragödie von Hamlet, dem Prinzen von Dänemark* »unbeschränkte Dichtung« jenseits aller Gattungsbeschränkungen und formalen Regeln ist, so ist ihr Protagonist nicht minder frei von traditionellen Zwängen, er ist ein Charakter, der sogar Modelle wie den biblischen König David oder den antiken Brutus hinter sich lässt. Aber wie viel Freiheit kann eine Tragödie ihrem Helden gestatten? Welches Unternehmen wäre groß genug für Hamlet? Um einem Claudius den Garaus zu machen, braucht es keinen Mann von Hamlets Statur, und überhaupt leuchtet ohne weiteres ein, dass Rache für den zentralen Helden des abendländischen Bewusstseins kein zureichender Lebenszweck sein kann. Was sollte Shakespeare mit diesem neuartigen, ganz und gar beispiellosen Menschen anfangen?

Nietzsche sprach, von Hamlet inspiriert, von der Rache des Willens an der Zeit und an dem »Es war« der Zeit. Eine solche Rache erfordert eine Revision des Ich, sie verschafft ihm, um einen Ausdruck von Hart Crane zu verwenden, »eine nachgebesserte Kindheit«. Hamlets Kindheit könnte, wie die jedes Menschen, einiges an Nachbesserung vertragen. Der Prinz hat in seinem ganzen Leben mit seinem Ersatzvater, dem Hofnarren Yorick, mehr Küsse ausgetauscht als mit seiner Mutter oder mit Ophelia, von seinem Furcht und Ehrfurcht einflößenden Krieger-Vater nicht zu reden. »Nehmt alles nur in allem«, sagt Hamlet einschränkend, wenn er seinen Vater rühmt – offenbar hat er doch einige Vorbehalte, die er nicht aussprechen will, wenn auch außer Zweifel steht, dass er »nimmer seinesgleichen sehn« wird. Wessen Sohn ist Hamlet eigentlich? Wann begann das ehebrecherische »inzestuöse« Verhältnis zwischen Gertrude und ihrem Schwager? Da das Stück darüber keine Auskunft gibt (vielleicht war die frühere Version weniger zweideutig), wissen wir es ebenso wenig wie Hamlet. Claudius hat, wenn auch nicht offiziell und ausdrücklich, seinen Neffen an Sohnes Statt angenommen und damit das Gleiche getan wie sein römischer Namensvetter, der, als er Agrippina heiratete, deren Sohn Nero adoptierte. Fürchtet Hamlet, auf welcher Bewusstseinsebene auch immer, er könnte zum Mörder seines leiblichen Vaters werden, wenn er Claudius erschlüge? Dieser Gedanke liegt der subtilen Argumentation von Marc Shell zu Grunde, der in seinem *Children of the Earth* (1993) meint: »Das wirklich Einzigartige an Hamlet ist nicht der unbewusste Wunsch, den Vater zu töten und mit der Mutter Inzest zu begehen, sondern seine bewusste Weigerung, tatsächlich zum Vatermörder und Blutschänder zu werden.« Gertrude stirbt zusammen mit Hamlet (und zusammen mit Claudius und Laertes), aber bemerkenswerterweise tötet Hamlet den Claudius erst, als er weiß, dass er selbst nicht mehr lange zu leben hat und seine Mutter bereits tot ist.

A. D. Nuttall erteilt mit liebenswürdiger Nonchalance all denen, die nicht müde werden, darauf hinzuweisen, dass Hamlet keine

Person, sondern nur eine Abfolge von Bildern sei, eine Abfuhr, wenn er feststellt: »Ein Dramatiker, dessen Publikum finster entschlossen wäre, keinerlei Schlüsse zu ziehen, und immer nur nach Schablonenbildern schriee, müsste verzweifeln.« Ich will noch ein bisschen weiter gehen als Nuttall und die Vermutung aussprechen, dass vom letztgültigen *Hamlet* an Shakespeares gesamte Kunst in einer Weise, die in der dramatischen Literatur und überhaupt ohne Beispiel ist, konsequent eine Technik des erschließenden Schlussfolgerns voraussetzte. Hamlets Freiheit kann als die Freiheit, Folgerungen zu ziehen, definiert werden, und wir lernen diese intellektuelle Freiheit, indem wir bei Hamlet in die Schule gehen. Hamlets Kunst, Folgerungen zu ziehen, ist gewissermaßen ein grandios gesteigertes Vermuten, das mit jeder Veränderung der Umstände einsetzt, und auf dieselbe Weise findet das Publikum Zugang zu Hamlets Bewusstsein. Wir sondieren die äußeren Bedingungen, trauen seinen Trieben mehr als er selbst und erschließen so seine Größe, den quantitativen und qualitativen Unterschied, der ihn von uns trennt. Hamlet ist viel mehr als Falstaff und Prinz Hal in einer Person, er fügt der Summe dieser beiden etwas hinzu, was man folgernde Negation nennen könnte; diese führt Jago und Edmund zum Bösen, aber in Hamlet lässt sie ab vom Wollen und ist damit frei.

Hamlet wirkt heute nicht fiktiver als Montaigne; vier Jahrhunderte haben beide als echte Persönlichkeiten bestätigt und ganz ähnlich auch Falstaff, der uns eine ebenso historische Realität zu sein scheint wie Rabelais. Die westliche Kultur wird sich, wenn sie den derzeit herrschenden Selbsthass überlebt, nur noch mehr als je zuvor an Hamlet orientieren. Wir besitzen kein ähnlich wirkungsmächtiges Bild der menschlichen Erkenntnis, die an ihre Grenzen vorstößt – Platons Sokrates kommt ihm noch am nächsten. Beide denken zu gut, als dass sie mit dem Leben davonkommen könnten. Sokrates erscheint, zumindest bei Montaigne, fast als eine Figur, die an die Stelle Jesu treten könnte. Hamlets Beziehung zu Jesus ist rätselhaft: wie immer vermeidet Shakespeare sowohl Glaubensbekenntnisse als auch expliziten Zweifel. Wenn wir die Dinge pragmatisch betrachten (von Glaubensfragen ist hier nicht die Rede) und den Jesus des Markusevangeliums ebenso wie den alttestamentarischen Gott des Jahwisten als eine literarische Figur auffassen, die heute als Gott verehrt wird, gelangen wir zu der irritierenden Feststellung, dass es bis zu einem gewissen Punkt durchaus möglich und richtig ist, über Hamlet in genau derselben Art und Weise zu reden wie über Jahwe oder Sokrates oder Jesus. In der Disziplin, die wir früher, naiv, wie wir waren, *Literatur*wissenschaft nannten, ist es heute verpönt, Roman- oder Bühnenfiguren als »wirklich« zu betrachten, aber das stört den gemeinen Leser und Theaterbesucher (und die nach wie vor gläubige Menschheit im Allgemeinen) wenig: sie alle suchen hartnäckig nach Persönlichkeiten, und sie haben Recht. Es ist ein eitles Unterfangen, sie davor bewahren zu wollen, sich mit Hamlet oder Jesus oder Jahwe zu identifizieren. Shakespeares erstaunlichste Leistung ist, dass er, auch wenn das nicht seine Absicht war, in Hamlet ein universales Objekt unseres Willens zur Identität geschaffen hat. Manchen von uns vermittelt Hamlet die Hoffnung auf eine rein weltliche Transzendenz, andere bestätigt er in eher traditionellen Glaubensvorstellungen vom Nachleben des Geistes. Vielleicht könnte man sagen, dass Hamlet den Sokrates des Platon und Montaignes verdrängt hat und an seiner Stelle der Christus der Intellektuellen geworden ist. Auden war nicht dieser Meinung, er wollte gern Falstaff in dieser Rolle sehen, aber ich kann mir nicht vorstellen, dass der trotzig freche freiheitsliebende Sir John sich als Sühnopfer für irgendjemanden hingeben wollte.

Das größte Rätsel Hamlets gibt uns seine Aura der Transzendenz auf, eine Ausstrahlung, die ihn nie verlässt, mag er sich noch so heftig, kapriziös oder irrsinnig gebärden. Einige Interpreten haben versucht, einen Sklavenaufstand gegen Hamlet anzuzetteln, und behauptet, er sei allenfalls ein schurkischer Held, aber sie spucken gegen den Wind. Man kann Hamlet nicht entmystifizieren, sein undurchsichtiger Zauber wirkt schon allzu lange. Er ist in der Welt der Fiktion das, was Shakespeare unter den Dichtern ist: der Größte unter den Großen. Kein Schauspieler, den ich gesehen habe, nicht einmal John Gielgud, hat die Rolle so ausfüllen können, dass seine Interpretation alle anderen ausschloss. Ist diese Ausnahmestellung Hamlets nur ein kulturhistorisches Phänomen, eines der bloßen Rezeptionsgeschichte, oder drückt sich darin etwas aus, was wirklich in Shakespeares Text enthalten ist? Hamlet und das Ich-Bewusstsein des Individuums in der westlichen Kultur waren für das romantisch gebildete Empfinden der letzten zwei Jahrhunderte immer ein und dasselbe. Vieles spricht dafür, dass das Hamletsche Identitätsbewusstsein sich mehr und mehr auf der ganzen Welt, Afrika und Asien eingeschlossen, ausbreitet. Das ist wohl nicht mehr nur ein Phänomen der Globalisierung von Gütern der westlichen Zivilisation, die der Welt unter anderem ihre Rockmusik und Blue Jeans beschert, vielmehr ist Hamlet – der Prinz, weniger das Stück – in der Art, wie Gerede zur Legende reifen kann, ein wirklicher Mythos geworden.

Wie von Falstaff können wir von Hamlet leichter sagen, was er nicht ist, als was er ist. Er endet, wenn man so will, als ein Quietist, und jedenfalls nicht als einer, der lauthals irgendeinen Glauben verkündet, aber hinter seiner Passivität liegt etwas verborgen, das sich nicht ausdrücken lässt, das nur angedeutet und erahnt werden kann. Es ist nicht sein früherer Nihilismus, der in dem Stück allenthalben pointiert zu Tage tritt und der doch schwerlich ein Endzweck sein kann, nicht einmal auf der Ebene des Spiels. Die Bühne ist in der letzten Szene mit Leichen, aber auch mit Hinweisen übersät. Weshalb macht sich Hamlet Sorgen darum, was die Nachwelt von ihm denken mag? Mit einer Leidenschaft, die nichts zu wünschen übrig lässt, befiehlt er Horatio, die Leiden und Mühen des Lebens weiter auf sich zu nehmen – von den Freuden ist keine Rede – und sich darum zu kümmern, dass der Schaden, den Hamlets Reputation genommen hat, behoben wird. Erst am Ende wird dem Prinzen sein Publikum wichtig: Jetzt braucht er uns, wir sollen seinem Tod Würde und Bedeutung verleihen. Seine Geschichte soll erzählt werden, und zwar nicht nur dem Fortinbras, und sie soll von Horatio erzählt werden, denn nur er kennt die Wahrheit. Ja weiß denn Horatio etwas, was wir nicht wissen? Der sterbende Hamlet liebt niemanden – weder den Vater noch die Mutter noch Ophelia noch Yorick –, aber er weiß, dass Horatio ihn liebt. Die Geschichte kann nur von jemandem erzählt werden, der Hamlet restlos und bedingungslos akzeptiert. Und Hamlets Wunsch ist wirklich in Erfüllung gegangen, mögen auch einige Moralisten darüber murren. *Wir* sind Horatio, und fast die ganze Welt liebt Hamlet, trotz seiner Verbrechen und Verirrungen und sogar ungeachtet seiner in letzter Konsequenz mörderischen Brutalität gegenüber Ophelia. *Wir verzeihen Hamlet genau so, wie wir uns selbst verzeihen*, obwohl wir wissen, dass wir nicht Hamlet sind, weil unser Bewusstsein nicht seine Spannweite besitzt. Aber wir verehren (in einem weltlichen Sinn) dieses nahezu unendliche Bewusstsein; das, was wir die romantische Bewegung nennen, geht auf Hamlet zurück, auch wenn es zwei Jahrhunderte dauerte, bis das Selbstbewusstsein des Prinzen sich überall durchgesetzt hatte, und noch einmal fast hundert Jahre bis zu Nietzsches Erkenntnis, dass Hamlet »Einblick in die grauenhafte Wahrheit« hatte, nämlich in den Abgrund, der die alltägliche Wirklichkeit und diejenige der dionysischen Verzückung unendlichen Bewusstseins trennt. Nietzsche hat zutiefst Recht: Horatio ist ein Stoiker, Hamlet nicht. Das Publikum hängt wie sein Stellvertreter Horatio mehr oder weniger christlichen und vielleicht ganz entschieden stoischen Grundsätzen an. Hamlet verwendet gegen Schluss christlich klingende Begriffe, aber er verschmäht den Trost des Christentums, um in ein dionysisches Bewusstsein einzutauchen, und wenn er das Neue Testament zitiert, so legt er das Wort Gottes doch ganz anders aus als Protestanten und Katholiken. Wenn er nur Zeit hätte, ruft Hamlet aus, oh, er könnt uns sagen! *Was*? Der Tod tritt dazwischen, aber eine Andeutung erreicht uns doch noch im folgenden Vers: »Sei es drum.«

Dieses »Sei es drum« ist Hamlets Refrain geworden, und es liegt eine Gelassenheit darin, die einen mit unheimlicher Gewalt in ihren Bann schlägt. Er will nicht sein Herz sich mit Worten entladen lassen, denn er weiß: Nur der Gedank ist unser, nicht das Ziel. Und doch ist da etwas in seinem Herzen, worüber er nicht »hinaus« ist, eine Bereitschaft, ein Willigsein, dem keine Schwäche des Fleisches etwas anhaben kann. Wenn Jesus dem schläfrigen Simon Petrus freundlich zuredet, sagt er nicht: Bereitsein ist alles, denn für Jesus ist nur Jahwe alles. Für Hamlet dagegen gibt es nur noch Bereitsein, und das meint: Einverstandensein, den Dingen ihren Lauf lassen – »Sei es drum« –, nicht aus dem festen Glauben auf Jahwe heraus, sondern in zuversichtlicher Erwartung eines letzten Bewusstseins. Dieses Bewusstsein würdigt den Pharisäerglauben Jesu an die Auferstehung des Leibes keines Blickes, zieht aber ebenso wenig die skeptische Lehre vom Tod als dem Zustand des Nichts in Betracht. Diese Haltung des Davon-Absehens, die nicht Zustimmung und nicht Widerspruch ist, bezeichnet die Floskel »Sei es drum«. Was Hamlet uns sagen könnte, wenn er nur Zeit hätte, wäre, dass ihm nun klar geworden ist, was er selbst eigentlich darstellt: die Erkenntnis eines Dramatikers, was es bedeutet, die Tragödie zu leben, die zu schaffen man nicht imstande ist.

6

Falstaff scheint zu Lebzeiten Shakespeares noch beliebter gewesen zu sein als Hamlet, die Nachwelt dagegen schätzt den Prinzen mehr als den fetten Ritter und alle übrigen fiktiven Personen.

Hamlets Universalität eröffnet uns vielleicht noch am ehesten Zugang zum Geheimnis seiner Persönlichkeit; je weniger ihn die anderen, das Publikum eingeschlossen, kümmern, desto mehr lieben wir ihn. Es ist wohl die merkwürdigste Liebesbeziehung der Welt: Jesus erwidert unsere Liebe, Hamlet kann es nicht. Seine Affektblockade, die Dr. Freud in seiner Diagnose auf eine ödipale Störung zurückführte, ist in Wahrheit Symptom eines transzendentalen Quietismus, für den wir glücklicherweise kein passendes Etikett haben. Hamlet ist ein höheres Wesen als wir und alle Geschöpfe Shakespeares und alle übrigen literarischen Gestalten, ausgenommen – wenn Sie mit mir der Meinung sind, dass die beiden unter die literarischen Gestalten zu rechnen sind – der Jahwe des Jahwisten und der Jesus des Markusevangeliums. Wenn wir uns näher mit Lear beschäftigen, verstehen wir, dass das, was Hamlet über uns hinaushebt, mit jenem Mysterium des Königtums zu tun hat, das Shakespeares Gönner Jakob I. so sehr am Herzen lag. Aber wir tun uns schwer damit, in Hamlet einen künftigen König zu sehen, und kaum ein Leser oder Theaterbesucher wird Fortinbras zustimmen, wenn dieser meint, der Prinz wäre bestimmt als König ein ebenso tüchtiger Schlagetot geworden wie er selbst und Hamlet senior. Ohne Zweifel verdankt sich Hamlets erhabene Größe seiner Persönlichkeit, das haben vier Jahrhunderte so verstanden. August Wilhelm Schlegel stellte 1809 ganz richtig fest: »Hamlet hat keinen festen Glauben an sich selbst noch an etwas anderes« – Gott und die Sprache eingeschlossen, würde ich gern hinzufügen. Natürlich ist da noch Horatio, den Hamlet bekanntlich zu sehr rühmt, aber er ist, scheint es, vor allem da, um die Liebe des Publikums zum Prinzen zu repräsentieren. Horatio ist die Brücke, die uns mit jenem Höheren Hamlets verbindet, mit jener sonderbaren negativen Transzendenz, die am Ende der Tragödie aufscheint.

Bei allem Misstrauen in die Wörter zeichnet sich Hamlet durch eine Sprachgewalt aus, an die selbst Falstaffs rhetorische Kunst nicht heranreicht und die in der Weltliteratur einzigartig ist. Man ist jedes Mal von neuem schockiert, wenn man sich bewusst macht, dass Shakespeares aktiver Wortschatz mehr als 21 000 Wörter umfasste, während etwa Racine mit nicht einmal 2000 Wörtern auskam. Bestimmt hat irgendein deutscher Gelehrter gezählt, wie viele von diesen 21 000 Wörtern Hamlet verwendet, aber es ist gar nicht unbedingt nötig, dass wir die exakte Zahl wissen. Der *Hamlet* ist Shakespeares längstes Stück, weil der Held so viel redet – ich wünsche mir manchmal, es wäre noch länger und wir könnten Hamlets Meinung zu etlichen weiteren Dingen erfahren. So einzigartig witzig Falstaff ist, fehlt es ihm manchmal ein wenig an eigentlichem Autoren-Bewusstsein; Hamlet besitzt es im Überfluss, nicht nur wenn er *Die Ermordung des Gonzago* umschreibt und daraus *Die Mausefalle* schafft, sondern praktisch in allen seinen Bemerkungen über die Dinge zwischen Himmel und Erde. G. Wilson Knight erkannte mit bewundernswertem Scharfsinn Hamlet als den Botschafter des Todes in unserer Welt, und tatsächlich ist der Prinz von Dänemark wie keine zweite literarische Gestalt, der Jesus des Markusevangeliums ausgenommen, bevollmächtigt, von jenem unbekannten Land zu uns zu sprechen. Harry Levin hat als Erster den Reichtum von Hamlets Sprache, die alle Möglichkeiten der englischen Syntax und Diktion in ihrer einzigartigen Fülle ausschöpft, im Detail analysiert. Andere Interpreten machen auf die Stimmungsumschwünge in Hamlets Rhetorik aufmerksam, die übergangslos vom Hohen zum Niederen springt, eine Veränderlichkeit im Intellektuellen wie im Emotionalen. Ich selbst bin immer wieder verblüfft darüber, auf wie viel verschiedene Weisen Hamlet es anstellt, *sich ständig selbst beim Reden zu belauschen*. Das ist nicht einfach nur eine Sache der Rhetorik oder des genauen Sprechens, wir haben es hier vielmehr mit dem zu tun, was Shakespeares größte Meisterschaft in der Darstellung des Charakters, des Denkens, der Persönlichkeit eines Menschen zuinnerst ausmacht. Hamlets

Ethos, Logos und Pathos, die Dreiheit, auf der Rhetorik, Psychologie und Kosmologie ruhen, irritieren und befremden uns, weil er sich, indem er sich ständig selbst belauscht, ständig ändert. Die Feststellung, dass *Die Tragödie von Hamlet, dem Prinzen von Dänemark* ein durch und durch theaterbesessenes Stück sei, ist gewiss nicht originell, aber dennoch wertvoll. Hamlet ist in noch höherem Maß bewusst theatralisch als Falstaff. Dieser hat konsequenter sein Publikum auf und vor der Bühne im Auge, und doch ist er, obwohl seine eigene Vorstellung ihn unendlich amüsiert, nicht in dem Maß bewusst Schauspieler wie Hamlet. Das hat damit zu tun, dass Falstaff mehr Spielerisches in seinem Wesen hat, er ist wie Don Quijote und Sancho Pansa ein *homo ludens*, während in Hamlets Reich die ängstliche Sorge herrscht. Aber das ist noch nicht alles: der Anti-Machiavelli Hamlet ist geradezu das Gegenbild einer Figur à la Marlowe, während für Falstaff Marlowes Kunst schlicht irrelevant ist. Mein Lieblingsbösewicht in Marlowes Welt, der Jude von Malta, ist ein von sich selbst entzückter Fantast, da er aber nur, wie fast alle Protagonisten Marlowes, eine Karikatur ist, klingen seine Reden oft so, als schwebten sie in einer Sprechblase über ihm. Hamlet ist etwas radikal Neues, selbst für Shakespeare: seine Theaterhaftigkeit ist deswegen so gefährlich nihilistisch, weil sie ihm paradoxerweise *natürlich* ist. Noch mehr als seine Parodie Hamm in Becketts *Endspiel* ist Hamlet eine wandelnde Mausefalle; er verkörpert die ängstlichen Erwartungen, in denen sich die ganze Malaise von Helsingör widerspiegelt. Wenn Jago ein kritischer Geist ist – »nothing if not critical«[1] –, so ist Hamlet die Kritik selbst, der Mann, der seine eigene Geschichte theatralisch interpretiert. Mit einem Raffinement, das nicht seinesgleichen hat, lässt Shakespeare uns im Ungewissen darüber, welche Verse Hamlet in den Text von *Die Ermordung des Gonzago* eingefügt hat, um daraus *Die Mausefalle* zu machen. Hamlet sagt, es seien etwa zwölf bis sechzehn, aber wir haben den Verdacht, dass weit mehr Text von seiner Hand stammt und dass vor allem auch jene grandiose Rede des Schauspieler-Königs von ihm ist, die uns darüber belehrt, dass unsere Sittlichkeit kein Daimon ist, der uns unfehlbar leitet, dass Charakter nicht Schicksal, sondern Zufall ist, und dass der Eros von nichts als vom Zufall regiert wird. Wir wissen, dass Shakespeare den Geist von Hamlets Vater auf der Bühne spielte; es ist gut vorstellbar, dass er auch die Rolle des Schauspieler-Königs übernahm, denn diese Figur ist ja nur eine andere Erscheinungsform des toten Vaters. Es wäre bestimmt ein wunderlich wunderbares Erlebnis für Shakespeare gewesen, sozusagen spiegelverkehrt selbst Verse zu sprechen, die, so jedenfalls muss man annehmen, sein Hamlet für ihn geschrieben hat:

Der Vorsatz ist ja der Erinnrung Knecht,
Stark von Geburt, doch bald durch Zeit geschwächt:
Wie herbe Früchte fest am Baume hangen,
Doch leicht sich lösen, wenn sie Reif' erlangen.
Notwendig ist's, dass jeder leicht vergisst
Zu zahlen, was er selbst sich schuldig ist.
Wo Leidenschaft den Vorsatz hingewendet,
Entgeht das Ziel uns, wann sie selber endet.
Das Ungestüm sowohl von Freud als Leid
Zerstört mit sich die eigne Wirksamkeit.
Laut klagt das Leid, wo laut die Freude schwärmet,
Leid freut sich leicht, wenn Freude leicht sich härmet.
Die Welt vergeht: es ist nicht wunderbar,
Dass mit dem Glück selbst Liebe wandelbar.
Denn eine Frag ist's, die zu lösen bliebe,
Ob Lieb das Glück führt oder Glück die Liebe.
Der Große stürzt: seht seinen Günstling fliehn.
Der Arme steigt, und Feinde lieben ihn.
So weit scheint Liebe nach dem Glück zu wählen:
Wer ihn nicht braucht, dem wird ein Freund nicht fehlen,

Und wer in Not versucht den falschen Freund,
Verwandelt ihn sogleich in einen Feind.
Doch um zu enden, wo ich ausgegangen,
Will und Geschick sind stets in Streit befangen.
Was wir ersinnen, ist des Zufalls Spiel,
Nur der Gedank ist unser, nicht das Ziel.

III.2, 183–209 [646 f.]

Ich bezweifle sehr, dass irgendein Publikum auf der Welt es schafft, diese 26 Verse, die dicht mit psychologisch angewandter Metaphysik bepackt sind, mit dem Ohr allein in sich aufzunehmen. Die Passage, die so bedeutungsschwer ist wie nur irgendeine im Werk Shakespeares, hat keine Bedeutung für die Handlung der *Mausefalle*; ich vermute, dass Hamlet sie als seine ganz persönliche Signatur eingefügt hat, um das zu bezeichnen, was der andere dänische Melancholiker, Kierkegaard, den »Gesichtspunkt für meine Wirksamkeit als Schriftsteller« genannt hat. Die zentralen Verse sind die drei letzten:

Will und Geschick sind stets in Streit befangen.
Was wir ersinnen, ist des Zufalls Spiel,
Nur der Gedank ist unser, nicht das Ziel.

»Was wir ersinnen«, die Zwecke, zu denen wir hinstreben, bestimmt unser Wille, aber unser Geschick steht unserem Wesen feindlich gegenüber, und zwischen dem, was wir uns ausdenken, was wir *anvisieren*, und dem »Ziel«, verstanden als der Endpunkt, zu dem wir *tatsächlich gelangen*, gibt es keine Beziehung. Streben und Schicksal sind Gegensätze, und alles Denken zieht sich selbst den Boden unter den Füßen weg. Hamlets Nihilismus ist in der Tat transzendent, mehr als alles, was in den Figuren Dostojewskis aufscheint oder in Nietzsches Ahnungen davon, dass wir über das, wofür wir Worte haben, bereits hinaus sind und nur das wert ist, ausgesprochen zu werden, wovon wir nicht sprechen können. Vielleicht ist es das, was Wittgenstein an Shakespeare so sehr irritierte. Er meinte, Shakespeares Geschichten seien wie Träume: alles verkehrt, absurd, bunt zusammengewürfelt – *so sind die Dinge einfach nicht*, außer eben dort und nur dort, wo Shakespeares Gesetze oder die Gesetze des Traums herrschen. »Er ist eben *nicht* lebenswahr«, sagte Wittgenstein über Shakespeare und verkannte dabei die andere Wahrheit, dass wir vieles überhaupt nur deswegen sehen und denken können, weil Shakespeare es uns sehen und denken gelehrt hat. Hamlet ist ganz entschieden nicht lebenswahr, und dennoch lehrt er uns mehr als jede andere fiktive Person Dinge denken, die wir ohne ihn nicht denken könnten. Wittgenstein hätte es nie zugegeben, aber genau das war der Grund seines Misstrauens gegenüber Shakespeare: Hamlet lehrt uns mehr als irgendein Philosoph, die Welt anders zu sehen, tiefer in sie hineinzusehen, vielleicht tiefer, als uns lieb ist. Wittgenstein möchte gern glauben, dass Shakespeare, der Sprachschöpfer, einen Heterokosmos geschaffen habe, einen Traum, aber die Wahrheit ist: Shakespeares Kosmos ist Wittgensteins und unser aller Kosmos geworden, und wir können schlichtweg angesichts von Hamlets Helsingör oder von Falstaffs Eastcheap nicht sagen, so seien die Dinge nicht. Sie sind genau so, aber wir brauchen Hamlet und Falstaff, damit ihr Licht dieses »genau so« erhelle und die Bilder leibhaftig werden. Fraglich ist nicht, ob Shakespeare dem Leben, sondern allenfalls, ob das Leben Hamlet oder Falstaff gerecht wird. Im schlimmsten Fall oder im besten kann das Leben manchmal so sein, dass die Frage tatsächlich lautet: wird Wittgenstein Hamlet gerecht oder Bloom Falstaff?

Man braucht gewiss kein Formalist oder Historisierer zu sein, um zu behaupten, dass es ein unsinniges Unterfangen ist, Hamlet oder Falstaff nachzustreben. Alle diejenigen, die sich für Shakespeare in der Absicht interessieren, ihren Nächsten oder ihre

Umgebung zu bessern, halten mein Tun ohne Zweifel für Unsinn, für sie bin ich eine Art Don Quijote der Literaturwissenschaft. Die Tragödie, meinte Aldous Huxley, müsse sich die volle Wahrheit versagen, aber Shakespeare kommt einer glatten Widerlegung dieses Satzes recht nahe. John Webster schrieb Rachetragödien, Shakespeare schrieb den *Hamlet.* Es gibt keine Persönlichkeiten bei Webster, auch wenn fast alle seine Figuren bei ihrem Tod eine Eloquenz an den Tag legen, die in gewisser Weise durchaus an Shakespeare denken lässt. Das wirkliche Leben muss sich an Shakespeare orientieren, wenn die Persönlichkeit Wert haben, ein Wert sein soll. Würde und Leiden können nicht leicht nebeneinander bestehen, und doch hat es Shakespeare wie niemand sonst geschafft, sie miteinander zu versöhnen. Was ist überhaupt Persönlichkeit? Man könnte definieren, es sei Personalität, das, was eine Person ausmacht, sie von einem Ding oder einem Tier unterscheidet, oder es sei jenes Ensemble von Charakteristika, das einen Menschen irgendwie zu etwas Besonderem mache. Solche Erklärungen helfen nicht viel weiter, erst recht im Hinblick auf Hamlet und Falstaff, die ja bloß Rollen sind, wie die Formalisten uns versichern, und wer könnte sich denn je, außer höchstens die Schauspieler, in eine Rolle verlieben? Was meinen wir denn, wenn wir von der »Persönlichkeit Jesu« sprechen, sei es, dass wir dabei an das Markusevangelium denken, sei es, dass wir mehr den amerikanischen Jesus im Auge haben? Oder was verstehen wir unter dem Ausdruck »die Persönlichkeit Gottes«, unabhängig davon, ob dieser Gott nun der des Jahwisten oder jener amerikanische Nationalgott ist, der bekanntlich auf Republikaner und Neokonservative mit Wohlgefallen niederblickt? Ich glaube, wir wissen besser, was wir eigentlich mit dem Begriff Persönlichkeit meinen, wenn wir ihn im Zusammenhang mit Hamlet verwenden, als wenn wir von der Persönlichkeit unseres besten Freundes oder irgendeiner Berühmtheit sprechen. Shakespeare vermittelt uns die Überzeugung, wir kennten das Beste und Innerste Hamlets, etwas, das nicht geschaffen ist und weiter zurückreicht als unsere frühesten Erinnerungen. Es gibt einen Lebenshauch, einen Funken, der der Anfang seiner Individuation ist, eine wiedererkennbare Identität, von der die Einzigartigkeit seiner Sprache zeugt oder eigentlich die seiner Diktion, seiner bewussten Wortwahl, die immer von einem Streben nach Freiheit regiert wird: weg von Helsingör, weg vom Geist des Vaters, weg von der Welt. Wie Falstaff definiert Hamlet Persönlichkeit implizit als eine Erscheinungsform von Freiheit, sie ist eher Voraussetzung von Freiheit als deren Wirkung. Wie ich zu zeigen versucht habe, kennt Falstaff praktisch kein zensierendes Über-Ich, Hamlet dagegen sehr wohl, und er leidet in den ersten vier Akten schrecklich darunter. In der wunderbaren Metamorphose des 5. Akts wird Hamlet rein und fast ganz frei von allem, was das Ich verdunkelt und unterdrückt hat, allerdings um den Preis, dass er schon vor seinem Tod stirbt.

In Fitzgeralds *The Great Gatsby* macht der Erzähler Nick Carraway, den der Autor Joseph Conrad abgeguckt hat, einmal die Bemerkung, Persönlichkeit sei eine Summe von erfolgreichen Gesten. Walter Pater hätte diese Definition bestimmt gefallen, jedoch muss man sich darüber klar sein, dass sie den Begriff recht eng einschnürt. Mag sein, dass sie einem Jay Gatsby, dem sie auf den Leib geschneidert ist, gerecht wird, wer aber wollte von Hamlets Persönlichkeit behaupten, sie sei eine Summe von erfolgreichen Gesten? William Hazlitt setzte, wie bereits bemerkt, in seiner Deutung alles auf die Karte der Innerlichkeit: »Hamlet, das sind wir.« Hamlets Bühne, so impliziert Hazlitt, ist das Theater des Geistes, in seinen Gesten stellt sich der innerste Kern des Ich dar, und man kommt der Wahrheit sehr nahe, wenn man sagt: des Ich *jedes* Menschen. Dieses irritierende Phänomen, dass Hamlet zugleich das Universale und das einsam Einzigartige repräsentiert, war es, was T. S. Eliot im Auge hatte, als er die erstaunliche Äußerung tat, das Stück sei ästhetisch misslungen. Ich vermute, dass der vom Leben verwundete Eliot die spirituelle Krankheit Hamlets spürte, gewiss die rätselhafteste Malaise in der abendländischen Literatur. Hamlets eigene poetische Metaphysik besagt, wie wir gesehen haben, dass Charakter und Schicksal sich antithetisch zueinander verhalten, gleichwohl haben wir am Ende des Stücks guten Grund zu glauben, dass der Charakter des Prinzen sein Schicksal war. Haben wir es mit einem Drama von der Freiheit der Persönlichkeit oder mit einem vom Schicksal des Charakters zu tun? Der Schauspieler-König behauptet, alles sei Zufall, der Hamlet des 5. Akts deutet an, dass es keine Zufälle gebe. Wem sollen wir glauben? Der Hamlet des 5. Akts scheint sich selbst geheilt zu haben, und er lehrt, Bereitsein, Willigsein, sei alles. Ich interpretiere das im Sinn von: Persönlichkeit ist alles, nämlich dann, wenn die Persönlichkeit sich gereinigt hat, um sich in einer zweiten Geburt zu erneuern. Und doch hat Hamlet kein Verlangen, am Leben zu bleiben.

Das, was wir alle als das Erhabene wahrnehmen, hat mit einer Fremdheit zu tun, die uns erfasst und zu sich hinüberzieht, auch wenn wir unsererseits weitgehend außerstande sind, sie zu begreifen. Was ist das für eine Haltung, in der Hamlet dem Leben gegenübersteht, als er am Anfang des 5. Akts von seiner Reise zurückkommt? Er selbst schwankt wie benommen zwischen absoluter Wertschätzung und Nichtachtung, ein jäher Wechsel der Extreme, den wir auch aus unserem eigenen, ganz unliterarischen Leben kennen. Wie Shakespeare richtet sich Hamlet auf keinem der Standpunkte ein, und das ist der Grund, weshalb alle Versuche, diesen oder jenen mit Montaigne zu vergleichen, in die Irre führen mussten. Wir wissen ziemlich genau, was wir meinen, wenn wir vom Skeptizismus Montaignes sprechen, wenn wir jedoch Shakespeare oder Hamlet als Skeptiker bezeichnen, so besteht immer die Gefahr, dass wir damit gleichzeitig zu wenig und zu viel sagen. Es gibt keinen Begriff (keine Begriffe), der Hamlets Haltung gegenüber Leben und Tod im 5. Akt absolut korrekt beschreiben könnte. Man kann sie alle der Reihe nach durchprobieren – Stoizismus, Skeptizismus, Quietismus, Nihilismus –, keiner taugt so richtig. Ich selbst spreche am liebsten von »Uninteressiertheit«, allerdings könnte ich die genaue Bedeutung dieses Worts nicht angeben, ohne auf Hamlet Bezug zu nehmen. Der Begriff des Quietismus, der ein halbes Jahrhundert jünger ist als der *Hamlet*, bezeichnete eine religiös-mystische Bewegung in Spanien, aber Hamlet ist nun einmal kein Mystiker und auch kein Stoiker, ja, er ist kaum ein Christ zu nennen. Er geht sehenden Auges, als Selbstmordkandidat, in die letzte blutige Szene, und er hält Horatio, wohl wissend, dass es für diesen ein Glück wäre, zu sterben, aus Egoismus – weil er will, dass seine Geschichte erzählt und immer wieder erzählt wird – davon ab, sich selbst zu töten. Es ist ihm nicht gleichgültig, was man nach seinem Tod über ihn sagen wird; seine letzte Angst ist, dass ein »verletzter Name« nach ihm leben wird, wenn Horatio nicht dafür sorgt, dass die Wahrheit an den Tag kommt. Da er Polonius ermordet, Ophelia in den Wahnsinn und in den Selbstmord getrieben und Rosencrantz und Guildenstern ohne alle Not aufs Schafott geschickt hat, ist diese Angst an sich durchaus berechtigt, allerdings fehlt ihm jedes Bewusstsein von Schuld. Seine Angst vor Schande ist deshalb ein weiteres Rätsel dieses Stücks, denn der Tod von Claudius und Laertes und auch der seiner Mutter, für die er nur den schockierend kalten Abschiedsgruß: »Arme Königin, fahr wohl!« übrig hat, machen ihm doch gewiss das Herz nicht schwer. Seine Sorge ist so recht theatralisch, er denkt dabei an uns, das Publikum:

> Ihr, die erblasst und bebt bei diesem Fall
> Und seid nur stumme Hörer dieser Handlung …

Das ist, scheint mir, die Sorge eines Stückeschreibers, nämlich des Autors der *Mausefalle*. Der Stephen Dedalus der Bibliotheksszene im *Ulysses* unterscheidet Shakespeare und Hamlet praktisch überhaupt nicht, und seine Gedankenspiele geben, so jedenfalls versichert Richard Ellman, Joyce' durchaus ernst gemeinte letztgültige Interpretation des *Hamlet* wieder. Hamlet selbst scheint das Entsetzen des Publikums darüber, dass ein so großer Geist in einem so absurden Durcheinander von Schwert und Gift und vergiftetem Schwert sein Leben lassen soll, nicht zu teilen. Es empört uns, dass die Heldengestalt des abendländischen intellektuellen Bewusstseins einen so grob unangemessenen Tod stirbt, aber Hamlet, der schon viel zu viel durchlebt hat, empört es nicht. Wir trauern um eine große Persönlichkeit, vielleicht die größte überhaupt; Hamlet hat in dem Intervall zwischen dem 4. und dem 5. Akt aufgehört zu trauern. Die Frage nach dem Wesen seiner universalen Trauer und seiner Selbstheilung rührt an die tiefsten Mysterien seiner Persönlichkeit. Ich will mich hier nicht mit ödipalisierenden Deutungen aufhalten, nicht einmal, um sie zu verwerfen – ich habe dem Thema bereits ein ganzes Kapitel meines Buchs über den westlichen Kanon gewidmet, wo ich auch Freuds Werk im Licht Shakespeares interpretiert habe. Hamlets spirituelle Verzweiflung ist unmöglich aus einem Vatermord und einer überstürzten Wiederverheiratung der Mutter zu erklären, sie ist von höherer Art als alle Übel der korrupten Welt von Helsingör, so wie auch Hamlets Apotheose im 5. Akt auf einer Ebene stattfindet, zu der sich keine noch so triumphale Überwindung eines Ödipuskomplexes versteigen könnte. Die zentrale Frage muss lauten: Wie sollen wir Hamlets Melancholie in den Akten 1 bis 4 deuten, und wie erklären wir uns sein Entkommen in die erhabenen Höhen des 5. Akts, an einen Ort, der nun ganz allein ihm gehört, seine erfolgreiche Flucht in einen radikal neuen Modus weltlicher Transzendenz?

Dr. Johnson war der Meinung, die besondere Qualität des *Hamlet* liege in der abwechslungsreichen Vielfalt. Mir scheint indes, dass solche Wandlungsfähigkeit nicht so sehr dem Drama eigen ist als dem Prinzen. Was Hamlets Persönlichkeit unverwechselbar macht, ist ihre Wandelbarkeit: sie ist in einem Prozess der Metamorphose begriffen, der nie zum Stillstand kommt, nicht einmal nach der großen Verwandlung auf dem Meer, die dem 5. Akt vorangeht. Wir können nicht aufhören, darüber zu staunen, dass Shakespeare eine Figur, die so sehr Theatraliker ist wie keine zweite im ganzen Werk, ins Zentrum eines Stücks gestellt hat, das von ängstlichen Erwartungen beherrscht wird und dessen Handlung aus lauter Aufschüben besteht, die geradezu parodistisch wirken, weil es mit der Rache in diesem Rachedrama einfach nicht klappen will. Hamlet ist wie Falstaff und Kleopatra ein großer Schauspieler, aber sein Regisseur, der Dramatiker, will ihn offenbar dafür bestrafen, dass er ihm entglitten ist, dass er wie Hobgoblin mit dem Kranz des Apollo davongelaufen ist, vielleicht auch dafür, dass er noch radikaler zweifelte als sein Schöpfer. Und wenn Hamlet an seiner Einbildungskraft krank ist, so sind es auch alle anderen Personen in dem Stück, ausgenommen vielleicht Horatio, der Stellvertreter des Publikums. Wenn wir Hamlet zum ersten Mal begegnen, ist er ein Student, der gezwungenermaßen seine Studien unterbrochen hat. Man würde ihn für höchstens zwanzig halten, aber im 5. Akt erfahren wir dann, dass er mindestens dreißig sein muss, obwohl allenfalls einige Wochen verstrichen sein können. Doch hat der Widerspruch letztlich nichts zu bedeuten: Er ist immer sowohl die jüngste als auch die älteste Person des Stücks, er ist sogar, wenn man es recht versteht, älter als Falstaff. Sein Bewusstsein macht ihn so alt, sein schrecklich klares Bewusstsein von dem spirituellen Siechtum, das seine Welt befallen hat und das er selbst internalisiert hat; er hat nicht den Wunsch, dagegen anzukämpfen, wenn auch nur deswegen, weil der wahre Grund seiner Wandlungsfähigkeit sein Drang nach Freiheit ist. Die Interpreten waren sich durch die Jahrhunderte hindurch darin einig, dass Hamlets einzigartiger Reiz darin bestehe, dass er, Held einer Tragödie im hohen Stil, paradoxerweise dennoch so frei wirke wie keine zweite tragische Gestalt. Im 5. Akt befindet er sich kaum noch in der Welt des Stücks; wie Whitmans »reales Ich«, sein »me myself«, ist der vollendete Hamlet gleichzeitig im Spiel und draußen, Beteiligter und staunender Beobachter. Aber da seine Verwandlung auf hoher See ihn von der Helsingör-Krankheit geheilt hat, was zieht ihn zurück an den Hof und in die finale Katastrophe? Wir spüren: wenn der Geist im letzten Akt einen dritten Versuch machen wollte, würde Hamlet ihn gar nicht beachten; der Gedanke an den toten Vater verfolgt ihn nicht mehr, das ist vorbei, und wenn er auch nach wie vor seine Mutter für eine Hure hält, hat er doch jedes Interesse an ihr verloren. Geheilt, gereinigt, lässt er sich, von dem erklärten Grundsatz »Sei es drum« geleitet, dazu herbei, in Claudius' raffiniert italianisierter Neubearbeitung der *Mausefalle* mitzuspielen. Trotz alledem müssen wir noch einmal auf die Helsingör-Seuche zurückkommen und auf Hamlets Genesung während der Seereise.

Allen Gelehrten, die sich näher mit der Metaphorik des *Hamlet* beschäftigt haben, hat jenes »Geschwür«, jener Abszess, zu denken gegeben, auf den Robert Browning witzig anspielt, wenn er schreibt: »den Abszess stech ich dir auf und befreie dich von den Leiden – der Eitelkeit«. Hamlet seinerseits, Vorläufer so vieler Browningscher Figuren, hat vielleicht auch einen Witz im Sinn, nämlich ein Spiel mit der Verwechselbarkeit von *impostume* (»Geschwür«) und *imposture* (»Schwindel«):

> Dies ist des Wohlstands und der Ruh Geschwür,
> Das innen aufbricht, während sich von außen
> Kein Grund des Todes zeigt.

Die Krankheit von Helsingör wütet überall und zu allen Zeiten. Irgendetwas ist faul in jedem Staat, und wenn man ein so waches Empfindungsvermögen besitzt wie Hamlet, wird man es irgendwann nicht mehr hinnehmen. Hamlets Tragödie ist letzten Endes die Tragödie der Persönlichkeit: Der Charismatiker muss schließlich zum Arzt werden, auch wenn dies seinem ganzen Wesen zuwider ist. Claudius ist bloß ein zufälliges Übel, der einzig ernst zu nehmende Feind Hamlets ist Hamlet selbst. Als Shakespeare aufhörte, Karikaturen im Stil Marlowes zu zeichnen, und zu sich selbst fand, arbeitete er bereits auf den Abgrund Hamlet hin. Der Prinz, der in sich nicht weniger als alles ist, weiß auch, dass er in sich nichts ist. Er gelangt zu diesem Nichts auf dem Meer, und er kehrt desinteressiert oder als Nihilist oder als Quietist – wie auch immer man es bezeichnen mag – zurück. Und doch stirbt er in brennender Sorge um seinen verletzten Namen – es ist, als würde seine Verwandlung im Maelstrom von Helsingör zum Teil wieder aufgehoben. Aber nur zum Teil: die transzendentale Musik der Erkenntnis brandet noch einmal am Ende von Hamlets Tragödie auf und steigert sich zum weltlichen Triumph des »Der Rest ist Schweigen«. Was nicht erlischt, sondern dauert, ist der einzigartige Wert der, wie man auch sagen könnte, *kanonisch sublimen* Persönlichkeit Hamlets.

ZWEI
Othello

Die Figur des Jago … gehört zu einem Typ von Figuren, dessen Vertreter man allenthalben bei Shakespeare antrifft und der doch etwas Besonderes ist: Diese Charaktere zeichnen sich durch eine sehr rege intellektuelle Aktivität aus, die mit einem totalen Mangel an moralischen Prinzipien einhergeht und sich deswegen immer auf Kosten anderer beweist; sie suchen die praktische Unterscheidung von Gut und Böse zu verwirren, indem sie so tun, als bezöge sie sich auf irgendwelche überzogen raffinierten Spekulationen. – Einige mehr wohlmeinende als klug denkende Kritiker haben die Ansicht vertreten, Jago sei ein unnatürlicher Charakter. Shakespeare, der ein ebenso fähiger Philosoph wie Dichter war, teilte diese Ansicht nicht. Er wusste, dass es dem Menschen natürlich ist, die Macht – und das heißt nichts anderes als: die Macht, Unheil zu stiften – zu lieben. Er wusste das so gewiss oder noch gewisser, als hätte man es ihm durch unfehlbare logische Schlüsse bewiesen – es genügte ihm, Kindern zuzusehen, die im Dreck spielen oder zum Vergnügen Fliegen totschlagen. Wir könnten jene, die Jago für einen unnatürlichen Charakter halten, fragen, weshalb sie sich das Stück ansehen, wenn nicht deswegen, weil diese Figur ihr Interesse erregt, ihre Neugier und ihre Einbildungskraft reizt. Weshalb sehen wir uns überhaupt Tragödien an? Warum werden wir nicht müde, Zeitungsberichte über schreckliche Feuersbrünste und entsetzliche Mordtaten zu lesen, wenn nicht aus ebendiesem Grund?

Warum ziehen öffentliche Hinrichtungen und Gerichtsverhandlungen so viele Zuschauer an, und warum findet das gemeine Volk fast durchweg Vergnügen an barbarischen Spektakeln und grausamen Tierquälereien, wenn der Geist nicht einen natürlichen Hang zu starken Sensationen hat, ein Bedürfnis danach, seine schlummernden Möglichkeiten aufgepeitscht und bis zum Äußersten aufgestachelt zu sehen? Überall, wo dieses Wirkprinzip nicht von Bildung oder vom Bewusstsein moralischer Pflicht niedergehalten wird, dort entfesselt es Exzesse jeder nur vorstellbaren Art, und zwar auch ohne Beihilfe irgendeines anderen Motivs, sei es Leidenschaft oder Eigennutz. Jago ist nur ein extremes Beispiel seiner Art, eines Menschen mit einer krankhaften Geistestätigkeit, dem der moralische Unterschied von Gut und Böse vollkommen gleichgültig ist, und wo nicht, dann höchstens insofern, als er Letzteres bevorzugt, weil es mehr seiner Neigung entspricht, seinen Gedanken eine gewisse Würze verleiht und seinen Taten mehr Spielraum schafft. – Man beachte (dies für diejenigen, die an alle Taten des Menschen die Elle der Maximen Rochefoucaults anlegen), dass sein eigenes Geschick ihm genauso oder fast genauso gleichgültig ist wie das der anderen: er setzt alles für einen unbedeutenden und zweifelhaften Vorteil aufs Spiel und wird endlich selbst das genarrte Opfer seiner übermächtigen Leidenschaft – einer unverbesserlichen Liebe zu schlimmen Taten –, seines unersättlichen Triebs, extrem schwierige und gefährliche Dinge zu verrichten. Unser Fähnrich ist ein Philosoph, der findet, dass eine Lüge, die einen Menschen tötet, mehr Sinn hat als eine Alliteration oder eine Antithese, der meint, ein tödliches Experiment mit dem Frieden einer Familie sei interessanter, als die Zuckungen im Herzen eines Flohs, der in einer Luftpumpe eingesperrt ist, zu beobachten, der, bloß um seinen Geist zu üben, einen Plan ausheckt, seine Freunde zu Grunde zu richten, und des Nachts Menschen erdolcht, um dem *ennui* vorzubeugen.

– William Hazlitt

Da es zwar Jagos Stück ist (nicht einmal Hamlet und Edmund scheinen ihre Dramen so weitgehend selbst zu verfassen), gleichwohl aber Othellos Tragödie, sehen wir uns genötigt, etwas von jener Aura des Ruhms und der Würde, die am Anfang den Mohren umstrahlt, wiederherzustellen. Eine schlechte kritische Tradition, die von T. S. Eliot und F. R. Leavis bis zu den Neo-Historisten unserer Tage reicht, hat den Helden konsequent allen Glanzes beraubt und damit als verlängerter Arm Jagos dessen Werk vollendet. Ungefähr von 1919 an haben die Generale bei den gesellschaftlichen Eliten, wenn auch nicht durchweg in den niederen Klassen, mehr und mehr an Ansehen verloren. Was Shakespeare betrifft, so lieferte er die hehren Werte des Rittertums der komischen Kritik Falstaffs aus, und dieser räumte gründlich auf mit romantischen Vorstellungen von militärischen Ruhmestaten. Aber wenn Falstaff auch in einem Winkel von Hamlets Bewusstsein durchaus noch präsent war, so blieb ihm doch der Zugang zum *Othello* verwehrt.

Im *Lear* ist es der Narr, im *Macbeth* der betrunkene Torwärter, in *Antonius und Kleopatra* der Feigen-und-Schlangen-Händler, der dafür sorgt, dass die tragikomische Tradition nach *Hamlet* fortgesetzt wird, im *Othello* dagegen tritt kein Clown auf die Bühne. Nur hier und im *Coriolan* wird das Lachen ausgesperrt, als ob Shakespeare die beiden großen Feldherrn vor dem bösen Blick aus der Perspektive Falstaffs schützen wollte. Wenn Othello, der ohne Zweifel mit dem Schwert so gut umzugehen weiß wie nur je einer, Zeuge einer wilden Messerstecherei auf offener Straße wird, genügt ein einziger drohend knapper Satz, um die Kämpfenden zu trennen: »Die blanken Schwerter fort! Sie möchten rosten.«

Es erfordert einige Anstrengung, die noch unbeschädigte Herrlichkeit Othellos im Stück wirklich zu *sehen*, weil er seinem ganzen Wesen nach das ideale Opfer für Jago zu sein scheint. Ähnlich wie früher in *Heinrich IV./1* und unmittelbar danach im *König Lear* lässt Shakespeare uns den Vordergrund der Geschichte selbst und auf eigene Verantwortung erschließen. Das Stück beginnt damit, dass Jago dem Gimpel Rodrigo versichert, er hasse Othello, und das einzig wahre Motiv seines Hasses nennt, das er mit Miltons Satan teilt: das Gefühl, dass seine Verdienste nicht gewürdigt werden. Satan ist (auch wenn Milton davon nichts wissen wollte) der legitime Sohn Jagos, ausgetragen und geboren von Miltons Muse. Jago, der schon lange als Othellos Fähnrich (das ist der dritthöchste Rang im Heer) dient, wurde bei der Beförderung übergangen, die Stelle des Leutnants bekam nicht er, sondern Cassio. Man erfährt nicht, warum Othello so entschieden hat, seine Wertschätzung des »treuen Jago«, des rauen Burschen, der seinen Feldherrn in dessen großen Kriegen begleitet hat, besteht unvermindert fort. Allein die Tatsache, dass Jago als Fähnrich dient und geschworen hat, eher zu sterben, als sich das Banner entreißen zu lassen, bezeugt sowohl Othellos Vertrauen als auch Jagos frühere Hingabe. Paradoxerweise, so kann man vermuten, ist ebendie pseudoreligiöse Verehrung, die Jago seinem Kriegsgott Othello bezeigt, der Grund dafür, dass er nicht befördert wurde. Jago befindet sich, wie Harold Goddard fein beobachtet hat, permanent im Kriegszustand, seine Psyche ist die eines Pyromanen, der die ganze Welt in Brand setzen möchte. Othello, ein Berufsoffizier, der sein Handwerk versteht und streng darauf achtet, dass in Friedenszeiten andere Gesetze gelten als im Feldlager, war wohl der Meinung, dass sein fanatisch tapferer Fähnrich nicht der rechte Mann sei, an seine Stelle zu treten, wenn er selbst im Kampf verwundet oder getötet würde. Jago muss immerfort kämpfen, er kann nicht aufhören, und deswegen zieht Othello ihm Cassio vor, der zwar relativ wenig praktische Erfahrung besitzt – er ist eine Art Stabsoffizier –, dafür aber weltgewandt und diplomatisch ist und die Grenzen des Kriegs kennt.

So professionell vernünftig Othellos Urteil auch war, kannte er doch Jago, diesen sehr freien Künstler seiner selbst, schlecht. Die Katastrophe, die im Vorfeld des Stücks stattfindet, kann mit dem Titel »Der Fall Jagos« überschrieben werden. Sie liefert das Paradigma für Satans Fall bei Milton: dessen Gott degradiert, ähnlich wie Othello, seinen ihm fanatisch ergebenen Gefolgsmann, und der zutiefst verletzte Satan rebelliert. Satan kann dem Allerhöchsten nichts anhaben und nur dessen Geschöpfe Adam und Eva zu Grunde richten – der raffiniertere Jago vermag weit mehr: Sein einziger Gott ist Othello, und dieser selbst muss fallen, damit Jago Genugtuung für die Zurücksetzung bekommt, die er erlitten hat und die vielleicht sexuelle Impotenz, jedenfalls aber ein demütigendes Gefühl der eigenen Nichtigkeit, die Empfindung, nicht mehr der Alte zu sein, bei ihm ausgelöst hat. Jago ist Shakespeares große Studie zur gottlosen Existenz in einer sinnlosen Welt, beherrscht von dem Gefühl der Leere, das über den *Hamlet* hinaus hier fortwirkt und auf Edmunds weniger grandiose, dafür aber von Emotionen radikal befreite Exkursion in die unheimlichen Regionen des Nihilismus vorausweist. Othello war Jagos ein und alles, weil der Krieg sein ein und alles war; der so schmählich übergangene Jago ist nichts mehr, und sein Vernichtungsfeldzug gegen das einstige Idol ist zugleich ein Krieg gegen alle Ontologie.

Das tragische Drama ist nicht per se metaphysisch, aber Jago, der von sich sagt, er sei nichts, wenn er nicht kritisch sein dürfe, ist auch nichts, wenn er nicht Metaphysiker sein darf. Wenn er sich rühmt: »Ich bin nicht, was ich bin«, ist das eine Kampfansage an den heiligen Paulus, der geschrieben hatte: »Durch die Gnade Gottes bin ich, der ich bin.« Jago ermöglicht es Shakespeare, zur Figur des Machiavellisten zurückzukehren, aber der Dramatiker schafft keinen neuen Aaron oder Richard III., die beide nur Varianten des Barabas sind, sondern einen Charakter, der Lichtjahre weit von allem entfernt ist, was Marlowe je erfinden konnte. Das Entzücken des Barabas, Aaron und Richard III. über die eigene Verruchtheit ist kindisch, verglichen mit dem Stolz auf seine psychologische, dramatische und ästhetische (er ist der erste Ästhet der Moderne) Meisterschaft, den Jago empfindet, wenn er sich an dem totalen Ruin des Kriegsgotts Othello weidet, der am Ende nur noch ein mörderisches Wrack ist. Die Leistung, die Jago als Autor seiner Rachetragödie vollbringt, ist weit höher zu bewerten als Hamlets Talentprobe *Die Mausefalle*, die ja nur eine Neubearbeitung von *Die Ermordung des Gonzago* ist. Jago hat, allein aus seinem Genie schöpfend, dieses Nachtstück gemalt, und es ist ein Meisterwerk. Er wird unter Qualen sterben, ohne ein Wort, aber die Verstümmelungen, die er der Wirklichkeit zugefügt hat, werden sein Gedächtnis bewahren.

In einem seiner merkwürdigsten Essays meinte Auden, Jago sei die Apotheose eines Schelms, eine Ansicht, die ich mir nur aus der Tatsache erklären kann, dass Auden den Jago Verdis (also den von Boito) vor Augen hatte, so wie ja auch sein Falstaff mehr ein Opernheld als eine dramatische Figur war. Man sollte Jagos Genie nicht verkennen: er ist ein großer Künstler, kein Witzbold. Miltons Satan ist ein gescheiterter Theologe und ein großer Dichter, Jago glänzt nicht minder als nihilistischer Gott-ist-tot-Theologe und avantgardistischer Bühnenautor. Shakespeare hat nur Hamlet, Falstaff und Rosalind mit mehr Witz und Intelligenz ausgestattet als Jago und Edmund, und was ästhetisches Feingefühl angeht, so wird Jago nur von Hamlet übertroffen. Wenn man einmal von seiner Rache-Obsession absieht, die der des Kapitän Ahab gleicht – Othello ist sein Moby Dick, den er zur Strecke bringen muss –, ist Jagos hervorstechende Eigenschaft skandalöserweise seine Freiheit. Er ist ein großer Improvisationskünstler, er versteht und genießt es, genau zur richtigen Zeit zuzuschlagen, und er ändert kurz entschlossen seinen Plan, wenn es gilt, eine Gelegenheit, die sich überraschend auftut, beim Schopf zu packen. Wenn ich den *Othello* inszenieren müsste, würde ich meinen Jago anweisen, ein immer größer werdendes staunendes Zutrauen zu seiner diabolischen Kunst zum Ausdruck zu bringen. Anders als Barabas und seine Nachkommen ist Jago ein Erfinder und Experimentator, immer bereit, Unbekanntes auszuprobieren. In einem eher inspirierten Moment sah Auden Jago als einen Naturforscher und eben nicht als einen Lausbuben. Der Satan von *Paradise Lost*, der den Abgrund erforscht, dessen Geheimnisse niemand kennt, ist ganz vom Schlag des Jago. Wer hat je vor Jago, in der Literatur oder im wirklichen Leben, die Künste der Desinformation, der Irreführung, des Unordnung-Schaffens derart perfektioniert? Alles das fügt sich zu dem grandiosen Programm einer Anti-Schöpfung zusammen, in deren Verlauf Othello zum Chaos, zum Tohuwabohu des Ursprungs aller Dinge, zurückkehren muss.

Schon ein kurzer Blick auf Cinthios Text, der Shakespeares Quelle war, lehrt, dass Jago in allem Wesentlichen Shakespeares ureigene Erfindung ist und kaum etwas mit dem schurkischen Fähnrich der Vorlage gemein hat. Dieser verliebt sich leidenschaftlich in Desdemona, kann aber ihre Gunst nicht gewinnen, da sie den Mohren liebt. Der namenlose Fähnrich redet sich ein, Desdemona weise ihn deshalb ab, weil sie einen namenlosen Hauptmann liebe (den Cassio Shakespeares), und beschließt den vermeintlichen Nebenbuhler aus dem Weg zu räumen, indem er die Eifersucht des Mohren anstachelt und gemeinsam mit ihm einen Mordplan gegen Desdemona und den Hauptmann ausheckt. In Cinthios Novelle prügelt der Fähnrich Desdemona tot, und zwar mit Zustimmung des Mohren, der die Untat mit ansieht. Danach reut es ihn, verzweifelt beklagt er den Verlust der geliebten Frau und will mit dem Fähnrich nichts mehr zu schaffen haben: Erst an diesem Punkt der Geschichte beginnt der

Schurke seinen General zu hassen. Indem Shakespeare das Motiv der verweigerten Beförderung einführte, das er ins Vorfeld des Stücks legte und zum neuen Ausgangspunkt der Handlung machte, veränderte er die ganze Geschichte. Der ontologische Schock, den jene Zurückweisung bei Jago auslöst, ist Shakespeares ureigene Erfindung; erst dieses Trauma schafft den wahren Jago, der nun nicht mehr bloß ein gewissenloser Fähnrich ist, sondern ein Genie des Bösen, das aus einem großen Fall hervorgegangen ist.

Miltons Satan verdankt dem Jago so viel, dass wir versucht sein könnten, die christliche Lehre vom Fall Adams in die Geschichte von Othellos Katastrophe hineinzulesen und Jago als Chiffre für den gestürzten Luzifer aufzufassen. Aber wenn Shakespeares Mohr auch getauft ist, so ist doch *Othello* so wenig ein christliches Erbauungsdrama, wie der *Hamlet* eine lehrhafte Tragödie von Schuld und Sünde und Stolz ist. Jago beschwört einmal leichthin eine »Theologie der Hölle«, aber es wäre eine Verharmlosung, ihn für einen Satanisten zu halten. Er verkörpert den »immerwährenden Krieg«, wie Goddard es ausdrückte; in mir erweckt er dasselbe Gefühl von unheimlicher Ehrfurcht und Schrecken, das ich empfinde, wenn ich dem Richter Holden in Cormac McCarthys *Blood Meridian, Or, The Evening Redness in the West* (1985 – dt. *Die Abendröte im Westen*, Reinbek 1998) begegne. Die Figur hat ein historisches Vorbild, einen Abenteurer, der in der Zeit nach dem Bürgerkrieg im Südwesten der USA und in Mexiko Indianer massakrierte und skalpierte, aber ihrem eigentlichen Wesen nach ist sie eine Allegorie des Kriegs. Seine flammenden Reden enthalten etwas, das man geradezu als eine kurz gefasste Theologie von Jagos Projekt auffassen kann und das vielleicht auch wirklich auf Jagos Einfluss zurückgeht – immerhin gehört der Roman in die Tradition Melvilles und Faulkners, die beide ganz im Bann Shakespeares standen. »Krieg«, sagt der Richter, »ist die wahre Zukunftsdeuterei – der Krieg ist

Gott«, denn der Krieg ist ein zum Äußersten gesteigertes Spiel des einen Willens gegen den anderen. Jago ist der Inbegriff des Willens, der in der vernichtenden Missachtung des Willens durch den Krieg wiedergeboren wird. Dass er hinter Cassio zurückstehen muss, bedeutet nichts Geringeres für Jago, als dass sein Wille für nichts geachtet wird, sein Machtgefühl ist tief verletzt. Damit der Wille triumphieren kann, muss die Macht wiederhergestellt werden, und Macht ist für Jago kriegerische Macht, Gewalt: verstümmeln, töten, erniedrigen, das Göttliche im anderen zerstören, den Kriegsgott vernichten, der Jagos Verehrung mit Füßen getreten, sein Vertrauen verraten hat. Aus Cormac McCarthys Richter Holden spricht der Geist Jagos, wenn er uns erklärt, dass der Krieg das Spiel ist, das uns definiert:

> Wölfe treffen eine natürliche Auslese. Welches andere Geschöpf wäre dazu ebenfalls in der Lage? Ist denn der Mensch nicht noch räuberischer? Alles in der Welt muss wachsen, gedeihen und sterben, aber der Mensch macht grade so fort, der Mittag seines Wirkens zeigt bereits den Einbruch der Nacht an. Sein Geist erlischt auf dem Gipfel seiner Schaffenskraft. Mit seinem Höhepunkt kommt zugleich seine Verdüsterung, der Abend seines Tages. Er liebt Spiele? Dann soll er auch etwas einsetzen.[2]

Als Jago seinen Feldherrn noch gläubig verehrte, praktizierte er eine Religion des Kriegs, jetzt wird der Krieg für ihn zu einem Spiel, das überall zu spielen ist, nur nicht auf dem Schlachtfeld. Der Glaube stirbt, und an seiner Stelle lebt dichterisch erfinderisches Genie auf: Jago wird zum Autor von Radauszenen auf der Straße, von Morden im Dunklen, von listigen Intrigen, vor allem aber kreiert er in einem gewissermaßen negativen Schöpfungsprozess die Vernichtung Othellos, er möchte den Leichnam des großen Generals fleddern und wieder in den Abgrund des Ursprungs werfen, in jenes Chaos, das Jago mit dem schwarzen Afrika, aus dem Othello stammt, assoziiert. Othello selbst definiert sich nicht als Afrikaner (und auch Shakespeare sieht ihn nicht so), aber Jagos Interpretation bleibt siegreich – nicht ganz allerdings, denn Othellos viel verleumdete Rede vor seinem Selbstmord enthält, wie noch gezeigt werden soll, doch so etwas wie ein Moment von wiedererlangter Würde und Kohärenz, wenn auch nicht von Größe. Othello kann Jago nie und nimmer verstehen, aber wir können es durchaus, weil wir Jago ähnlicher sind als seinem General. Jagos Auffassungen vom Krieg, vom Willen und von der Ästhetik der Rache deuten auf unser eigenes Verständnis des Menschlichen voraus.

Wir können nie zu einem gerechten Urteil über Othello gelangen, wenn wir Jago unterschätzen, der das Zeug dazu hätte, auch die meisten von uns zu vernichten, wenn er in unserer Lebenswelt sein Unwesen treiben dürfte. Othello besitzt eine große Seele, aber er ist an Intelligenz und Durchsetzungskraft Jago hoffnungslos unterlegen. Hamlet hätte sich, wie A. C. Bradley einmal bemerkt hat, Jago mit Leichtigkeit vom Hals geschafft. Er hätte ihn sehr schnell durchschaut und ihn mit Parodien und spöttischen Reden in den Selbstmord getrieben. Falstaff und Rosalind hätten es ebenso gemacht, Falstaff mit schallendem Gelächter, Rosalind freundlich lächelnd. Nur Humor kann vor Jago schützen, und das ist der Grund, weshalb Shakespeare alles Komische aus dem *Othello* ausschließt und nur Jagos düstere Heiterkeit zulässt. Und auch hier wieder bemerken wir einen grundlegenden Unterschied zwischen ihm und den Geschöpfen der Marlowe-Schule: Barabas und die frühen Figuren Shakespeares, die ihm nachempfunden sind, teilen etwas von ihren Triumphgefühlen dem Publikum mit, dagegen wirkt Jago auf dem Höhepunkt seiner Kunst, als schickte er vom Gipfel seines Vulkans lediglich Postkarten an uns: er bleibt uns so entrückt fern wie seinen Opfern. »Du kommst als nächster dran«, scheint er zu sagen, und wir zucken zusammen. »Bei allem poetischen Talent, das er besitzt«, stellte Swinburne fest, »hat er doch nichts von der poetischen Schwachheit an sich.« Jago, der Prophet des Ressentiments, ahnt Dostojewskis Smerdjakov, Svidrigailov und Stavrogin voraus und all die asketischen Vertreter jenes Geistes, den Nietzsche so sehr beklagte.

Aber er ist viel mehr als das; er hat sich mit eigener Kraft zu einer Majestät des Bösen emporgearbeitet, die, so scheint es, nicht mehr zu steigern ist und in der Welt der literarischen Schurken nicht ihresgleichen hat. Edmund, der Einzige, der ihm wenigstens nahe kommt, bereut im Sterben, eine Geste, die noch rätselhafter ist als Jagos Verstummen am Ende. Seine Intelligenz und seine künstlerische Begabung allein würden nicht ausreichen, Jago auf die Höhe seiner heroischen Verruchtheit zu führen; er besitzt einen negativen Zauber, der über Verstand und Auffassungsvermögen hinausgeht. Der Sphäre der Politik verdankte Marlowe seinen Guise in *The Massacre at Paris*, aber dieser ist nur ein böser Gnom, verglichen mit Jago. Der Teufel höchstselbst – der von Milton, Marlowe, Goethe, Dostojewski, Melville oder sonst irgendeinem Autor – kann sich nicht mit Jago messen, zu dessen amerikanischen Abkömmlingen Hawthornes Chillingworth, Melvilles Claggart, Mark Twains geheimnisvoller Fremder, Nathanael Wests Shrike und Cormac McCarthys Richter Holden gehören. Die moderne Literatur hat keinen Unhold hervorgebracht, der es mit Jago aufnehmen kann, er ist und bleibt der perfekte Teufel des Abendlands, brillant als Psychologe, Dramatiker, Theaterkritiker und negativer Theologe. Shaw behauptete, die Figur lasse alle Konsistenz vermissen, Jago sei ein grobschlächtiger Lump und zugleich raffiniert und subtil, aber aus ihm sprach der blanke Neid auf Shakespeare. Er hat wenig Zustimmung gefunden, und diejenigen, die wie er Jago für unglaubwürdig halten, neigen in aller Regel zu der Ansicht, auch

Othello sei misslungen. Für den großen A. C. Bradley waren Falstaff, Hamlet, Jago und Kleopatra die »bewunderungswürdigsten« Figuren Shakespeares. Ich würde gern noch Rosalind und Macbeth in diese Gruppe aufnehmen und Bradley dann erst aus ganzem Herzen zustimmen. Diese sechs Gestalten sind die größten Erfindungen Shakespeares, und alle treiben die menschliche Natur in irgendeiner Weise an ihre Grenzen, ohne diese jedoch zu übertreten. Falstaffs Witz, Hamlets ambivalenter und doch charismatischer Intensität, Kleopatras geistiger Beweglichkeit stehen Macbeths proleptische Imagination, Rosalinds Meisterschaft der Generalperspektive und Jagos geniale Improvisationskunst gegenüber. In Wahrheit weder bloß grobschlächtig noch bloß subtil, schafft Jago seine eigene Persönlichkeit und seinen Charakter unablässig und immer wieder neu: »Ich bin nicht, was ich bin.« Diejenigen, die ungläubig fragen, ob in einem achtundzwanzig Jahre alten Berufssoldaten ein derart ungeheuer negatives Genie stecken kann, könnten mit gleich großem Recht fragen, ob denn wirklich der neununddreißig Jahre alte Berufsschauspieler Shakespeare einen so überzeugenden »Halbteufel« (»demidevil« nennt Othello am Ende den Jago) ersinnen konnte. Wir glauben, dass Shakespeare zu der Zeit, da er den *Othello* verfasste, die Schauspielerei bereits aufgegeben hatte; es scheint so, als hätte er ein letztes Mal in *Ende gut, alles gut* auf der Bühne gestanden. Gibt es vielleicht eine Verbindung zwischen dem Entschluss, nicht mehr als Schauspieler aufzutreten, und der Erfindung des Jago? In dem Zeitraum zwischen *Ende gut, alles gut* und *Othello* schrieb Shakespeare *Maß für Maß*, das sein Abschied von der Komödie war. Der rätselhafte Herzog Vincentio hat, wie bereits bemerkt, einiges mit Jago gemeinsam und könnte ebenfalls etwas mit Shakespeares Rückzug von der Schauspielerei zu tun haben. Shakespeare war bestimmt auch in diesem Fach geschickt und brauchbar, hatte allerdings nie Hauptrollen übernommen. Es ist gut denkbar, dass er seine Schauspieler-Energien nun in einer neuen Weise in den Improvisationen von Vincentio und Jago auslebte.

Wenn Bradley Falstaff, Hamlet, Jago und Kleopatra einen besonderen Rang zugestand, so vielleicht auch deswegen, weil in diesen vier Rollen eine hochgradig bewusste Theatralik zum Ausdruck kommt. Selbst witzig, bewirkt Falstaff durch seine Darbietungen, dass auch andere witzig werden. Hamlet, der Tragödiendarsteller mit dem analytischen Verstand, diskutiert mit allen, die ihm über den Weg laufen, und bringt sie dazu, sich zu offenbaren. Kleopatras ganzes Leben und Lieben und Sterben ist Theater, und ob sie vielleicht aufhört zu spielen, wenn sie mit Antonius allein ist, wissen wir nicht, denn Shakespeare zeigt uns die beiden – mit Ausnahme einer sehr kurzen Szene – niemals allein. Vielleicht hat Jago bis zu seinem Fall, als Othello ihn so schmählich überging, von seinem dramatischen Genie gar nichts gewusst; es scheint so, als hätte ihm erst die Erfahrung seiner Nichtigkeit, nachdem er den ersten traumatischen Schock überwunden hat, die Augen geöffnet. Zu dem Zeitpunkt jedoch, da wir ihn kennen lernen, in der 1. Szene des Stücks, genießt er bereits seine Schauspielerfreiheit in vollen Zügen:

> Oh, seid ganz ruhig.
> Ich dien ihm, um mir's einzubringen; ei, wir können
> Nicht alle Herrn sein, nicht kann jeder Herr
> Getreue Diener haben. Seht Ihr doch
> So manchen pflicht'gen, kniegebeugten Schuft,
> Der, ganz verliebt in seine Sklavenfessel,
> Ausharrt, recht wie die Esel seines Herrn
> Ums Heu, und wird im Alter fortgejagt. –
> Peitscht mir solch redlich Volk! Dann gibt es andre,
> Die, ausstaffiert mit Blick und Form der Demut,
> Ein Herz bewahren, das nur sich bedenkt;
> Die nur Scheindienste liefern ihren Obern,

Durch sie gedeihn und, wenn ihr Pelz gefüttert,
Sich selbst Gebieter sind. Die Burschen haben Witz,
Und dieser Zunft zu folgen ist mein Stolz.

I.1, 40–54 [804]

Nur der Schauspieler, versichert Jago, hat überhaupt rechten Lebensgeist [»some soul«, Baudissins Notlösung »Witz« trifft nur etwas sehr Allgemeines], wir anderen tragen alle unser Herz am Ärmel. Aber das ist erst der Beginn einer Bühnenkarriere; in diesem frühen Stadium zettelt Jago lediglich Ärger an, indem er Brabantio, Desdemonas Vater, aufhetzt und Gewalttätigkeiten auf offener Straße provoziert. Er weiß, dass er dabei ist, das Gelände einer neuen Berufung zu erkunden, aber sein eigentliches Genie ist ihm noch weitgehend unbekannt. Shakespeare nutzt die Zeit, in der Jago Kräfte sammelt, um uns ein Bild von Othellos gefährdeter Größe und von Desdemonas überlegenen menschlichen Qualitäten zu vermitteln. Bevor ich mich ebenfalls dem Mohren und seiner Braut zuwende, will ich versuchen, noch etwas mehr über den Vordergrund Jagos herauszufinden. Ähnlich wie im Fall Hamlets und Falstaffs erfordert das einige detektivische Erschließungsarbeit.

Richard III. und Edmund haben Väter, über die Familie, aus der Jago stammt, erzählt uns Shakespeare nichts. Wir können uns eine Vorstellung davon machen, wie die frühere Beziehung des Fähnrichs zu seinem ruhmreichen Hauptmann ausgesehen hat. Gibt es Hinweise, denen sich Näheres über seine Ehe mit Emilia entnehmen lässt? Als Jago zum ersten Mal auf Cassio zu sprechen kommt, unterläuft ihm eine sonderbare Fehlleistung: »Ein Wicht, zum schmucken Weibe [wife] fast verdammt [damned][3] …« Wir haben es hier wohl nicht mit einer Unaufmerksamkeit von Shakespeare zu tun, sondern mit einem Signal: Jago assoziiert offenbar aus einem inneren Zwang heraus »Ehe(weib)« mit »Verdammung«, denn in der äußeren Wirklichkeit ist Bianca unverkennbar eben *nicht* Cassios »Weib«, sondern seine Mätresse. Emilia, die gerade so gut ist, wie sie sein soll, wird als Werkzeug der Ironie Jagos Triumph zunichte machen und dafür mit ihrem Leben bezahlen. Was ihre Beziehung zu Jago angeht, so gibt uns Shakespeare einige recht deutliche Winke. In einer frühen Phase des Stücks teilt Jago uns etwas mit, was er selbst nicht glaubt und wir ebenso wenig, nicht etwa, weil wir es Emilia nicht zutrauten, sondern weil Othello ein zu hoher Herr dafür ist:

> Die Rede geht, er hab in meinem Bett
> Mein Amt verwaltet – möglich, dass es falsch:
> Doch ich, auf bloßen Argwohn in dem Fall,
> Will tun, als wär's gewiss.

I.3, 386–389 [822]

Später richtet Jago in einer Nebenbemerkung denselben »bloßen Argwohn« auf Cassio: »Den Cassio fürcht ich auch für mein Gespons.« Wir können vermuten, dass Jago, vielleicht in seiner wilden Wut über die Zurücksetzung, die er erlitten hatte, impotent geworden, bereit ist, jede männliche Person aus dem Stück zu verdächtigen, auch wenn es ihm letztlich egal ist, ob Emilia ihn betrügt oder nicht. Diese tröstet Desdemona, nachdem Othello in einem ersten Anfall rasender Eifersucht seiner unschuldigen Frau eine Szene gemacht hat, und zieht dabei ein Resümee ihrer eigenen Ehe:

> Man lernt den Mann nicht aus in einem Jahr;
> Sie alle sind nur Magen, wir nur Kost;
> Sie schlingen uns hinab, und sind sie satt,
> Spein sie uns aus.

III.4, 104–107 [860]

Das ist die erotische Vision von *Troilus und Cressida*, die hier in einen größeren Zusammenhang gestellt wird, der allerdings nicht weniger gallig ist, denn die Welt des *Othello* wird von Jago regiert. Es ist nicht recht einleuchtend, wenn behauptet wird, Othello sei normal und Jago abnormal; Jago ist der Genius seiner Epoche und seines Lebensraums, und er ist purer Wille. Seine leidenschaftliche Vernichtungswut ist die einzige kreative Leidenschaft in dem Stück. Das klingt sehr düster, aber es ist nun einmal nicht anders: *Othello* ist Shakespeares schmerzlichstes Stück. *König Lear* und *Macbeth* sind noch dunkler, aber diese Finsternis ist die der zur Erhabenheit gesteigerten Negativität. Im *Othello* gibt es nichts Erhabenes als einzig die Größe Jagos. Shakespeare war sich in dieser Figur absolut sicher: Wenn man den Text der Quarto- und den der überarbeiteten Folio-Fassung vergleicht, so stellt man fest, dass Shakespeare vor allem die Konturen Emilias und in geringerem Maß auch die Othellos und Desdemonas etwas schärfer gezeichnet hat, aber Jago blieb praktisch unverändert, und das völlig zu Recht: Er ist das vollkommene Bild des Willens zum Bösen, ein Genie des Hasses. Dass er die Hauptfigur des Stücks ist, steht außer Frage: Er spricht acht Monologe, Othello nur drei.

Edmund ist intelligenter und listiger als alle anderen Figuren im *Lear*, und dennoch scheitert er an der eigensinnigen Leidensfähigkeit Edgars, der sich im Verlauf des Dramas vom leichtgläubigen Opfer zum unnachsichtigen Rächer entwickelt. Jago, noch mehr als Edmund uneingeschränkter Herrscher in seinem Stück, wird zuletzt von Emilia vernichtet; in der überarbeiteten Fassung erscheint sie als eine Figur, die unerschrocken ihrer Empörung Luft macht und um den Preis ihres eigenen Lebens die Ehre der ermordeten Desdemona rettet. Der Gedanke, dass der gute Name seine tragischen Helden überlebte, scheint so etwas wie eine fixe Idee Shakespeares gewesen zu sein. Hamlet meint zwar, dass kein Mensch wissen könne, was von ihm auf die Nachwelt komme, gleichwohl fordert er Horatio auf, leben zu bleiben und seinen guten Namen zu schützen. Auch Othello versucht, wie wir noch sehen werden, in seiner letzten Rede, deren Beurteilung in der Kritik nicht unwidersprochen bleiben kann, wenigstens ein Minimum an Reputation wiederherzustellen. Wenn die *Elegie* auf den Tod von Will Peter wirklich von Shakespeare ist (ich halte es für wahrscheinlich), dann müssen wir annehmen, dass den Dichter 1612, vier Jahre vor seinem Tod im Alter von zweiundfünfzig Jahren, die Sorge um seinen eigenen guten Namen, der offenbar Schaden gelitten hatte, stark beschäftigte.

Emilias heroischer Sieg über Jago ist eine der großartigsten Ironien im Werk Shakespeares und ein dramatischer Überraschungscoup, der im ganzen Stück nicht seinesgleichen hat:

EMILIA: O all ihr Himmelsmächte!
JAGO: Willst du schweigen?
EMILIA: Es muss heraus, heraus! Jetzt schweigen? Nein,
Nein, ich will reden, ungehemmt wie Nordwind.
Lass Himmel, Menschen, Teufel, alle, alle
Schmach rufen über mich, ich rede doch!
JAGO: Sei klug, und geh nach Haus.
EMILIA: Ich will nicht.
Jago macht Miene, sie zu erstechen.
GRATIANO: Pfui!
Den Degen auf ein Weib?
EMILIA: O dummer Mohr! Das Tuch, von dem du sagst,
Fand ich durch Zufall und gab's meinem Manne;
Denn oft mit feierlichem Ernst und Nachdruck,
Mehr, als für solche Kleinigkeit sich ziemte,
hieß er's mich stehlen.
JAGO: Du verdammte Metze!
EMILIA: Sie gab es Cassio? – Nein, ach nein! Ich fand's
Und gab es meinem Mann.
JAGO: Ausbund! Du lügst.

EMILIA: Bei Gott, ich log nicht, nein, ihr edlen Herrn!
Blutdürst'ger Narr! Was sollt auch dieser Tropf
Mit solcher guten Frau?
Jago ersticht seine Frau und läuft fort.
OTHELLO: Gibt's keinen Keil im Himmel
Als nur zum Donner? – Auserlesner Schurke!
GRATIANO: Sie sinkt, wahrhaftig, er erstach sein Weib!
EMILIA: Ja, ja, o legt mich neben meine Herrin!
GRATIANO: Er lief davon, doch seine Frau ist hin.

V.2, 216–236 [892 f.]

Wir sind überrascht, doch Jago ist schockiert; es ist seine erste Niederlage seit jener Demütigung, als Cassio ihm vorgezogen wurde. Dass Emilia, alle Weltklugheit vergessend, frei wie der Nordwind reden würde, war die einzige von allen Eventualitäten, die Jago unmöglich vorhersehen konnte. Und seine Unfähigkeit, das Beste im Wesen seiner Frau zu spüren, ihre stolze Liebe zu Desdemona, ist das einzige Versagen, das Jago sich selbst nicht verzeihen kann. Das schwingt in seinen letzten Worten mit, die er ebenso an unsere Adresse wie an die Othellos oder Cassios richtet:

OTHELLO: … Wollt ihr von diesem Teufel wohl erfragen,
Warum er Seel und Leib mir so verstrickt?
JAGO: Fragt mich um nichts mehr, was ihr wisst, das wisst ihr.
Von dieser Stund an rede ich kein Wort.

V.2, 298–301 [894]

Was ist es, was wir wissen und was Othello und Cassio nicht wissen? Shakespeares superbe dramatische Ironie geht noch über diese Frage hinaus und lässt uns etwas über Jago wissen, was er all seinem Genie zum Trotz nicht wissen kann. Jago wird zum Verhängnis, dass er in seiner dramatischen Imagination die Empörung seiner Frau nicht vorhersehen konnte: der Gedanke, dass die Ehre der ermordeten Desdemona für immer befleckt bleiben soll, ist Emilia unerträglich. Das Gespinst des Ästheten ist nach allen Regeln der Kriegskunst perfekt, aber die aufrichtige Entrüstung Emilias war nicht vorgesehen. Dort, wo sein Blick am schärfsten sein sollte – in seiner eigenen Ehe –, ist Jagos blinder Fleck. Der mit allen Wassern gewaschene Psychologe, der Othellos Innerstes durchschaut und Desdemona, Cassio, Rodrigo und alle anderen gerissen manipuliert hat, tappt in die gleiche Falle wie sein Opfer: auch er bringt im Zorn seine Frau um.

2

Das Thema Jago ist damit natürlich keineswegs ausgeschöpft – schließlich ist ja das ganze Stück *seine* Welt –, wir werden deswegen in einer Gesamtbetrachtung noch einmal ausführlich auf ihn zu sprechen kommen. Vorher aber wollen wir uns über die zahlreichen Rätsel im Zusammenhang mit der Person Othellos den Kopf zerbrechen. Während Shakespeare Hamlet, Lear und Macbeth eine fast ungebrochene, geradezu übernatürlich anmutende Beredsamkeit verleiht, ist Othellos im Einzelnen unverkennbares rhetorisches Talent sonderbar durchwachsen unstet und bisweilen pointiert mangelhaft. Jagos theatralische Kunst ist superb, die Othellos ist bei aller Brillanz problematisch. Der Mohr teilt uns mit, er sei schon als Siebenjähriger in die Armee eingetreten; wahrscheinlich ist das eine Übertreibung, aber wir sehen doch daraus, dass er sich als einen Mann betrachtet, der seine hohe Stellung hart erarbeitet hat. Sein Selbstbild ist sehr stark von seinem professionellen Bewusstsein geprägt; das ist in gewisser Weise ganz natürlich, denn er ist wirklich nichts anderes als ein Söldner, ein schwarzer Glücksritter, der es im Dienst des venezianischen Staats zu Ehren gebracht hat. Und doch steckt vielleicht etwas, was ein Gefühl der Unsicherheit sein könnte, in seinem Stolz, der bisweilen in barock prunkenden Phrasen Aus-

druck findet – Jago spricht höhnisch von »Schwulst, weit hergeholt, … staffiert mit grausen Kriegssentenzen«.
Der General Othello schrickt nicht davor zurück, den Gang seines Geistes mit dem »eis'gen Strom, [der] fortgewälzten Flut« des Schwarzen Meers zu vergleichen; er scheint geradezu zwanghaft in die Tonart des Grandiosen zu geraten, wenn er über sich selbst spricht. Er betrachtet sich selbst als eine lebende Legende, einen wandelnden Mythos, einen Helden, der edler ist als irgendein alter Römer. Der Dichter Anthony Hecht meinte, dass wir Othello als einen Mann wahrnehmen sollten, der von einer »albernen, nervösen Eitelkeit« beherrscht wird, aber Shakespeares perspektivische Kunst erschöpft sich nicht in derart entschiedener Eindeutigkeit. Othello hat etwas von Shakespeares Julius Cäsar in seinem Charakter; beide Figuren sind in einer Weise gezeichnet, die es dem Interpreten schwer macht, eine scharfe Grenze zwischen Ruhmredigkeit und wirklicher Grandeur zu ziehen. Wenn man (wie Antonius) an den Kriegsgott Cäsar glaubt oder (wie Jago es früher tat) an den Kriegsgott Othello, dann findet man keinen Gefallen daran, die Fehler seines Idols unter die Lupe zu nehmen. Wenn man aber Cassius ist oder der Jago nach dem Fall, so achtet man sehr scharf auf allzu menschliche Schwächen des Vergötterten. Othello neigt wie Cäsar dazu, von sich selbst in der dritten Person zu reden, eine ziemlich aufreizende Unart, im wirklichen Leben wie in der Literatur. Aber beide glauben an ihren eigenen Mythos, und bis zu einem gewissen Punkt müssen auch wir daran glauben, weil es echter Adel ist, der aus ihnen spricht. Gewiss ist auch etwas Undurchsichtiges in Othellos Seele; seine eigentliche Tragödie ist, dass Jago ihn besser kennt als er sich selbst.
Othello ist ein großer Feldherr, der den Krieg kennt und auch die Grenzen kriegerischer Macht, der aber sonst wenig weiß und insbesondere nicht, dass er nichts weiß. Sein Gefühl seiner selbst ist sehr weit und groß, weil er überhaupt große Maßstäbe hat,

aber er sieht sich selbst nur aus der Ferne und kommt kaum je der gähnenden Leere in seinem Zentrum nahe. Einige haben den Blick, mit dem Jago diesen Abgrund wahrnimmt, mit dem Montaignes verglichen, ich für meinen Teil muss eher an eine Facette im unendlich vielfältigen Wesen Hamlets denken: wie der Prinz von Dänemark ist Jago schon über den Skeptizismus hinaus und hat die Schwelle zum Nihilismus überschritten. Jagos brillanteste Erkenntnis ist die: Da er selbst die Zurücksetzung gegenüber Cassio als derart vernichtend erlebt, wie extrem verwundbar muss erst Othello sein, der weder Jagos Intelligenz noch seinen Willen zum Spiel besitzt! Jeder kann zu nichts zermalmt werden, glaubt Jago, und das Drama gibt ihm Recht. Keine Person des Stücks besitzt die Ironie und den Witz, die allein Jago in Schach halten könnten. Othello ist wissentlich theatralisch, aber völlig humorlos, und Desdemona ist ein Wunder an Aufrichtigkeit. *Othello* ist deswegen so furchtbar schmerzlich, weil Shakespeare mit klugem Bedacht keine Macht einführt, die sich Jago entgegenstellt. Auch der Edmund im *Lear* hat keinen Gegenspieler, der intelligent genug wäre, um ihn aufhalten zu können; er geht ironischerweise daran zu Grunde, dass er sich in Edgar, den er einst übertölpelt hat, selbst den namenlosen Rächer schafft, der ihn zur Strecke bringt. Othello ist in jeder Phase des Stücks Jago wehrlos ausgeliefert; seine Hilflosigkeit – und außerdem die doppelte Hilflosigkeit Desdemonas Jago wie ihrem Ehemann gegenüber – ist es, was wir als so schrecklich empfinden.

Trotz aller Unzulänglichkeiten in Othellos Reden und Denken dürfen wir seine Größe nicht verkennen. Shakespeare feiert ihn als ein riesenhaftes Sein, als eine Gestalt, von der ontologischer Glanz ausgeht, als einen natürlichen Menschen, der sich zu wirklicher, freilich auch nicht unproblematischer Hoheit aufgeschwungen hat. Auch wenn wir bezweifeln, dass es so etwas wie eine »Reinheit der Waffen« jemals geben kann, repräsentiert doch Othello glaubwürdig jenes verlorene Ideal. Er ist die Antithese zu Jagos »Ich bin nicht, was ich bin« – bis zu dem Zeitpunkt, da er unter Jagos Einfluss auseinander zu fallen beginnt. Ganz offensichtlich hat Desdemona eine schlechte Wahl getroffen, als sie sich für Othello entschied, und doch bezeugt ihre Wahl, dass der hart errungene Glanz des Mohren echt ist. Einige jener Interpreten, die nach der heute herrschenden französischen Mode das Ich leugnen, sehen in Othello einen Kronzeugen ihrer Sache. Sie unterschätzen aber Shakespeare, dessen subtile Kunst über ihren Horizont geht. Auf den ersten Blick sieht es so aus, als hätte James Calderwood Recht mit der Lacanianischen Bemerkung:

> Othellos »Ich bin« ist offenbar nicht der Kern eines Ich, das sich im Innersten seines Wesens entdecken lässt, sondern eher eine Art innerer Repertoiretheater-Truppe, ein »Wir sind«.

Wenn Othello am Beginn des Stücks oder an dessen Ende nur die Summe seiner Selbstbeschreibungen wäre, dann könnte man ihn tatsächlich als eine zusammengewürfelte Bande von Seelen charakterisieren. Aber aus jener Haltung der dritten Person, die er seinen Ich-Bildern gegenüber einnimmt, spricht nicht ein »Wir sind«, sondern eine unverbesserliche Neigung zur romantisierenden Selbstbetrachtung und Selbstdefinition. Er bezaubert nicht nur Desdemona, sondern in gewissem Sinn auch sich selbst. Othello möchte unbedingt der Held einer Shakespeare-Romanze sein, aber leider ist er nur das Opfer in dieser höchst schmerzlichen und blutigen Familientragödie. John Jones bemerkt sehr klug, Lear sei in der Quarto-Version eine Romanzenfigur, die erst in der Folio-Fassung zu einer tragischen Gestalt umgearbeitet wurde. Die Konzeption Othellos, des erwählten Opfers von Jagos Bosheit, stellte Shakespeare vor enorme Schwierigkeiten. Wie sollte er uns davon überzeugen, dass diese Figur, die doch eine einzige Katastrophe ist, dennoch einen wahrhaft heroischen Charakter und ein generöses, liebendes Herz besitzt? Wie sollen wir Sympathie mit diesem Mann empfinden, der im Verlauf des Stücks förmlich auseinander fällt, der Desdemona vernichtet, die bewunderungswürdigste Verkörperung der Liebe im Werk Shakespeares, der sie zur unseligsten aller Ehefrauen macht? Das Romantische – in der Literatur wie im Leben – entsteht aus einem Defizit an Wissen. Vielleicht überwindet Othello diesen Zustand nie, nicht einmal in seiner letzten Rede, aber Shakespeare konstruiert scharfsinnig die Romanze Othellos im Raum der Tragödie *Othello* und schafft es auf diese Weise, dem Publikum Sympathie mit dem Helden einzuflößen.

Der *Othello* ist nicht in der Art des *Hamlet* »unbegrenzte«, gattungsübergreifende Dichtung, aber die romantischen Züge der drei Hauptfiguren machen das Stück doch zu einer sehr unkonventionellen Tragödie. Jago kann triumphieren, der schurkische Gottes- und Sinnleugner könnte sich gar kein besseres Stück wünschen; auch die bedauernswerte Desdemona passt ausgezeichnet ins Drama. Othello dagegen eckt an, aber das ist das Dilemma seiner soziopolitischen Befindlichkeit als heroischer schwarzer Kommandeur der Streitkräfte Venedigs, schon damals Inbegriff von intellektuellem Raffinement und Verfall gleichermaßen. Shakespeare mischt in seinem Porträt Othellos Kaufmannsrealismus und visionär Romantisches, und diese Mixtur gerät, das kann selbst der größte aller Künstler nicht verhindern, notwendigerweise nicht vollkommen glatt und homogen. Aber wir tun Othello Unrecht, wenn wir behaupten, er wirke wie mit roher Gewalt zusammengefügt und habe entweder gar kein Ich oder keine wirkliche Güte. Jago, der ganz ohne Zweifel ein kritischer Geist ist, beweist auch in diesem Fall weit mehr Scharfblick als die meisten der heute lebenden Beobachter. Er sagt von Othello:

Der Mohr nun hat ein grad und frei Gemüt,
Das ehrlich jeden hält, scheint er nur so …

Es gibt nicht viele bei Shakespeare und im wirklichen Leben, die ein so »grad und frei Gemüt« haben: man missversteht das Stück gründlich, wenn man glaubt, Othello sollte als eine lächerliche oder nichtswürdige Gestalt erscheinen. Er ist bewunderungswürdig, ein Turm im Gewimmel der Menschen, der aber bald in Trümmer fallen wird. Shakespeares Hektor, Ulysses und Achill in *Troilus und Cressida* waren komplexe Travestien der homerischen Originale (so wie diese in George Chapmans Übersetzung aussahen), Othello dagegen ist wirklich homerisch und kommt den Helden der Ilias in Chapmans Version so nahe, wie Shakespeare wollte. Innerhalb klar gezogener Grenzen ist Othello sehr wohl »edel«: er ist – bis zu seinem Fall – ruhig beherrscht, gerecht, ein Mann von unerschütterter Würde und in seiner Art vollkommen. Reuben Brown sagte von Othello: »Seine heroische Einfalt war zugleich heroische Blindheit. Auch das gehört zum ›idealen‹ Helden, auch das ist ein Teil von Shakespeares Metapher.« Die Metapher musste über das Homerische hinaus erweitert werden, um das vom Soldatenberuf geprägte Wesen eines großen Feldhauptmanns zu fassen, eines heroischen Schwarzen im Dienst einer hochgradig dekadenten weißen Gesellschaft. Seine soldatische Identität macht Othellos besondere Stärke aus, aber ihr verdankt er auch seine tragische Freiheit zum Fall. Die Liebe zwischen Othello und Desdemona ist echt und hätte gleichwohl vielleicht auch ohne Zutun des dämonischen Genies Jago in einer Katastrophe geendet. Othello ist kein Mann zum Heiraten, sein Soldatenberuf füllt ihn ganz und gar aus. Desdemona, deren ganzes Wesen erhabene Unschuld ist, verliebt sich in den reinen Kriegshelden Othello, und er verliebt sich in ihre Liebe zu ihm, in sie als Spiegel seiner legendären Karriere. Die Romanze der beiden ist seine schon immer ureigene Romanze; die Ehe verändert ihn nicht, allerdings verändert sie sein Verhältnis zu Venedig, und zwar in der hochgradig ironischen Weise so, dass er mehr denn je zum Außenseiter wird.

T. S. Eliot und F. R. Leavis samt ihren diversen Jüngern haben an Othellos Charakter kein gutes Haar gelassen, aber die Moden in der Shakespeare-Deutung kommen und gehen, und der edle Mohr hat seine Verleumder alle überlebt. Wahr ist allerdings, dass Shakespeare mit dieser Figur das Mysterium eines zutiefst defizitären und fehlbaren Helden geschaffen hat, einen Adam, der frei ist, zu fallen. In gewisser Hinsicht ist Othello Shakespeares schonungsloseste Darstellung der männlichen Eitelkeit und der Angst vor der weiblichen Sexualität und damit jenes in der Psyche des Mannes wirkenden Mechanismus, der die Angst vor der Hahnreischaft und die vor dem Tod zu einem einzigen Schrecken zusammenfallen lässt. Leontes im *Wintermärchen* ist unter anderem eine Studie zur unterdrückten Homosexualität, und daher ist die Eifersucht, die sein Inneres vergiftet, von anderer Art als die Othellos. Wir zucken zusammen, wenn der Mohr in seiner Verteidigungsrede am Schluss behauptet, er sei kein Mensch, der von Natur aus zur Eifersucht neige, und wir staunen über seine Verblendung. Indes zweifeln wir doch nie an seinem Wert, und das lässt es noch befremdlicher erscheinen, dass er mindestens ebenso rasend vor Eifersucht werden konnte wie Leontes. Shakespeares größte Erkenntnis zum Wesen der männlichen Eifersucht ist, dass sich hinter ihr die letzte große Kastrationsangst, die Angst vor dem Tod, verbirgt. Die Männer leiden permanent unter der Vorstellung, dass ihnen nicht genug Zeit und Raum vergönnt sind, und der Ehebruch der Frau, schon der bloße Gedanke, dass die Frau mit einem anderen schlafen könnte, symbolisiert für den Ehemann die Botschaft: Du wirst verschwinden, und die Welt wird nicht untergehen, wenn du nicht mehr da bist.

Für Othello ist die Welt eine Bühne, auf der er seinen Feldherrnruhm zur Geltung bringen kann; dieser kühnste aller Soldaten fürchtet nicht den Tod in der Schlacht, der ihm nur noch mehr Ehre einbringen würde. Aber von seiner Frau betrogen zu werden, und dies mit einem Untergebenen, würde für ihn einen schlimmeren Tod bei lebendigem Leib bedeuten, denn sein Ruhm und sein Ansehen wären verloren, und der Verlust wäre umso größer, als auch sein mythisches Selbstverständnis zerstört würde. Shakespeares Kunst ist in einem Maß teuflisch, dessen selbst Jagos Genie nicht fähig ist: Die Selbstachtung, das Selbstverständnis ist die Stelle, an der Othello verletzlich ist, und exakt dort wurde auch Jago verwundet, als man ihn bei der Beförderung überging. Jago sagt: »Ich bin nicht, was ich bin«; Othello hätte noch mehr von seiner Seins-Würde eingebüßt, wenn Desdemona ihn tatsächlich »betrogen« hätte (ich setze das Wort in Anführungszeichen, weil die Metapher ein Triumph der männlichen Eitelkeit ist). Allzu selbstbewusst setzt Othello sein schwer errungenes Ich-Gefühl aufs Spiel, als er Desdemona heiratet. Es ist keine Phrase, sondern eine präzise Ahnung, wenn er davon spricht, dass das Chaos ihn verschlingen werde, falls sein Wagnis fehlschlägt:

> Holdselig Ding! Verdammnis meiner Seele,
> Lieb ich dich nicht! und wenn ich dich nicht liebe,
> Dann kehrt das Chaos wieder.

III.3, 90–92 [846]

So subtil wie kaum irgendwo anders in dem Stück werden Othellos leise Befürchtungen an einer früheren Stelle angedeutet:

> … Denn wisse, Jago,
> Liebt ich die holde Desdemona nicht,
> Nie zwängt ich meinen sorglos freien Stand
> In Band' und Schranken ein, nicht um die Schätze
> Der tiefen See.

I.2, 24–28 [808 f.]

Die komplexe Struktur von Othellos Psyche muss vom Publikum aus den Trümmern rekonstruiert werden, denn Shakespeare liefert uns keinen vollständigen und heilen Vordergrund. Wir schließen aus den Andeutungen des Mohren, dass er eigentlich nicht vorhatte, jemals zu heiraten, und dazu passt der Bericht von seiner Brautwerbung, bei der er sich offenbar im Wesentlichen passiv verhielt:

> … das zu hören,
> War Desdemona eifrig stets geneigt.
> Oft aber rief ein Hausgeschäft sie ab;
> Und immer, wenn sie eilig dies vollbracht,
> Gleich kam sie wieder, und mit durst'gem Ohr
> Verschlang sie meine Rede. Dies bemerkend,
> Ersah ich einst die günst'ge Stund und gab
> Ihr Anlass, dass sie mich recht herzlich bat,
> Die ganze Pilgerschaft ihr zu erzählen,
> Von der sie stückweis Einzelnes gehört,
> Doch nicht in strenger Folge. Ich begann,
> Und oftmals hatt ich Tränen ihr entlockt,
> Wenn ich ein leidvoll Abenteur berichtet
> Aus meiner Jugend. Als ich nun geendigt,
> Gab sie zum Lohn mir eine Welt von [Küssen]:
> Sie schwur – in Wahrheit, seltsam! Wunderseltsam!
> Und rührend war's! unendlich rührend war's! –
> Sie wünschte, dass sie's nicht gehört; doch wünschte sie,
> Der Himmel hätte sie als solchen Mann
> Geschaffen, und sie dankte mir und bat mich,
> Wenn je ein Freund von mir sie lieben sollte,
> Ich mög ihn die Geschicht erzählen lehren,
> Das würde sie gewinnen. Auf den Wink
> Erklärt ich mich.

Sie liebte mich, weil ich Gefahr bestand;
Ich liebte sie um ihres Mitleids willen.

I.3, 146–169 [815 f.]

Was Othello einen »Wink« nennt, war in Wirklichkeit fast ein Heiratsantrag von Desdemonas Seite. Die Venezianer, die als Werber in Frage kommen, sind offenbar alle von der Art Rodrigos, und so ist Desdemona gern bereit, sich von Othellos naiver, aber eindrucksvoll romantischer Ich-Erzählung verführen und sich »eine Welt von Küssen« entlocken zu lassen. Der Mohr ist nicht nur edel, seine Geschichte bringt auch ein »schüchtern Mädchen« (so ihr Vater) dazu, das zu »lieben, was ihr Grauen schuf zu sehn«. Desdemona, eine mehrere Jahrhunderte zu früh geborene Romantikerin, erliegt der Faszination der Erzählung von Othellos Lebensreise, wenn man im Zusammenhang mit einem derart aktiven Hinsinken von »erliegen« sprechen kann. Keine von allen Ehen, die Shakespeare stiftet, ist so märchenhaft unwahrscheinlich wie diese, keine so unentrinnbar tragisch. Selbst wenn Jago nicht in Venedig und Zypern sein Unwesen triebe, wie sollte eine derart wild romantische Liebesbeziehung je häuslich sesshaft werden? Die Leidenschaft Othellos und Desdemonas erreicht ihren Höhepunkt, als die beiden einander auf Zypern wiedersehen:

OTHELLO: O meine holde Kriegrin!
DESDEMONA: Mein Othello!
OTHELLO: Ein Wunder dünkt mich's, groß wie meine Freude,
Dich hier zu sehn vor mir. O mein Entzücken!
Wenn jedem Sturm so heitre Stille folgt,
Dann blast, Orkane, bis den Tod ihr weckt!
Dann klimme, Schiff, die Wogenberg' hinan
Hoch wie Olymp und tauch hinunter tief
Zum Grund der Hölle! Gält es, jetzt zu sterben,

Jetzt wär mir's höchste Wonne; denn ich fürchte,
So volles Maß der Freude füllt mein Herz,
Dass nie ein andres Glück mir, diesem gleich,
Im Schoß der Zukunft harrt.

DESDEMONA: Verhüte Gott,
Dass unser Lieb und Glück nicht sollten wachsen
Wie unsrer Tage Zahl!

OTHELLO: Amen, ihr holden Mächte!
Nicht auszusprechen weiß ich diese Wonne,
Hier stockt es; o es ist zu viel der Freude: *Er küsst sie.*
Und dies und dies, der größte Missklang sei's,
Den unser Herz je tönt.

II.1, 180–196 [827f.]

Der Weg von dieser Gipfelhöhe kann nur in die Tiefe führen, das ist offensichtlich auch ohne den hämischen Refrain Jagos, der ankündigt, er werde ein bisschen an den Wirbeln dieser so harmonisch gestimmten Saiten drehen. Ich habe oben die Vermutung ausgesprochen (die schon der große Dr. Johnson hegte), dass Shakespeare zur Komödie und zur Romanze mit natürlicher Leichtigkeit gelangte, während er im tragischen Genre, dem er mit einiger Ambivalenz gegenüberstand, nicht ohne heftige Kraftanstrengung kreativ wurde. Der *Othello* hat seinem Schöpfer vielleicht nicht weniger Schmerzen bereitet als uns. Schon die Grundidee, die labile Größe Othellos und den zerbrechlichen Romantizismus Desdemonas gemeinsam mit dem sadistischen Ästhetizismus Jagos (des Ahnherrn aller modernen Literaturkritiker) auf die Bühne zu stellen, bedeutete eine ungeheuerliche Zumutung für den Dramatiker, nämlich keine Geringere als die, sich selbst zu zerfleischen. Es ist mir eine Lust, die heute viel bespöttelte romantische Spekulation wiederzubeleben, dass Shakespeare eine private Verletzung, eine vernichtende erotische Erfahrung in die großen Tragödien, namentlich in den *Othello*, eingebracht habe. Natürlich ist Shakespeare kein Lord Byron, der in skandalöser Weise vor der Öffentlichkeit ganz Europas sein blutendes Herz entblößte, aber die unglaubliche Intensität jenes Schmerzes, den wir zu Recht empfinden, wenn wir zusehen, wie Othello Desdemona mordet, ist nicht einfach nur für das Publikum *gemacht*, sondern muss aus etwas tief Privatem fließen. Diese Mordszene bezeichnet den Übergang von Hamlets Kosmos überfließender Fülle in das kosmologische Vakuum Lears und Macbeths.

3

Das Drama *Hamlet* und der Geist Hamlets konvergieren in einem Punkt der Identität, denn alles, was dem Prinzen von Dänemark zustößt, scheint er bereits in sich zu tragen. Man kann nicht mit gleichem Recht behaupten, der Geist Jagos und das Drama *Othello* seien eins, denn die Opfer besitzen sehr wohl eine eigene Größe. Gleichwohl ist die Handlung des Stücks bis zu dem Punkt, da Emilia den Schurken vernichtet, nichts anderes als Jagos Handeln, Othello und Desdemona steuern zu ihrer Tragödie nur die Tragik bei. Ein anonymer Autor sagte 1604 über Shakepeares Tragödien, dass dort der Komödiant hoch zu Ross dahersprenge, wenn der Tragöde auf Zehenspitzen dastehe. Diese wunderschöne Bemerkung bezog sich im Besonderen auf Hamlet, der »allgemein gefiel«, aber sie wirft in subtilerer Weise auch ein Licht auf den *Othello*, wo der geborene Komödiant Shakespeare den Jago reitet und der Dramatiker daneben steht, auf Zehenspitzen gewissermaßen, um auf die Höhe seiner schmerzhaften Kunst hinaufzureichen. Wir wissen nicht, wer in Shakespeares Truppe als Jago zusammen mit Burbage, der den Othello gab, auf der Bühne stand; ich möchte gern glauben, dass es der große Clown Robert Armin war, in dessen Fach auch die Rollen des betrunkenen Torwärters im *Macbeth*, des Narren im *Lear* und des Schlangenlieferanten in *Antonius und Kleopatra* fielen. Das Schockierende am *Othello* ist, dass wir entzückt sind über Jagos sieghafte Fülle des Bösen, auch wenn die Folgen seiner Schurkereien uns mit Schrecken erfüllen. Der von sich selbst hingerissene Barabas Marlowes und die von ihm inspirierten Bösewichter Aaron und Richard III. erscheinen wie Abzüge vom vergröberten Klischee des Machiavellisten, wenn man sie mit dem raffinierten Schurken Jago vergleicht, der Züge des Barabas besitzt, diesem aber eine Innerlichkeit voraushat, die in manchem an Hamlet erinnert. In Hamlets Fall haben wir es mit einem immer wachsenden inneren Ich zu tun, Jago dagegen besitzt kein inneres Ich, in seinem Inneren tut sich nur ein Abgrund, freilich ein produktiver Abgrund, auf – er gleicht Miltons Satan, der in jeder Tiefe auf eine neue Tiefe stößt, die ihm entgegenklafft. Satan entdeckt diese Abgründe unter schrecklichen Schmerzen, Jago mit teuflischem Frohlocken. Shakespeare erfindet mit dieser Figur einen übersteigert sadistischen Komödienautor, einen Archonten des Nichtseins, der ein Gefallen daran hat, seinen Kriegsgott in ein Urdunkel, wie es vor aller Schöpfung bestand, zurückzustoßen. Kann man einen Jago erfinden, ohne von dieser Erfindung freudig entzückt zu sein, so wie ja auch wir, wenn wir ihm zusehen, bei aller Ambivalenz von ihm entzückt sind?

Anders als Hamlet, der den Rahmen jedes Dramas, und wäre es noch so gewaltig, sprengen müsste, ist Jago nicht größer als sein Stück, vielmehr ist dieses ihm vollkommen gemäß. Ich habe bereits erwähnt, dass Shakespeare bei seiner Überarbeitung an dem Text, den Othello, Desdemona und Emilia (auch Rodrigo) sprechen, inhaltliche Änderungen vorgenommen hat, dass er aber an Jago nicht rührte – es ist, als hätte er gewusst, dass diese Figur ihm auf Anhieb genau so gelungen war, wie sie sein musste. Kein Schurke in der ganzen Weltliteratur ist derart unverbesserbar perfekt. Swinburne hatte Recht, wenn er ihn das »schlechthin vollkommene Böse, den mächtigsten aller Halbteufel« nannte, eine »aus dem Höllenfeuer geborene Prometheus-Gestalt«. Wer glaubt, die Vorstellung eines satanischen Prometheus existiere ausschließlich in der überspannten Fantasie romantischer Schwarmgeister, den belehrt vielleicht der Pyromane Jago eines Besseren, wenn er Rodrigo auffordert:

Das tut, mit gleichem Angstruf und Geheul,
Als wenn bei Nacht und Lässigkeit ein Feuer
Erspäht wird in volkreichen Städten.

I.1, 74–76 [805]

Im griechischen Mythos stiehlt Prometheus das Feuer, um uns zu befreien; Jago stiehlt uns, um dem Feuer neue Nahrung zu geben. Er ist ein wahrhaft prometheischer Geist, wie negativ auch immer, denn wer wollte leugnen, dass sein Feuer poetisch ist? Die Helden-Schurken von John Webster und Cyril Tourneur sind bloß Papiertiger, verglichen mit Jago, ihnen fehlt das prometheische Feuer. Wer sonst im Werk Shakespeares, Hamlet und Falstaff ausgenommen, ist so kreativ wie Jago? Diese drei und nur sie können lesen, was in unserer Seele geschrieben steht, für sie ist jeder Mensch, dem sie begegnen, ein offenes Buch. Vielleicht ist Jago das Gegengewicht, die Kraft des Negativen, die nötig ist, um Hamlet, Falstaff und Rosalind Kontra zu geben. Grandioser Witz braucht ebenso wie die höchste Ironie eine innere Schranke, sonst verzehrt ihr Feuer alles andere: Hamlets Uninteressiertheit, Falstaffs Lebensfülle, Rosalinds leichte Anmut. Jago ist nichts, absolut nichts, wenn nicht ein kritischer Geist – es kann keine innere Schranke geben, wenn das Ich ein Abgrund ist. Jagos einziger Affekt ist das schiere willkürliche Gelüsten, und dieses steigert sich, je besser er sein Improvisationsgenie kennen lernt.

Da die Handlung des *Othello* im Wesentlichen von Jago konzipiert wird, steht und fällt die Tragödie mit Jagos Kunst der Improvisation. Mit bis heute unübertroffenem Scharfsinn hat

Hazlitt das Genie Jagos analysiert, und zwar in jener Kritik der Jago-Darstellung von Edmund Kean 1814, aus der ich ganz am Anfang dieses Kapitels zitiert habe – die Passage, die mit der brillanten Feststellung schließt, dass Jago »des Nachts Menschen erdolcht, um dem *ennui* vorzubeugen«. In der Perspektive, die diese prophetische Erkenntnis eröffnet, wird Jago als Zeitgenosse Baudelaires, Nietzsches und Dostojewskis erkennbar, als Repräsentant einer Epoche, die in gewisser Weise bis heute fortdauert und also die unsere ist. Jago ist kein missvergnügter Bürger eines jakobäischen Italien, kein weiterer Nachkomme der Marloweschen Machiavellisten. Seine Größe besteht darin, dass er uns voraus ist, auch wenn Zeitungen und Nachrichtensendungen tagtäglich vom Wirken seiner Schüler im Großen und Kleinen berichten, die Spanne reicht von individuellen sadomasochistischen Scheußlichkeiten bis zu den Untaten international agierender Terroristen und Massakern aller Arten. Jagos Jünger sind überall: ich habe mit großem Interesse verfolgt, wie viele meiner Studenten, mit oder ohne Doktortitel, innerhalb oder außerhalb der akademischen Welt, jagoistische Karrieren machten. Shakespeare hat nur vier große Intellektuelle männlichen Geschlechts (ihnen stehen auf der Seite der Frauen Rosalind und Beatrice gegenüber) geschaffen: Falstaff und Hamlet, Jago und Edmund. Hamlet und Jago sind zugleich Ästheten, mit einem kritischen Bewusstsein von fast übernatürlicher Potenz ausgestattet. Nur in Jago ist das Ästhetische, eng verbunden mit Nihilismus und Sadismus, entschieden dominant.

Wenn ich mit besonderem Nachdruck Jagos theatralisches und poetisches Genie rühme, so hoffe ich zuversichtlich, dass in meine ästhetische Wertschätzung nichts Sadomasochistisches einfließen möge – vor dieser Gefahr ist niemand sicher, der mit gebanntem Entzücken Jagos Offenbarungen lauscht. Keine von allen einigermaßen prominenten Figuren Shakespeares ist weniger dazu angetan, uns zur Identifikation einzuladen, und doch ist Jago nicht lasterhaft, vielmehr steht er, wie Swinburne erkannte, jenseits von Laster und Tugend. Robert B. Heilmann, der vielleicht die Figur Othellos, nicht das Stück im Ganzen, ein bisschen unterschätzte, verdanken wir gleichwohl die wertvolle Erkenntnis, dass es keinen einzelnen Zugang zu Jago, keinen das Ganze seines Wesens erschließenden Königsweg, geben kann: »Der spirituelle Habenichts Jago ist ebendeswegen universal, das heißt: er ist vieles zugleich und ist vieler Zeiten Zeitgenosse.« Swinburne – bei dem hier vielleicht etwas von dem Sadomasochismus durchschlägt, der seine Bewunderung für Jago auch sonst kennzeichnet – prophezeite, dass Jago seine Höllenqualen in der Haltung des Farinata erdulden werde, der stolz aufgereckt in seinem Grab steht, »als ob der Hölle trotzig hohn er spräche«. Es gibt schwerlich in Dantes *Inferno* einen Kreis, den Jago nicht bewohnen könnte, so gewaltig und vielgestaltig ist seine Fähigkeit, Unheil anzurichten.

Wenn ich Jago als einen Schurken interpretiere, dem aus der eigenen ontologischen Vernichtung durch Othello die geniale Gabe zugewachsen ist, in anderen Menschen Chaos zu stiften, so birgt diese Betrachtungsweise in sich die Gefahr, dass Jago mir allzu sehr zu einem negativen Theologen gerät, dass er dem Miltonschen Satan, in dessen Gestalt gewiss einiges von ihm eingeflossen ist, allzu ähnlich wird. Wie ich immer wieder in diesem Buch betont habe, ist aber das geistlich-christliche Drama nicht Shakespeares Sache; er ist eben kein Calderón, genauso wenig wie ein Paul Claudel oder ein T. S. Eliot (um einmal zwei weniger bedeutende Dichter und Stückeschreiber anzuführen). Ebenso wenig ist Shakespeare (oder Jago) in irgendeiner Weise ein Häretiker; dem Streit der Kritiker, ob Shakespeare als Protestant oder Katholik anzusehen sei, stehe ich verständnislos gegenüber, da doch ganz offensichtlich die Stücke weder das eine noch das andere sind. Es finden sich gnostisch häretische Elemente in Jago wie auch in Edmund und in Macbeth, aber Shakespeare war kein

Gnostiker und auch kein Hermetiker oder Okkultist der neoplatonischen Schule. In seiner aus allen Rahmen fallenden Weise war er ein extrem neugieriger und allseitig interessierter Sammler, der vielleicht sogar esoterische Geistesschnipsel nicht verschmähte, in diesem Fall aber vor allem Erfinder und Entdecker war. Othello ist zum christlichen Glauben übergetreten, Jagos Religion ist der Krieg, der überall stattfindet, auf den Straßen, in der Kaserne, im Abgrund seines Inneren. Der totale Krieg ist eine Religion, die in der Literatur am besten von dem bereits zitierten Richter Holden in Cormac McCarthys schrecklichem Roman *Blood Meridian* gelehrt wird. Er wandelt auf Jagos Spuren, wenn er eine Theologie des Willens entwirft, deren letzter Ausdruck der Krieg gegen jedermann ist. Jago sagt, er habe noch keinen gefunden, der es wirklich verstehe, sich selbst zu lieben, und sich selbst lieben bedeutet, dem Willen zum Mord freien Lauf zu lassen. Dahin gelangt Jago in einem Prozess der Selbst-Erziehung, er hat nicht von Anfang an den klaren Vorsatz, zu morden. Es begann mit einem Gefühl der Empörung über einen Identitätsverlust, begleitet von einem erwachenden Wunsch, an dem Gott, dem Jago gedient hatte, Rache zu nehmen.

Shakespeares größte Leistung im *Othello* ist die Darstellung der erstaunlichen Mutationen, die Jago durchläuft. Sie treten in Momenten der Selbstbelauschung hervor, in den acht Monologen und den flankierenden Beiseite-Bemerkungen Jagos. Anfangs haben seine Fortschritte tastenden, experimentellen Charakter, später jedoch marschiert er triumphal von einer entzückten Entdeckung zur nächsten, bis schließlich Emilia ihm heroisch entschlossen in den Weg tritt. Der *Othello* verdankt viel von seiner theatralischen Imposanz diesem Triumphalismus, an dem wir gegen unseren Willen teilhaben. Wenn das Stück richtig gespielt wird, sollte das Publikum es als traumatisch erleben. Nicht weniger katastrophisch ist der *Lear*, in dem Edmund bis zum Zweikampf mit Edgar unangefochten triumphiert, aber dieses Stück ist im Vergleich mit dem *Othello* riesig, und es ist viel komplizierter gestrickt und facettenreicher, und das nicht nur wegen der doppelten Handlung. Im *Othello* lauert immer Jago im Zentrum des fiktionalen Netzes und spinnt unermüdlich daran fort, um uns mit dunklem Zauber zu umgarnen: Nur Prospero ist ihm vergleichbar, ein vom Licht der Aufklärung erleuchteter Zauberer, der in einem Teil seines Wesens ein Gegenbild Jagos ist. Man könnte sagen, Jago verhält sich, als hätte er Montaigne gelesen und falsch verstanden, im Gegensatz zu Hamlet, für den Montaigne ein treuer Spiegel der Natur ist. Von Kenneth Gross stammt die kluge Bemerkung, dass »Jago dort, wo er am besten ist, das fürchterliche Zerrbild des scharfsichtigen, in seiner Konsequenz menschenfreundlichen Pyrrhonismus Montaignes« darstellt. Vom Pyrrhonismus, das heißt: vom radikalen Skeptizismus, gelangt Hamlet zur Uninteressiertheit, Jago dagegen zum Krieg gegen alle Existenz; er verficht die These, dass es keinen vernünftigen Grund dafür gebe, dass überhaupt etwas existieren solle. Die Überhöhung des Willens bei Jago resultiert aus einem ontologischen Defizit, das so groß ist, dass keine menschliche Emotion die Lücke je auszufüllen vermag:

> Tugend! Abgeschmackt! – In uns selber liegt's, ob wir so sind oder anders. Unser Körper ist ein Garten und unser Wille der Gärtner, so dass, ob wir Nesseln drin pflanzen wollen oder Salat bauen, Ysop aufziehn oder Thymian ausjäten, ihn dürftig mit einerlei Kraut besetzen oder mit mancherlei Gewächs aussaugen, ihn müßig verwildern lassen oder fleißig in Zucht halten – ei, das Vermögen dazu und die bessernde Macht liegt durchaus in unserm freien Willen. Hätte der Waagbalken unsres Lebens nicht eine Schale von Vernunft, um eine andre von Sinnlichkeit aufzuwiegen, so würde unser Blut und die Bösartigkeit unsrer Triebe uns zu den ausschweifendsten Verkehrtheiten führen; aber wir haben die Vernunft, um die to-

benden Leidenschaften, die fleischlichen Triebe, die zügellosen Lüste zu kühlen, und daraus schließe ich: was du Liebe nennst, sei ein Pfropfreis, ein Ableger.

I.3, 320–333 [820]

»Tugend« meint hier etwas wie »mannhafte Stärke«, während »Vernunft« nur die für ihn typische Abwesenheit von Emotion bezeichnet. Diese prosaische Äußerung ist das poetische Zentrum des *Othello*: Jago ahnt hier die Verwandlung seines Generals in ein Sinnbild einer verkürzten und kranken Sexualität voraus. Wir können an der Liebe Othellos zu Desdemona nicht zweifeln, auch wenn Shakespeare vielleicht andeutet, dass Othello eine erstaunliche Zurückhaltung ihr gegenüber an den Tag legt: So wie ich den Text des Stücks verstehe, wird die Ehe der beiden nie vollzogen, obwohl Desdemona ihren Ehemann heftig begehrt. Jago spricht höhnisch von Othellos Schwachheit (»his weak function«); das wirkt mehr wie ein Hinweis auf Jagos als auf Othellos Impotenz, aber sonderbar ist doch, dass der schwarze Feldhauptmann zu keiner Zeit in irgendeiner Weise sexuelles Verlangen nach Desdemona zu erkennen gibt. Hier könnte eine der Ursachen der mörderischen Wut liegen, die ihn erfasst, nachdem Jago seine Eifersucht geweckt hat, und seine Eifersucht wird umso plausibler, da Othello schlicht nicht weiß, ob seine Frau noch Jungfrau ist oder nicht, und Angst davor hat, sich Klarheit zu verschaffen. Ich teile diese Meinung mit Graham Bradshaw und nur wenigen anderen Gelehrten, indes scheint mir ganz generell, dass dieses Stück von der Literaturkritik mehr verkannt wird als irgendein anderes von Shakespeares Dramen, vielleicht deswegen, weil sein schurkischer Held es wie kein zweiter versteht, Verwirrung zu stiften. Aber warum hat Othello überhaupt geheiratet, wenn er doch Desdemona nicht sexuell begehrt? Jago kann uns hier nicht weiterhelfen, und Shakespeare lässt uns auch keine Informationen zukommen, die uns hinreichende Gewissheit in dieser Frage geben. Trotzdem glaube ich, dass Bradshaw Recht hat, wenn er sagt, Othello selbst bezeuge am Ende, dass Desdemona als Jungfrau gestorben sei:

> Ach, wie siehst du nun aus, o Kind des Jammers,
> Bleich, wie dein Tuch! Wenn wir am Thron erscheinen,
> Wird dies dein Bild mich fort vom Himmel schleudern,
> Wo Furien mich ergreifen. Kalt, mein Mädchen?
> Wie deine Keuschheit!
>
> V.2, 270–274 [893 f.]

Wenn wir nicht annehmen wollen, dass Othello irre redet, müssen wir glauben, dass er das meint, was er sagt: Sie ist nicht nur in ungebrochener Treue zu ihm gestorben, sondern »kalt … wie [ihre] Keuschheit«. Es würde uns auch ziemlich schwer fallen zu sagen, was denn Othello mit seinen Worten meint, wenn wir nicht voraussetzten, dass er nie – das heißt, um genau zu sein: in der einzigen Nacht, in der er Gelegenheit dazu hatte, nicht – mit seiner Frau geschlafen hat. Wenn Othello gelobt: »Doch nicht ihr Blut vergieß ich«, so meint er lediglich, dass er sie ersticken will, aber das schafft die schreckliche Ironie, die in diesen Worten liegt, nicht aus der Welt: Sie ist noch Jungfrau, und weder er noch Cassio noch sonst jemand hat je »ihr Blut vergossen«. Bradshaw sieht darin die »gespenstisch tragikomische Parodie eines Liebestods«, und so betrachtet ist die Szene ein angemessener Ausdruck der theatralischen Kunst ihres Autors Jago.

Ich möchte nun den Akzent, den Bradshaw gesetzt hat, ein wenig verschieben, um einer Sache auf die Spur zu kommen, auf die Jago wenig Einfluss hatte: Warum zögert Othello, und zwar von Anfang an, die Ehe zu vollziehen? Als der Doge in der 3. Szene des 1. Akts, nachdem er sein Einverständnis zur Verbindung seines Feldherrn mit Desdemona erklärt hat, diesen prompt nach Zypern beordert, da ein Angriff der Türken auf die Insel erwartet wird, protestiert der Mohr nicht, sondern bittet lediglich darum, dass seine Frau während seiner Abwesenheit standesgemäß und komfortabel untergebracht werde. Glühende Leidenschaft dagegen legt Desdemona an den Tag; sie ergreift die Initiative und verlangt, ihren Ehemann begleiten zu dürfen:

Drum, würd'ge Herrn, lässt man mich hier zurück
Als Friedensmotte, weil er zieht ins Feld,
So raubt man meiner Liebe teures Recht
Und lässt mir eine schwere Zwischenzeit,
Dem Liebsten fern: drum lasst mich mit ihm ziehn.

I.3, 256–260 [818]

Das »teure Recht«, das man ihr raubt, ist das der Hochzeitsnacht und nicht das, am Krieg teilzunehmen. Zwar schließt sich nun Othello ihrer Bitte an, aber er betont doch in seiner Rede mit einigermaßen unmotiviert wirkendem Nachdruck, dass er Desdemona nicht gar zu hitzig begehrt:

Stimmt bei, ihr Herrn: ich bitt euch drum; gewährt
Ihr freie Willkür.
Der Himmel zeuge mir's, dies bitt ich nicht,
Den Gaum zu reizen meiner Sinnenlust
Noch heißem Blut zuliebe – jungen Trieben
Selbstsücht'ger Lüste, die jetzt schweigen müssen –,
Nur ihrem Wunsch willfährig hold zu sein;
Und Gott verhüt, Eur Edeln möchten wähnen,
Ich werd eur ernst und groß Geschäft versäumen,
Weil sie mir folgt – nein, wenn der leere Tand
Des flücht'gen Amor mir mit üpp'ger Trägheit
Des Geistes und der Tatkraft Schärfe stumpft
Und mich Genuss entnervt und schwächt mein Wirken,
Mach eine Hausfrau meinen Helm zum Kessel,

Und jedes niedre und unwürd'ge Zeugnis
Erstehe wider mich und meinen Ruhm!

I.3, 261–275 [818 f.]

Diese Verse, die Othello schwerlich auf dem Gipfel seiner rhetorischen Kunst zeigen, schießen in peinlicher Weise übers Ziel hinaus und sind nicht eben schmeichelhaft für Desdemona. Seine Beteuerungen sind übertrieben, und die Art und Weise, wie er sie schließlich zum Aufbruch drängt, macht die Sache kaum besser:

Komm, Desdemona, nur ein Stündchen bleibt,
Der Lieb und unserm häuslichen Geschäft
Zu widmen uns: lass uns der Zeit gehorchen.

I.3, 299–301 [819]

Wenn dieses »Stündchen« tatsächlich sechzig Minuten haben sollte, dann wird der vielbeschäftigte General für die »Lieb« allenfalls zwanzig erübrigen können. Selbst in dieser Situation, da eine Invasion der Türken bevorsteht, hätte der Staat seinem Oberkommandierenden doch gewiss ein oder zwei Stunden Sonderurlaub gewährt, um ihm Gelegenheit zu geben, seine Hochzeitsnacht zu begehen. Als Othello nach Zypern kommt, wo Desdemona ihn schon erwartet, stellt er fest: »Der Krieg ist aus, der Türk ertrank« – man sollte meinen, jetzt würde Othello aber endlich mit seiner Frau schlafen, Zeit dazu hat er ja nun im Überfluss, und dass er alles Volk zu einem rauschenden Hochzeitsfest einlädt, scheint dafür zu sprechen, dass er entschlossen ist, das Versäumte nachzuholen. Aber nein, vielleicht sollte man sich doch besser bis zum Abend gedulden, und als es soweit ist, übergibt Othello seinem Leutnant Cassio das Kommando, sagt, ganz der pflichtbewusste Ehemann, zu Desdemona: »Komm, Geliebte: / Den Preis erringt sich, wer den Handel schloss; / Wir teilen ihn, mein holder Mitgenoss« und führt sie mit sich davon.

Jago nutzt die vom Wein erhitzte Feststimmung, um eine wilde Schlägerei anzuzetteln, an der Cassio, Rodrigo und Montano, der Gouverneur der Insel, beteiligt sind. Im Handgemenge verwundet Cassio den Montano. Vom Läuten der Sturmglocke aufgeschreckt, tritt Othello hinzu, kurz danach auch Desdemona – wir erfahren nicht, wie viel Zeit die Frischvermählten hatten, um etwa doch noch zu ihrem »teuren Recht« zu kommen. Othello sagt zu seiner Frau, sie sollten nun wieder zu Bett gehen, und fügt hinzu, er wolle sich persönlich darum kümmern, dass Montanos Wunden fachgerecht behandelt werden. Was von beidem Priorität hat, wird uns nicht ausdrücklich mitgeteilt, aber alles spricht dafür, dass der General der selbstauferlegten Verpflichtung gegenüber dem Gouverneur mehr Gewicht beimessen wird als seiner ehelichen Pflicht.

Jagos erste verleumderische Andeutungen, dass Desdemona ein Verhältnis mit Cassio habe, müssten wirkungslos verpuffen, wenn Othello wüsste, dass sie als Jungfrau in die Ehe gegangen war. Nur weil er es nicht weiß, ist er so verletzbar. »Warum vermählt ich mich?« ruft er aus, und dann sagt er zu Desdemona: »Ich fühle Schmerz an meiner Stirne hier«, nämlich an der Stelle, so meint er, wo sie ihm Hörner aufgesetzt habe, sie aber, die arme (immer noch) unschuldige Ehefrau, bezieht es darauf, dass er die ganze Nacht am Krankenbett des Gouverneurs gewacht hat: »das kommt vom Wachen«, und will ihm fürsorglich das fatale Taschentuch um den Kopf binden, das er beiseite wischt; es fällt auf den Boden, und da findet es dann Emilia. Zu diesem Zeitpunkt steht Othello bereits im Bann Jagos und kann sich nicht dazu durchringen, sich schlicht und vernünftig dadurch Klarheit zu verschaffen, dass er endlich mit Desdemona schläft.

Dem Theaterpublikum muss es schwer fallen, sich in dieser sehr verwirrenden Angelegenheit zurechtzufinden, zumal die Regisseure oft das Problem gar nicht offen legen und uns im Zweifel darüber lassen, welche Meinung sie selbst dazu haben, vielleicht sind sie sich auch gar nicht bewusst, dass hier überhaupt etwas ist, zu dem sie Stellung nehmen müssten. Shakespeare konnten durchaus Nachlässigkeiten unterlaufen, aber nicht in einem so zentralen Punkt, dem Dreh- und Angelpunkt der Tragödie. Desdemona und Othello kennen einander kaum, und in sexueller Hinsicht sind sie einander völlig unbekannt. Was Shakespeare andeutet, ist, dass Othello zu sehr eingeschüchtert oder zu wenig selbstbewusst ist, um in jener Nacht in Zypern mit seiner Frau zu schlafen, und dass ihm die Verwundung des Gouverneurs einen willkommenen Vorwand liefert, die Sache, die er als belastende Prüfung empfindet, weiter hinauszuschieben. Und ferner gibt er uns zu verstehen, dass Jago, der Othello durchschaut, die Rauferei in der Absicht initiiert, seinen General an der Entjungferung seiner Frau zu hindern, weil andernfalls Jagos Einflüsterungen ja ohne Folgen blieben. Eine solche Interpretation setzt voraus, dass Jago seinen Vorgesetzten ganz außergewöhnlich gut kennt, aber diese Erkenntnis sollte niemanden überraschen. Man könnte vielleicht fragen, warum Shakespeare das alles nicht deutlicher ausgeführt habe, indes dürfen wir nie die Tatsache außer Acht lassen, dass die Zeitgenossen Shakespeares ein sehr viel feineres Gehör hatten als wir, die in einer von optischen Reizen überfluteten Welt leben und gewöhnt sind, Informationen vorwiegend mit den Augen aufzunehmen. Shakespeare war bestimmt nicht mit Blake der Meinung, dass das, was man auch einem Idioten begreiflich machen kann, nicht der Mühe wert sei, aber vor allem seine Chaucer-Lektüre hatte ihm doch ein gehöriges Maß an hintersinniger Gerissenheit vermittelt.

Bevor wir uns wieder Jagos triumphierender Persönlichkeit zuwenden, fühle ich mich verpflichtet, endlich doch noch eine Antwort auf meine eigene Frage zu geben: Warum vermählt Othello sich denn nun, wenn seine Liebe zu Desdemona nur das Echo ihrer echten Leidenschaft für ihn ist? Was dieses Vorspiel zur Tragödie plausibel macht, ist einerseits ihre naive Ignoranz – sie ist ja noch ein Kind, so wie Julia – und andererseits sein verwirrter Zustand. Othello sitzt, wie er selbst uns mitteilt, nun schon neun Monate müßig in Venedig herum, fern von Schlachtenlärm und Feldlager, er ist in dieser Umgebung gar nicht recht er selbst. Wenn er in seinem Beruf voll ausgelastet wäre, würde er Desdemonas bezauberten Zustand und ihre großherzige Leidenschaft, mit der sie ihn, die lebende Legende seiner selbst, liebt, kaum bemerken. Der Idealismus, der sie verbindet, ist zugleich eine gemeinsame Illusion: So schön dieser Idealismus ist, hätte er sich doch als illusionär erwiesen, auch wenn Othello Jago nicht bei der Beförderung übergangen und weiter dessen liebende Verehrung genossen hätte, statt von seinem rachedurstigen Fähnrich gehasst zu werden. Der Jago nach dem Fall wird Othello zu der Einsicht führen, dass er Desdemona deswegen nie kennen gelernt und nie sexuell »erkannt« hat, weil er sich dem Wissen verweigerte, weil er keinen Willen zur Erkenntnis hatte. Bradshaw hat scharfsinnig beobachtet, dass Jago die geniale Begabung besitzt, »anderen die Überzeugung zu vermitteln, dass etwas, was sie nie gedacht hatten, etwas sei, was sie nie hatten denken *wollen*«. Jago wird in eine kosmologische Leere hinausgeschleudert und entdeckt, dass Othellos kriegerische Fülle des Seins, zu der er in andächtiger Verehrung aufgeblickt hatte, zum Teil lediglich eine andere Leere ist, und Jagos Triumph besteht darin, dass es ihm gelingt, diese Leere so groß zu machen, dass von Othello fast nichts mehr übrig bleibt.

4

Jagos schreckliche Größe – wie sonst sollten wir sie nennen? – ist auch Shakespeares Triumph über Christopher Marlowe, dessen Barabas, der Jude von Malta, den jungen Shakespeare so tief beeindruckt hatte. Es lässt sich beobachten, dass Jago den Barabas transzendiert, in ebender Weise, in der Prospero den Doktor Faustus Marlowes auf höherem Niveau nachbildet. Ein Wesenszug des Barabas ist in Jago noch da, wenn er auch in Shakespeares brillanterem Schurken ganz andere Gestalt annimmt: das Entzücken über sich selbst. Jagos negative Feier seiner selbst ist nur eine Parodie der überschäumenden Freude, der genießerischen Lust Sir John Falstaffs an sich selbst, und doch hat sie ihren eigenen guten Sinn. Allen wesentlichen Seins beraubt, lässt Jago in dem Maß das Gefühl gekränkten Verdienstes hinter sich, in dem er ganz neue Talente und damit einen neuen Stolz entwickelt: als Dramatiker, Psychologe, Kunstkritiker, als diabolischer Analyst und destruktiver Konter-Therapeut. Seine Ent-Schöpfung Othellos, die Rückführung des großen Feldherrn zum Zustand des Ur-Chaos, ist und bleibt die ganz große Negation in der Geschichte der abendländischen Literatur; Dostojewskis Svidrigailov und Stavrogin mögen sich noch so sehr bemühen, sie können ihrem Lehrmeister Jago nicht das Wasser reichen, ebenso wenig wie dessen amerikanische Schüler Claggart (in Melvilles *Billy Budd*) und Shrike (in Nathanael Wests *Miss Lonelyhearts*). Am nächsten kommen ihm noch Miltons Satan und Cormac McCarthys Richter Holden in *Blood Meridian*, die auch bei ihm zur Schule gegangen sind. Der Satan ist Jago gegenüber insofern im Nachteil, als sein Projekt allzu groß ist: er ist ein kosmischer Verderber, der nicht nur Adam und Eva, sondern die ganze Schöpfung zu Grunde richten will. McCarthys Richter, die einzige Figur der zeitgenössischen Literatur, die mich wirklich schaudern macht, vergießt zu viel Blut, um mit Jago konkurrieren zu können. Jago ersticht einen oder zwei im Finstern, Richter Holden skalpiert Indianer und Mexikaner zu Hunderten. Jago arbeitet in unmittelbarer Nähe seines Opfers, immer in dessen Reichweite – er ist der Teufel als Matador, und zugleich ist er sein eigener Aficionado, sachverständig wie kein zweiter Kritiker seiner Kunst. Der einzige erstklassige Jago-Darsteller, den ich gesehen habe, war Bob Hoskins in Jonathan Millers *Othello*-Verfilmung (BBC, 1981); er überwand bravourös alle Hindernisse, die ein unzulänglicher Regisseur ihm in den Weg gelegt hatte, während Anthony Hopkins, der treu und brav den Mohren der an Leavis (oder Eliot) geschulten Regieanweisungen Millers spielte, unterging, ohne eine Spur beim Publikum zu hinterlassen. Hoskins, auch sonst ein begnadeter Gangster, traf sehr genau den Ton von Jagos Verbrecherstolz auf seine geradezu übernatürliche Tücke und steigerte sich in einigen Momenten in eine gewissermaßen negative Glückseligkeit hinein, in die verzückte Lust eines Mafioso, der den ersten Mann der kriminellen Organisation absägt. Vielleicht war Hoskins Jago eine Spur zu sehr marlowianisch – es ist, als ob Hoskins (oder Miller) immer den *Juden von Malta* im Hinterkopf gehabt hätte und deswegen nicht ganz zum Raffinement des wahrhaft Shakespeareschen Jago gelangte, der über die farcenhaft effektstarke Intensität des Barabas bereits hinaus ist.

Der triumphierende Jago ist es, der uns den kältesten Schrecken einjagt und uns dennoch anzieht; seine großen Monologe und Beiseite-Reden marschieren zu einer intellektuellen Musik, die nur im *Hamlet* ihresgleichen hat und in wenigen Passagen des *Lear*, wo Edmund von seiner Höhe herabsteigt, um seiner eigenen Größe zu huldigen. Jagos Innerlichkeit, die manchmal an die Hamlets erinnert, trägt nicht wenig zu seiner abstoßend faszinierenden Wirkung auf uns bei: Wie kann eine derart fühlbare Leere so labyrinthisch sein? Eine, wenn auch nicht vollständige Antwort auf diese Frage erhalten wir, wenn wir im Einzelnen verfolgen, wie Jago es anstellt, Othello zur Strecke zu bringen. Bevor wir diese Aufgabe anpacken, will ich aber noch etwas richtig stellen: Es ist ganz einfach nicht wahr, dass Jago einen wichtigen Teil von Othellos Wesen repräsentiert, wie viele Interpreten, unter ihnen Edward Snow, der als der beste Vertreter dieser Richtung gelten kann, versichern. Allzu unbeirrbar im Geleise des Psycho-Mythologen Freud fahrend, gelangt Snow zu der These, dass in Jago offen zu Tage liege, was in Othello verborgen am Werk sei: ein universal männlicher Horror vor der weiblichen Sexualität, der Frauenhass erzeugt.

Das Zeitalter Freuds verdämmert und geht im Zeitalter des Ressentiments auf. Dass alle Männer die Frauen und die Sexualität fürchten und hassen, ist weder freudianisch noch wahr, auch wenn sich das Phänomen der Ablehnung des Anderen per se nur allzu häufig beobachten lässt, bei Männern wie bei Frauen gleichermaßen. Unter Shakespeares Liebenden männlichen und weiblichen Geschlechts herrscht reiche Artenvielfalt, Othello gehört unglücklicherweise nicht zu einem der gesunden Typen. Stephen Greenblatt vermutet, dass sein Übertritt zum Christentum eine vorhandene Abneigung gegen sexuelle Dinge noch gefördert hat, eine einleuchtende Interpretation der impliziten Vorgeschichte des Stücks. Jago scheint das erkannt zu haben, so wie er auch Othellos Widerstand, mit Desdemona zu schlafen, intuitiv spürt, aber das beweist nichts für die These, dass Jago von Anfang an in seiner eigenen Innerlichkeit eine Komponente von Othellos Psyche darstelle. Jagos Fähigkeit, anderen sein Gift zu injizieren, sie unaufhaltsam mit seiner Verderbnis anzustecken, ist extrem stark ausgebildet, und so könnte man mit einigem Recht Snows These geradezu auf den Kopf stellen und behaupten, dass am Ende Othello die Psyche des Jago repräsentiere.

Die Kunst Shakespeares, so wie sie uns in Jagos Vernichtungskrieg gegen Othello entgegentritt, ist in mehr als einer Weise zu subtil, als dass man ihr kritisch gerecht werden könnte, indem man sie auf Paraphrasen reduziert. Wenn Jago den ersten Keim des Verdachts in Othello legt, so deutet er nicht eigentlich eine Untreue Desdemonas an, sondern umkreist nur das Thema, huscht immer wieder darüber hinweg:

JAGO: Ich bitt Euch,
 Wenn auch vielleicht falsch ist, was ich vermute
 – Wie's, ich bekenn es, stets mein Leben quält,

Fehltritten nachgehn; auch mein Argwohn oft
Aus nichts die Sünde schafft –, dass Eure Weisheit
Auf einen, der so unvollkommen wahrnimmt,
Nicht hören mag, noch Unruh Euch erbaun
Aus seinem ungewiss zerstreuten Eindruck;
Nicht kann's bestehn mit Eurer Ruh und Wohlfahrt
Noch meiner Mannheit, Redlichkeit und Vorsicht,
Sag ich Euch, was ich denke.

OTHELLO: Sprich, was meinst du?

JAGO: Der gute Name ist bei Mann und Frau,
Mein bester Herr,
Das eigentliche Kleinod ihrer Seelen.
Wer meinen Beutel stiehlt, nimmt Tand; 's ist etwas
Und nichts; mein war es, ward das Seine nun
Und ist der Sklav von Tausenden gewesen.
Doch wer den guten Namen mir entwendet,
Der raubt mir das, was ihn nicht reicher macht,
Mich aber bettelarm.

OTHELLO: Beim Himmel! Ich will wissen, was du denkst.

JAGO: Ihr könnt's nicht, läg in Eurer Hand mein Herz,
Noch sollt Ihr's, weil es meine Brust verschließt.

OTHELLO: Ha!

JAGO: Oh, bewahrt Euch, Herr, vor Eifersucht,
Dem grüngeaugten Scheusal, das besudelt
Die Speise, die es nährt. Heil dem Betrognen,
Der, seiner Schmach bewusst, die Falsche hasst!
Doch welche Qualminuten zählt der Mann,
Der liebt und zweifelt, argwöhnt und vergöttert!

OTHELLO: O Jammer!

III.3, 147–173 [848 f.]

Das wäre ungeheuerlich, wenn das Spiel zwischen Jago und Othello nicht derart hinreißend stimmig wäre. Jago manipuliert

Othello, indem er sich das zu Nutze macht, was der Mohr mit dem eifersüchtigen Gott der Juden, Christen und Muslime gemeinsam hat, eine kaum verhüllte Verletzbarkeit, die dem Verrat gegenüber wehrlos ist. Jahwe und Othello sind gleichermaßen verwundbar, weil sie aus sich herausgegangen sind, ihr Ich erweitert haben, Jahwe auf die Juden, Othello auf Desdemona. Jago, dessen Motto lautet: »Ich bin nicht, was ich bin«, wird triumphieren, indem er diese Negativität auf Othello überträgt, so dass dieser schließlich gar nicht mehr weiß, dass er ein Mensch ist, und sich in die fleischgewordene Eifersucht verwandelt, in die Parodie des rachsüchtigen Gottes. Wir unterschätzen Jago, wenn wir ihn lediglich für einen Dramatiker des Ich und einen genialen Psychologen halten, seine größte Macht entwickelt er als negativer Ontotheologe, als ein teuflischer Prophet, der berufen ist, zu zerstören. Er ist nicht der christliche Teufel und auch nicht dessen Zerrbild, sondern er ist ein freier Künstler seiner selbst, der wie kein zweiter die teils erworbene, teils geniale Gabe besitzt, größere Geister zu bannen, indem er sich deren innere Defizite zu Nutze macht. In einem Stück, in dem er einem Genie seines Formats gegenübertreten müsste – einem Hamlet oder einem Falstaff etwa –, wäre er nur ein frustrierter Zukurzgekommener. In einer Welt voller Opfer und Gimpel – Othello, Desdemona, Cassio, Rodrigo, auch Emilia bis zu dem Moment, da sie sich empört und eine andere wird – braucht Jago gar nicht alle seine Energien in ihrer ganzen Bandbreite zu entfalten. Ein unauslöschliches Feuer tobt in ihm, und es kostet ihn unverkennbar schwere Mühe, in seinem Umgang mit anderen Menschen seine satirischen Energien einigermaßen zu zügeln.

Das ist gewiss der Grund, weshalb er in seinen großartigen Selbstgesprächen und in den Beiseite-Bemerkungen, in denen er seiner eigenen Vorstellung applaudiert, so befreit, ja ekstatisch wirkt. Zwar beschwört er einmal eine »Theologie der Hölle«, aber das ist bloß Rhetorik und bedeutet nicht, dass er an Dämonen glaubt.

Der nicht zuletzt seiner »Ehrlichkeit« wegen allseits geachtete Offizier ist verheiratet und dennoch so einsam wie Edmund oder wie Macbeth, nachdem Lady Macbeth verrückt geworden ist. Freude erfährt Jago nur als sadomasochistische Lust, Othello erlebt als lustvoll das Bewusstsein legitimer Befehlsgewalt. Othello liebt Desdemona, aber seine Liebe ist im Wesentlichen ein Reflex der Liebe Desdemonas zu seiner triumphalen Größe. Zurückgesetzt und zu einem Nichts degradiert, beschließt Jago, seinen Sadomasochismus in einen Gegen-Triumphalismus zu verwandeln, seinen General zu unterwerfen und den früher so innig verehrten Gott zu einem Spottbild des Göttlichen zu machen. Das Chaos, das, wie Othello ganz richtig vorhergesehen hat, über ihn hereinbrechen wird, sobald er aufhört, Desdemona zu lieben, ist seit Cassios Beförderung Jagos natürliches Lebenselement. Aus diesem Chaos steigt Jago als ein Demiurg ganz neuer Art auf, als ein Meister der Ent-Schöpfung.

Wenn ich hier das Bild eines Ontotheologen Jago entwerfe, stehe ich in der Tradition von A. C. Bradley, der die psychische Verfassung des übergangenen Fähnrichs mit dem Begriff des »Ressentiments« charakterisierte; ich möchte Bradleys Erkenntnisse um die Idee erweitern, dass das Ressentiment für so große Negationen aus dem Geist Jagos, wie es Dostojewskis Svidrigailov und Stavrogin sind, der einzig mögliche Modus von Freiheit werden kann. Die beiden wirken vielleicht, verglichen mit Jago, verrückt, aber sie haben sehr wohl seinen hellsichtigen Verstand und seine Konzeption vom Primat des Willens geerbt. René Girard, der über den Neid und das Phänomen des Sündenbocks theoretisiert, will Jago partout beim Wort nehmen und gelangt so zu der Überzeugung, Jago sei von Sexualneid auf Othello getrieben. Aber damit geht er nur, wie so viele, auf einen Leim, den Jago ausgestrichen hat, und liefert unnötigerweise noch einen guten Grund, seine Generalthese, Shakespeare habe nichts anderes als »ein Theater des Neids« geschaffen, ironisch zu belächeln.

Tolstoi, der einen tief sitzenden Groll gegen Shakespeare hegte, beklagte sich über Jago: »Es gibt viele Motive, aber sie bleiben ganz vage.« Das Gefühl, von einem Gott, sei es Mars oder Jahwe, verraten worden zu sein, und das Bedürfnis eines Menschen, seine beschädigte Selbstachtung wiederhergestellt zu sehen, scheint mir indes eine so klar fassbare Motivation für einen Schurken zu sein, wie man es sich nur immer wünschen kann: ein solcher Gott muss selbst in den Abgrund zurück, in den er sein Opfer gestoßen hat. Tolstois sonderbares rationalistisches Christentum war mit Jagos negativem Christentum nicht zu vermitteln.
Jago ist einer von Shakespeares brillantesten Darstellern, so gut wie Edmund und Macbeth und nur wenig unter dem Niveau von Rosalind und Kleopatra, Hamlet und Falstaff, die alle hochgradig charismatische Gestalten sind. Negatives Charisma ist eine wunderliche Gabe; Jago ist die einzige Figur Shakespeares, die sie besitzt, und die meisten anderen literarischen Personen, die darüber verfügen können, sind weitgehend nach Jagos Bild geschaffen. Seiner ureigenen Natur zum Trotz hat Edmund etwas von Don Juan an sich, nämlich dessen auf Nichtachtung gegründete Freiheit von Heuchelei, jener Sünde, die den großen Heuchlerinnen Shakespeares, Goneril und Regan, zum Verhängnis wird. Von Macbeths prophetischer Fantasie geht ein Zauber aus, der die Menschen aller Kulturen und Zeiten in seinen Bann schlägt; ihr verdankt er es, dass er unsere Sympathie gewinnt, so blutig auch seine Taten sind. In Jagos Fall ist es die Macht des Negativen, die uns besiegt; sie ist ein Teil von Hamlets Wesen, Jago ist nichts als sie. Wir alle haben unsere Götter, die wir verehren; schon der Gedanke, sie könnten uns von sich stoßen, ist uns unerträglich. Die Sonette thematisieren eine schmerzhafte Zurückweisung, die der Dichter von einem jungen Adligen erfuhr. Offensichtlich bedeutete sie mehr als eine erotische Frustration: es scheint, dass Shakespeare das Erlebnis noch einmal in der Szene,

wo der soeben gekrönte Hal sich öffentlich von Falstaff lossagt, bearbeitet hat. Ins ungesagte Vorfeld des *Othello* gehört die Demütigung, die Jago empfunden haben muss, als Cassio ihm vorgezogen wurde, und dieses Gefühl müssen wir uns vorstellen: es ist der Resonanzboden, der Jagos Worte erst so recht und voll klingen macht:

> … Obgleich ich ihn wie Höllenqualen hasse,
> Weil mich die gegenwärt'ge Lage zwingt,
> Ich aufziehn muss der Liebe Flagg und Zeichen,
> Freilich als Zeichen nur.

I.1, 152–155 [807]

Der Flaggenoffizier, der Bannerträger, der bereit war, Othellos Fahne auf dem Schlachtfeld bis zum letzten Atemzug zu verteidigen, schwört in diesen Versen, die einen entscheidenden Punkt im Drama bezeichnen, seiner alten Religion ab: Die Liebe zum Kriegsgott ist nun nur mehr ein Zeichen, auch wenn der Wunsch nach Rache noch keineswegs zu einem konkreten Plan, einem Projekt gediehen ist. Der Kriegsgott Othello ist bei aller Großartigkeit keine Gestalt von der Statur des Gottes der Juden, Christen und Muslime, und dennoch assoziiert Jago mit bewundernswertem Instinkt für das Wesentliche die Eifersucht des einen Gottes mit der des anderen:

> Ich will bei Cassio dieses Tuch verlieren,
> Da soll er's finden; Dinge, leicht wie Luft,
> Sind für [den Eifersüchtigen] Beweis, so stark
> Wie Bibelsprüche. Dies kann Wirkung tun.
> Der Mohr ist schon im Kampf mit meinem Gift:
> Gefährliche Gedanken sind gleich Giften,
> Die man zuerst kaum wahrnimmt am Geschmack,
> Doch die nach kurzer Wirkung auf das Blut

Gleich Schwefelminen glühn. Ich sagt es wohl!
Othello tritt auf.

III.3, 324–332 [853]

Die Lehre, die Jago hier formuliert, gilt nicht nur, wenn man sie auf Othello bezieht: Bibelsprüche sind auch für den eifersüchtigen Gott starke Beweise, und Dinge, leicht wie Luft, können den Jahwe des Buchs Numeri, der die Israeliten durch die Wüste führt, erzürnen. Der wunderbare Stolz, der in Jagos abschließendem »Ich sagt es wohl!« zum Ausdruck kommt, gibt den Ton zu einer kritischen Musik an, die selbst Shakespeare neu war und die den Ästhetizismus von John Keats und Walter Pater hervorbringen sollte. Der nun bereits besessene Othello wankt auf die Bühne; bei seinem Anblick bricht aus Jagos Innerem triumphale Lust mit einzigartiger atemberaubender Macht hervor:

Da kommt er. Mohnsaft nicht noch Mandragora
Noch alle Schlummersäfte der Natur
Verhelfen je dir zu dem süßen Schlaf,
Den du noch gestern hattest.

III.3, 333–336 [853]

Wenn dies nur sadistisches Frohlocken wäre, so könnte es uns keine derart unheilbare Wunde schlagen; masochistische Nostalgie mischt sich in die schöpferische Befriedigung des Anti-Schöpfers, wenn Jago sowohl seine eigene Leistung als auch den Bewusstseinszustand, in den Othello nie wieder zurückkehren kann, beschaut. Shakespeares Kunst, deren Subtilität eines Jagos würdig ist, erreicht ihren Gipfel dort, wo wir verstehen, dass Othello schlicht deswegen unwissend und im Zweifel an seiner Frau ist, weil er sie nicht »erkannt« hat. Was immer es gewesen sein mag, was ihn vorher gehindert hatte, die Ehe zu vollziehen, so ist es ihm jetzt, wie er erkennt, vollends unmöglich, und also kann er die Wahrheit über Desdemona und Cassio nicht herausfinden:

> Noch wär ich glücklich, wenn das ganze Lager,
> Trossbub und alles, ihren süßen Leib genoss
> Und ich erführ es nicht. O nun, auf immer
> Fahr wohl, des Herzens Ruh! Fahr wohl, mein Friede!
> Fahr wohl, du wallnder Helmbusch, stolzer Krieg,
> Der Ehrgeiz macht zur Tugend! Oh, fahr wohl!
> Fahr wohl, mein wiehernd Ross und schmetternd Erz,
> Mutschwellnde Trommel, muntrer Pfeifenklang,
> Du königlich Panier und aller Glanz,
> Pracht, Pomp und Rüstung des glorreichen Kriegs!
> Und o du Mordgeschoss, des rauher Schlund
> Des ew'gen Jovis Donner widerhallt,
> Fahr wohl! Othellos Tagwerk ist getan!
>
> III.3, 348–360 [854]

Dieses *Farewell to Arms* lässt nicht nur ebendeswegen an Hemingway denken, sondern auch weil es genau die Hemingwaysche Mischung aus demonstrativ maskuliner Pose und kaum verhüllter Angst vor Impotenz enthält. Nach der Hochzeit kann Desdemona unmöglich mit Cassio geschlafen haben – weder in Venedig noch auf Zypern hätten sie Gelegenheit dazu gehabt –, aber die beiden kennen sich von früher, aus der Zeit, die der Handlung des Stücks vorausliegt: Cassio war Othellos Liebesbote bei Desdemona. Othellos »Fahr wohl!« ist nicht nur ein großer Zapfenstreich, sein Abschied gilt der Möglichkeit von Freude und Befriedigung überhaupt; die schmetternde Marschmusik zu Ehren des ruhmreichen Generals, die nun für immer verklungen ist, verwies auf männlich-martialische Energien ganz allgemein. Wenn Othellos Tagwerk getan ist, wenn er seinen Abschied vom Soldatenberuf nimmt, so ist auch seine Mannheit dahin und mit ihr Pracht, Pomp und Rüstung des glorreichen Kriegers, kurz: alles das, was Desdemonas Leidenschaft entfachte. Othellos Identität löst sich hier auf, und das Chaos kehrt wieder. Die ganz und gar rhetorische Frage des Schurken: »Ist's möglich? – Gnäd'ger Herr –« bezeichnet den Punkt süßester Rache. Es folgt der entscheidende Moment, in dem Jago erkennt, dass Desdemona von Othellos Hand sterben muss:

OTHELLO: Beweise, Schurk, mir, dass mein Weib verbuhlt,
Tu's ja, schaff mir den sichtlichen Beweis;
Sonst, bei dem Leben meiner ew'gen Seele,
Besser wär dir's, ein Hund geboren sein,
Als meinem Grimm dich stellen.
JAGO: Dahin kam's?
OTHELLO: Sehn will ich oder mindestens Beweis,
An dem kein Häkchen sei, den kleinsten Zweifel
Zu hängen dran, sonst wehe deiner Seele!
JAGO: Mein edler Herr!
OTHELLO: Wenn du sie frech verleumdst und folterst mich,
Dann bet nie mehr; verzicht auf alle Schonung;
Auf höchsten Greuel häufe neuen Greuel;
Mach, dass der Himmel weint, die Erde bebt,
Denn nichts zum ew'gen Fluche kannst du fügen,
Das größer sei.

III.3, 362–376 [854]

Jagos improvisierte Machenschaften bis jetzt zielten darauf, Othellos Identität zu zerstören, seine eigene Vernichtung mit Gleichem zu vergelten. Nun plötzlich wird Jago mit einer tödlichen Drohung konfrontiert, die er sogleich als Gelegenheit erkennt: Entweder er oder Desdemona muss sterben, und ihr Tod wird sein Werk der Vernichtung Othellos krönen. Wie kann er Othellos Verlangen nach einem »sichtlichen Beweis« erfüllen?

JAGO: Und könnt. Doch wie? Wie überzeugt, o Herr?
Wollt Ihr mit offnem Blick die Frechheit schaun?
Sie sehn gepaart?
OTHELLO: Ha, Tod und Teufel! oh!
JAGO: Ein schwierig Unternehmen, denk ich mir,
Sie so zur Schau zu bringen: 's wär zu toll,
Wenn mehr noch als vier Augen Zutritt fänden
Bei solchem Lustspiel! Was denn also? Wie?
Was soll ich tun? Wie Überzeugung finden?
Unmöglich ist es, dies mit anzusehn,
Und wären sie wie Geiß' und Affen wild,
Hitzig wie brünst'ge Wölfe, plump und sinnlos
Wie trunkne Dummheit. Dennoch sag ich Euch,
Wenn Schuldverdacht und Gründe trift'ger Art,
Die gradhin führen zu der Wahrheit Tor,
Euch Überzeugung schafften, solche hätt ich.

III.3, 397–411 [855]

Der einzig mögliche augenfällige Beweis ist der, den Othello sich selbst verschaffen könnte, wenn er nur wollte, wie Jago wohl weiß, aber er weiß auch, dass der Mohr die Jungfräulichkeit seiner Frau nicht auf die Probe stellen wird. Wenn Shakespeare uns hier den zwanghaften Wunsch des Eifersüchtigen demonstriert, es mit eigenen Augen zu sehen, im entscheidenden Moment selbst an Ort und Stelle zu sein, so weist er darauf hin, dass die Eifersucht des Mannes mit der Angst zu tun hat, dass nicht genügend Zeit und Raum für ihn bleibt. Jago setzt souverän auf den mittlerweile unüberwindlich gewordenen Widerwillen Othellos, durch der *wahren* Wahrheit Tor zu schreiten, also, mit Desdemona zu schlafen. Mit einer psychologischen Meisterschaft, die nicht ihresgleichen hat, wählt Jago genau diesen Moment, um das Taschentuch ins Spiel zu bringen: »mit solchem Tuch / Gewiss war es das ihre – sah ich heut / Cassio den Bart sich wischen.« Und mit einer dramatischen Meisterschaft, die nichts zu wünschen übrig lässt, nutzt Jago Othellos theatralische Geste, der niederkniet, um Rache zu schwören:

OTHELLO: … So soll mein blut'ger Sinn in wüt'gem Gang
Nie umschaun noch zur sanften Liebe ebben,
Bis eine vollgenügend weite Rache
Ihn ganz verschlang. *Er kniet nieder.*
Nun, beim kristallnen Äther,
Mit schuld'ger Ehrfurcht vor dem heil'gen Eid
Verpfänd ich hier mein Wort.
JAGO *kniet auch*: Steht noch nicht auf.
Bezeugt's, ihr ewig glühnden Lichter dort!
Ihr Elemente, die ihr uns umschließt!
Bezeugt, dass Jago hier sich weiht mit allem,
Was sein Verstand, was Herz und Hand vermag,
Othellos Schmach zu ahnden! Er gebiete,
Und zu gehorchen sei mir Liebespflicht,
Wie blutig auch die Tat.
OTHELLO: Ich grüße deine Liebe
Mit eitlem Dank nicht, nein, mit freud'gem Ja,
Und augenblicklich führ ich dich ans Werk:
Lass in drei Tagen mich von dir vernehmen,
Dass Cassio nicht mehr lebt.
JAGO: Mein Freund ist tot; Ihr wollt's, es ist geschehn –
Sie aber schont.
OTHELLO: Verdammt, verdammt sei sie, die geile Dirne!
Komm, folge heimlich mir, ich will im Stillen
Ein schnelles Todesmittel mir verschaffen
Für diesen schönen Teufel. – Nun bist du mein Leutnant.
JAGO: Ich bin auf ewig Euer.

III.3, 460–482 [857]

Das ist spektakuläres Theater, und Jago führt Regie: »Steht noch nicht auf.« Es ist aber auch schwarze Theologie, die Sterne und Elemente zu Zeugen eines Mordschwurs, teuflischer als je ein Teufelspakt, anruft – das Ganze gipfelt darin, dass das Unrecht, das Jago im Vorfeld des Stücks widerfahren ist, rückgängig gemacht wird. Aber davon weiß Othello nichts, wenn er sagt: »Nun bist du mein Leutnant.« Jagos »Ich bin auf ewig Euer« besiegelt Othellos in den Sternen und Elementen geschriebenes Schicksal. Es gibt jetzt – für alle Beteiligten – nur noch den einen Weg, den in den Abgrund.

5

Shakespeare will uns schrecklich leiden machen, und darum zeigt er uns Desdemona erst in der ganzen Schönheit ihres Wesens, wenn wir bereits wissen, dass sie dem Untergang geweiht ist. Dr. Johnson fand den Tod Cordelias unerträglich; der Tod der Desdemona ist für mich als Leser wie als Theaterbesucher ein noch schlimmeres Erlebnis. Shakespeare verfährt hier nicht minder grimmig antitheologisch als bei der Konzeption von Jagos Nihilismus und der pseudo-göttlichen Eifersucht Othellos und gestaltet die Szene als ein Menschenopfer. Auch wenn Desdemona in ihrer Pein zur christlichen Religion Zuflucht nimmt, stirbt sie nicht als Märtyrerin dieses Glaubens, sondern wird, so könnte man sagen, einem Moloch zu Ehren hingeschlachtet: jenem Kriegsgott Othello, den Jago einst angebetet und dann konsequent demontiert hat. »Othellos Tagwerk ist getan«; das Wrack, das einst der große Othello war, mordet im Namen seiner Soldatenehre, denn sein Beruf ist ihm alles, er kennt kein anderes Tagwerk, und ohne ihn ist er nur mehr der abgestorbene Schatten seiner selbst.

Millicent Bell hat in jüngster Zeit *Othello* als erkenntnistheoretische Tragödie zu deuten versucht, aber außer Jago hat keine Figur das intellektuelle Zeug dazu, in dieser Hinsicht etwas beizutragen, und Jago interessiert die Frage herzlich wenig, wie er weiß, was er zu wissen glaubt. *Othello* ist wie der *Lear* und *Macbeth* eine Vision des radikal Bösen, Shakespeares Intellektuellentragödie ist der *Hamlet.* Zwar lag es Shakespeare fern, die Sache des Christentums in irgendeiner seiner spezifischen Ausformungen zu verfechten, aber man kann, wie ich noch zeigen will, mit gewissem Recht durchaus sagen, dass er mit dem *Macbeth* so etwas wie eine gnostische oder häretische Tragödie schuf. Othello hat nichts Transzendentales an sich, vielleicht deswegen, weil in der Religion des Kriegs dafür kein Raum ist. Jago, der neben Othello niederkniet und einen mörderischen neuen Bund mit ihm schließt, war bis zu dem Tag, da Cassio an seiner Stelle befördert wurde, seinem General in einer Weise mit Leib und Leben ergeben gewesen, die für ihn den Charakter eines alten Bunds hatte. Er, der immer fromm dem Feuer der Schlacht seine Verehrung dargebracht hat, erfährt von seinem Gott schnöden Undank und stößt ihn von seinem Sockel; am Ende ist Othello nur noch »ein ehrenvoller Mörder« – mit diesem Oxymoron beschreibt er selbst seinen Status. Kann einer, der so tief sinkt, die Würde behalten, die ein tragischer Held braucht?

A. C. Bradley maß dem *Othello* geringeren Wert zu als *Hamlet*, *Lear* und *Macbeth*, vor allem deswegen, weil das Stück uns nichts davon spüren lasse, wie universale Kräfte in den Raum des Menschlichen einbrechen. Ich glaube doch, dass solche Kräfte im *Othello* präsent sind, allerdings machen sie sich nur in der Lücke bemerkbar, die das frühere, das vorgeschichtliche Verhältnis Jagos und Othellos von dem unmittelbar vor unseren Augen stattfindenden Prozess der Vernichtung Othellos trennt. Jago ist deswegen so faszinierend fürchterlich, weil er unheimliche Fähigkeiten besitzt, Talente, die nur ein wahrhaft Glaubender, der zum Nihilisten geworden ist, entwickeln kann. Kain, den Jahwe von sich stößt, um Abel zu erwählen, ist so gut der Vater Jagos, wie Jago der Vater des Miltonschen Satan ist. Jago ermordet Rodrigo und verwundet Cassio, es kommt ihm aber nie in den Sinn, Othello zu erstechen, und wir glauben keinen Augenblick lang, dass er das tun könnte: Einen Gott, der einen verschmäht hat, attackiert man mit spirituellen oder metaphysischen Waffen, nicht mit dem Messer. Jagos größter Triumph ist, dass der gestürzte Othello Desdemona im Namen des Kriegsgottes Othello opfert, jenes Kriegers von einsamer Größe, in den sie sich fatalerweise verliebt hat. Das ist wohl der Grund, weshalb Desdemona keinen Widerstand leistet und ihre Bemühungen, sich zu rechtfertigen und ihr Leben zu retten, in Anbetracht der Umstände geradezu halbherzig wirken. Diese Liebe macht sie erst recht zum Opfer, dessen Vernichtung unausweichlich ist, und wir empfinden die Szene nur als desto grauenhafter.

Auch wenn viele Kritiker es nicht wahrhaben wollen, ist Shakespeare kein Freund des Kriegs so wie der Gewalt überhaupt, sei sie nun organisiert oder nicht. Seine großen militärischen Berserker finden alle ein schlimmes Ende: Othello, Macbeth, Antonius, Coriolanus. Sein liebster Krieger ist Sir John Falstaff, dessen Motto lautet: »Da lob ich mir das Leben!« Othello dagegen dürstet nach Ehre, und in diesem Streben hält er es sogar für gerechtfertigt, eine Frau hinzumetzeln, die er weder gekannt noch erkannt hat; er habe es, sagt er hinterher, nicht aus Hass getan, sondern für Ehre. Schrecklich unvollkommen, ja im Innersten leer, wie Othello ist, zeigt ihn Shakespeare doch als den Besten seiner Gattung, so vollkommen, wie einer, der den Krieg zu seinem Beruf gemacht hat, nur sein kann. Das Wesen, das Jago früher verehrte, ist wirklich, keine Schimäre, aber es ist in einem Maß verletzlich, von dem selbst Jago nichts ahnte. Shakespeare deutet subtil an, dass die edle Natur, die Othello früher auszeichnete, und seine spätere Brutalität zwei Gesichter des Kriegsgottes sind, aber es ist doch ein und derselbe Gott. Schon dass Othello überhaupt heiratet, ist ein Schritt, der ihn von seinem Beruf und seinem Ich wegführt. Ressentiment, nicht unterdrückte

Triebhaftigkeit beseelt Othello, wenn er seine verlorene Autonomie im Namen der Ehre rächt. Der Moment wahrsten Triumphes für Jago ist gekommen, als Othello sein Gefühl für die Grenzen des Kriegs verliert und Seite an Seite mit Jago in dessen totalen Krieg gegen das Sein eintritt. Jagos Credo »Ich bin nicht, was ich bin« wird zu Othellos innerem Kriegsruf. Die Geschwindigkeit und Totalität von Othellos Niedergang erscheinen als die große Schwäche des Stücks und sind zugleich in ihrer überwältigenden Glaubhaftigkeit, die der Jagos in nichts nachsteht, dessen Stärke.

Shakespeare gestaltet Desdemonas Tod so ergreifend, dass er Gefahr läuft, uns den Mohren für immer zu entfremden:

DESDEMONA: Verstoße mich! Oh, töte mich nur nicht!
OTHELLO: Nieder mit dir, Metze!
DESDEMONA: Töte mich morgen, lass mich heut noch leben!
OTHELLO: Kein Sträuben!
DESDEMONA: Nur ein Stündchen!
OTHELLO: Ist's getan,
  Braucht's keines Zögerns.
DESDEMONA: Nur, bis ich noch gebetet!
OTHELLO: 's ist zu spät.

V.2, 77–82 [888]

Shakespeare zieht Desdemonas Sterben etwas opernhaft in die Länge und lässt sie noch versuchen, mit ihren letzten Worten Othello zu entlasten, was schlicht unglaubwürdig wirken würde, wenn nicht ihr Name, wie Alvin Kernan es so schön ausdrückt, »Shakespeares Wort für ›Liebe‹« wäre. Shakespeare macht uns tatsächlich glauben, dass sie eine junge Frau von vollkommen natürlichem Wesen war und gleichwohl so loyal gegenüber ihrem Mörder, dass ihre exemplarischen letzten Worte fast ironisch anmuten, wenn man bedenkt, wie tief Othello gesunken ist: »Empfiehl mich meinem güt'gen Herrn – leb wohl!« Dass Othello auch noch diesen letzten Liebesbeweis abschmettert, scheint uns unerträglich: »Sie fuhr als Lügnerin zur Flammenhölle; / Ich war ihr Mörder.« T. S. Eliot und F. R. Leavis, die mit ihren Attacken gegen Othello viel Beifall fanden, verwiesen immer wieder auf Passagen, in denen Shakespeare den Mohren als brutal und dumm und angeblich uneingeschränkt schuldig vorführt. Aber Shakespeare gestattete seinem Othello, einiges von seiner Würde zurückzugewinnen, und zwar in seiner ganz erstaunlichen letzten Rede:

Gemach! – Nur noch zwei Worte, eh Ihr geht.
Ich tat Venedig manchen Dienst, man weiß es:
Nichts mehr davon. – In Euren Briefen, bitt ich,
Wenn Ihr von diesem Unheil Kunde gebt,
Sprecht von mir, wie ich bin – verkleinert nichts
Noch setzt in Bosheit zu. Dann müsst Ihr melden
Von einem, der nicht klug, doch zu sehr liebte;
Nicht leicht argwöhnte, doch, einmal erregt,
Unendlich raste; von einem, dessen Hand,
Dem niedern [Juden] gleich, die Perle wegwarf,
Mehr wert als all sein Volk; des überwundnes Auge,
Sonst nicht gewöhnt zu schmelzen, sich ergießt,
In Tränen, wie Arabiens Bäume taun
Von heilungskräft'gem Balsam – schreibt das alles;
Und fügt hinzu: dass in Aleppo, wo
Ein gift'ger Türk in hohem Turban einst
'nen Venezianer schlug und schalt den Staat –
Ich den beschnittnen Hund am Hals ergriff
Und traf ihn – so! *Er ersticht sich.*

V.2, 336–354 [895 f.]

Dieser ebenso berühmte wie problematische Seelenerguss hat eine ungeheure Vielfalt von einander widersprechenden Interpretationen provoziert. Klar scheint immerhin, dass die Deutung von Eliot und Leavis, die auf die Behauptung hinausläuft, Othello spreche sich selbst Trost zu, nicht richtig sein kann. Der Mohr ist hier immer noch das in sich geteilte Wesen, als das Shakespeare ihn erschaffen hat; wenn Othello meint, dass er »nicht klug, doch zu sehr liebte«, und sich für einen Charakter hält, der »nicht leicht argwöhnt«, so brauchen wir ihm nicht zu glauben, seine Worte beweisen lediglich, wie absurd blind er ist. Und dennoch berührt uns seine wahre Erkenntnis, dass er »unendlich ras[e]«, und seine Anspielung auf Herodes, den »niedern Juden«, der seine Gemahlin, die Makkabäerprinzessin Mariamme, die er liebte, ermordete. Die Assoziation Othello-Herodes ist umso schockierender, als es Othello selbst ist, der sie uns nahe legt. Direkt im Anschluss daran folgen die Tränen des Mohren und das schöne Bild von den weinenden Bäumen. Eine faire Kritik sollte sich von Othellos strengem Urteil über sich selbst nicht allzu sehr beeindrucken lassen: er meint, er sei ein Feind Venedigs geworden und müsse deswegen getötet werden. Sein Selbstmord hat wenig Römisches an sich: Othello spricht sich selbst sein Urteil und vollstreckt es. Wir müssen uns fragen, wie Venedig wohl mit ihm verfahren wäre, wenn er sich gestattet hätte weiterzuleben. Ich wage die Vermutung, dass er einer politischen Entscheidung vorbeugen wollte, der nämlich, ihn, der dem Staat vielleicht noch einmal nützlich sein konnte, gnädig zu behandeln. Cassio ist kein Othello; Venedig hat keinen gleichwertigen Ersatz für den Mohren und hätte ihm vielleicht wieder ein Kommando gegeben, ohne Zweifel unter einer gewissen Kontrolle. All die Risse und Spalten in Othello, die Jago spürte und ausnutzte, sind in dieser letzten Rede präsent, aber es erscheint darin auch wieder ein urteilsfähiger Othello, der aufgehört hat, von ruhmreichen Kriegen zu träumen und in reuiger Trauer zu sühnen versucht, was nicht zu sühnen ist – zumindest nicht durch ein *Farewell to Arms*.

DREI
König Lear

König Lear ist wie der *Hamlet* ein Stück, das sich letztlich jedem Kommentar entzieht. Unter allen Dramen Shakespeares zeichnet diese beiden der Schein einer Unendlichkeit aus, die vielleicht jenseits dessen ist, was bloße Literatur vermag. *Lear* und *Hamlet* zeigen wie der Text des Jahwisten (der ältesten Quellenschrift des Pentateuch) und das Markusevangelium Anfang und Ende aller Natur und Bestimmung des Menschen auf. Das klingt ziemlich hochgestochen, ist aber schlicht zutreffend; unter den Werken, die noch der Tradition des Westens zugerechnet werden können, sind nur die *Ilias*, der Koran, Dantes *Göttliche Komödie* und Miltons *Paradise Lost* in etwa gleichen Ranges. Das alles bedeutet nichts Geringeres, als dass *Hamlet* und *König Lear* den Status einer weltlichen Bibel oder eines Mythos erlangt haben, eine sonderbare Karriere zweier Bühnenwerke, die fast zu allen Zeiten auch Kassenerfolge waren.

Die Lektüre des *Lear* ist ein durch und durch unheimliches Erlebnis: Wir fühlen uns zugleich fremd und in einer Weise, die etwas sehr Ungemütliches hat, zu Hause; ich für meinen Teil könnte keine andere einsiedlerische Tätigkeit nennen, die mir dieselbe Erfahrung vermittelt. Ich rede mit Bedacht von der *Lektüre* des *Lear*, denn ich habe viele Inszenierungen des Stücks gesehen und es jedes Mal bitter bereut. Die Regisseure und Schauspieler unserer Epoche sind diesem Drama offenbar nicht gewachsen; es tut mir von Herzen leid, aber mir scheint mehr und mehr, dass Charles Lamb Recht hatte, als er sagte, man sollte den *Lear* immer wieder lesen und den auf der Bühne gezeigten

Travestien des Stücks fern bleiben. Das macht mich zum natürlichen Feind aller Fachkollegen unseres Jahrhunderts und sämtlicher Theaterleute, die ich kenne, aber in dieser Sache ist nun einmal Widerspruch der bessere Teil der Freundschaft. Der Theorie nach gibt es keinen Grund, weshalb die Rolle des Lear unspielbar sein sollte, und wenn wir dennoch daran scheitern, muss der Fehler bei uns liegen und im unleugbaren Niedergang unserer geistig-literarischen Kultur. Film, Fernsehen und Computer haben unser äußeres und inneres Gehör abgestumpft, so dass wir Schwierigkeiten haben, das Summen der Gedanken im Kopf Shakespearescher Figuren zu vernehmen. Da *Die Tragödie des König Lear* aber vielleicht der Gipfel der Möglichkeiten literarischer Erfahrung ist, können wir es uns gar nicht leisten, die Fähigkeit, uns mit dem Stück auseinander zu setzen, einzubüßen. Lears Qualen gehen uns im höchsten Grad etwas an, fast alle von uns, weil die schmerzhaften Konflikte zwischen den Generationen unvermeidlich jeden Menschen betreffen.

Man hat immer vermutet, dass die Leiden Hiobs das Paradigma für die Prüfung geliefert haben, die Lear auferlegt wird; ich habe diesem Gemeinplatz der Shakespeare-Deutung früher Glauben geschenkt, finde ihn aber heute wenig einleuchtend. Der Dulder Hiob ist seinem Ruf zum Trotz in Wahrheit nicht besonders geduldig fügsam, und Lear ist geradezu der Inbegriff der Ungeduld, obwohl er das Gegenteil beteuert und mit ergreifenden Worten den geblendeten Gloucester zur Geduld ermahnt. Pragmatisch betrachtet sind all die Katastrophen, die über Hiob hereinbrechen, unvergleichlich schlimmer als Lears Unglück, zumindest bis zur Ermordung Cordelias. Ich habe den Verdacht, dass Shakespeare ein anderes biblisches Vorbild im Sinn hatte, nämlich König Salomo. Ich spreche nicht von dem Salomo auf der Höhe seiner Pracht und Herrlichkeit, von dem die Bücher der Chronik und der Könige berichten und indirekt auch das Hohelied, sondern von dem weise, aber auch bitter gewordenen alten Monarchen am Ende seiner Regierung, den man für den Verfasser des Buchs *Kohelet* (Prediger Salomo) und des apokryphen Buchs der *Weisheit* hielt und der auch das Buch der *Sprüche* geschrieben haben soll. Wahrscheinlich hat man dem Knaben Shakespeare aus der Bishop's Bible vorgelesen, der erwachsene Dichter benutzte die Genfer Bibel. Da er den *Lear* als treuer Diener von König Jakob I. schrieb, dem man nachsagte, er sei der weiseste Narr der Christenheit, könnte die besondere Vorliebe dieses Herrschers für Salomo, den weisesten aller Könige, Shakespeares Konzeption des Lear beeinflusst haben. Ich gebe zu, dass die Assoziation Salomo-Lear sich nicht jedem so ohne weiteres aufdrängt, aber der Vergleich von zwei Textstellen lehrt, dass Shakespeare diese Gedankenverbindung tatsächlich hergestellt hat, denn er lässt seinen Lear auf die folgende prominente Passage im Buch der *Weisheit Salomos* (7,1–6) anspielen:

> Auch ich bin ein sterblicher Mensch wie alle anderen, Nachkomme des ersten, aus Erde gebildeten Menschen.
> Im Schoß der Mutter wurde ich zu Fleisch geformt, zu dem das Blut in zehn Monaten gerann durch den Samen des Mannes und die Lust, die im Beischlaf hinzukam.
> Geboren atmete auch ich die gemeinsame Luft, ich fiel auf die Erde, die Gleiches von allen erduldet, und Weinen war mein erster Laut wie bei allen.
> In Windeln und mit Sorgen wurde ich aufgezogen; kein König trat anders ins Dasein.
> Alle haben den gleichen Eingang zum Leben; gleich ist auch der Ausgang.[4]

Das ist unverkennbar der Text, der in Lears erschütternder Predigt an Gloucester nachhallt:

LEAR: Willst du weinen über mich, nimm meine Augen.
Ich kenne dich recht gut, dein Nam ist Gloster –
Gedulde dich, wir kamen weinend an.
Du weißt, wenn wir die erste Luft einatmen,
Schrein wir und winseln. Ich will dir pred'gen, horch!
[*Lear nimmt seine Krone aus Blumen und Blättern ab.*]
GLOSTER: O welcher Jammer!
LEAR: Wir Neugebornen weinen, zu betreten
Die große Narrenbühne ...

IV.6, 174–181 [781]

Nach Salomo wurde das Reich geteilt, so wie auch Lears Reich unter den Erben geteilt wird. Aber ich glaube nicht, dass es die politische Katastrophe war, die Shakespeare im Auge hatte, als er einen Teil Lears dem gealterten Salomo nachbildete. Shakespeare suchte ein Paradigma für etwas, was wir heute in unserem Urteil über Lear üblicherweise nicht in den Vordergrund stellen, nämlich Größe. Ich habe mir angewöhnt, in meinen Lehrveranstaltungen zum *Lear* immer zuerst eindringlich auf die Grandeur zu verweisen, die der Held der Tragödie aus dem Vorfeld der dramatischen Handlung in das Stück mitbringt und die den Studenten, da patriarchale Erhabenheit heutzutage nicht eben in Mode ist, nicht so ohne weiteres auffallen würde. Lear ist zugleich Vater, König und eine Art sterblicher Gott: er ist der Inbegriff männlicher Autorität, vielleicht die letztgültige Verkörperung des durch und durch weißen europäischen Mannes. Salomo regierte fünfzig Jahre und entsprach genau dem, was Jakob I. selbst gern sein wollte: herrlich, weise, reich – nur die Leidenschaft für die Frauen konnte der in sexuellen Dingen nicht so ganz eindeutig entschiedene Jakob wohl kaum rückhaltlos teilen. Lear ist gewiss kein Porträt des englischen Herrschers; Shakespeares königlicher Gönner empfand wohl durchaus Sympathie für Lear, hat sich aber schwerlich mit ihm, der die Einheit des Reichs zerstörte, identifiziert. Lears Größe hat ihm sicher etwas bedeutet: »Jeder Zoll ein König«, genau das wollte er auch gern sein. Ich glaube, dass es ihm leicht gefallen sein muss, in dem alten Lear den alten Salomo wiederzuerkennen, beide über achtzig, beide liebebedürftig und hungrig nach Liebe und beide auch sehr wohl liebenswert.

Wenn ich den *König Lear* in Vorlesungen oder Seminaren behandle, lege ich Wert darauf, die Studenten schon in meinen einleitenden Vorbemerkungen an die Tatsache zu erinnern, dass Lear, so wenig liebenswert er in den ersten zwei Akten erscheint, dennoch von Cordelia, vom Narren, von Albany, Kent, Gloucester und Edgar – das heißt: von sämtlichen gutartigen Personen des Stücks – innig geliebt wird, während alle Bösewichter minderen Formats, nämlich Goneril, Regan, Cornwall und Oswald, ihn hassen und fürchten. Der große Schurke des Dramas, der brillante und unheimliche Edmund, ist eiskalt und steht Lear ebenso vollkommen gleichgültig gegenüber wie seinem eigenen Vater Gloucester, seinem Halbbruder Edgar und seinen Geliebten Goneril und Regan. Wahrhaft genial ist Shakespeares Einfall, Edmund und Lear im ganzen Stück nie miteinander reden zu lassen: keiner spricht je den anderen an, sie sind apokalyptische Antithesen – der eine nichts als Gefühl, der andere vollkommen empfindungslos. Die zentrale im Vorfeld des Dramas gründende Voraussetzung, deren wir uns bewusst sein müssen, um überhaupt etwas von dem Stück zu verstehen, ist, dass Lear liebenswert ist, dass er liebt und selbst von allen Personen, die nur irgend unserer Zuneigung und Wertschätzung würdig sind, innig geliebt wird.

Natürlich kann jeder gewöhnliche Sterbliche lieben und geliebt werden und dennoch nimmersatt nach mehr verlangen. Bei einer Persönlichkeit aber, wie es der König Lear ist, der sich selbst nur ganz oberflächlich kennt, kann dieses Bedürfnis nach Liebe zu einer geradezu apokalyptischen Not werden, zumal dann, wenn

es um die Liebe des wahrhaft geliebten Kindes, also Cordelias, geht. Im Vorfeld des Stücks wurzelt nicht nur Lears Güte sowie das Ressentiment Gonerils und Regans, die es satt haben, andauernd hinter ihrer Schwester zurückstehen zu müssen, sondern auch – noch wichtiger für den Gang der Dinge – Cordelias verdrossene Widerspenstigkeit angesichts der Forderung ihres allzu heftig fühlenden Vaters an sie, ihm nicht weniger als eine totale Liebe zu beteuern, eine, die sogar noch über das hinausgeht, was sie tatsächlich für ihn empfindet. Die herben Züge von Cordelias Persönlichkeit verdanken sich gewissermaßen einer Gegenreaktion auf den Gefühlsüberschwang ihres Vaters. Es ist eine der vielen Sonderbarkeiten von Shakespeares Konzeption eines Dramas mit zwei Handlungssträngen, dass Cordelia, so absolut wichtig sie auch für Lear ist, eine deutlich weniger dominante Stellung im Stück hat als ihr Pendant Edgar. Shakespeare setzt sich mit kühnem Sprung über historische Überlieferungen hinweg, wenn er Edgar die unmittelbare Nachfolge Lears als König von Britannien antreten lässt. Die Legende, die zu Shakespeares Zeit noch lebendig war, rühmte König Edgar das melancholisch stimmende Verdienst nach, Britannien von der Wolfsplage befreit zu haben, die nach Lears Tod über die Insel gekommen war.
Es gibt vier große Rollen in der *Tragödie des König Lear*, wenn auch die meisten Aufführungen davon nichts ahnen lassen. Cordelias Part gehört nicht dazu, sosehr uns ihr Pathos auch zu ergreifen vermag, ebenso wenig der Gonerils und Regans, die sich nicht zur dramatischen Majestät Lears und seines Narren aufschwingen können. Die Rollen der antithetischen Halbbrüder Edmund und Edgar fordern den Schauspielern nicht weniger technisches Können und Ausstrahlung ab als die des Lear und des Narren. Ich habe einige sehr anständige Edmunds auf der Bühne gesehen, der beste von ihnen war Joseph Wiseman in einer ansonsten grauenhaften Inszenierung in New York; der Lear, den Louis Calhern damals gab, erinnerte mich lediglich daran,

um wie viel besser doch derselbe Schauspieler die Rolle des Botschafters Trentino in *Duck Soup* von den Marx Brothers gemeistert hatte. Wiseman ließ den Edmund wie eine Kreuzung aus Lew Trotzki und Don Giovanni wirken, aber das funktionierte gar nicht übel, und es steckt tatsächlich vieles in dem Text, was zu dieser kuriosen Melange passt.
Viele Leser und Theaterbesucher verfallen dem gefährlichen Zauber Edmunds, der es in dieser Hinsicht mit Jago aufnehmen kann, aber der widerborstige und gedrückte Edgar ist rätselhafter als sein Halbbruder und sehr schwierig zu spielen – ich selbst habe keinen einzigen passablen Edgar gesehen. Die Titelseite der ersten Quarto-Ausgabe des *König Lear* misst dieser Figur eine Prominenz zu, der die Literaturwissenschaftler unserer Tage selten gerecht werden:

> M. William Shakespeare: Seine wahre Historie vom Leben und Sterben des König Lear und seiner drei Töchter. Außerdem das unglückliche Leben Edgars, des Sohnes und Erben des Earl of Gloster, und wie er das umdüsterte Temperament [sullen humor] eines Tom of Bedlam angenommen hat …

Shakespeare meint mit dem Wort »sullen« etwas, was in die Richtung von Melancholie und Depression geht, jene Form von Geisteszerrüttung, die Edgar in seiner falschen Identität des Tom von Bedlam seiner Umwelt vorspielt. Der Earl of Kent schlüpft in die Maske des Caius, um Lear zu dienen. Edgar, der in der Parallelhandlung auf der Flucht ist, steigt auf eine soziale Stufe unterhalb des gemeinen Volks hinab. Warum wählt er eine Maske, die ihn zum niedrigsten aller Menschen macht? Will er sich selbst bestrafen für seine Vertrauensseligkeit, dafür, dass er ebenso unfähig war wie sein Vater, die brillanten Täuschungsmanöver Edmunds zu durchschauen? In Edgars selbstverneinender Haltung, die das ganze Stück hindurch zu beobachten ist, liegt etwas so

Unverhältnismäßiges, dass wir ihn für einen Widerspenstigen von der Art Cordelias halten müssen, nur viel radikaler in seinem Eigensinn. Als entsprungener Insasse von Bedlam wie auch als armer Taglöhner verleugnet Edgar seine Identität in einer Weise, die nicht von der bloßen Absicht, unerkannt zu bleiben, diktiert wird. Die spektakulärste Konsequenz seines Willens zur Selbstverleugnung ist, dass er sich nicht einmal seinem Vater Gloucester zu erkennen gibt, selbst dann nicht, als er den geblendeten Edelmann vor dem Scheusal Oswald rettet, das ihn ermorden will, und ihn nach der Niederlage Lears und Cordelias vom Selbstmord abhält. Erst kurz vor seiner Rehabilitierung, unmittelbar bevor er Edmund zum Zweikampf fordert, sagt er Gloucester, wer er ist, und bittet ihn um seinen väterlichen Segen. Diese Wiedererkennungsszene, die der Vater nicht überlebt, ist eine der großen Shakespeare-Szenen, die ungeschrieben geblieben sind, denn wir kennen die Geschehnisse nur vom Hörensagen: Edgar berichtet Albany davon, nachdem er Edmund den Todesstreich versetzt hat. Warum hat Shakespeare die Szene nicht dramatisch ausgeführt?

Man könnte die Sache pragmatisch erklären und sagen, dass der doppelte Handlungsstrang bereits einiges an Komplexität mit sich brachte und Shakespeare nicht noch weitere Schwierigkeiten einzuführen wagte. Aber Shakespeares Kühnheit ist so ungeheuer, dass mir eine solche Erklärung nicht recht einleuchtet. Lear wacht gesunden Geistes auf und versöhnt sich mit Cordelia – eine Szene, die uns alle entzückt. Die Versöhnung Edgars und Gloucesters hätte in szenischer Darstellung einen fast ebenso starken Eindruck auf das Publikum gemacht, obwohl die Gewalt seiner Gefühle den blinden Dulder tötet. Auch wenn wir spontan dazu neigen, dem Narren oder dem schrecklich verführerischen Edmund mehr Beachtung zu schenken als Edgar, verweist uns doch der Untertitel nachdrücklich auf den Erben des zu Grunde gerichteten Reichs, und das mit Recht: Da Shakespeare in einem Akt der Selbstverleugnung darauf verzichtet, die Versöhnung der beiden Gloucesters zu dramatisieren, bekommt der Sohn, der die Geschichte erzählt, auf Kosten des abwesenden Vaters unvermeidlich mehr Gewicht. Wir erfahren noch mehr über Edgars Persönlichkeit und Charakter, als wir bereits wissen, und das ist eine ganze Menge, genügend, um uns deutlich zu machen, dass er das Pathos und den Wert der Kindesliebe besser und intensiver verkörpert, als es Cordelia vermag, der die Notwendigkeiten des Handlungsverlaufs engere Fesseln anlegen. Ich komme damit wieder zu der Frage, weshalb sich Edgar so maßlos selbst erniedrigt.

Wenn wir ein poetisches Zentrum der Tragödie, nicht das dramatische, benennen wollten, so könnte unsere Wahl auf jene Passage in der 6. Szene des 4. Akts fallen, welche die Begegnung des verrückten König Lear und des blinden Gloucester schildert. Sir Frank Kermode stellt ganz richtig fest, dass dieses Aufeinandertreffen vielleicht den Gipfel von Shakespeares Kunst bedeutet, jedoch den Gang der Handlung in keiner Weise befördert. Wir konzentrieren uns, wenn wir die Szene lesen oder sehen, auf Lear und Gloucester, aber auch Edgar ist als Chor mit von der Partie. Er hatte dem 4. Akt mit den Versen: »Beweinenswerter Wechsel trifft nur Bestes, / Das Schlimmste kehrt zum Lachen« die Tonart vorgegeben. Der Auftritt des geblendeten Gloucester verdüstert nun diesen verzweifelten Trost und veranlasst Edgar dazu, ihn durch eine andere Weisheit zu ersetzen: »’s ist nicht das Schlimmste, solang man sagen kann: dies ist das Schlimmste.« Das Schlimmste ist es erst, wenn wir über die Worte »das Schlimmste« schon hinaus sind. Der geblendete, heimatlose Gloucester ist ein vielsagendes Vaterbild, dessen Licht den Wahn des umherirrenden Lear erhellen kann. Wahnsinn und Blindheit werden zu einem Begriffspaar, das dem der Tragik und der Liebe zutiefst verwandt ist, zu jenem Paar, welches das ganze Stück im

Innersten zusammenhält. Wahn, Blindheit, Liebe und Tragik verschmelzen in einer einzigen großen bestürzten Verwirrung. »Was ist, wenn hemmungslose Liebe / Sie bestürzte bis zum Tod?« fragt Yeats in seinem Gedicht »Ostern 1916«. Was immer damit im Hinblick auf MacDonagh und MacBride und Conolly und Pearse gemeint war, so ist doch Yeats' Frage, wenn man sie auf Lear bezieht, genau die Richtige. Liebe, die Lears zu Cordelia genauso wie die Edgars zu seinem Vater Gloucester und seinem Paten Lear, ist, nüchtern betrachtet, in dieser tragischsten aller Tragödien sinnlose Verschwendung. Und die Lust führt auch zu nichts Gutem; wenn der sterbende Edmund sinniert, er sei doch, trotz allem, geliebt worden, sorgt er noch einmal für eine exquisite Überraschung, weil er nun plötzlich doch fähig ist, etwas zu empfinden, aber wir können ihm schwerlich zustimmen; es scheint uns unpassend, im Zusammenhang mit der mörderischen Leidenschaft von Goneril und Regan von »Liebe« zu sprechen. In Hamlets Stück gibt es zentrales Bewusstsein, ebenso im *Macbeth*; im *Othello* gibt es wenigstens einen dominanten Nihilisten. Lears Stück ist dagegen sonderbar in sich geteilt. Sein noch nicht vom Wahnsinn zerrüttetes Bewusstsein will sich uns nicht erschließen: Dass er uns nichts über sich sagen kann, weil er sich selbst nicht kennt, im Verein mit seiner ehrfurchtgebietenden Autorität, macht es uns unmöglich, ihn zu durchschauen. Später dann, als sein Geist verwirrt ist, ist er zugleich allzu verwirrend: Lear erscheint uns jetzt weniger als ein menschliches Bewusstsein denn als eine stürzende Gottheit, wie Salomo vergangener Herrlichkeit nachtrauernd, jähzornig wie Jahwe. Das zentrale Bewusstsein des Stücks kann nur das Edgars sein, der mehr Text zu sprechen hat als jede andere Person, Lear ausgenommen. Edmund, der noch intelligenter ist als Jago, weniger Improvisationskünstler und mehr Stratege, geht auch in seinem Nihilismus noch über Jago hinaus, aber keine Figur, sei es ein Held oder ein Schurke, kann sich zum Herrn über Lears Tragödie aufschwingen. Allen alten und neuen Historisten zum Trotz geht Shakespeare eben nicht im Kontext auf, sondern strahlt hindurch, und in diesem Stück noch mehr als in irgendeinem anderen. Der Gedanke des Exzessiven oder der damit einhergehenden Zerrüttung ist allenthalben in dem Text gegenwärtig; alle Personen, ausgenommen allein Edmund, lieben oder hassen zu viel.

Der große Augenblick auf der Pilgerfahrt des Selbstverleugners Edgar ist der Moment der Rache, aber er ist damit noch nicht am Ziel: am Ende seiner Geschichte sehen wir ihn überwältigt angesichts der Hilflosigkeit seiner Liebe, einer Liebe, die im Verlauf des Stücks immer weiter und stärker geworden ist und letztlich nichts bewirkt hat, und wenn er auch als Nachfolger Lears König wird, so bedeutet das für ihn doch nur noch größere Leiden. Edmund, der verzweifelt versucht, noch etwas Gutes in seinem Leben zu tun, »trotz [seiner] eignen Art«, die er nicht ändern kann, wird sterbend von der Bühne getragen und erfährt nicht, ob Cordelia nun gerettet wurde oder nicht. Formalisten und Historisten mögen wütend aufschreien – ich frage dennoch: Welche Art von Selbsterkenntnis hat Edmund in seiner Sterbestunde gewonnen? Sein Ich-Gefühl war ungebrochen stark, bis Edgar ihn besiegte, und es flackert noch in der langen Szene seines Sterbens. Lear und Edgar wurden beide in ihrer Identität schwer erschüttert, auch das offenbar eine Folge exzessiver Liebe. Shakespeare deutet an, dass die einzig echte Liebe die zwischen Eltern und ihren Kindern sei, aber die Wirkungen dieser Liebe sind, wie wir sehen, verheerend. Die zwei antithetischen Auffassungen von Natur, die in dem Stück sichtbar werden, die Lears und die Edmunds, erweisen sich als gleichermaßen mangelhaft, wenn man die Veränderungen, denen die Protagonisten im 4. und 5. Akt unterworfen werden, genau betrachtet. Es wäre ein Missverständnis, wenn man aus Edgars »Reif sein [ripeness] ist alles« einen stoischen Trost herauslesen wollte, und noch weniger kann von christlicher Ergebung die Rede sein. Shakespeare lässt hier mit Bedacht Hamlets »Bereit sein [readiness] ist alles« anklingen, das seinerseits ironisch auf den dösenden Simon Petrus verweist, dessen Anblick Jesus zu dem Kommentar provoziert: »Der Geist ist willig [ready], aber das Fleisch ist schwach.« Wenn wir mit ins Kalkül ziehen, was Edgar unmittelbar vorher feststellt, nämlich: »Dulden muss der Mensch / Sein Scheiden aus der Welt wie seine Ankunft«, so wird uns klar, wie abschätzig dieses »alles« gemeint ist, es bezeichnet ein Wenig, nicht ein Viel. W. R. Elton verdanken wir die Erkenntnis, dass Edgar sich schon bald zu der Ansicht bekehren wird, Dulden und Reifsein seien eben nicht alles. Seiner Weisheit allerletzter Schluss ist die Erkenntnis, dass man »die Last der trüben Zeit« auf sich nehmen müsse, und das bedeutet ganz konkret, dass er sich widerstrebend dazu entschließt, die Krone anzunehmen und sich seinem scheußlichen historischen Auftrag zu stellen, Britannien von Wölfen zu säubern.

Liebe, so formulierte Samuel Johnson einmal, sei die Weisheit der Narren und die Narrheit der Weisen. Der größte aller Literaturkritiker unserer Tradition zielte mit dieser Bemerkung nicht auf den *Lear*, und doch ist sie als Kommentar zu dieser Tragödie so gut zu gebrauchen, als wäre sie eigens dafür gemacht, denn die lebenskluge Sentenz trifft eine Shakespearesche Erkenntnis und macht die Begrenztheit der Liebe in dem Stück deutlich. Edgar ist am Ende weise geworden, aber die närrische Un-Vernunft der Liebe hat dennoch weiter Macht über ihn: Er ist untröstlich in seiner Trauer um die beiden Väter, die er verloren hat. Auf der großen Narrenbühne des Stücks gibt es am Schluss nur noch drei Überlebende: Kent steht schon mit einem Fuß im Grab und will seinem »Meister« Lear bald nachfolgen, der erschütterte Albany erhebt keine Ansprüche auf den Thron – die Ehe mit Goneril hätte wohl auch einem stärkeren Charakter, als er es ist, das Rückgrat gebrochen. Edgar ist jetzt ganz unverkennbar die zentrale Figur, und wir könnten uns verwundert fragen, warum wir nicht schon längst erkannt haben, dass er es ist, der zusammen mit Lear das Stück dominiert. Lears exzessive Liebe zu Cordelia musste solange immer eine autoritäre Liebe sein, bis er, die Verkörperung von Autorität, zerbrochen war und eben nicht erlöst, wie diejenigen, die dieses heidnische Stück christianisieren wollen, behaupten. Demütige Liebe macht Edgar unüberwindlich, so dass er Edmund vernichten kann, und zu einem König, wie ihn sein Land in schlimmen Zeiten braucht, gleichwohl lässt die Konzeption des Stücks keinen Zweifel daran, dass seine Liebe ebenso unheilvoll ist wie die Lears. Die Liebe heilt keine Wunden in der *Tragödie des König Lear*, vielmehr ist sie die Ursache aller Übel und in sich tragisch. Die Götter im *Lear* töten in Wahrheit nicht wie »müß'ge Knaben«, sondern sie tun es, indem sie Lear und Edgar mit einem Übermaß an Liebe schlagen und Goneril und Regan den Qualen der Geilheit und der Eifersucht aussetzen. Die Natur, die Edmund als seine Gottheit anruft, vernichtet ihn durch die natürliche Rache seines Bruders, weil Edmund für Liebe unempfänglich ist und somit seine Göttin verkannt hat.

Dr. Johnson sagte, der 5. Akt des Stücks sei ihm unerträglich, weil er die Idee der göttlichen Gerechtigkeit lästere und sein moralisches Empfinden verletze, aber hier hat vielleicht der große Kritiker sich selbst missverstanden: Der Frevel, den er fühlte, ist in Wahrheit ein Angriff gegen die universale Idealisierung der innerfamiliären Liebe, einer Liebe, der man absoluten Wert für den Einzelnen wie für die Gesellschaft beimisst. In dem Stück werden peinigende Ängste im Hinblick auf die Sexualität des Menschen fühlbar und eine mitleidende Verzweiflung angesichts der destruktiven Natur sowohl der väterlichen als auch der Kindesliebe. Die Mutterliebe bleibt ausgeklammert, als ob die natürliche Liebe in ihrer stärksten Form selbst den Rahmen negativer Erhabenheit sprengen müsste. Eine Gemahlin Lears würde, wenn sie sich nicht wie Hiobs Frau darauf beschränkte, ihren Mann aufzufordern, er möge Gott absagen und sterben, zu einer unerträglichen Last für ein Drama, das ohnehin schon extrem quälend ist.

Hazlitt fand, es sei gleichermaßen unmöglich, das Stück selbst und seine Wirkung auf die Psyche des Rezipienten zu beschreiben. Er, dessen psychologische Meisterschaft doch außer Zweifel steht, überrascht uns mit dem Eingeständnis: »Alles, was wir sagen können, ist unzureichend und dringt nicht einmal in die ungefähre Nähe des Gegenstands oder auch nur dessen, was wir davon wahrgenommen haben.« Hazlitt rührt hier an den unheimlichsten Aspekt des *Lear*: da ist etwas, das wir wahrnehmen, aber wir können nicht ausdrücken, was wir da wahrnehmen. Ich glaube, dieses Phänomen hat damit zu tun, dass das Stück dem Wert der innerfamiliären Liebe eine Wunde schlägt. Es tut weh, wenn wir diesen Punkt eingehend untersuchen, aber die Beschäftigung mit dieser Tragödie ist ganz generell eine schmerzhafte Sache. Um mit Nietzsche zu reden: Es ist nicht so, dass der Schmerz einen Sinn hätte, vielmehr ist es der Sinn selbst, der in diesem Stück schmerzhaft wird. Es wäre falsch, die Verwandlungen, die Lear durchmachen muss, als Schritte zur Erlösung zu betrachten; es kann keine Heilung geben, wenn die Liebe und der Schmerz identisch sind. Jeder Versuch eines Kritikers, die Düsternis dieses Werks aufzuhellen, gerät zur Lüge. Wenn Edgar von Lear sagt: »Ihm ergeht es als Vater wie mir als Sohn«,[5] so ist in diesen wenigen Worten die ganze Tragödie zusammengefasst. Was bekommt man, wenn man entfaltet, was in dieser Verdichtung beschlossen liegt? Man bekommt, glaube ich, nicht zwei unschuldige Parallelhelden (Lear und Edgar) samt den schuldigen Komplementen (Lears ältere Töchter und Gloucester), schon deswegen nicht, weil Edgar seinen Vater gar nicht für einen Schuldigen hält. An Goneril und Regan denkt Edgar überhaupt nicht, wenn er feststellt: »Ihm ergeht es als Vater wie mir als Sohn«, er hat lediglich die Parallele Lear/Cordelia : Edgar/Gloucester im Sinn. Diese Menschen verbindet nichts als Liebe, und dennoch sind die Beziehungen tragisch. Subtil deutet Edgar an, dass ihn auch etwas mit Cordelia verbindet, nämlich die Widerspenstigkeit. Wenn Cordelia am Anfang weniger störrisch gewesen wäre, so wäre die Tragödie gar nicht erst in Gang gekommen, aber dann wäre Cordelia eben nicht Cordelia geblieben. Ohne seine halsstarrige Beharrlichkeit und seinen Willen zur Selbstverleugnung hätte es Edgar nie geschafft, sich von einem naiven Tölpel zu dem Racheengel zu entwickeln, der Edmund zur Strecke bringt. Wir können uns verwundert fragen, warum er sich derart radikal selbst erniedrigt und warum er diese Exerzitien so sehr ausdehnt, aber er wäre nun einmal nicht der, der er ist, wenn er etwas anderes täte. Und es gibt keine ausgleichende Gerechtigkeit: Cordelia wird ermordet, Edgar wird in verzweifelter Trauer die Last des Königtums auf sich nehmen.

Zu mehr Optimismus geneigte Betrachter des Stücks glauben eine erlösende Kraft der Liebe zu erkennen und eine unfehlbar strafende Gerechtigkeit, die über die Bösewichter kommt. Die Ungeheuer finden sämtlich ein angemessen schlimmes Ende: Oswald wird von Edgar totgeschlagen, Cornwall von seinem eigenen Diener, der Gloucester verteidigt, tödlich verwundet, Regan von Goneril vergiftet, die sich anschließend selbst entleibt, Edmund fällt von Edgars Hand, wie es ihm bestimmt ist – das Publikum weiß es längst. Und dennoch: es ist uns keine Genugtuung, diese Schurken und Megären sterben zu sehen. Die einen sind derart barbarisch böse, dass es schlicht unerträglich ist, und sogar Edmund, so faszinierend er ist, müsste eigentlich wegen Verbrechen gegen die Menschlichkeit abgeurteilt werden. Ihr Tod ist letztlich bedeutungslos; Edmunds späte Läuterung verleiht seinem Sterben keinen Sinn, da Cordelia nicht mehr gerettet werden kann und seine Reue also ohne Konsequenzen bleibt. Cordelias Tod schmerzt uns mehr, als wir sagen können, gleichwohl ist nichts da, was ihm Sinn verleihen könnte, außer eben dieser Schmerz. Lear und Gloucester sterben erstaunlicherweise mehr an einem Übermaß an Freude als an ihrem Kummer. Die Euphorie, die Lear umbringt, beruht auf einer Illusion: offenbar halluziniert der König und glaubt, Cordelia sei gar nicht tot oder sei wiederauferstanden. Gloucesters Freude hat einen wirklichen Grund, aber die Extreme des Entzückens und der Pein, an denen er stirbt, sind in letzter Konsequenz ununterscheidbar. »Ihm ergeht es als Vater wie mir als Sohn«: Lear und Gloucester fallen ihrer väterlichen Liebe zum Opfer, die zu stark und zu echt ist. Geschwister, die einander bekriegen, Töchter und ein unehelicher Sohn, die ihre Väter verraten, ein treuer Sohn und eine heiligmäßige Tochter, die von edlen Patriarchen schrecklich verkannt werden, ein vernichtendes Urteil über die Sexualität, die als schiere Hurerei beschimpft wird: Was will uns diese Tragödie, die wir unermüdlich zu einer moralischen Anstalt zu machen versuchen, lehren? Es gibt eine und nur eine gültige Form von Liebe: diejenige, die am Ende Lear und Cordelia, Edgar und Gloucester verbindet. Der Wert dieser Liebe, dem alle transzendental moralisierenden Anstrengungen nicht nahe kommen können, ist nicht einmal ein negativer Wert: Sie kann stärker sein als der Tod, aber sie führt unvermeidlich in den Tod, oder – so im Fall Edgars, des großen Überlebenden in Shakespeares Werk – in einen Tod bei lebendigem Leib.

Niemand würde je auf die Idee kommen, zu behaupten, *Die Tragödie des König Lear* wäre eine Verirrung Shakespeares: das Stück entwickelt Ideen des *Hamlet*, von *Troilus und Cressida*, *Maß für Maß* und des *Othello* weiter und enthält Elemente, die im *Macbeth*, in *Antonius und Kleopatra* und im *Timon von Athen* wiederaufgegriffen werden. Nur der *Hamlet* scheint noch mehr als *Lear* die Shakespeare zutiefst eigentlichen Anliegen, die ihn unaufhörlich beschäftigten, zu behandeln, letzten Endes greifen die beiden Stücke ineinander. Liebt Hamlet in seiner Todesstunde irgendeinen Menschen? Die transzendentale Aura, die sein Sterben umgibt, seine charismatische Freiheit, die wir spüren, gründet eben darauf, dass er sich von Bindungen an Liebesobjekte aller Art frei gemacht hat, er hängt nicht mehr am Vater, an der Mutter, an Ophelia, nicht einmal mehr an dem armen Yorick. Im gesamten 5. Akt verwendet Hamlet das Wort »Vater« nur ein einziges Mal, und zwar im Zusammenhang mit dem Petschaft, das er benutzt, um den Urias-Brief zu untersiegeln, den er Rosencrantz und Guildenstern mitgibt. Und an der Stelle, wo er im eigentlichen Sinn von seinem Vater spricht, den Claudius ermordet hat, nennt er ihn »meinen König«. Hamlets letzter Gruß an Gertrude klingt nicht eben sehr liebevoll: »Arme Königin, fahr wohl!« Gewiss, es bleibt Horatio, der sich aus Liebe zu Hamlet umbringen will und von diesem davon abgehalten wird, aber nur deswegen, weil der Prinz sicher sein möchte, dass nach seinem Tod jemand da ist, der die Ehre seines Namens verteidigt. Nichts, wirklich nichts, was in der Tragödie *Hamlet* passiert, wird der Liebe zuliebe getan, was ihr am Ende bleibt, ist wahrhaftig ein »verletzter Name«. Die Liebe in allen ihren Formen, die erotische Liebe, aber auch die in der Familie und darüber hinaus in der *familia*, wird von Shakespeare mehr als von irgendeinem zweiten Autor zum höchsten dramatischen und ästhetischen Wert gestaltet. Und dennoch entkleidet er die Liebe, ebenfalls wie kein zweiter Autor, all der Werte, die man ihr gemeinhin zuschreibt.

Shakespeares implizite Kritik an der Liebe geht über das hinaus, was man noch mit dem Begriff Skeptizismus fassen könnte. Literaturkritik, so habe ich von Dr. Johnson gelernt, ist die Kunst, das Implizite behutsam explizit zu machen, und ich will gern das Risiko eingehen, umständlich zu wirken, wenn ich mühsam herausarbeite, was uns doch ganz offensichtlich erscheinen kann, sobald nur jemand uns darauf aufmerksam gemacht hat. »Wir können es uns nicht aussuchen, wen wir lieben wollen« – in dieser viel zitierten Erkenntnis Audens ist vielleicht der Einfluss jenes

Sigmund Freud erkennbar, der, wenn ihn die Rache der Zeit einmal ereilt, als ein bloßes verspätetes Echo William Shakespeares – »des Mannes aus Stratford«, wie Freud gern sagte, denn er war ein Anhänger der Theorie, der zufolge das wirkliche dramatische Genie, der Earl of Oxford, um seinen Ruhm betrogen worden war – entlarvt werden wird. Es gibt eine Liebe, auf die man sich einlassen kann oder auch nicht, und es gibt eine tiefere Liebe, die unentrinnbar und schrecklich ist, und diese spielt in Shakespeares Kunst der Menschenerfindung eine weit wichtigere Rolle. Es ist tatsächlich angebracht, von »Erfindung« zu reden statt etwa von einer »zweiten Schöpfung«, einer »Nachdichtung«, denn die Zeit, bevor Shakespeares ganzer Einfluss auf uns wirksam wurde, war zugleich die Zeit, da wir »noch nicht ganz Menschen waren und uns als solche kannten«, wie Wallace Stevens es ausdrückt. Die unheilbare Liebe, die allen fremden Wert vernichtet, war und ist eine romantische Obsession, aber jene Bilder der Liebe, die Shakespeare in seinem Werk entwarf, bereiteten den literarischen Boden, auf dem die Romantik überhaupt erst entstehen konnte.

A. D. Nuttall hat sich mehr als irgendein anderer Kritiker des 20. Jahrhunderts um die Aufhellung einiger der zentralen Paradoxe der Darstellungsweise Shakespeares verdient gemacht. Zwei seiner Erkenntnisse sind mir immer als Leitlinien meiner Arbeit präsent, erstens: Shakespeare ist uns voraus, wir können versuchen, ihn mit dem Licht unserer Zeit anzustrahlen, er aber vermag unsere jeweils neuesten intellektuellen Moden mit gnadenloser Helligkeit auszuleuchten; zweitens: Shakespeare macht uns Wirklichkeit sehen, die vielleicht tatsächlich schon vorher existiert hat, die wir aber ohne seine Hilfe nicht hätten sehen können. Den Historisten aller Couleur zum Trotz möchte ich Nuttals Beobachtungen noch eine weitere hinzufügen: Der Unterschied zwischen dem, was Shakespeare wusste, und dem, was wir wissen, ist – so weit gehend, dass man nur staunen kann – eben

Shakespeare. Er ist, was wir wissen, weil wir sind, was er wusste: »He childed as we fathered.« Und selbst wenn er, wie alle seine Zeitgenossen und wir, nur ein Wesen war, in das die Gesellschaft ihren Text eingeschrieben hatte, ein bloßer Darsteller und eine Fiktion seiner selbst, nicht ein autonomer Autor – nun, desto besser. Borges dachte vielleicht, er formuliere ein Paradox im Stil Chestertons, aber sein Satz ist wörtlich wahr und nicht bloß in irgendeinem übertragenen Sinn: Shakespeare ist jeder und keiner. Das sind wir auch, aber er ist es mehr als wir. Wenn jemand einwenden wollte, Shakespeare sei unter allen Geschöpfen ihrer selbst das problematischste, so stimme ich dem herzlich gern zu. Aber Weisheit lässt sich nun einmal nicht restlos als Produkt gesellschaftlicher Energien erklären, worin diese auch bestehen mögen. Kognitive Intelligenz und ein genau fühlendes Herz sind individuelle Gaben. Wittgenstein wollte Shakespeare unbedingt als einen Sprachschöpfer und nicht als einen Schöpfer von Gedanken verstanden wissen, aber Shakespeares ureigene Praxis macht diese Unterscheidung sinnlos. Shakespeare arbeitet in einer Weise, die Sprache und Gedanken zusammenfallen lässt, indem er der Tradition des Westens gegenüber eine Haltung einnimmt, die weder affirmativ noch subversiv ist. Was indes diese Haltung genau ist, können wir mit den Kategorien unserer Kritik auch heute nicht erfassen.

Herrschaft, Macht im Raum der Gesellschaft, die Obsession der vom Geist des Ressentiments inspirierten Schule der Wissenschaft, ist für Shakespeare von minderem Interesse. Macht, ja, das vielleicht, aber als etwas, das der Person als solcher angehört, nicht dem Mitglied einer Gesellschaft, etwas, das mehr innerlich als äußerlich ist. Die größten Gestalten, die Shakespeare geschaffen hat, streben unaufhaltsam dem Untergang zu, aber das hat nichts mit ihrem Verhältnis zur staatlichen Macht zu tun, sondern damit, dass ihr inneres Leben von all den Ambivalenzen und Aporien der Liebe innerhalb ihrer Familien oder Pseudo-

Familien verwüstet wird. Wir alle, wenn wir nicht gerade wie Edmund sind, kennen den Wunsch, uns selbst auszutilgen. Edmund ist ganz frei von diesem Trieb, aber er ist in dem geschlossenen Kreis gefangen, der ihn zu einem bloßen Narren der Zeit macht. Die Zeit, Gegenpol Falstaffs und Rachegöttin Macbeths, ist in Lears Stück der Natur entgegengesetzt. Edmund, dem die Liebe nichts anhaben kann, weil er sie nicht spürt, wird am Ende vom Rad des ewigen Wechsels überrollt, das er selbst in Gang gesetzt hat, um seinen Halbbruder zu stürzen, und das diesen wieder nach oben bringt. Der hartnäckige Dulder Edgar ist nicht zu besiegen, und er beweist in der Szene, da er und Gloucester dem Sadisten Oswald begegnen, ein exquisites Gespür für den richtigen Zeitpunkt.

Die beste Anleitung zur Shakespeare-Lektüre stammt von Emerson: »Shakespeare ist der einzige Shakespeare-Biograf, an den wir uns halten können, und er redet nur zu dem Shakespeare in uns.« Ich für meinen Teil bin insofern nicht restlos mit Emerson einverstanden, als ich glaube, dass kein anderer als Shakespeare überhaupt erst jenen Shakespeare in uns hineingelegt hat. Ich halte mich selbst nicht für ein Ungeheuer von der Art der »essenzialistischen Humanisten«, die von der derzeit schicken pseudomarxistischen Schule der Shakespeare-Kritik so sehr verabscheut werden. Ich, der ich einer gnostischen Ein-Mann-Sekte angehöre, möchte mit einem subversiven Pseudo-Shakespeare, der darauf aus ist, die Ideologie der Renaissance zu untergraben, und mit versteckten Hinweisen zu Revolutionen anstiften möchte, nichts zu schaffen haben. Essenzialistische Marxisten und FeministInnen und Franko-Heideggerianer wollen mir einen nach ihrem Bild geschaffenen Shakespeare schmackhaft machen. Der Shakespeare in mir, wie immer er dort hingekommen sein mag, lehrt mich, dass in weiten Teilen des Werks, ganz besonders aber in den vier großen Tragödien, die blutige häusliche Tragödien sind, eine tiefere und ältere Subversion stattfindet.

Dostojewski gründete Svidrigailov und Stavrogin auf Jago und Edmund, Nietzsche und Kierkegaard entdeckten in Hamlet ihren dionysischen Vorläufer, Melville ließ sich von Macbeth zu seinem Kapitän Ahab inspirieren. Die nihilistischen Wahrheitssucher kommen aus dem Abgrund, den Shakespeare aufgetan hatte, ebenso wie Freud in seiner ganzen Ungeheuerlichkeit. Ich propagiere nicht einen nihilistischen oder gnostischen Shakespeare, aber bloßer Skeptizismus kann unmöglich jene allumfassende Entweihung der Welt, die in den Tragödien *König Lear* und *Macbeth* sichtbar wird, bewirken. Salomo, dem man das Buch des Predigers und das apokryphe Buch der Weisheit zuschrieb und der mit mehr Recht als Shakespeare ein Nihilist genannt werden kann, sagt (Weisheit 2,2): »Durch Zufall sind wir geworden, und danach werden wir sein, als wären wir nie gewesen.« Der Häretiker Milton glaubte nicht daran, dass Gott die Welt aus nichts geschaffen habe, was Shakespeare alles nicht geglaubt hat, wissen wir nicht. Lear ist, wie W. R. Elton im Einzelnen untersucht hat, weder ein epikureischer Materialist noch ein Skeptiker: »Wenn er den Gedanken einer Schöpfung *ex nihilo* zurückweist, so tut er das als frommer Heide und nicht als skeptischer Christ«, und so gehört es sich auch in einer heidnischen Dramenhandlung, die einem christlichen Publikum präsentiert wird. Lear ist, das dürfen wir nicht vergessen, über achtzig Jahre alt, und seine Welt wird schon bald mit ihm zu nichts vergehen. Wie im *Macbeth* wird uns eine Endzeit suggeriert. Die Auferstehung des Leibes, von der Salomo nichts wusste, ist auch Lear unbekannt, und wenn er in seiner Sterbestunde meint, Cordelia sei am Leben, so halluziniert er offensichtlich nur.

König Lear ist Lears Drama, nicht Edmunds, aber es ist, wie ich immer wieder betont habe, auch Edgars Stück, und ironischerweise ist jener Edgar, der sich nach und nach herausbildet, die Kreatur Edmunds, wenn es auch nicht in dessen Absicht lag, ihn zu schaffen. Der arme Tom mit dem »umdüsterten Temperament« ist das zentrale Emblem des Stücks: Philosoph, Narr, Irrer, Nihilist, Verstellungskünstler – er ist das alles zugleich und nichts davon. In der Tragödie herrscht ein Horror vor der Fortpflanzung, der immer stärker wird, und Edgar teilt ihn mit Lear. Edgars Urteil über die Sexualität ist vernichtend harsch, der eiskalte Libertin Edmund dagegen legt eine exquisite Indifferenz an den Tag: »Welche soll ich nehmen? Beide? / Ein oder keine?« Vor einer Ménage à trois mit Goneril und Regan würde vielleicht selbst König Richard III. oder der schwarze Aaron zurückschrecken, aber Edmund ist es gewissermaßen natürlich, sich darauf einzulassen; er ist ein Bastard, was ihn bedrückt, aber auch seinen Stolz herausfordert: Seiner illegitimen Geburt verdankt er, wie er glaubt, seine Lebhaftigkeit, seine radikale Aufrichtigkeit sich selbst gegenüber und seine Begabung, Intrigen zu schmieden:

> ... Warum
> Mit unecht uns brandmarken? Bastard? Unecht?
> Uns, die im heißen Diebstahl der Natur
> Mehr Stoff empfahn und kräft'gern Feuergeist,
> Als in verdumpftem, trägem, schalem Bett
> Verwandt wird auf ein ganzes Heer von Tröpfen,
> Halb zwischen Schlaf gezeugt und Wachen?
>
> I.2, 9–15 [714]

Das ist der kräft'ge Feuergeist Edmund, nicht der tödlich verwundete, der auch dann noch der Wahrheit ins Gesicht sehen kann: »Sie [die Zeit] ist am Schluss und so auch ich.« Edgar widerspricht hier seiner Auffassung, seine Zeugung sei ein »heißer Diebstahl der Natur« gewesen. Er konfrontiert ihn mit einer ganz anderen Deutung der Dinge:

> Die Götter sind gerecht: aus unsern Lüsten
> Erschaffen sie das Werkzeug, uns zu geißeln.

Der dunkle, sünd'ge Ort, wo er dich zeugte,
Bracht ihn um seine Augen.

V.3, 169–172 [795]

Der sterbende Edmund stimmt dem zu, gleichwohl ist die Interpretation Edgars wenig einleuchtend, denn »der dunkle, sünd'ge Ort« lässt weniger an ein ehebrecherisches Bett denken als an das, wovon der rasende Lear mit solchem Abscheu redet:

Vom Gürtel nieder sind's Zentauren,
Wenn auch von oben Weib; nur bis zum Gürtel
Sind sie den Göttern eigen: jenseits alles
Gehört den Teufeln, dort ist Hölle, Nacht,
Dort ist der Schwefelpfuhl, Brennen, Sieden, Pestgeruch,
Verwesung – pfui, pfui, pfui!

IV.6, 123–128 [779]

Der Selbstverleugner Edgar geht als bewundernswerter Sohn und ebenso bewundernswerter Patensohn, als siegreicher Rächer und künftiger König aus seiner langen Prüfung hervor, gleichwohl aber alles andere als unbeschädigt. Zu diesen Schäden ist auch sein Horror vor der weiblichen Sexualität, vor dem »dunklen, sünd'gen Ort« zu zählen. Er muss es teuer bezahlen, dass er sich so tief hinabbegeben und so lange Zeit den umdüsterten Irren Tom gespielt hat. Er bewährt sich, wird dabei aber schwer an seiner Psyche verwundet – freilich hat auch das Stück als Ganzes mehr von einer Wunde, als die kritische Tradition wahrhaben will. Die feministische und die feministisch angehauchte Kritik hat immerhin die auf ein männliches Trauma hindeutende Rhetorik und die hysterische Intensität der scheinbaren Frauenfeindlichkeit des Stücks zum Thema gemacht. Ich sage »scheinbaren«, weil sich hinter Lears und Edgars Abscheu vor aller Sexualität eine noch tiefere Entfremdung verbirgt, eine Angst vor allzu starker familialer Liebe, oder besser: die Angst davor, im Bann solcher Liebe die Orientierung, den Verstand zu verlieren. Edmund ist intelligent und schlau, was ihn aber zuallererst jeder anderen Figur des Stücks überlegen macht, ist, dass er von verwandtschaftlichen Gefühlsbindungen vollkommen frei ist, eine Freiheit, die seinen fatalen Reiz für Goneril und Regan verstärkt.

Sind die Perspektiven, die Shakespeare im *Lear* eröffnet, wirklich unheilbar männlich? Die einzige nicht-teuflische Frau im Stück ist Cordelia, die in der neueren feministischen Kritik zum Opfer Lears erklärt wird: er will angeblich dieses Kind nicht freigeben, es vereinnahmen, und zwar bis zum Schluss. Cordelia selbst beurteilt ihre Beziehung zum Vater sicher nicht so, und ich neige dazu, eher ihr zu glauben als ihren Kritikern. Aber die Not, die sie fühlt, ist echt, sie ängstigt sich mit Recht in diesem Stück, das uns, Männern und Frauen gleichermaßen, alles wegnimmt, was wir haben. Wenn Dr. Johnson die Ermordung der tugendhaften Cordelia unerträglich fand, so ist das nur eine besondere Form derselben Beängstigung. Wir haben die Kunst, sagt Nietzsche, damit wir nicht an der Wahrheit zu Grunde gehen. Diese zweifelhafte Huldigung an die Kunst wird vom *Lear* widerlegt: dort gehen wir an der Wahrheit zu Grunde. Die innerfamiliäre Liebe lässt den Menschen nur die Wahl zwischen verschiedenen Wegen in den Untergang: Sie können leben und sterben wie Gloucester, Lear und Cordelia oder wie Goneril, Regan und Edmund, oder sie können überleben wie Edgar, ein Schicksal, das noch düsterer ist.

Das Wort »value«/»Wert« bei Shakespeare hat keinen emphatisch preisenden Beiklang; es meint einfach den Wert, sei er hoch oder niedrig, den man einer Sache beimisst oder den man mehr oder weniger spekulativ schätzt. Manchmal glaube ich, das Einzige, was wir wirklich über den Menschen Shakespeare wissen, ist, dass er so geschäftstüchtig war wie nur je ein Autor vor oder nach ihm. Ökonomisches Denken zeigt sich auch in dem Gebrauch, den Shakespeare von dem Wort »love« macht; es kann einen geliebten Menschen, aber auch einen Freund, eine Freundin bezeichnen oder eine Gefälligkeit, einen »Liebesdienst« also, und »for love's sake« kann manchmal bedeuten »sich selbst zuliebe«. Johnson erklärt uns sehr schön, dass Shakespeare, anders als alle seine Kollegen, es ablehnt, die Liebe zur universalen Ursache von Handlung und Bewegung zu machen:

> Aber Liebe ist nur eine von vielen Leidenschaften, und da sie wenig Einfluss auf das Ganze des Lebens hat, ist ihr Wirkungskreis in den Dramen eines Autors, der seine Ideen dem Leben entnahm und nur darstellte, was er wirklich vor sich sah, eng begrenzt. Er wusste, dass jede Leidenschaft, je nachdem, ob sie maßvoll oder ungeheuerlich übersteigert ist, die Ursache von Glück oder Unheil werden kann.

Johnson spricht von der sexuellen, nicht von der familialen Liebe, eine Unterscheidung, die Shakespeare teilweise aufhob und damit Freud auf die Sprünge seiner Theorie half. Nach dessen Meinung treibt unterdrücktes inzestuöses Begehren nach Cordelia Lear in den Wahnsinn. Diese, so Freud weiter, ist am Anfang des Stücks deswegen so düster schweigsam, weil sie ihrerseits den Vater begehrt. Ohne Zweifel hat Freuds eigenes Verhältnis zu seiner Tochter Anna einigen Anteil an dieser Fehldeutung, deren Mängel nur allzu deutlich sind. Lears exzessive Liebe beschränkt sich ja nicht auf Cordelia, sondern umfasst auch den Narren und andere. Die Verehrung, die ihm Kent, Gloucester, Albany und noch mehr als alle anderen sein Patenkind Edgar entgegenbringen, gilt nicht nur dem Herrscher, dem Inbegriff von Autorität, sondern auch der Verkörperung familialer oder, wenn man so will, patriarchalischer Liebe. Die übersteigerte Leidenschaft, der Trieb der familialen Liebe Lears und Edgars, wird die Ursache von Unheil. Zum Äußersten gesteigert, wird das Tragische, in

Athen so gut wie im Londoner Globe, häusliche Tragödie, blutiges Drama unter Blutsverwandten. Die Vorstellung, dass wir nach der Lektüre oder einer Aufführung des *Lear* davon überzeugt sein müssen, dass alles Familienleben eine einzige Tragödie ist, behagt uns nicht, aber vielleicht liegt in dieser Lehre der eigentliche Nihilismus des Stücks.

2

Leo Tolstoi verdammte den *König Lear* in Grund und Boden, wohl nicht zuletzt deswegen, weil er ganz richtig den tiefen Nihilismus des Dramas fühlte, aber auch aus Künstlerneid; denkbar ist schließlich, dass ihm Lears Szenen auf der Heide eine gespenstische Vorahnung von seinem eigenen Ende vermittelten. Alle diejenigen, die an ein Walten göttlicher Gerechtigkeit auf Erden glauben, müssen den *Lear* als lästerlich empfinden. Die Tragödie, die zugleich das am wenigsten weltliche und das am wenigsten christliche Werk Shakespeares ist, führt uns vor Augen, dass wir alle, ausgenommen nur die ausgemachten Bösewichter unter uns, »Narren« sind. Das Wort »fool« kann bei Shakespeare »Gimpel«, »Trottel« bedeuten, aber auch »Schätzchen«, »Irrer«, »Hofnarr« und, dies vor allem, »Opfer«. Die Leiden Lears sind nicht wiedergutzumachen, und es findet auch keine Wiedergutmachung oder Erlösung statt. Mit Bedacht verlegte Shakespeare die Handlung des Stücks in eine Zeit weit vor Christi Geburt (etwa in die Epoche Salomos): er hatte es mit einem (mehr oder weniger) christlichen Publikum zu tun, und daher präsentierte er einen legendären heidnischen König, der allen Glauben an die Götter einbüßte. Ein Frommer vom Schlag Jakobs I. konnte durchaus auf die Deutung verfallen, die tiefe Hoffnungslosigkeit des Dramas zeige letztlich, wie bitter nötig den Menschen die christliche Offenbarung war. Skeptische Zeitgenossen allerdings (und solche gab es in größerer Zahl, als moderne Literaturkritiker wahrhaben wollen) mochten zu einer ganz anderen Betrachtung der Dinge und zu dem Schluss gelangen, dass religiöser Glaube absurd oder irrelevant sei angesichts einer derart finsteren Realität. Wie immer hält sich Shakespeare von solchen Simplifizierungen fern, und wir wissen nicht, was er selbst glaubte oder bezweifelte; Einblicke in das Wesentliche des Stücks eröffnen uns nur die Perspektiven seiner vier Hauptfiguren: Lear, dessen Narr, Edmund und Edgar. Man muss schon einen eisernen missionarischen Willen mitbringen, wenn man aus dieser tragischsten aller Tragödien christlichen Trost herauslesen will. Das Stück ist ein Ungewitter, und der Himmel klart danach nicht auf.

Lear ist Shakespeares erhabenster und schwierigster Charakter. Hamlet ist nicht unseresgleichen, sein Charisma und seine Intelligenz heben ihn auf ein Niveau, zu dem wir nur aufblicken können, aber uns ist doch zumindest der Abstand evident, der uns von ihm trennt. Lears Größe und innere Majestät sind uns unerreichbar, und doch ist er uns zugleich verblüffend nahe vertraut, denn er ist ein Emblem des Väterlichen. In all seiner übersteigerten Raserei und irren Eloquenz fordert er doch immer nur Liebe, mehr Liebe, als menschenmöglich ist, und daher ist es geradezu unvermeidlich, dass er in seinen Äußerungen andauernd die Grenze des Unsagbaren überschreitet. Er ist darin Hamlets Gegenbild: Wir spüren, dass der Prinz alles sagt, was sagbar ist, und das ist weit mehr, als irgendjemand sonst sagen könnte. Lear überwältigt uns – und genau das wollte Shakespeare –, weil er es irgendwie schafft, zu sagen, was niemand, nicht einmal Hamlet, je zu sagen vermochte. Von seinen ersten Worten an (»Derweil enthülln wir den verschwiegnen Vorsatz«) bis zu seinen letzten (»Seht Ihr dies? Seht sie an! – Seht ihre Lippen, / Seht hier – seht hier!«) beunruhigt und bestürzt er uns. Schon seine rhetorische Gewalt macht Cordelia verstockt verstummen: »Ich Unglücksel'ge, ich kann nicht mein Herz / Auf meine Lippen heben.« Entgegengesetzte Wirkung hat sein verbales Ungestüm auf die bösen Töchter Goneril und Regan; alles, was sie sprechen, klingt

gestelzt, pompös, hohl, falsch, hässlich, so etwa Gonerils: »Der Atem dünkt mich arm, die Sprache stumm« oder Regans: »Und fühl in Eurer teuren Hoheit Liebe / Mein einzig Glück«.
Lears Wortgewalt lässt in den Reden der anderen kaum je Spontaneität aufkommen. Immun dagegen ist nur der Narr, die unheimlichste Gestalt im ganzen Werk Shakespeares; er ist zusammen mit Cordelia die wahre Familie Lears, mit ihm in inniger Liebe verbunden. Auch die Personen, die Hamlets Familie im tieferen Sinn bilden, sind nicht mit ihm verwandt: In der Vergangenheit stand ihm Yorick nahe, in der Gegenwart ist Horatio sein engster Vertrauter. Eine Funktion von Lears Narren ist genau die des Horatio: Er vermittelt dem Publikum etwas vom Wesen einer Person, die uns sonst unbekannt bleiben müsste, Hamlet, weil er zu weit über uns steht, Lear, weil er uns so nahe ist, dass er uns blendet. Vieles von dem, was wir über Hamlet wissen, verdanken wir Horatio, und der Narr macht uns Lear menschlich und vermittelt uns den Zugang zu dem schrecklichen König. Horatio überlebt Hamlet gegen seinen Willen. Der Narr verschwindet irritierenderweise einfach, eine der Shakespeareschen Ellipsen, die das Publikum dazu auffordert, sich Gedanken über die Bedeutung dieser höchst befremdlichen Figur zu machen. Der Narr fasziniert uns, wenn er Lear provoziert, sich immer weiter in den Wahnsinn zu verrennen, und seine provozierende Wirkung dauert an, auch wenn und eben weil er selbst gar nicht mehr da ist, nur ist jetzt das Publikum und nicht mehr der König ihr Objekt. Mit Horatio hat der Narr auch gemeinsam, dass er weniger eine handelnde Person des Stücks ist als vielmehr dessen Chor. Man könnte sowohl den Narren wie auch Horatio aus ihren Stücken herausnehmen, ohne dadurch die Handlung wesentlich zu stören, aber dann wäre niemand mehr auf der Bühne, der unsere Stelle verträte, denn genau das tun der Narr und Horatio: sie sprechen aus, was wir fühlen. Horatio liebt Hamlet; seine einzige Eigenschaft daneben ist die Fähigkeit, Gefühle zu erraten. Der

Narr liebt Lear und Cordelia und wird von ihnen geliebt; im Übrigen ist er eine erstaunliche Mischung aus bitterer Weisheit und terroristischem Witz. Horatio tröstet uns, der Narr dagegen lässt auch uns ein bisschen irre werden, wenn er Lear weiter in den Wahnsinn treibt, um den König für seine große Narrheit zu strafen. Shakespeare benutzt den Narren für viele Zwecke, einer davon ist offensichtlich der, zu zeigen, dass Erasmus Recht hatte, wenn er die Narrheit dem Wissen vorzog. Vielleicht dachte Blake an Lears Narren, als er schrieb: »Wenn der Narr in seiner Narrheit fortfahren würde, müsste er endlich weise werden.«

Lear liebt ihn und behandelt ihn wie ein Kind, aber der Narr hat kein erkennbares Alter, auch wenn klar ist, dass er nie erwachsen werden wird. Ist er überhaupt ein Mensch oder vielleicht ein Kobold oder ein Wechselbalg? Seine Reden heben sich scharf gegen die aller anderen Hofnarren in Shakespeares Werk ab; er allein scheint einer okkulten Welt anzugehören. Sein akut ambivalentes Verhältnis zu Lear – geradezu feindselig wirkt er, wenn er vehement die Verbannung Cordelias und Lears selbstzerstörerische Haltung kritisiert – ist eine der ganz großen Schöpfungen des Menschen- und Gefühlserfinders Shakespeare. Wir begegnen dem Narren zum ersten Mal in der 4. Szene des Stücks; Lear bemerkt, dass er ihn zwei Tage lang nicht mehr gesehen habe, und bekommt zur Antwort: »Seit der jungen Fürstin Abreise nach Frankreich, gnädiger Herr, hat sich der Narr ganz abgehärmt.« Lears frühere Mahnung an Cordelia: »Aus nichts kann nichts entstehn: sprich noch einmal« klingt in der Frage des Narren (»Kannst du von nichts keinen Gebrauch machen, Gevatter?«) und in der Entgegnung des Königs an (»Ei, nein, Söhnchen, aus nichts wird nichts.«). Die da sprechen, sind Heiden, aber es wirkt fast so, als wollten sie sich über die christliche Doktrin von der Schöpfung aus dem Nichts lustig machen. »Du hast deinen Witz von beiden Seiten abgestutzt und nichts in der Mitte gelassen«, eine der eindrucksvollsten Beobachtungen des Narren, weist auf die zentrale Ursache allen Unheils im Stück: Lear behält nicht das »Kernland« seiner Souveränität, sondern teilt Cordelias zentrales Drittel unter Goneril und Regan auf. Lear, der vorher alles in seiner Person vereinigte, ist jetzt nichts:

LEAR: Kennt mich hier jemand? – Nein, das ist nicht Lear! –
Geht Lear so? Spricht so? Wo sind seine Augen?
Sein Kopf muss schwach sein oder seine Denkkraft
Im Todesschlaf. Ha, bin ich wach? – Es ist nicht so.
Wer kann mir sagen, wer ich bin?
NARR: Lears Schatten.

I.4, 223–228 [725]

Aus dem Nichts erhebt sich Lear, steigert sich in den Wahnsinn, angestachelt vom Spott des Narren:

LEAR: Weh mir, mein Herz! Mein schwellend Herz! – Hinunter!
NARR: Ruf ihm zu, Gevatter, wie die alberne Köchin den Aalen, als sie sie lebendig in die Pastete tat; sie schlug ihnen mit einem Stecken auf die Köpfe und rief: »Hinunter, ihr Gesindel, hinunter!« Ihr Bruder war's, der aus lauter Güte für sein Pferd ihm das Heu mit Butter bestrich.

II.4, 118–123 [743]

Über Lears Wahnsinn ist viel gestritten worden: Sein empörter Abscheu vor Goneril und Regan verwandelt sich in einen unwillkürlichen Horror vor der weiblichen Sexualität, und der König scheint seine Qualen mit weiblichen Elementen seines eigenen Wesens zu assoziieren. Janet Adelman, der wir den besten Kommentar zu dieser schwierigen Materie verdanken (in *Suffocating Mothers*, 1992), geht so weit zu sagen, dass Shakespeare, indem er Cordelia ermorde, die »bedrohte Männlichkeit« rette. Wenn man so subtil und extrem argumentieren will, kann man auch sagen, Flaubert verfahre genauso mit Emma Bovary, und selbst der Protofeminist Samuel Richardson tue seiner Clarissa Harlowe Gewalt an, indem er dafür sorge, dass sie sich selbstmörderisch zu Grunde richte. Adelman ist die konsequenteste und brillanteste Vertreterin jener Richtung in der neueren Kritik, die betont, dass Lear selbst an den Katastrophen schuld sei, die über ihn kommen. Es erscheint mir als eine kuriose Ironie, dass die feministische Kritik sich die ambivalente Haltung des Narren zu eigen gemacht hat und in ihrem Groll gegen Lear noch weiter geht als er, der ja doch trotz allem nie aufhört, den König zu lieben. In der feministischen Perspektive erscheint Lear als ein Mann, der mehr Täter ist als Opfer. Wenn aber ein Mensch wahrhaftig unfähig ist zu sehen, dass Goneril und Regan Ungeheuer aus der Tiefe sind, so ist er offenbar ideologisch verblendet und kann gar nicht mehr anders, als zu glauben, alle Männer seien Schuldige, Lear und Shakespeare eingeschlossen. Wir haben es hier wieder mit dem fundamentalen Übel zu tun, an dem die gesamte Shakespeare-Kritik aus dem Geist des Ressentiments leidet, die feministische wie die marxistische wie die historistische (von Foucault inspirierte) gleichermaßen: Kontextualisierungen aller Art werden nie Shakespeare im Besonderen gerecht; in genau dieselben Kontexte, die zur Erklärung herangezogen werden, sind *alle* eingebettet, vom großen Dichter bis zum kleinen Schreiberling, und feministische Deutungsraster lassen sich gleich gut oder gleich schlecht auf literarische Werke aller Art anwenden, wenn sie nur von Männern verfasst wurden. Dass sich Shakespeare, der schließlich auch bloß ein Mann war, unter anderem Fantasien vom mütterlich-weiblichen Ursprung hingab, hilft in keiner Weise zu verstehen, wie und warum der *König Lear* – und das ist keineswegs nur ein subjektiver Eindruck – eine derart ungeheure und unentrinnbare Macht, die in der Weltliteratur nicht ihresgleichen hat, auf uns ausüben kann. Der Narr ist und bleibt ein besserer Kritiker Lears als alle die nachgeborenen

Krittler, deren Blick von Ressentiment getrübt ist, denn er erkennt und bejaht Lears erhabene Hoheit und Einzigartigkeit. Auch in der Perspektive des Narren erscheint Lear als ein Schuldiger, aber seine Schuld besteht darin, dass er nicht Patriarch genug war, um Cordelias Widerstreben, ihre Liebe zum Ausdruck zu bringen, zu akzeptieren. In dieser Betrachtungsweise wird Lear dafür bestraft, dass er als Vater versagt hat: indem er sein Reich aufteilte und seinem Königtum untreu wurde, ließ er auch Cordelia im Stich. Die terroristischen Bilder, die der Narr an die Wand malt, haben weder etwas Feministisches noch etwas Antifeministisches, sie sind eher kurios nietzscheanisch insofern, als auch hier der Narr auf dem wahren Begriff des Väterlichen beharrt, das die unverzichtbare Mitte ist und allein garantieren kann, dass keine verkehrte Welt entsteht, in der Ursprung und Ende ihre Plätze getauscht haben. Und der Narr hat Recht; was Lear selbst betrifft, der in Zerrissenheit und Verzweiflung verfallen wird, so ist das ohne weiteres offensichtlich, aber er hat auch Recht, wenn er voraussieht, dass der Kosmos, dessen Zentrum Lear ist, zusammen mit dem König zu Grunde gehen muss. Der Narr verkündet eine wahrhaft apokalyptische Botschaft, die ironischerweise nur das Publikum (und Kent) verstehen kann, nicht aber, in aller Regel jedenfalls, Lear, der es nur vernimmt und nicht hört und sich in dem Stümper, den der Narr ihm beschreibt, nicht wiedererkennen kann. Was will der Narr überhaupt? Nachdem Lear Cordelias Erbteil an Goneril und Regan verschenkt hat, ist es schlicht zu spät für Warnungen und Ermahnungen; die Dinge sind nun nicht mehr zu ändern, und der Narr weiß das. Die Erbitterung in ihm kocht hoch, aber wenn er Lear bestraft, indem er ihn noch tiefer in den Wahnsinn treibt, macht er nichts besser, es sei denn das Stück:

NARR: Wenn du mein Narr wärst, Gevatter, so bekämst du Schläge, weil du vor der Zeit alt geworden bist.

LEAR: Was soll's?

NARR: Du hättst nicht alt werden sollen, eh du klug geworden wärst.

LEAR: O schützt vor Wahnsinn mich, vor Wahnsinn, Götter!
Schenkt Fassung mir, ungern wär ich wahnsinnig.

I.5, 38–44 [730]

Der Narr und Lear singen im Trio mit dem Totengräber in diesem großen geistlichen Gesang vom Zerfall der Welt. Ein Edelmann sagt am Anfang des 3. Akts zu Kent, der Narr suche des Königs herzerschütternd Leid wegzuscherzen, aber wir fühlen, dass das nicht wahr ist. Als Kent den König und seinen Narren zu einer Hütte führt, wo sie Schutz vor dem Unwetter finden, legt Shakespeare dem Narren eine Prophezeiung in den Mund, die an William Blake denken lässt:

Das ist 'ne hübsche Nacht, um eine Buhlerin abzukühlen.
Ich will eine Prophezeiung sprechen, eh ich gehe:
Wenn Priester Worte, nicht Werke häufen,
Wenn Brauer in Wasser ihr Malz ersäufen,
Wenn der Schneider den Junker Lehrer nennt,
Kein Ketzer mehr, nur der Buhler brennt,
Wenn Richter ohne Falsch und Tadel,
Wenn ohne Schulden Hof und Adel,
Wenn Lästrung nicht auf Zungen wohnt,
Der Gauner des Nächsten Beutel schont,
Wenn die Wuchrer ihr Gold im Felde beschaun,
Und Huren und Kuppler Kirchen baun,
Dann kommt das Reich von Albion
In große Verwirrung und Konfusion:
Dann kommt die Zeit, wer's lebt zu sehn,
Dass man mit Füßen pflegt zu gehn.

> Diese Prophezeiung wird Merlin machen, denn ich lebe vor seiner Zeit.
>
> III.2, 79–95 [752]

Unheimlich und wunderbar erhebt sich dieser prächtige Gesang hoch über Lears schreckliche Lage und die kindliche Wut des Narren. Wer ist der Narr, dass er so reden kann, und was veranlasst Shakespeare zu dieser Eruption? Nach seiner Prophezeiung hört der Narr auf, Lear verrückt zu machen, und nimmt etwas rührend Verlorenes an, bevor er, allzu früh, auf geheimnisvolle Weise verschwindet. Wahrscheinlich dachte Shakespeare, er parodierte (in den Eingangsversen) bzw. zitierte (an der Stelle, wo er von der großen Konfusion in Albion spricht) Chaucer – die fragliche Passage ist allerdings, wie man heute weiß, nicht von ihm –, doch geht er über eine Parodie weit hinaus, wenn er indirekt, aber mit Macht das England seiner Zeit verdammt und fröhlich über Priester, Brauer, Adel und Schneider den Stab bricht. Das geht eine Weile heiter dahin bis zur genial ironischen »großen Konfusion«, die in Albion ausbricht, wenn die Dinge endlich, in der folgenden grandiosen Antiklimax, ins Lot kommen und die Engländer lernen, zum Gehen ihre Füße zu gebrauchen. »Diese Prophezeiung wird Merlin machen, denn ich lebe vor seiner Zeit« beschließt die wunderbare Unsinnslitanei und stellt die Assoziation zum Zauberer Merlin her. Zwar ist der Narr zusammen mit Lear in dessen Endspiel gefangen, aber er ist dennoch nicht der Zeit unterworfen und entschwindet vermutlich aus dem Drama in eine andere Epoche. Ein letztes Echo von ihm klingt noch einmal in dem verzweifelten Aufschrei des sterbenden Königs mit: »Und tot mein armes Närrchen?«, in dessen letzter Rede die Identitäten von Cordelia und dem Narren ineinander verschwimmen – es ist die große Konfusion von Albion.

3

Bis vor zehn Jahren etwa musste ich Lear oft gegen Anfeindungen von Seiten meiner Studentinnen in Schutz nehmen, aber diese Ära ist vorbei. Die feministische Kritik wird sich wohl noch weitere zehn Jahre an dem verrückten alten König reiben, doch ich vermute, dass ihr Glaube am Anfang des 21. Jahrhunderts deutlich weniger Seelen bekehren wird, denn Lear scheint mir so recht ein Held für das Millennium und die Zeit danach zu sein. Zweifellos ist es wahr, dass er in seinem Unglück gegen die innere Mutter wütet. Gleichwohl ist ihm durchaus bewusst, dass seine wild rasende Fantasie Balsam nötig hat (»Give me an ounce of civet, / Good apothecary, to sweeten my imagination«[6]) – als Cordelia zu ihm zurückkehrt, wird er wieder gesund, und das liegt nicht einfach daran, dass sein Egoismus nun befriedigt wird. Nicht Shakespeare vernichtet Cordelia, sondern der Schurke Edmund (der zu spät versucht, den Mord, den er befohlen hat, zu verhindern), und der ist alles andere als ein Platzhalter für Shakespeare. Ich glaube, dass er für dessen Vorläufer und Konkurrenten steht, für Christopher Marlowe, dessen problematischen Einfluss Shakespeare schon lange überwunden hatte, wie der Bastard Faulconbridge, Bottom, Shylock, Portia und – dieser in einer Weise, die jeden Zweifel beiseite fegt – Falstaff bezeugen. In Edmund kehrt Marlowe nun in düsterer Pracht und Herrlichkeit wieder, als ein Schatten, den Shakespeare souverän unter Kontrolle hat und der so sehr Lears Antithese ist, dass er nicht einmal als Gesprächspartner dem großen König nahe kommen kann. Edmund fasziniert sein Publikum; er übertrifft selbst Jago insofern, als er seine Untaten strategisch plant, während Jago eher spontan improvisiert. Er ist der kälteste Geist, den Shakespeare geschaffen hat, so wie Lear die Figur ist, deren Emotionen die wildesten Wellen schlagen, aber Gloucesters Bastard ist dennoch rasend attraktiv, und das nicht nur in den Augen von Goneril und Regan, die so vernarrt in ihn sind, dass sie für ihn sterben. Wenn man ihn richtig spielt, ist er die zum Erhabenen gesteigerte Quintessenz der Schurken der jakobitischen Ära, eiskalt raffiniert und erschreckend uninteressiert für einen Machiavellisten, der, wenn nicht Edgar ihm im letzten Moment in den Weg getreten wäre, die höchste Macht im Staat an sich gerissen hätte. Edmund und Edgar sind das interessanteste Brüderpaar in Shakespeares Werk: ich habe mich bereits des Längeren mit Edgar beschäftigt, dessen Entwicklung zum Rächer ironischerweise von Edmund initiiert wird, weswegen dieser gewissermaßen als Schöpfer des neuen Edgar gelten kann. Da aber die beiden Brüder nicht völlig voneinander zu trennen sind, werde ich bei der Behandlung des Erzschurken immer auch den letztlich siegreichen Helden des Stücks weiter im Auge behalten. Edmunds verbrecherischer Intelligenz ist niemand gewachsen, mit Leichtigkeit überlistet er Edgar, aber dieser geht aus seiner Leidenszeit als Tom O'Bedlam und Blindenführer wie in einem Fegefeuer geläutert hervor und ist nun ein unversöhnlicher Rächer, der Edmund in dem Moment, da das Rad der Fortuna eine Umdrehung vollendet hat, mit sozusagen naturgesetzlicher Selbstverständlichkeit seiner gerechten Strafe zuführt. Die Dialektik des Konflikts Edmund-Edgar regiert erstaunlicherweise das Schicksal Lears (und das Englands) noch mehr als das Gloucesters, weil Edgar als Patensohn Lears dessen unfreiwilliger Nachfolger wird, während Edmund in jedem Detail die Negation des alten Königs ist.

Man muss keine Goneril oder Regan sein, um Edmunds gefährlichen Reiz zu empfinden, der den nichtsahnenden Zuschauer oder Leser immer wieder unvermutet anfällt. William R. Elton meint, Shakespeare nehme mit seinem Edmund die Don-Juan-Tradition des 17. Jahrhunderts, die ihren Gipfel in Molières Stück (1665) erreichte, vorweg. Er weist auch auf den wesentlichen Unterschied zwischen Edmund und Jago hin: So grimmig Edmund auf seine Freiheit pocht, ist er doch paradoxerweise der Ansicht, dass seine uneheliche Geburt ihn determiniere; Jago dagegen ist vollkommen frei – man bedenke nur, wie seltsam es uns vorkäme, wenn Shakespeare uns Jago als einen Bastard präsentieren würde oder uns etwas über dessen Vater mitteilte. Edmunds Status als natürlicher Sohn ist ihm wesentlich, obwohl Shakespeare auch hier den zu seiner Zeit herrschenden Meinungen widerspricht. Elton zitiert ein Sprichwort aus jener Epoche, das besagt, dass ein Bastard zufällig hin und wieder gut sei, von Natur aus aber schlecht. Der Bastard Faulconbridge, der grandiose Held von *Leben und Tod des König Johann*, ist nicht zufällig gut, sondern weil er das weitgehend identische Abbild seines Vaters Richard Löwenherz ist, während der schreckliche Don John in *Viel Lärm um nichts* von einer natürlichen Schlechtigkeit ist, deren Ursache unverkennbar in seiner illegitimen Geburt liegt. In Edmund verbinden sich erstaunlicherweise Elemente von Faulconbridge und von Don John, auch wenn er attraktiver als jener und sehr viel schlimmer als dieser ist.

Edmund kann sich zwar nicht wie Jago vollständig neu selbst erfinden, aber er übernimmt doch mit großem Stolz die Verantwortung dafür, dass er ein so großer Amoralist und perfekter Opportunist geworden ist. Wenn Don John in *Viel Lärm um nichts* sagt: »Ich kann nicht verbergen, wer ich bin«, so betont der Bastard Faulconbridge: »Und ich bin ich, wie ich erzeugt auch bin«, und sein »Ich bin ich« steht gegen Jagos »Ich bin nicht, was ich bin«. Edmund meint leichthin: »Ei was, ich wäre geworden, was ich bin, und wenn auch der jungfräulichste Stern am Firmament auf meine Bastardisierung geblinkt hätte.« Das große »ich bin« bleibt ein positives Bekenntnis Edmunds, und dennoch ist er in mancher Beziehung eine ebenso grandiose Negation wie Jago. Seine positive Haltung zu sich selbst aber macht, dass er sich am Ende bekehren lässt, während Jagos letzter Akt ein Akt der Freiheit ist: Er verkündet, dass er von nun an schweigen wird; dann wird er weggeführt und muss unter Folterqualen sterben. Der Wille vermag alles, so Jago, und in seinem Fall ist es wahr.

In der letzten Szene des Stücks führt Edmund bei seinem Auftritt Lear und Cordelia als seine Gefangenen mit sich; nur ein einziges Mal stand er bis zu diesem Zeitpunkt zusammen mit Lear auf der Bühne. Wir könnten erwarten, dass er nun mit Lear (oder mit Cordelia) spricht, aber er tut es nicht, sondern erteilt lediglich Befehle, die sich auf die beiden beziehen. Ganz offenbar scheut sich Edmund nun, da er entschlossen ist, Cordelia, vielleicht auch Lear selbst, ermorden zu lassen, davor, mit Lear zu reden. Alle Komplexität der doppelten Handlung vermag nicht die auffallende Lücke zwischen Lear und Edmund zu erklären, und ich frage mich, warum Shakespeare die Konfrontation vermeiden wollte. Man könnte sagen, es bestand einfach keine Notwendigkeit, aber dieses Drama lehrt uns unter anderem, nicht darüber zu streiten, was nötig sei oder nicht. Shakespeare ist unsere Heilige Schrift anstelle der Heiligen Schrift, und man sollte lernen, ihn so zu lesen, wie die Kabbalisten die Bibel lesen: signifikant ist nicht allein, was geschrieben steht, sondern auch, was nicht geschrieben steht. Was teilt Shakespeare uns über Edmund und über Lear mit, wenn er die beiden kein Wort miteinander reden lässt?

Bei allem raffiniert künstlichen und charismatischen Zauber, der von Edmund ausgeht, kann der Schurke doch niemandem Liebe einflößen, allenfalls, so den Schwestern Goneril und Regan, todbringende, unersättliche Leidenschaft. Und Edmund seinerseits liebt weder diese beiden noch sonst jemanden, nicht einmal sich selbst. Vielleicht können Lear und Edmund deswegen nicht miteinander sprechen, weil Lear bestürzt und verwirrt ist angesichts des Scheiterns seiner exzessiven Liebe zu Cordelia und des Hasses, der ihm von Goneril und Regan entgegenschlägt, wahrhaft unnatürlichen Töchtern, wie er sagt. Edmund betrachtet dagegen die Liebe keineswegs als natürlich, wenn er auch grimmig stolz

darauf ist, der natürliche Sohn Gloucesters zu sein. Aber auch dieser Gegensatz kann schwerlich dafür verantwortlich sein, dass wir immer das sonderbare Gefühl haben, irgendwie agiere Edmund nicht im selben Stück wie Lear und Cordelia.
Als Goneril Edmund küsst (IV.2, 22 [769]), deutet er die Liebkosung galant als eine Art Todeskuss, denn er ist ein zu großer Ironiker, um zu verkennen, was er sagt, wenn er beteuert: »Dein in den Reihn des Tods.« Noch bemerkenswerter ist sein Selbstgespräch, das die 1. Szene des 5. Akts beschließt [789]:

> Den beiden Schwestern schwur ich meine Liebe,
> Und beide hassen sich wie der Gestochne
> Die Natter. Welche soll ich nehmen? Beide?
> Ein oder keine? – Keiner werd ich froh,
> Wenn beide leben. Mir die Witwe nehmen
> Bringt Goneril von Sinnen, macht sie rasend,
> Und schwerlich komm ich je zu meinem Ziel,
> Solang ihr Gatte lebt. Gut, nutzen wir
> Sein Ansehn in der Schlacht; ist die vorüber,
> Mag sie, die gern ihn los wär, weiter sinnen,
> Ihn schnell hinwegzuräumen. Die Begnad'gung,
> Die er für Lear im Sinn hat und Cordelia –
> Wenn wir gesiegt und sie in unsrer Macht,
> Vereitl ich solch Verzeihn. Nicht müß'ger Rat
> Ziemt meiner Stellung, nein, entschlossne Tat.

Eine derart kalte Negativität findet sich nirgends sonst, selbst bei Shakespeare nicht. Edmund ist wunderbar ehrlich, wenn er in aller Offenheit die Frage stellt: »Welche soll ich nehmen? Beide? / Ein oder keine?« Die Unbekümmertheit, mit der er sie leichthin ausspricht, ist vollkommen, er wirkt ganz wie ein junger Edelmann unserer Tage, der überlegt, ob er zwei Prinzessinnen oder nur eine von ihnen oder doch besser gar keine zum Essen ausführen soll. Man sollte meinen, selbst ein noch so hartgesottener Wüstling müsste vor einem Verhältnis mit Goneril und Regan gleichzeitig zurückschrecken, aber die Negation namens Edmund steckt voller Rätsel. Jagos negative Theologie entsteht auf den Trümmern seines früheren Othello-Kults, Edmund dagegen hat oder hatte erstaunlicherweise keinerlei Beziehung zu irgendjemandem, keinerlei Gefühl verbindet ihn mit den beiden Vipern oder Haifischen aus königlichem Geschlecht, die so leidenschaftlich in ihn vernarrt sind, keines mit seinem Halbbruder und seinem Vater Gloucester. Dieser ist, genauso wie Lear und Cordelia, einfach nur ein Hindernis, das aus dem Weg geräumt werden muss. Edmund will offensichtlich nicht unbedingt dabei zusehen, wenn man seinem Vater die Augen aussticht, aber das ist bloße Delikatesse und bedeutet nicht, dass er irgendwelche Skrupel hätte. Im Gegensatz zu Goneril und Regan hat Edmund nichts Verlogenes an sich: sein Machiavellismus ist frei von fremden und insbesondere von ödipalen Beimischungen. Freuds Vision des familiären Liebesdramas ist auf Edmund einfach nicht anzuwenden. Jago ist jederzeit frei, sich selbst neu zu erfinden, aber er hat starke Leidenschaften, wenn auch negative. Edmund hat überhaupt keine Leidenschaft, er hat nie jemanden geliebt, und er wird nie jemanden lieben – insofern ist er Shakespeares originellste Figur.

Es bleibt das Rätsel, weshalb diese eiskalte Negation so attraktiv ist, und das bringt uns nun wieder zu dem absoluten Gegensatz zwischen Edmund einerseits und Lear und seinem unheimlichen Narren andererseits zurück. Das Einzige, was Edmund begehrt, soweit man in seinem Fall überhaupt von *begehren* sprechen kann, ist Macht. Richard III. ist machtgeil, Jago möchte Macht über Othello gewinnen, um den sterblichen Kriegsgott ins Chaos des Unerschaffenen zurückzustoßen. Ulysses will Macht über Achill, damit man endlich Troja zerstören kann. Edmund hat mehr Marlowianisches als alle diese großen Helden: sein Wille zur Macht steht nicht im Dienst irgendeiner Sache, er ist ein Selbstzweck. Auch der Krieger Macbeth ist ihm in dieser Hinsicht unterlegen, denn ihn treibt nicht eigentlich der *Wille*, vielmehr überwältigt ihn seine Imagination. Edmund bejaht seine uneheliche Geburt, die ihn determiniert, und er glorifiziert sie sogar, aber sonst bejaht er nichts. Er ist von seiner natürlichen Superiorität überzeugt, und zu seinen überlegenen Gaben gehört auch eine besondere manipulative Eloquenz, aber er ist kein Rhetoriker von der Art der Helden Marlowes, etwa Tamburlaines, und er berauscht sich nicht an seiner eigenen genialen Bosheit wie Richard III. und Barabas. Er ist Marlowianisch nicht deswegen, weil er etwa einer von Marlowe geschaffenen Figur ähnelte, sondern weil er Christopher Marlowe selbst ähnelt und, so vermute ich, von Shakespeare mit Bedacht so angelegt wurde. Marlowe starb 1593 mit neunundzwanzig Jahren – ungefähr in dieser Zeit entstand *Richard III.*, dessen Titelheld so sehr an Marlowes Figuren erinnert; unmittelbar danach schrieb Shakespeare den *Titus Andronicus* und schuf in der Figur des Mohren Aaron eine Marlowe-Parodie. 1605, als der *Lear* entstand, war Marlowe bereits zwölf Jahre tot, aber das hat nicht allzu viel zu bedeuten: *Wie es euch gefällt*, das Shakespeare ebenfalls lange nach dem Tod seines Rivalen verfasste (1599), strotzt nur so von merkwürdigen Querverweisen auf Marlowe. Wir haben keine zeitgenössischen Zeugnisse, die Shakespeare und Marlowe miteinander in Verbindung bringen, aber es ist doch schwer vorstellbar, dass Shakespeare den Erfinder der englischen Blankverstragödie, der genauso alt war wie er und an dessen Arbeit er anknüpfte, nie persönlich kennen gelernt haben sollte. Edmund ist ein heidnischer Atheist (denn der *König Lear* spielt in vorchristlicher Zeit) und ein libertiner Naturalist, wie Elton betont, und genau das, ein gottloser Wüstling par excellence, war auch Marlowe in den Augen seiner Zeitgenossen. Vielleicht kann der lebenswirkliche Marlowe uns helfen, dem befremdlichen Zauber

Edmunds, dem Charisma, dem wir so schwer widerstehen können, auf die Spur zu kommen.

Selbst wenn die Identität von Edmund und Marlowe, die ich behaupte, nur als rhetorische Figur zu nehmen wäre, so hat doch jedenfalls der Gedanke einiges für sich, dass Edmunds treibende Kraft die eines Marlowianischen Nihilismus ist, der gegen die Autorität und Tradition aufbegehrt, einfach um der Revolte willen, denn die Revolte und die Natur fallen hier in eins zusammen. Für Edmund ist die Revolte an sich heroisch, und er ersinnt einen finsteren Plan, der ihm den Rang verschaffen soll, der ihm auf Grund seiner natürlichen Superiorität gebührt; er will an die Macht kommen, sei es als Gemahl von Goneril oder Regan, sei es als Alleinherrscher, falls die beiden einander umbringen sollten. Nachdem jedoch Goneril ihre Schwester und dann sich selbst getötet hat, verändert sich Edmund von Grund auf. Was zuerst offen gelegt wird, ist, wie stark sein Bastard-Status ihn determiniert. Als er erfahren hat, dass Edgar ihm die tödliche Wunde geschlagen hat, ein Adliger wie er selbst, beginnt er sich mit dem Leben, das er nun hinter sich lässt, auszusöhnen; sein Einverständnis kommt in dem berühmten Vers zum Ausdruck: »Ganz schlug das Rad den Kreis, ich unterliege.«

Er ist, so gibt die Zeile düster zu verstehen, wieder dort angelangt, wo alles angefangen hat, und das bedeutet letztlich: er ist schon mit der tödlichen Wunde auf die Welt gekommen, da er als Bastard geboren wurde. Sein Tod lässt Edmund ziemlich kalt, aber er ist nicht untergangssüchtig wie Goneril und Regan, die sich offenbar ebendeswegen in ihn verliebt hatten, weil sie sich nach einer tödlichen Wunde sehnten. Nirgends sonst, nicht einmal in Shakespeares Werk, erleben wir eine derart nervenzerreißende Spannung wie hier, wenn wir beobachten, wie der sterbende Edmund sich ganz langsam verwandelt – zu langsam, denn seine Reue kommt zu spät, um Cordelia noch zu retten. Edgar berichtet in einer ergreifenden Rede vom Tod des Vaters, und Edmund gesteht, dass seine Worte ihn bewegt haben, aber er unternimmt noch nichts, um den Mord an Cordelia zu verhindern, er zögert. Erst als die Leichen von Goneril und Regan hereingetragen werden, tut er den entscheidenden Schritt. Seine Reaktion beim Anblick der toten Schwestern kann als Paradigma für den Moment der Veränderung bei Shakespeare überhaupt gelten:

> Edmund ward doch geliebt!
> Die eine gab um mich der andern Gift
> Und dann sich selbst den Tod.
>
> V.3, 238–240 [798]

Aus dem Kontext gerissen wirkt das so ungeheuerlich, dass es geradezu lächerlich erscheinen kann. Der sterbende Nihilist versichert sich selbst, dass er trotz allem, was er gewesen ist und getan hat, geliebt wurde. Er sagt nicht, dass er selbst für die beiden oder für sonst jemanden je etwas empfunden hat; der Beweis, dass überhaupt eine Verbindung zwischen ihm und einem anderen Menschen bestanden hat, reicht aus, ihn zu rühren. In ihrem Kontext sind Edmunds Worte von einer überwältigenden mimetischen Kraft. Ein Intellekt, der ebenso kalt, stark, unbesieglich ist wie der Jagos, hört sich selbst zu, stutzt plötzlich, und der Wille zum Wandel kommt über Edmund. Er möchte Gutes tun, sagt er, »trotz seiner eignen Art«, woraus wir schließen müssen, dass er sich letztlich eben doch nicht für verändert hält, was eher an Marlowe als an Shakespeare denken lässt. Aber er täuscht sich, seine »Art«, seine Natur, hat sich sehr wohl geändert, wenn auch zu spät, um die tragische Katastrophe noch abzuwenden. Edmund ist keine reine Negation mehr wie Jago. Es ist eine Ironie der Darstellungsweise Shakespeares, dass uns Edmund dort, wo er sich endlich dem Guten zuwendet, am wenigsten gefällt. Die Wandlung ist glaubwürdig, aber das ändert nichts daran, dass Edmund danach nicht mehr Edmund ist. Hamlets Tod gerät zur Apotheose; Jago verstummt und bleibt er selbst bis zuletzt. Wir wissen nicht, wer Edmund ist, wenn er stirbt; er weiß es selbst nicht.

4

Indem Shakespeare das Drama Lears und seiner Töchter mit einem zweiten Handlungsstrang verflocht, der die düstere Geschichte der Gloucesters erzählt, machte er die Tragödie, die emotional fordernd wie keine zweite ist, zusätzlich zu einem einigermaßen komplexen Unternehmen. Alle Handlung im *Lear* ist eigentlich Leiden; wir leiden mit Lear und Gloucester, Cordelia und Edgar, und unser Schmerz wird nicht gelindert dadurch, dass wir erleben, wie die Bösewichter nach und nach getötet werden: Cornwall, Oswald, Regan, Goneril und schließlich Edmund. Ich glaube, wir können gar nicht anders als leiden, weil Lears gewaltige (wenn auch schwindende) Vitalität ein ebenso gewaltiges Potenzial an Pathos enthält, dem wir uns nicht entziehen können, wenn wir nicht schon von vornherein ein ideologisch motiviertes Ressentiment gegen ihn hegen. Die ungeheuren Affektströme Lears im Einzelnen zu verfolgen ist ein grausames Geschäft, aber es ist unumgänglich, wenn wir die ganze Größe des Dramas ermessen wollen, denn bei genauer Lektüre finden wir eine Art Ordnung in Lears Leiden; ich rede nicht von einer *Idee von Ordnung*, vielmehr haben wir es mit einem Prozess der Entropie in den menschlichen und natürlichen Dingen zu tun, der gewissen Formgesetzen gehorcht. Es gibt keine allumfassende Perspektive für dieses Schauspiel, wie höhere Lebenskraft in ungeheuren Wogen des Schmerzes tobt, um endlich in einem sinnlosen Tod zu verebben – weder Montaignes Skeptizismus noch christlicher Erlösungsglaube wird dem Geschehen gerecht. Man kann sich dem impliziten Nihilismus des *König Lear* oder des *Hamlet* verweigern, wenn man ein genügend glaubensstarker

Christ ist, aber darauf kommt es nicht an: Shakespeare will niemanden in seinen Hoffnungen auf eine Wiederauferstehung der Toten erschüttern oder aber bestärken. Festzustellen ist jedoch: Das Leiden wird im *Lear* in seiner ganzen Wirklichkeit anschaulich, die Hoffnung wird nicht realisiert. Die Hoffnung heißt Cordelia, und diese wird auf Edmunds Befehl hin erhängt; Edgar überlebt, um Wölfe zu jagen und heroisch der Hoffnungslosigkeit zu trotzen. Und *das*, nicht reif sein, ist alles.

Das Drama verweigert allen Trost und ist dennoch erfolgreich, einfach deswegen, weil wir uns seiner Macht nicht entziehen können, und das heißt vor allem: der Macht, die von Lears schrecklicher Größe des Affekts ausgeht. Man kann Lears Autorität leugnen, wie manche heutzutage es tun, aber man kann nicht umhin, das Feuer, das in ihm rast, wahrzunehmen. Ich kenne nichts in der Weltliteratur, der geistlichen wie der weltlichen (eine Unterscheidung, die im Fall des *Lear* sinnlos ist), das uns so wehtut wie Lears Reden in ihrer ganzen Skala der Leiden. Die Literaturkritik riskiert, an der Literatur vorbeizukritisieren, wenn sie sich scheut, wirklicher Größe ins Auge zu blicken; Lear bedeutet in dieser Hinsicht eine ständige Herausforderung für seine Kritiker. Aber Lear verlangt auch Liebe von uns: »Dass wir die reichste Gabe spenden, wo / Verdienst sie und Natur heischt.« Mir ist noch keine Interpretation begegnet, die ohne alle Liebe dem König irgend gerecht geworden wäre, so schwer es uns – aber warum sollte es uns besser ergehen als Cordelia? – bisweilen auch fallen mag, unserer Liebe Ausdruck zu verleihen. Die Handlung des *Lear* ist im Wesentlichen Leiden, und der Raum des Unheils ist noch mehr die Familie als der Staat. Wie schafft man es, ein extrem schmerzliches Geschehen auf der Bühne so darzustellen, dass das Publikum einen ästhetischen – nicht einen sadistischen – Lustgewinn daraus ziehen kann? Shakespeares Kollegen, so Webster, Tourneur und Ford, verließen sich ganz auf ihre ohne Zweifel respektable stilistische Kunst und schrieben Stücke, die etwas maßvoll triumphierend Sadomasochistisches an sich haben. Ein Publikum, das mehr oder weniger den herrschenden moralischen Normen entspricht, findet es nicht sexuell erregend, dabei zuzusehen, wie Gloucester die Augen ausgestochen werden oder wie Lear gebrochenen Schritts auf die Bühne tritt, in seinen Armen den Leichnam der strangulierten Cordelia. Die Liebe heilt und versöhnt nichts – in diesem Punkt ist Shakespeare ganz unmissverständlich –, aber die überwältigende Darstellung von fehlgeleiteter, gescheiterter, missverstandener, zu Hass oder eisiger Gleichgültigkeit entarteter Liebe kann sehr wohl, so unheimlich uns dabei zu Mute ist, von großem ästhetischen Wert sein. Lear, der in Raserei und Wahnsinn dahinirrt, hellsichtig nur in Momenten blitzartiger Offenbarung, verkörpert wie keine zweite Gestalt der Weltliteratur das verzweifelte Suchen nach Liebe und das blinde Verkennen von Liebe. Er ist der universal gültige Inbegriff der Torheit und Destruktivität einer väterlichen Liebe, die keinerlei Segen stiftet, die unerbittlich an der Überzeugung festhält, sie sei gütig, die von ihrem eigenen Wesen nicht das Geringste weiß, die unaufhaltsam auf ihrer Bahn dahingeht, bis sie endlich den Menschen, den sie am meisten liebt, zerstört hat und ihre eigene Welt dazu.

Ich bin mir bewusst, dass das keine angemessene Würdigung dieser mit nichts vergleichbaren Tragödie sein kann, denn mit ziemlich genau denselben Worten könnte man auch Arthur Millers *Tod eines Handlungsreisenden* (das ist der *Lear* der Epoche nach Ibsen) beschreiben. Der Unterschied liegt darin, dass Lear wie Hamlet, Othello, Macbeth, Kleopatra und der von Hal verstoßene Falstaff (aber nicht der andere) eine der »großen Seelen in Ketten« ist, wie Chesterton es ausdrückte. Lear ist auch der konkret gewordene Inbegriff des Königlichen, der legitimen Autorität; in mysteriöser Weise ist er ein Abbild des launischen, fürchterlichen Jahwe, so wie er in der ältesten Schicht des Alten Testaments erscheint. Der Tod Lears ist zugleich der Tod des Vaters, des Königs und jenes Teils des Göttlichen, das Vater-König ist, Blakes Urizen. Nichts, bei Shakespeare wie im gewöhnlichen Leben, geht für immer und ewig zu Grunde, aber die Darstellungen des Vater-König-Gottes in der abendländischen Literatur nach Lear sind anders als vorher, etwas fehlt ihnen. Was immer man zur ästhetischen und geistlichen Rechtfertigung des Gottes von *Paradise Lost* vorbringen mag, kann nie so recht überzeugen, und schuld daran ist erstens Shakespeare und zweitens Milton, der sich aller gespannten Wachsamkeit zum Trotz zu sehr von Shakespeare beeinflussen ließ. Mich verbindet eine unausrottbare Zuneigung mit dem Satan von *Paradise Lost*, gleichwohl finde ich, dass er schamlos Jago imitiert, der viel intelligenter ist als er. Der Gott Miltons ist mir unerträglich: Ein ewig schimpfender Griesgram, der die »Undankbaren« verflucht und in peinlicher Weise den König Lear imitiert, aber nichts von dessen rasendem Liebesverlangen besitzt, das sich zum Wahnsinn steigert. Lear überschwemmt die Bühne mit genau berechnetem Pathos; Miltons Gott ist ein Sturzbach selbstgefälliger Reden, die eine satirische Reaktion geradezu herausfordern.

Es kann heute keinen König Lear mehr geben, die Spannweite des Individuums ist zu klein geworden. Die Fülle der Möglichkeiten Lears ist für uns eines von den Dingen, die seinen einzigartigen Wert ausmachen, aber Shakespeare hat dafür gesorgt, dass diese Möglichkeiten nicht grenzenlos sind. Der Tod Lears kann keine Erlösung, kein versöhnender Opfertod sein; das empfinden wir ebenso wie Edgar, Kent und Albany. Für Edgar ist er die endgültige Katastrophe; sein Pate und sein Vater sind tot, und der zerknirschte Albany (er hat Grund genug, zerknirscht zu sein) tritt die Krone an den glücklosen Edgar ab, der so widerstrebend wie kein anderer König Shakespeares, ausgenommen höchstens Heinrich VI., der ja noch ein Kind ist, die Krone annimmt. Nicht der von Reue geplagte Albany oder der alte Kent, der bald im Tod mit seinem Herrn vereint sein wird, sondern

Edgar ist der Stellvertreter des Publikums, und seine verzweifelte Klage ist auch die unsere, wenn wir ungetröstet den Vorhang fallen sehen.
Shakespeare verweigert dem Tod Lears die transzendentale Aura, in die am Ende Hamlet gehüllt wird. Horatio ruft Engelschöre herbei, die den Prinzen zur Ruhe geleiten sollen – Lears überlebende Freunde stehen wie vom Schlag gerührt da: Ihr Verlust ist, man kann es nicht anders sagen, der Verlust der Liebe. Ich habe schon einmal angedeutet, welche Schwierigkeiten ich in den siebziger und achtziger Jahren, der Blütezeit der feministischen Wissenschaft, hatte, skeptischen oder gar feindseligen Studentinnen Shakespeares dunkelstes Paradox nahe zu bringen, nämlich, dass Lear in allerhöchster Reinheit nichts anderes als die Liebe verkörpert. Die meisten jener Widerstände haben sich im Lauf der apokalyptischen neunziger Jahre verflüchtigt, aber ich denke noch immer mit wehmütiger Dankbarkeit an sie zurück, da ich ihnen die geläuterte Erkenntnis dessen verdanke, was die immer neue Relevanz Lears ausmacht: dass er uns die dunkelste Seite der Liebe zeigt, eine Liebe, mit der wir unmöglich einverstanden sein können und der wir doch ebenso unmöglich entrinnen können. Am Anfang macht Lear für Cordelias eigensinnige Weigerung, in die hochtönenden Phrasen der Schwestern einzustimmen, »Stolz, den sie Gradheit nennt«, verantwortlich. Tatsächlich ist übermäßiger Stolz die Krankheit, an der Lear und alle drei Töchter leiden, so legitim auch Cordelias Sträuben ist, die heiligen Gefühle, die sie im Herzen trägt, zu profanieren, um mit John Keats zu reden. Freuds höchst absonderliche Idee war – vielleicht, weil es ihm selbst mit seiner Tochter Anna so erging –, dass in Lear unterdrücktes Begehren nach Cordelia glühe. Lear ist aber offenbar gar nicht fähig, irgendetwas zu unterdrücken; er muss sich Luft machen, es drängt aus ihm heraus mit einer jähen Heftigkeit des Ausdrucks, die im ganzen Werk Shakespeares einsam dasteht:

Sei's drum, Nimm deine Wahrheit dann zur Mitgift:
Denn bei der Sonne heil'gem Strahlenkreis,
Bei Hekates Mysterien und der Nacht,
Bei allen Kräften der Planetenbahn,
Durch die wir leben und dem Tod verfallen,
Sag ich mich los hier aller Vaterpflicht,
Aller Gemeinsamkeit und Blutsverwandtschaft,
Und wie ein Fremdling meiner Brust und mir
Sei du von jetzt auf ewig. Der rohe Skythe,
Ja der die eignen Kinder macht zum Fraß,
Zu sätt'gen seine Gier, soll meinem Herzen
So nah stehn, gleichen Trost und Mitleid finden
Wie du, mein weiland Kind.

I.1, 107–119 [708]

Das ist so grauenhaft, dass es zur grotesken Komödie geraten würde, wenn ein anderer als Lear das aus sich herausschriee. In der impliziten Vorgeschichte des Stücks muss es eine Menge solcher Ausbrüche geben, die wahrscheinlich mit dafür verantwortlich sind, dass Regan und Goneril sich zu affektierten Heuchlerinnen entwickelt haben, während die Lieblingstochter Cordelia in derselben Schule Schweigen und Dulden gelernt hat. Ich habe bereits die Vermutung geäußert, dass die dunkleren Salomone des Buchs Prediger und des Buchs der Weisheit für Lear Modell gestanden haben, beide von bitter melancholischem Temperament, beide der Liebe und alles Übrigen müde. »Besser wär's, / Du lebtest nicht, als mir zur Kränkung leben!« sagt Lear giftig zu Cordelia, ein passender Auftakt eines Dramas, dessen Personen allesamt wünschen könnten, sie wären nie geboren. Es ist nicht so, dass alles eitel wäre unter der Sonne, es ist alles nichts, weniger als nichts.

Ist es Lears Schuld, oder ist er lediglich der Genius seines Reichs und seiner Epoche? Lear habe sich, sagt Regan, »von jeher nur obenhin gekannt«, und Goneril entgegnet: »Schon in seiner besten und kräftigsten Zeit war er zu hastig.« Acht von den zwölf wichtigsten Personen des Stücks sind tot, wenn der Schlussvorhang fällt (Lear, Cordelia, Edmund, Gloucester, Goneril, Regan, Cornwall, Oswald), und der Narr ist verschwunden. Die Überlebenden Edgar und Albany gehören zur jüngeren Generation, Kent, der bald seine letzte Reise antreten wird, würde in Gonerils Augen zweifellos auch als »allzu hastig«, nämlich unbesonnen, immer gerade heraus, gelten. Lears heftig »hastige« Spontaneität, so fatal sie auch ist, bleibt immer Ausdruck wahren Gefühls und steht somit in Opposition zu Edmunds brillant berechnender Intelligenz. Zwar sind die Metaphern, die Lear am häufigsten verwendet, oft stürmisch übersteigert, was uns dennoch teilweise mit ihnen versöhnt, ist ihre generöse Weite, die den Dimensionen der geräumigen Seele des Königs entspricht. Was die Personen des Stücks, insbesondere Lear, betrifft, so kann von Versöhnung oder Wiedergutmachung in dieser rigoros unbarmherzigen Tragödie keine Rede sein. Cordelia will keine Wiedergutmachung, keine Sühne, und die enormen Veränderungen, denen Lear unterworfen wird, seine Anfälle von Mitleid und Verständnis des Anderen spiegeln im Wesentlichen nur sein »hastiges« Temperament wider und sind eben nicht Transformationsschritte, wie Bradley und die meisten späteren Deuter meinen. Edmund folgt dem Shakespeareschen Paradigma vom Wandel durch Selbstbelauschung, aber Lear ist etwas Einzigartiges: Er ist in einem Maß ehrfurchtgebietend wie kein anderes Geschöpf Shakespeares.

Niemand im Werk Shakespeares verkörpert so sehr die Autorität, ja den höchsten Begriff von Autorität, wie Lear. Ein vom Geist des Ressentiments dominiertes Zeitalter, das den armen Caliban zu höchsten Ehren erhoben hat, weiß mit Lear nichts Rechtes anzufangen, der gleichwohl noch immer das im Westen gültige Emblem des Väterlichen ist. Shakespeare gibt Lear nur Töchter und dem geblendeten Gloucester nur Söhne, und das ist genial schlau. Lear ergeht es mit seinen Töchtern schlimm genug, wie wäre es ihm mit einem Sohn ergangen? Was hätte Shakespeare mit einer Gemahlin Lears anfangen sollen? Hätte sie wie Hiobs Weib ihrem so empörend grauenhaft gequälten Gatten lakonisch geraten: »Sage Gott ab und stirb«? Shakespeare hat klug dafür gesorgt, dass das Problem gar nicht erst entsteht: Lear ist Witwer, und er erwähnt seine Frau nur einmal in einer seiner zahlreichen Verfluchungen der Töchter. Der Fall Lears demonstriert nicht Erlösung von Leid, sondern rasende Empörung und ungeheuerlich empörendes Leid; in der Gestalt des Königs erreicht Shakespeares Kunst der Empörung ihren Gipfel; noch mehr als selbst Macbeth bringt Lear die Zuschauer dazu, sich gegen ihren Willen mit ihm zu identifizieren. Dass wir alle sterben müssen, ist der Inbegriff des Empörenden, und Lears wahre prophetische Sendung besteht nicht darin, undankbaren Töchtern zu fluchen, sondern der Natur, auch wenn er steif und fest behauptet, er spräche im Namen der Natur.

Lear, der sich das ganze Stück hindurch, ausgenommen nur das kurze Idyll der Wiedervereinigung mit Cordelia, im Zustand der Empörung befindet, rührt zutiefst an die universale Empörung all derer, die sich ihrer Sterblichkeit bewusst sind. Ressentiment, ob berechtigt oder nicht, ist immer auch etwas Kollektives, das Gefühl der leidvollen Empörung hat keine gesellschaftliche Komponente. Wir sterben als Individuen, mögen wir auch der Gesellschaft, sei es aus Generosität, sei es aus dumpfer Unwissenheit, noch so innig verbunden sein. Lears merkwürdig intime Nähe zu uns, unser Empfinden, dass er unser toter Vater ist, hat nicht zuletzt mit jenem Gefühl der Empörung zu tun, das uns verbindet. Hamlet, uns überlegen in allen Dingen, ist mit höheren Mächten im Bunde, seinem eigenen und unserem Skeptizismus zum Trotz. Lear überwältigt, weil er so nahe ist, trotz seiner

Größe. Wenn man nicht starke transzendentale Überzeugungen hat (Lear hat die seinen verloren), kann man der Sterblichkeit (außer heroischem Stoizismus) nichts entgegensetzen als allein Liebe, entweder die zu nächsten Angehörigen oder die erotische. Wie wir aber bei der Betrachtung Edgars bereits gesehen haben, führt die Liebe in diesem Stück in die Katastrophe. Aus der familialen Liebe entsteht das Unheil, das Lear und Edgar ins Verderben stürzt; und Gonerils und Regans mörderisches und selbstmörderisches Begehren rührt nur den sterbenden Edmund an und bewegt ihn, den einsamsten aller Menschen, zu der Feststellung, dass er doch geliebt ward. Mit unerbittlicher Konsequenz führt Shakespeare die Liebe als Ursache und geschändetes Opfer empörenden Unrechts vor in einem Kosmos, dessen Zentrum Lears bedürftige Größe ist.

Auf die Gefahr hin, selbst Empörung zu stiften, möchte ich auf eine irrwitzig abwegige Parallele verweisen und behaupten, dass Shakespeare in Lear und in Falstaff seine zwei größten Bilder des Greisenalters geschaffen hat. Lear klagt über sein Alter, Falstaff überwindet es und überzeugt uns davon, dass er die ewige Jugend besitzt. Einer, der auf dem Schlachtfeld blödelt, der mit Doll Teersheet umherzieht, der nach Gadshill hinaufkeucht, um Reisende auszuplündern, der wunderbare Stegreifsketche im Wirtshaus zum Besten gibt – das soll ein alter Mann sein? Vielleicht hat Shakespeare schon früh geahnt, dass er selbst nicht alt werden würde. Ich bin unzeitgemäß altmodisch genug, um in Falstaff das Porträt des Künstlers als alter Mann zu entdecken: extrem intelligent, rasend komisch, einigermaßen gutartig, unglaublich lebendig, ein todunglücklich Liebender wie der Dichter der Sonette, zurückgewiesen und verlassen. Lear, der viel später entstand, ist alles andere als eine autobiografische Projektion. Selbst der Narr (der Narr am allerwenigsten?) kann ihn nicht zum Lachen bringen. In der Figur Falstaffs ist das Alter besiegt, bis Sir John, von der Liebe besiegt, wieder ein Kind wird, das sterbend mit Blumen spielt. Wenn Lear sich eine Blumenkrone aufsetzt, triumphiert sein Wahnsinn, eine Episode in einem Greisenleben, das ein einziges Desaster ist.

Jedes Mal wenn Lear sich selbst daran erinnert, dass er über achtzig ist, verstärkt sich der Kontrast zu Falstaff, und Shakespeare rückt immer weiter von Lear weg. Selbst unmittelbar nachdem Hal ihn verstoßen hat, ist Falstaff bemüht, sein Leid nicht noch tiefer in sich eindringen zu lassen, Lear dagegen ist seinem eigenen Pathos wehrlos ausgeliefert. Er ist das Zentrum, das Herz seiner Welt, wie Arthur Kirsch in seinem Vergleich Lears mit dem salomonischen Prediger Kohelet betont, der sein eigenes Herz durchforscht und dort, ebenso wie in der äußeren Welt, nichts als Eitelkeit findet. Sein großes Herz ist es vor allem, was uns Lear liebenswert macht, aber wir müssen immer die ganze Summe seiner großen Eigenschaften im Auge behalten, sonst besteht die Gefahr, dass wir nur sein ungeheures Pathos sehen und nicht seine einzigartige Tragik. Er ist der Inbegriff von Autorität, »das große Bild der Macht«, aber er selbst stutzt dieses Bild sogleich souverän zurecht, indem er zu bedenken gibt: »Dem Hund im Amt gehorcht man.« Seine wahre Größe liegt in etwas anderem: erschreckend verwirrt, bleibt er doch immer vollkommen aufrichtig, und sein Beispiel lehrt den Patensohn Edgar, »Nicht, was sich ziemt, nur, was wir fühlen, sagen«, ein Vers, der an prominenter Stelle fast ganz am Ende des Stücks steht. So maßlos wie sein Rasen ist Lears Offenheit, seinem ungeheuren Geist ist Falschheit fremd. Jeder Zoll ein König, ist er weniger Machiavellist als irgendein anderer Herrscher Shakespeares, ausgenommen Heinrich VI., der besser Eremit geworden wäre.

Shakespeare wagt das Paradox und macht den schlechtesten aller Politiker zum ehrwürdigsten aller Herrscher. Lear ist zu groß, um sich zu verstellen, und Cordelia ist auch hierin seine wahre Tochter. Die Größe, die den beiden gemeinsam ist, ist ihre Tragödie: alle besten Dinge geraten hier zum Schlimmsten. Das

scheint eines der Geheimnisse der Tragödie Shakespeares zu sein: wir sind jenseits von Gut und Böse, weil wir keine schlicht natürliche Unterscheidung treffen können, auch wenn Lear und Edmund, jeder in seiner Weise, glauben, sie könnten es. Lears grandiose Generosität des Geistes, die ihn zu sehr lieben macht, ist auch schuld daran, dass er zu viel Liebe fordert. Neue Moden werden die Ideologien beiseite fegen, die derzeit das Theater und die akademische Szene beherrschen, und Lear wird wieder als der größte Skeptiker Shakespeares und als eine Figur, die noch mehr als Hamlet Botschafter des Todes ist, sichtbar werden.
Charles Lamb, dessen Credo: »Lear ist seinem ganzen Wesen nach eine Gestalt, die unmöglich auf der Bühne darzustellen ist«, ich mir zu eigen gemacht habe, betonte, dass die Größe Lears eine Sache der intellektuellen Dimension sei, deutlich etwa dort, wo der König sein eigenes Alter mit dem des Himmels gleichsetzt. Lambs Urteil impliziert, dass Lears kranke Fantasie gleichwohl gesünder ist die Macbeths, von deren proleptischer Kraft sie durchaus etwas hat. Der große König ist nicht so überwältigend intelligent wie andere Gestalten Shakespeares; dieses Fach vertritt in diesem Stück Edmund. Aber Lears Fantasie ist von einer Weite, die nicht ihresgleichen in Shakespeares Werk hat, und die Sprache, in der sie sich ausdrückt, ist einzigartig exakt. Was Lear fantasiert, fantasiert er klar und genau, allem Wahnsinn, allem höllischen Rasen zum Trotz. Ohne Lear hätte Shakespeares Erfindung des Menschlichen seiner Darstellungskunst nicht das Letzte abverlangt. Wie kann Literaturkritik die Qualität der Weite oder Größe einer Figur fassbar machen? Die Literaturkritik, die sich der Ideologie verschrieben hat, versucht es gar nicht erst, aber man kann die Gedanken und Affekte, die Shakespeare dargestellt hat, gar nicht angemessen begreifen, wenn man dem Phänomen der Größe ausweicht, der Größe der Gestalten wie der ihres Schöpfers. *König Lear*, das Stück, an dem unser Sinn für das Erhabene sich bewähren muss, wird seiner

Substanz beraubt, wenn man Lears Größe ignoriert oder leugnet.

Im gewöhnlichen Leben täuschen wir uns häufig; die Größe von Freunden oder von Prominenten löst sich bei genauerer Betrachtung in Nichts auf. Wer so programmiert ist, dass es für ihn so etwas wie Größe gar nicht geben kann, wird natürlich Lears Größe nicht wahrnehmen. Aber was für ein Mensch ist so einer, der nicht einmal mehr den Traum von Größe kennt? Dr. Johnson liebte Falstaff, weil der große Kritiker jenen Traum kannte und weil Falstaff die Melancholie vertrieb, die ihn oft quälte. Keiner von uns könnte je Lear lieben – wir sind nicht Cordelia oder Edgar, der Narr, Gloucester, Kent oder auch nur der schuldig gewordene Albany. Aber ich finde es geradezu unglaublich, dass es Leute geben soll, die Lears Erhabenheit nicht wahrnehmen. Shakespeare hat die ganze Fülle seines Genies an Lears Größe gewendet und ihn mit einer Pracht ausgestattet, die alle Herrlichkeit des biblischen Salomo überstrahlt. Die Äußerungen Lears summieren sich zu einem Wert, den keine andere fiktive Person auch nur annähernd erreicht; die Grenzen menschenmöglicher Affektintensität werden von Lear, der dennoch glaubwürdig Mensch bleibt, überschritten und erweitert. Lears Leiden peinigen uns wie nur die tiefsten Verletzungen, die wir im eigenen Leben erfahren haben; er geht uns so schrecklich nahe, dass es schlicht unerträglich sein kann, wie Dr. Johnson bezeugt. Ich habe bereits erklärt, woher diese intime Nähe kommt: Lear besetzt die Stelle einer Erfahrung, die jeder Mensch kennt, die der Ambivalenz gegenüber dem Vater oder gegenüber dem Väterlichen. Ich will im Folgenden versuchen, diesen Aspekt noch etwas deutlicher zu machen. Shakespeare hat mit der ihm eigenen Kühnheit dafür gesorgt, dass die Vaterfigur Lear penetrant die Vorstellung Gottvaters evoziert, ein der Tradition des Westens eigentümliches Gottesbild, das heutzutage von der akademischen Theologie und von allen halbwegs aufgeklärten Kirchen verworfen wird. Ich erwarte natürlich nicht, dass jene Assoziierung Lears mit dem Vatergott bei feministisch gesinnten KritikerInnen Gefallen findet, gebe aber zu bedenken, dass es uns teuer zu stehen kommt, wenn wir von Lear nichts wissen wollen, denn Lear ist mehr als nur eine Galionsfigur des Patriarchats. In der Weltliteratur – und dazu rechne ich auch die Bibel – gibt es keine wahrere Stimme des Gefühls als die Lears, und wenn wir Lears Größe verlieren, büßen wir zugleich einen wesentlichen Teil unserer emotionalen Fähigkeiten ein.

Ihren Gipfelpunkt erreicht Lears Sprache in seinen staunenswürdigen Reden in der 6. Szene des 4. Akts, wo der verrückte König, »fantastisch mit Blumen und Kränzen aufgeschmückt«, auf den blinden Gloucester trifft. Diese hundert Verse umfassende Passage ist eine jener Schöpfungen Shakespeares, die alle Grenzen, die der Kunst gesetzt sind, zu sprengen scheinen; das Pathos dieser Stelle ist ohne Vorbild. Gloucester hat soeben den König an seiner Stimme erkannt, da setzt dieser zu einer Schmährede gegen das weibliche Geschlecht an, die von einer solch extremen Gewalt ist, dass Lear selbst am Ende seine sexuelle Fantasie als krankhaft erkennt und nach einer Medizin verlangt:

> Ja, jeder Zoll ein König –
> Blick ich so starr, sieh, bebt der Untertan.
> Dem schenk ich's Leben: was war sein Vergehn?
> Ehbruch! –
> Du sollst nicht sterben. Tod um Ehbruch? Nein!
> Der Zeisig tut's, die kleine goldne Fliege,
> Vor meinen Augen buhlt sie.
> Lasst der Vermehrung Lauf! Denn Glosters Bastard
> Liebte den Vater mehr als meine Töchter,
> Erzeugt im Ehbett.
> Dran, Unzucht! Frisch auf, denn ich brauch Soldaten. –
> Sieh dort die ziere Dame,

Ihr Antlitz weissagt Schnee in ihrem Schoß;
Sie spreizt sich tugendlich und dreht sich weg,
Hört sie die Lust nur nennen:
Und doch sind Iltis nicht und hitz'ge Stute
So ungestüm in ihrer Brunst.
Vom Gürtel nieder sind's Zentauren,
Wenn auch von oben Weib; nur bis zum Gürtel
Sind sie den Göttern eigen: jenseits alles
Gehört den Teufeln, dort ist Hölle, Nacht,
Dort ist der Schwefelpfuhl, Brennen, Sieden, Pestgeruch,
Verwesung – pfui, pfui, pfui! – Pah! Pah! –
Gib etwas Bisam, guter Apotheker,
Meine Fantasie zu [lindern]. Da ist Gold für dich.

IV.6, 107–131 [779 f.]

Shakespeare, der gewiss kein Frauenhasser war, wagt diesen Exzess, weil Lears beleidigte Autorität ebendort scheiterte, wo sie, wie er meinte, absolut war: in der Familie, in seinem Verhältnis zu seinen drei Töchtern. Goneril und Regan haben die Macht an sich gerissen; ihre Natur entspricht in etwa Edmunds Idee von Natur, nicht aber Lears; in seinem wütenden Abscheu wendet er sich nun gegen die Natur selbst, nicht gegen irgendeine bestimmte Idee von ihr, sondern gegen die fundamentale Tatsache der sexuellen Differenziertheit. Shakespeares Publikum, Frauen wie Männer, nahmen die Gleichsetzung Vagina-Höllenpfuhl mit heiterer Gelassenheit auf, aber die Rede Lears als Ganze hat doch vermutlich selbst diejenigen stutzen lassen, die das Spektakel von einem verrückten König als bloße Unterhaltung genießen wollten. Kein Exorzismus, der lediglich die weibliche Natur austreibt, kann Lear heilen; »ein alter Mann«, bemerkte Goethe klug, »ist stets ein König Lear«, nämlich einer, den die Natur selbst ausgetrieben hat. In dem Ruf nach einem lindernden Mittel für die Fantasie liegt das tiefste Pathos der Passage, denn er zeigt uns

denselben Lear, der wenig später zu Gloucester sagen wird: »Da [kannst] du das große Bild der Macht erblicken; dem Hund im Amt gehorcht man.«
Dieser Lear ist nur in der Weise verrückt, wie William Blake verrückt war: als Prophet, der sowohl gegen die Natur wie gegen die Gesellschaft seine Stimme erhebt. Edgar ruft beim Anblick der Leiden seines Paten gequält aus: »Vernunft in Tollheit!«, aber man kann es auch anders sehen. In Lears Prophetie – wie in der Blakes – fließen Vernunft, Natur und Gesellschaft zusammen zu einem einzigen großen negativen Bild dieser großen Narrenbühne. Wir Neugebornen weinen, wenn wir sie betreten, weil wir mit Lear wissen, dass Schöpfung und Fall ein und dasselbe sind. Diese Erkenntnis wird auch im *Macbeth* regieren, dessen Handlung in jener Welt stattfindet, die antike Gnostiker *kenoma* nannten, »Leere«. Was kann Vaterschaft im *kenoma* sein? Spiegel und Vaterschaft sind, so der moderne Gnostiker Borges, gleich abscheulich, denn sie vervielfältigen die Bilder von Männern und Frauen. Lears schreckliche Weisheit ist alles andere als patriarchalisch, sie ist anti-patriarchalisch wie die Weisheit des Salomo und des Predigers, dessen »Eitelkeit« der »Leere« der Gnostiker verwandt ist. »Nichts zeugt nichts« könnte das Motto der Vaterschaft in Lears Stück lauten. Allein Cordelia könnte diese Verzweiflung widerlegen, und Lear prophezeit auch den dunkelsten Moment des Dramas, als er aus dem Wahn aufwacht, Cordelia erblickt und zu ihr sagt: »Du bist ein Geist, ich weiß es wohl – wann starbst du?«

VIER
Macbeth

Der *Macbeth* gilt als das große Unheilsdrama Shakespeares, und die Theaterleute glauben seit alters her, dass das Stück Unglück bringe – sie haben insofern Recht, als die Schauspieler selten eine glückliche Figur darin machen. Macbeth selbst ist wohl der unglücklichste aller Shakespeareschen Helden, und zwar deswegen, weil er der mit der lebhaftesten Einbildungskraft ist. Er ist ein großer Militär, das heißt: ein furchtbar effizienter Menschenschlächter, und nicht besonders intelligent, aber mit einer ungeheuer starken Fantasie begabt, die geradezu Shakespeares eigene zu sein scheint. Kein anderes Stück – nicht einmal *König Lear*, der *Sommernachtstraum* und *Der Sturm* – zieht uns so tief hinein in eine Sphäre des Fantastischen. Im *Sommernachtstraum* und im *Sturm* kommt der Magie wesentliche Bedeutung zu, während im *Lear* eigentliche Zauberei oder Hexenwerk keine Rolle spielt, auch wenn die halluzinatorische Intensität des Stücks uns bisweilen das Gefühl vermittelt, es ginge nicht mit rechten Dingen zu. Die allgegenwärtigen Hexenkräfte im *Macbeth* können den Lauf der physikalischen Dinge nicht beeinflussen, die Halluzination dagegen ist sehr wohl wirkmächtig. Das grob drastische Hexenwerk im *Macbeth* ist ein ganz und gar Shakespearescher Zauber; er lässt hier seiner Fantasie so freien Lauf wie nie zuvor, lässt sie ihre moralischen Grenzen (wenn es denn solche gibt) erkunden. Ich will nicht andeuten, Macbeth repräsentiere seinen Schöpfer, so wie Falstaff und Hamlet ohne Zweifel, wenn auch in diffiziler Weise, gewisse innere Aspekte Shakespeares verkörpern, aber Macbeth könnte doch sehr wohl ein Emblem der Fantasie – nämlich dessen, was man in der Renaissance darunter verstand – des Dramatikers sein; dieses geistige Vermögen muss Shakespeare schrecklich erschienen sein und sollte auch uns erschrecken, wenn wir den *Macbeth* lesen oder sehen, denn der ganze Horror des Stücks ist letztlich ein Horror der Einbildungskraft. Die Fantasie war für Shakespeare und seine Zeitgenossen eine zweischneidige Sache; sie war gewissermaßen der weltliche Ersatz für göttliche Inspiration und bedeutete poetisch schöpferische Verzückung, zugleich aber riss sie eine Lücke in der Realität auf, fast wie zur Strafe für die Profanierung des Heiligen. Shakespeare milderte in seinen anderen Stücken das Negative ab, das der Fantasie anhaftete, im *Macbeth*, einer Tragödie der Einbildungskraft, lässt er es voll zur Wirkung kommen. »Die Welt ist frei«, verkündet das Stück triumphierend, als Macbeth tot ist, aber das, was wir spüren, wenn wir das Buch zuklappen oder aus dem Theater nach Hause gehen, hat mit einem Gefühl des Befreitseins wenig zu tun.

Hamlet stirbt in die Freiheit hinüber und kann vielleicht sogar etwas von seiner Freiheit an uns weitergeben, Macbeths Tod empfinden wir viel weniger als erlösend. Er zwingt die Menschen, sich mit ihm oder wenigstens mit seiner Fantasie zu identifizieren. Es scheint uns ganz unpassend, Macbeth einen schurkischen Helden zu nennen und ihn damit in die Gesellschaft von Richard III., Jago und Edmund einzuordnen: Diese Bösewichter entzückt ihr verbrecherisches Treiben, Macbeth quält das Bewusstsein, dass er Böses tut und immer schlimmere Verbrechen begehen muss. Shakespeare sorgt unbarmherzig dafür, dass wir mit Macbeth eins werden, alles Sträuben hilft uns nichts. Wir alle haben eine mehr oder weniger starke proleptische Fantasie, Macbeth wird ganz und gar davon regiert. Er weiß kaum etwas von Ehrgeiz, von einem Wunsch oder Streben, bevor er sich selbst jenseits der Schwelle wahrhaftig *sieht* als denjenigen, der das Verbrechen »aus Ehrgeiz«, wenn man so sagen kann, bereits begangen hat. Der Schrecken, den Macbeth uns einjagt, ist nicht zuletzt ein Schrecken vor unserer eigenen Fantasie: Sie kann uns zu Mördern, Dieben, Usurpatoren, Vergewaltigern werden lassen. Warum können wir uns dem Zwang zur Identifikation mit Macbeth nicht entziehen? Er ist so übermächtig in seinem Stück, dass wir einfach keine Alternative haben. Lady Macbeth ist eine starke Persönlichkeit, aber Shakespeare verbannt sie nach der 4. Szene des 3. Akts fast ganz von der Bühne – wir sehen sie nur noch einmal kurz im 5. Akt als Verrückte. Shakespeare hatte in *Romeo und Julia* Mercutio frühzeitig aus dem Weg geräumt, damit er nicht das ganze Stück an sich riss, und er hatte in *Heinrich V.* Falstaff nicht in eigener Person auftreten lassen, um zu verhindern, dass Sir John den »geläuterten« Hal verblassen machte. Im *Macbeth* bleibt der Held nach Lady Macbeths Verschwinden als einzige wirklich anwesende Person auf der Bühne zurück. Mit kluger Überlegung verzichtet Skakespeare darauf, Duncan, Banquo, Macduff und Malcolm mit individuellen Zügen auszustatten; der betrunkene Torwärter, Macduffs kleiner Sohn und Lady Macduff, die nur kurze Auftritte haben, sind lebhafter gezeichnet als die Männer der zweiten Garnitur, die alle gleichermaßen grau in grau wirken. Indem Shakespeare Lady Macbeths Part beschneidet und den Titelhelden nicht weniger als ein Drittel des gesamten Textes sprechen lässt, macht er überdeutlich, was er mit uns vorhat: Er will uns auf die Reise ins dunkle Innere Macbeths schicken, und dort sollen wir uns wahrer und fremder entdecken, als Mörder im Geist und als Mörder des Geistes.

Wenn das Stück uns in Furcht und Schrecken versetzt, so ist diese Wirkung, wie Wilbur Sanders in seiner überaus kompetenten Studie zeigt, beabsichtigt und dient dem Zweck der Heilung. Dass wir nicht anders können, als uns mit Macbeth, der uns (und sich selbst) schaudern macht, zu identifizieren, lässt darauf schließen, dass auch wir selbst furchtbar sein müssen. Shakespeare ist kein gehorsamer Schüler des Aristoteles; seine Tragödie lässt uns Angst und Mitleid spüren, aber nicht, um uns zu reinigen, sondern gewissermaßen in einer Zweckhaftigkeit ohne Zweck, die keine Interpretation zureichend benennen kann. Macbeth und Lady Macbeth sind überwältigend erhabene Gestalten, vollkommen glaubwürdige, wertvolle Persönlichkeiten, die einander innig lieben. Mit einer Ironie ohnegleichen zeigt uns Shakespeare die beiden als das glücklichste Ehepaar in seinem ganzen Werk. Und sie sind keineswegs teuflische Ungeheuer, ihren abscheulichen Verbrechen zum Trotz, die ihre verdiente Strafe finden. Das Stück ist von einer solchen Rasanz und Knappheit (es ist nur halb so lang wie der *Hamlet*), dass es uns, als die Macbeths ihre Höllenfahrt antreten, keinen Augenblick des Innehaltens und Innewerdens gewährt. Etwas in uns ist tief bestürzt darüber, dass von der besseren Natur der beiden plötzlich nichts mehr da sein soll, obwohl Shakespeare uns Zeichen genug gegeben hat, die in den Abgrund weisen.

Im *Macbeth* fügen sich Schauplatz, Handlung und Figuren zu einer unheimlichen und im Werk Shakespeares einzigartigen Einheit. Der Kosmos des Dramas ist noch drastischer befremdlich als der des *Lear*, wo doch die Natur mit Füßen getreten wird. *König Lear* spielte in vorchristlicher Zeit, die Welt des *Macbeth* ist dem Buchstaben nach das mittelalterlich christliche Schottland, aber man fühlt sich eher in das *kenoma*, in die Leere jener Welt hineinversetzt, welche die gnostischen Häretiker der Spätantike beschrieben haben. Shakespeare kannte gnostische Gedanken aus der hermetischen Philosophie des Giordano Bruno, wenn ich auch (so interessant die Hypothesen von Frances Yates sind) sehr bezweifle, dass man von einem direkten Einfluss Brunos auf Shakespeare sprechen kann. Ich glaube eher, dass das schlechthin universale Bewusstsein des Dichters die Quelle war, aus der der gnostische Horror vor der Zeit in den *Macbeth* eingeflossen ist. Die Welt des *Macbeth* ist eine, in die *wir geworfen sind*, ein Kerker für Tyrannen und Opfer gleichermaßen. Wenn

Lear vorchristlich war, so ist Macbeth auf gespenstische Weise post-christlich. Wir haben gesehen, dass bisweilen Andeutungen auf das Christentum im heidnischen *Lear* spuken, wenn auch ohne Zweck und Wirkung. Zwar machen einige Figuren verzweifelt hilflose Anspielungen, aber der *Macbeth* lässt sich doch in keiner Weise auf christliche Offenbarungswahrheiten beziehen. Macbeth ist gewiss von der Art der »Blutgierigen und Falschen«, die, wie es in den Psalmen und anderswo in der Schrift heißt, dem Herrn ein Greuel sind, aber der Versuch, einen biblischen Bösewicht aus ihm zu machen, kann schwerlich gelingen. An seinen Verbrechen ist nichts, was in besonderer Weise wider die christliche Moral wäre, sie verletzen jegliches Empfinden von göttlichem und menschlichem Recht, in welcher Kultur oder Epoche auch immer. Das ist wohl der Grund, weshalb Akira Kurosawas *Schloß im Spinnwebwald*, obwohl es sich sehr weit von den spezifischen Details des Stücks entfernt, die erfolgreichste Filmversion des *Macbeth* werden konnte. Macbeths Tragödie ist wie die Hamlets, Lears und Othellos so universal, dass man ihr nicht gerecht werden kann, indem man sie in einen strikt christlichen Kontext stellt.

Ich habe schon öfter in diesem Buch die Vermutung geäußert, dass Shakespeare sich konsequent und ganz bewusst christlichen Kategorien entzog (oder sie gar verwischte und verwirrte). Er war alles andere als ein frommer Dichter und Dramatiker. Es gibt keine *Heiligen Sonette* von Shakespeare – selbst das Sonett 146 (»Poor soul the centre of my sinful earth« – »Du arme Seele, Inhalt sünd'ger Hülle«) ist ja durchaus zweideutig, besonders die entscheidende elfte Zeile: »By terms divine in selling hours of dross«. Eine Ausgabe erklärt »terms divine« als »ewiges Leben«, aber »terms« lässt auch eine Reihe weniger hochfliegender Deutungen zu. Glaubte Shakespeare an die Wiederauferstehung des Leibes? Wir können es nicht wissen, aber ich finde in den Dramen und Gedichten nichts, was auf einen konsistenten Glauben an Übernatürliches hindeutet, und einiges, was eher nihilistisch anmutet. Aus dem *Macbeth* ist nicht mehr geistlicher Trost zu ziehen als aus den anderen großen Tragödien. Graham Bradshaw argumentiert subtil dafür, dass die Schrecken des *Macbeth* etwas Christliches seien, aber zugleich stimmt er dem zu, was Nietzsche in *Morgenröte* (1881) über das Stück sagt, nämlich unter der Nummer 240:

> *Von der Moralität der Schaubühne.* – Wer da meint, Shakespeares Theater wirke moralisch und der Anblick des Macbeth ziehe unwiderstehlich vom Bösen des Ehrgeizes ab, der irrt sich: und er irrt sich noch einmal, wenn er glaubt, Shakespeare selber habe so empfunden wie er. Wer wirklich vom rasenden Ehrgeiz besessen ist, sieht dies sein Bild mit *Lust*; und wenn der Held an seiner Leidenschaft zu Grunde geht, so ist dies gerade die schärfste Würze in dem heißen Getränke dieser Lust. Empfand es der Dichter denn anders? Wie königlich, und durchaus nicht schurkenhaft, läuft sein Ehrgeiziger vom Augenblick des großen Verbrechens an seine Bahn! Erst von da ab zieht er »dämonisch« an und reizt ähnliche Naturen zur Nachahmung auf; – dämonisch heißt hier: zum Trotz *gegen* Vorteil und Leben, zu Gunsten eines Gedankens und Triebes. Glaubt ihr denn, Tristan und Isolde gäben dadurch eine Lehre *gegen* den Ehebruch, dass sie beide an ihm zu Grunde gehen? Dies hieße die Dichter auf den Kopf stellen: welche, wie namentlich Shakespeare, verliebt in die Leidenschaften an sich sind, und nicht am Geringsten in ihre *todbereiten* Stimmungen: – jene, wo das Herz nicht fester am Leben hängt, als ein Tropfen am Glase. Nicht die Schuld und deren schlimmer Ausgang liegt ihnen am Herzen, dem Shakespeare so wenig wie dem Sophokles (im Ajax, Philoktet, Ödipus): so leicht es gewesen wäre, in den genannten Fällen die Schuld zum Hebel des Dramas zu machen, so bestimmt ist

> dies gerade vermieden. Ebenso wenig will der Tragödiendichter mit seinen Bildern des Lebens *gegen* das Leben einnehmen! Er ruft vielmehr: »es ist der Reiz allen Reizes, dieses aufregende, wechselnde, gefährliche, düstere und oft sonnendurchglühte Dasein! Es ist ein *Abenteuer*, zu leben, – nehmt diese oder jene Partei darin, immer wird es diesen Charakter behalten!« – So spricht er aus einer unruhigen und kraftvollen Zeit heraus, die von ihrer Überfülle an Blut und Energie halb trunken und betäubt ist, – aus einer böseren Zeit heraus, als die unsere ist: weshalb wir nötig haben, uns den Zweck eines Shakespearischen Dramas erst *zurecht* und *gerecht* zu machen, das heißt, es nicht zu verstehen.

Nietzsche schließt sich hier William Blakes Urteil an, dass die höchste Kunst amoralisch ist, denn: »Üppige Fülle ist Schönheit.« *Macbeth* zeichnet sich ohne Zweifel durch »Überfülle an Blut und Energie« aus; seine Schrecken mögen mehr christlich als römisch oder griechisch sein, aber jedenfalls sind sie doch so tief ursprünglich, dass sie mir noch eher schamanistisch als christlich vorkommen, so wie ich auch die »terms divine« im Sonett 146 weit eher für platonisch als für christlich halten würde. Unter allen Stücken Shakespeares ist der *Macbeth* am meisten »Blut-Tragödie«, nicht nur wegen der Morde, sondern auch weil letztlich Macbeths Einbildungskraft in sich blutig ist. Der Usurpator Macbeth bewegt sich in einer konsistenten Blutphantasmagorie: Blut ist der eigentliche Gegenstand seiner Fantasie. Er *sieht*, dass das, was sich ihm in den Weg stellt, gewissermaßen »Blut« ist – man könnte auch sagen »Natur«, insofern, als er gegen die Natur handelt – und dass diese Gegenmacht ihn dazu drängt, noch mehr Blut zu vergießen: »Es fordert Blut, sagt man: Blut fordert Blut.«
Macbeth spricht diese Worte unter dem Eindruck der Begegnung mit Banquos Geist, und wie immer so überwindet auch hier die

Kohärenz seiner Fantasie seine kognitive Verwirrtheit: »Es« meint Blut als den Inbegriff des Natürlichen – das, wofür etwa der König Duncan steht –, und das zweite »Blut« ist das, was den ganzen Inhalt von Macbeths Erfahrungswelt ausmacht. Die Ermordung Duncans bedeutet mehr als den Gewinn politischer Macht, die Tat richtet sich gegen ein Naturgutes, das auch in den Macbeths zutiefst eingebettet liegt, das sie aber preisgegeben haben und das Macbeth nun zu vernichten sucht, ja, das er restlos austilgen, aus der Welt schaffen möchte. Man könnte dieses Naturgute, diesen ersten Sinn von »Blut«, wenn man unbedingt wollte, auch christlich nennen, aber das Christentum ist eine Offenbarungsreligion, und Macbeth rebelliert gegen die Natur, die *seine Einbildungskraft ihm zeigt*. Das aber bedeutet, dass das Christentum zum *Macbeth* genauso irrelevant windschief steht wie zum *Lear* und zu allen Tragödien Shakespeares. Der getaufte Mohr Othello fällt nicht vom christlichen Glauben ab, sondern von seiner eigenen besseren Natur, während Hamlet der triumphale Inbegriff natürlicher Gaben aller Art ist, sich aber nicht damit begnügen kann. Ich will hier wie auch überhaupt in diesem Buch nicht auf die These hinaus, der Mensch Shakespeare sei ein Gnostiker oder ein Nihilist oder ein Nietzscheanischer Vitalist drei Jahrhunderte vor Nietzsche gewesen, aber als Dramatiker war er alles dies und jedes Einzelne davon mindestens ebenso sehr, wie er ein Christ war. Der *Macbeth* ist, wie oben angedeutet, alles andere als ein Hochgesang auf die Fantasie, aber er ist auch alles andere als eine christliche Tragödie. Shakespeare, der alles verstand, was wir begreifen, und noch einiges mehr (die Menschheit wird ihn nie einholen, er wird uns immer voraus sein), hatte längst Marlowe überwunden und mit ihm die (wie auch immer auf den Kopf gestellte) christliche Tragödie. Macbeth hat nichts gemeinsam mit Tamburlaine oder mit Faustus. Die Natur, gegen die Macbeth in so extremer Weise frevelt, ist seine eigene, aber obwohl er das schon am Anfang seiner Verbrechen weiß, weigert er sich, Lady Macbeth in den Wahnsinn und den Selbstmord zu folgen.

2

Wie der *Sommernachtstraum* und *Der Sturm* ist *Macbeth* ein visionäres Drama; wir haben es, so sonderbar uns ein solcher Gattungsbegriff auch vorkommen mag, mit einer visionären Tragödie zu tun. Macbeth ist ein Seher wider Willen, eine Art Medium des Okkulten, den Geistern der Luft und der Nacht schrecklich ausgeliefert. Lady Macbeth, die am Anfang mehr kühne Entschlossenheit an den Tag legt als ihr Mann, fällt bald in psychische Zerrüttung; auch in ihrem Fall kommt dem Visionären einige Bedeutung zu. Die Macbeths sind feurig Liebende und als Verkörperungen des Eros so offensichtlich zu Höherem geschaffen, dass ihre politischen und dynastischen Ambitionen geradezu grotesk grobstofflich erscheinen. Warum streben diese beiden nach der Krone? Shakespeares Richard III., in dem noch viel von Marlowes Geist steckt, will die süße Lust einer irdischen Krone, aber die Macbeths sind keine machiavellistischen Gernegroße, und sie sind auch weder Sadisten noch einfach machtbesessen. Ihre Lust aneinander und zueinander ist zugleich eine Lust nach dem Thron, und dieses Begehren ist ihre Version dessen, was Nietzsche die Rache an der Zeit und deren unabweisbarem »Es war« nannte. Shakespeare machte sich nicht die Mühe, uns zu erklären, was es mit der Kinderlosigkeit der Macbeths auf sich hat. Lady Macbeth spricht einmal davon, dass sie ein Kind gesäugt habe, das aber, so müssen wir annehmen, gestorben ist; es wird nicht gesagt, dass Macbeth ihr zweiter Mann ist, jedoch könnten wir ihn dafür halten. Voller Bewunderung für ihre »männliche« Entschlossenheit meint Macbeth, sie sollte ihm eigentlich lauter Söhne gebären, indes scheinen die beiden nicht mit eigener Nachkommenschaft zu rechnen, wenn auch Macbeth grimmig Banquos Sohn und Macduffs Kinder zu vernichten sucht. Freud, der hier mehr Scharfsinn als im Fall des *Hamlet* bewies, glaubte, im Fluch der Kinderlosigkeit liege letztlich das Motiv zum Königsmord. Shakespeare lässt das in der Schwebe; es fällt einem nicht ganz leicht, sich Macbeth als Vater vorzustellen, wenn man sieht, wie zutiefst abhängig er von seiner Frau ist: Sie wirkt bis zu dem Zeitpunkt, da sie verrückt wird, wie seine Mutter und Geliebte zugleich.

Unter allen tragischen Protagonisten Shakespeares ist Macbeth der am wenigsten freie. Wilbur Sanders charakterisiert Macbeths Taten als ein Vorwärtsfallen. Nietzsche (und in seinem Kielwasser Freud) glaubte – ob zu Recht oder zu Unrecht –, dass wir eher gelebt werden als leben, dass Kräfte, die nicht wir sind, »unsere« Gedanken, »unser« Wollen bestimmen, und Shakespeare war offenbar lange vor ihm derselben Meinung. Sanders zeigt uns, immer treu im Geist Nietzsches, einen Macbeth, der keinerlei eigenen Willen hat, im Gegensatz zu Lady Macbeth, die, bis sie zerbricht, schierer Wille ist. Nietzsches Erkenntnis liefert uns vielleicht den Schlüssel zum Verständnis der Macbeths; sie will die Krone, er will nichts, und paradoxerweise bricht sie zusammen, während er immer fürchterlicher wird, immer ungeheuerlicher, je mehr er jenes Nichts wird, das ihm vorschwebt. Und doch bleibt dieses Nichtssein etwas negativ Sublimes; seine Grandeur verleiht ihm die Würde, die er braucht, um wahrhaft tragisch zu sein. Das unlösbare Rätsel des Dramas ist, wie es möglich ist, dass der Protagonist nie unsere terrorisierte Sympathie verliert. Shakespeare erriet die alles andere als unschuldigen Fantasien, die wir mit Macbeth gemeinsam haben. Dieser verhält sich zu uns wie Mr. Hyde zu Dr. Jekyll. Stevenson hebt in seiner wunderbaren Geschichte hervor, dass Hyde jünger ist als Jekyll; die Verbrecherpersönlichkeit hat ihre Karriere erst vor kurzem begonnen, ihr Komplement Jekyll hat vorher lange Zeit gute Werke getan. Unser unheimliches Gefühl, dass Macbeth irgendwie an Taten jünger ist als wir, funktioniert ganz ähnlich. Tugendhaft, wie wir mehr oder weniger sind, fürchten wir, dass Macbeth, unser Mr. Hyde, die Macht haben könnte, unser ureigenes Potenzial zum aktiv Bösen Wirklichkeit werden zu lassen. Der arme Jekyll verwandelt sich schließlich ganz in Mr. Hyde und kann nicht mehr zurück; Shakespeares Kunst macht uns deutlich, dass ein solches Schicksal auch uns treffen könnte.

Ist vielleicht auch Shakespeare in irgendeiner Weise gegenüber Macbeth/Hyde ein Dr. Jekyll? Ist es überhaupt möglich, dass er es nicht sein sollte, da er doch, indem er Macbeths Fantasien fantasierte, ein, wie der Erfolg beweist, universales negativ Sublimes schuf? Wie Hamlet, dem er in einigen Zügen merkwürdig ähnlich ist, hat Macbeth eine Aura um sich, die Intimität signalisiert, vertraute Nähe zum Publikum, zu den glücklosen Schauspielern, zu seinem Schöpfer. Formalisten alter und neuer Schule beharren darauf, dass keine Figur über das Stück hinausreichen könne, da eine Figur »nur« eine von einem Schauspieler gespielte Rolle sei. Das Theaterpublikum und die Leser sind nicht so formalistisch: Shylock, Falstaff, Rosalind, Hamlet, Malvolio, Macbeth, Kleopatra (und noch einige andere) wirken, als könnten sie sehr wohl auch in Kontexten außerhalb ihrer Dramen leben. Sancho Pansa kann, wie Franz Kafka in der wunderbaren Parabel *Die Wahrheit über Sancho Pansa* demonstriert hat, zum Schöpfer des Don Quijote werden. Irgendwann wird ein neuer Kafka, der noch mehr vom Geist Borges' besitzt, aufstehen und uns Antonio als den Erfinder Shylocks zeigen oder Prinz Hal als den Vater von Sir John Falstaff.

Wenn ich sage, Macbeth reiche über sein Stück hinaus, so beweist das nichts gegen das Werk, das mein liebstes unter allen Dramen Shakespeares ist. Im *Macbeth* herrscht eine radikal ökonomische Selbstbeschränkung, und die Gelehrten, die Knappheit mit Verkürzung verwechseln, und diejenigen, die das Stück für eine Gemeinschaftsarbeit Shakespeares und Thomas Middletons halten, verkennen Shakespeares dunkelste Konzeption. Bekanntlich regiert im *Macbeth* mehr als in irgendeinem der anderen Stücke die Zeit, und zwar nicht die christlich gnädige ewige Zeit, sondern die alles verschlingende Zeit, diejenige, deren man gewahr wird, wenn man nihilistisch den Tod als ein Allerletztes betrachtet. Kein Kritiker hat es geschafft, Tod, Zeit und Natur im *Macbeth* sauber voneinander abzugrenzen, Shakespeare lässt diese Sphären so ineinander überfließen, dass wir uns alle in dieser Mischung wiederfinden. Wir hören Stimmen die bekannten Erlösungsformeln schreien, wirklich glaubwürdig ist aber nur das, was Macbeth spricht, und er weiß nur von der Nacht und vom Grab. Die Männer in dieser Tragödie sind »christliche Krieger«, wie manche Interpreten gern betonen, jedoch ist der schottisch mittelalterliche Katholizismus der Figuren etwas ganz Äußerliches, ein bloßes Kostüm: Die Welt des Stücks ist wie das Reich des König Lear eine gott- und sinnverlassene Wüste, eine von allem Anfang an gefallene Schöpfung.

Macbeth ist seinem Wesen nach ein Nachtstück; das Schottland, das uns hier vorgeführt wird, hat mit der lebenswirklichen Nation, der Shakespeares königlicher Gönner entstammte, wenig zu schaffen, wir befinden uns hier mehr in einem mythischen Reich irgendwo im Norden. Ohne Zweifel hat Shakespeare gewisse Akzente im Hinblick auf Jakob I. gesetzt, was indes den Charakter des Stücks zutiefst prägt, das Gefühl, dass die Nacht den Tag usurpiert hat, ist schwerlich in irgendeine Beziehung zu dem wirklichen König zu bringen. Der *Macbeth* handelt vor allem vom Mord: König Duncan, Banquo, Lady Macduff und ihre Kinder sind die Opfer. Streng genommen könnten sämtliche Personen des Dramas ins Visier der Macbeths geraten. Shakespeare, der sich in seinem *Titus Andronicus* vielleicht über die Bühnengemetzel lustig machte, die manche seiner Kollegen veranstalteten, experimentierte im *Macbeth* sehr viel subtiler mit der Aura des Mörderischen. Jeder und jede von uns kann sich als potenzielles Opfer fühlen, noch mehr Gänsehaut aber macht der

Gedanke, dass der kleine Macbeth, der in jedem und jeder von uns steckt, versucht sein könnte, selbst den einen oder anderen Mord in Erwägung zu ziehen.

Mir fällt kein literarisches Werk ein, das den Geist der Rezipienten derart vergiftet, allenfalls Herman Melvilles Prosa-Epos *Moby Dick*, das zutiefst vom Geist des *Macbeth* geprägt ist, hat eine ähnlich ansteckende Wirkung. Auch Ahab ist ein manischer Visionär, offenbar besessen von der Vorstellung, dass eine bösartige Ordnung das Universum regiere. Wie Macbeth zielt Ahab auf das, was sich hinter den natürlichen Erscheinungen verbirgt, aber der weiße Wal ist kein Opfer, das sich leicht zur Strecke bringen lässt. Wie Macbeth stachelt auch Ahab ein böser Feind mit lügenhaften Orakelwahrheiten an, allerdings hat Ahabs Prophet, der Parse Fedallah, sehr viel mehr Zweideutiges an sich als die Unheilsschwestern. Wir empfinden die Ambivalenz weniger stark als bei Macbeth, wenn wir uns mit Ahab identifizieren – immerhin ist er weder ein Mörder noch ein Thronräuber –, und dennoch richtet Ahab ebenso viel Unheil an wie Macbeth: die gesamte Besatzung der *Pequod* fällt ihm zum Opfer, nur der Erzähler Ishmael kommt mit dem Leben davon. Melville, der seinen Shakespeare genau gelesen hatte, stattete seinen Ahab mit Macbeths übermächtiger proleptischer Einbildungskraft aus und machte ihn wie Macbeth zu einem wahren Weltzerstörer. Die schottische Heide und der Atlantische Ozean werden eins: sie sind der Raum, in dem übernatürliche Mächte ein sublimes Bewusstsein aufpeitschen, das sich vergebens wehrt und einem großen Untergang zurast. Der amerikanische Prometheus Ahab ist vielleicht mehr Held als Bösewicht, während Macbeth unsere Bewunderung verwirkt, wenn wir es auch nicht schaffen, ihm unsere Sympathie zu entziehen.

3

Hazlitt bemerkte, Macbeth kenne »keine Gewissheit als die des Jetzt«. Je weiter das Stück fortschreitet, immer der Katastrophe entgegen, desto mehr verliert Macbeth auch diese Gewissheit; seine apokalyptische Not hat Victor Hugo auf den Gedanken gebracht, ihn mit dem biblischen Nimrod, dem ersten Menschenjäger, zu identifizieren, und Macbeth hat tatsächlich das Zeug dazu: seine schockierende Vitalität durchdringt das Böse und verleiht dem Verbrechen die Farbe biblischer Kraft und Majestät, woraus sich das Paradox ergibt, dass der Anschein des Christlichen, sofern davon die Rede sein kann, nicht der Reflex von Güte in irgendeiner Form ist, sondern sich allenfalls aus einem Übermaß des Bösen herleiten kann, das zu ungeheuerlich ist, als dass es allein aus irdisch-natürlichen Ursachen zu erklären wäre. Wenn irgendeine Art von Theologie auf den *Macbeth* anwendbar ist, dann müsste das die negativste aller Theologien sein, eine, die den Gedanken der Menschwerdung Gottes ausschließt. Der Kosmos dieses Dramas wie der von *Moby Dick* kennt keinen Heiland, die Heide und die See sind große Leichentücher, und die Toten, die hier bestattet sind, werden niemals wiederauferstehen. Gott ist aus dem *Macbeth* und aus dem *Moby Dick* verbannt und aus dem *Lear* auch. Er wird nicht getötet oder geleugnet, er kommt einfach nicht vor; Macbeth herrscht in einer Leere ohne sinnstiftende kosmologische Ordnung: Gott ist den Menschen verloren – entweder ist er zu weit weg oder zu tief innen, als dass er sich noch irgendwie herbeizitieren ließe. Wie im *Lear* gilt auch im *Macbeth*: der Moment der Schöpfung und der des Falls ist ein und derselbe. Natur und Mensch werden geschaffen und fallen in die Zeit.

Niemand würde je die so großartig dramatisch unmittelbaren Hexen aus dem *Macbeth* wegwünschen, aber die Kosmologie des Stücks ist auch ohne sie deutlich genug.

Zwischen dem, was Macbeth in seiner Fantasie sieht, und der

wirklichen Tat klafft nur eine zeitliche Lücke, und in dieser Zwischenzeit wirkt er völlig willenlos. Die Unheilsschwestern, Macbeths Musen, nehmen die Stelle seines Willens ein; unvorstellbar, dass sie in ähnlicher Weise Jago oder Edmund erscheinen könnten, die beide Genies des Willens sind. Sie sind nicht hohl wie Macbeth. Was passiert, passiert unausweichlich – gleichwohl ist Macbeth schuldig –, und in keinem Stück von Shakespeare, nicht einmal in den frühen Farcen, nimmt, wie Coleridge bemerkt hat, das Geschehen so rasant seinen Lauf. Vielleicht hat auch die Geschwindigkeit einen Anteil daran, dass das Stück so schrecklich ist; es scheint keine Vernunft zu geben, die im Universum des Todes irgend Macht hätte, in einem Kosmos, der beinahe identisch mit der Phantasmagorie Macbeths und den Unheilsschwestern ist. Keine der Figuren verfügt über besonders starke kognitive Fähigkeiten, am allerwenigsten der Titelheld. Intelligenz, wie sie Hamlet, Jago und Edmund besitzen, ist für Macbeth und das Stück ohne Belang. Shakespeare streut die geistigen Energien so, dass keine einzelne Figur das Zeug dazu hat, die Tragödie zu verstehen, und alle zusammen könnten es auch nicht. Vernunft vagabundiert im *Macbeth*; sie hat Menschen und Hexen gleichermaßen im Stich gelassen und nimmt dort Quartier, wo es ihr gerade einfällt, kapriziös und flink wechselt sie von einem Winkel des leeren Kosmos in den anderen. Coleridge verabscheute die Torwärter-Szene (II.3) mit dem berühmten Klopfen am Tor, er *wollte* ganz offenbar die kognitive Dringlichkeit dieses Klopfens nicht wahrnehmen. Gesunder Menschenverstand klopft an und stürmt in komischer Gestalt – es ist das erste und einzige Mal, dass Komik in diesem Stück aufscheint – auf die Szene. Shakespeare schickt den Ersten Hanswursten seiner Truppe (wahrscheinlich war es Robert Armin) auf die Bühne: er soll uns, die vom Übernatürlichen und von den Mord-und-Macht-Phantasmagorien der Macbeths zutiefst verschreckt sind, eine stärkende Dosis Natur verabreichen:

PFÖRTNER: Das ist ein Klopfen! Wahrhaftig, wenn einer Höllenpförtner wäre, da hätte er was zu schließen. *Klopfen.* Poch, poch, poch: Wer da, in Beelzebubs Namen? Ein Pächter, der sich in Erwartung einer reichen Ernte aufhing. Zur rechten Zeit gekommen; habt Ihr auch Schnupftücher genug bei Euch? denn hier werdet Ihr dafür schwitzen müssen! – *Klopfen.* Poch, poch: Wer da, in des andern Teufels Namen? Meiner Treu, ein Zweideutler, der in beide Schalen gegen jede Schale schwören konnte, der um Gottes willen Verrätereien genug beging und sich doch nicht zum Himmel hinein zweideuteln konnte. Herein, Zweideutler. – *Klopfen.* Poch, poch, poch: Wer da? Mein Treu, ein englischer Schneider, hier angekommen, weil er etwas aus einer französischen Hose gestohlen: herein, Schneider; hier kannst du deine Bügelgans braten. *Klopfen.* Poch, poch. Keine Ruhe! Wer seid ihr? Aber hier ist es zu kalt für die Hölle; ich mag nicht länger Teufelspförtner sein. Ich dachte, ich wollte von jedem Gewerbe einige hereinlassen, die den breiten Rosenpfad zum ewigen Freudenfeuer wandeln. – *Klopfen.* Gleich, gleich! Ich bitt euch, bedenkt doch, dass der Pförtner auch ein Mensch ist.

II.3, 1–22 [539]

Der fröhlich verkaterte Pförtner lässt dann Macduff und Lennox ein; das Tor, das er aufschließt, ist jetzt tatsächlich ein Höllentor, denn Macbeth hat in dieser Nacht den guten Duncan ermordet. Den Sarkasmus der Rede vom »Pächter, der sich in Erwartung einer reichen Ernte aufhing« hat Shakespeare vielleicht sich selbst zugedacht, denn auch er investierte gern Risikokapital in Getreidespekulationen. Ein tieferer Humor liegt aber in dem hier noch latenten Kontrast zwischen dem Pförtner und Macbeth. In seiner Rolle als Höllentorwärter begrüßt der Pförtner launig einen »Zweideutler« [»equivocator«], wahrscheinlich einen von der Art des Jesuitenpaters Garnet, der Anfang des Jahres 1606, also in dem Jahr, in dem der *Macbeth* uraufgeführt wurde, im Prozess gegen die Pulververschwörer die These verfocht, ein Angeklagter habe das Recht, zweideutige Aussagen zu machen, um sich nicht selbst zu belasten. Der Versuch, den *Macbeth* zu historisieren und ihn als Reaktion auf die Pulververschwörung zu deuten, läuft, scheint mir, lediglich darauf hinaus, dass Dunkles mit Dunklem erklärt wird, denn Shakespeare kommentiert ja nicht einfach nur das Faktisch-Historische, sondern transzendiert es. Shakespeare will, dass wir den trinkfreudigen Pförtner keinem Geringeren als Macbeth gegenüberstellen, und dieser selbst wird uns in der Szene, als der Birnams-Wald anrückt auf Dunsinane (V.5), darauf aufmerksam machen, wenn er nun seinerseits auf das Thema »Zweideutelei« zu sprechen kommt: »ich ... beginne / Den Doppelsinnn [equivocation] des bösen Feinds zu merken, / Der Lüge spricht wie Wahrheit.« De Quincey beschränkte sich in seiner Analyse der Szene am Burgtor auf das viermalige Pochen, aber er hätte sein rhetorisch fein geschultes Gehör mehr an dem anschließenden Dialog mit Macduff erproben sollen, wo der Pförtner den Begriff der »Zweideutelei« grandios auf die Schippe nimmt, wenn er darlegt, dass der Alkohol drei Dinge vorzüglich befördert:

> Ei, Herr, rote Nasen, Schlaf und Urin. Buhlerei befördert und dämpft er zugleich: er befördert das Verlangen und dämpft das Tun. Darum kann man sagen, dass vieles Trinken ein Zweideutler gegen die Buhlerei ist: es schafft sie und vernichtet sie; es treibt sie an und hält sie zurück; macht ihr Mut und schreckt sie ab; heißt sie, sich brav halten und nicht brav halten; zweideutelt sie zuletzt in Schlaf, straft sie Lügen und geht davon.
>
> II.3, 28–37 [540]

Die Trunkenheit ist bloß ein Zweideutler, da sie zur Wollust aufreizt und dann den Mann daran hindert, seine unzüchtigen Fantasien in die Tat umzusetzen. Sollen wir uns vielleicht fragen, ob auch Macbeths Mordgedanken, wie denen Jagos, sexuelles Ungenügen zu Grunde liegen könnte? Ein Mensch, der eine so starke proleptische Fantasie hat wie Macbeth, verliert die Herrschaft des Willens über sein sexuelles Begehren oder über seinen Ehrgeiz, sie gehen ihm durch und sind, eh er sich's versieht, bereits auf dem anderen Ufer der Zeit. Die sexuelle Leidenschaft der Macbeths hat etwas frustriert oder verzweifelt Intensives an sich, das vielleicht mit der Kinderlosigkeit des Paars zu tun hat; das könnte bedeuten, dass der Pförtner hier auf etwas hinweist, was er in der Wirklichkeit des Stücks unmöglich wissen kann, was aber durchaus in der Reichweite unseres Ahnungsvermögens liegt.

In seiner menschenmörderischen Wildheit übertrifft Macbeth selbst Schlächter wie Aaron und Richard III., und auch die römischen Kriegshelden Antonius und Coriolan wüten nicht so erbarmungslos wie er. Jagos Impotenz – wenn es denn wahr ist, was wir vermutet haben – hängt in irgendeiner Weise mit der Demütigung zusammen, die er erfahren hat, bei Macbeth aber liegen die Dinge anders: hier gibt es keinen Othello, der für das Übel verantwortlich zu machen wäre; wenn Macbeth tatsächlich in seiner Männlichkeit gehandicapt ist, so sind die Ursachen bei ihm selbst zu suchen, in seiner Einbildungskraft, die das Wirklichkeitwerden in der Zeit nicht abwarten kann und die Ereignisse immer schon vorwegnimmt. Möglicherweise schwingt das mit, wenn Lady Macbeth ihren Mann mit Tadel zur Tat anspornt – als ob seine Manneskraft dadurch wiederhergestellt werden könnte, dass er den schlafenden Duncan mordet, den sie selbst nicht töten kann, da der gute König sie zu sehr an ihren Vater erinnert. Macbeths Nihilismus, der seinen Gipfel erreicht, wenn der Usurpator das Leben ein Märchen nennt, das nichts bedeutet, steht vielleicht Jagos Entwertung der Realität näher als der kalten Potenz Edmunds.

A. C. Bradley sah im *Macbeth* mehr als irgendwo sonst bei Shakespeare eine »sophokleische Ironie« am Werk, die sich darin äußert, dass das Publikum gegenüber dem Protagonisten einen immer größer werdenden Bewusstseinsvorsprung gewinnt und in seiner privilegierten Position die ganze Bedeutung der Reden des Helden besser erfasst als der Sprecher selbst. Ich stimme Bradleys Einschätzung zu, dass der *Macbeth* das Meisterwerk der ironischen Kunst Shakespeares ist, die freilich mehr vermag als die dramatische oder Sophokleische Ironie. Macbeth sagt tatsächlich ständig mehr, als er selbst weiß, aber er imaginiert auch mehr, als er sagt, so dass die schon am Anfang große Lücke, die zwischen seinem (ihm selbst zugänglichen) Bewusstsein und seiner Imagination klafft, gewaltig wird. Dass das sexuelle Begehren eines Menschen und erst recht das eines Mannes, der vor einem solchen Abgrund steht, extremen Schwankungen unterworfen ist, scheint uns nur natürlich. Möglicherweise spricht Lady Macbeth auch davon, wenn sie vor dem Bankett, bei dem Banquos Geist erscheint, klagt:

> Nichts ist gewonnen, alles ist dahin,
> Stehn wir am Ziel mit unzufriednem Sinn;
> Viel sichrer, das zu sein, was wir zerstört,
> Als dass uns Mord ein schwankend Glück gewährt.
>
> III.2, 4–7 [549 f.]

Das Trauma, das Lady Macbeth in den Wahnsinn treibt, ist nicht allein das der Schuld: ihr Mann hat sich nach dem Mord an Duncan konsequent von ihr abgewendet, wenn er ihr auch nie feindselig gegenübersteht. Was immer die beiden im Sinn gehabt haben mögen, als sie einander gelobten, Hoheit und Größe miteinander zu teilen, so sorgt doch Shakespeare mit subtiler Ironie dafür, dass diese Hoheit, sobald der Königsmord die beiden ans Ziel gebracht hat, in der Praxis lediglich als Tendenz der Desexualisierung sichtbar wird. Ein schreckliches Pathos spricht aus den Rufen der verrückten Lady Macbeth: »Zu Bett, zu Bett!«, und eine ebenso schreckliche proleptische Ironie gibt ihr früher die Worte ein: »Entweibt [Unsex] mich hier.« Es ist eine Untertreibung, wenn man feststellt, dass kein zweiter Autor die Sexualität des Menschen so umfassend und genau wahrgenommen habe. Der Terror, den wir empfinden, wenn wir den *Macbeth* durchleiden, scheint mir in vieler Hinsicht ein sexueller Schrecken zu sein, nicht zuletzt deswegen, weil der Mord mehr und mehr zum einzigen Ausdruck von Macbeths Sexualität wird: Weil er kein neues Leben zeugen kann, vernichtet er Leben.

4

Ich befinde mich ganz im Einklang mit der Tradition, wenn ich sage, dass der *Macbeth* in einzigartiger Weise Schrecken erzeugt, exzentrisch dagegen kann manchem meine Annahme erscheinen, die Furchtbarkeit der Tragödie habe ihrem Ursprung und Wesen nach etwas mit sexuellen Dingen zu tun. Die Brutalität des *Macbeth* beeindruckte die Zeitgenossen Shakespeares zweifellos weniger als uns. Viele von denen, die damals das Stück sahen, wohnten auch öffentlichen Hinrichtungen bei – die Spanne reichte vom vergleichsweise zivilisierten Köpfen bis zum spektakulär grausamen Vierteilen. Der junge Shakespeare bot, wie wir gesehen haben, in seinem *Titus Andronicus* ein Übermaß an blutigen Ungeheuerlichkeiten, wahrscheinlich in der Absicht, dem Publikum zu geben, wonach es verlangte, und sich gleichzeitig über dessen Blutdurst lustig zu machen. Während aber die barbarischen Grausamkeiten des *Titus Andronicus* uns zu nervösem Kichern reizen können, verstummen wir vor der entfesselten Wildheit, die der *Macbeth* uns vorführt:

> … Denn Held Macbeth – wohl ziemt ihm dieser Name –,
> Das Glück verachtend mit geschwungnem Stahl,

Der heiß vom blutigen Gemetzel dampfte,
Er, wie des Krieges Liebling, haut sich Bahn,
Bis er dem Schurken gegenübersteht;
Und nicht ehr schied noch sagt' er Lebewohl,
Bis er vom Nabel auf zum Kinn ihn schlitzte
Und seinen Kopf gepflanzt auf unsre Zinnen.

I.2, 16–23 [520]

Ich kenne keine zweite Figur Shakespeares, die so vom Nabel bis zum Kinn aufgeschlitzt wird; noch bevor wir Macbeth zum ersten Mal begegnen, vermittelt uns dieser Hieb eine Vorstellung von der schockierenden Wildheit, deren er fähig ist. »Bellonas Bräutigam« wird er genannt, er ist der Mann der Kriegsgöttin, und mit jenem Schwertstreich übt er seine ehelichen Rechte. So innig er und Lady Macbeth einander verbunden sind, ist ihre Beziehung nicht ganz unproblematisch. Shakespeare fand in seinen Quellen eine Lady Macbeth vor, die schon einmal verheiratet gewesen war und die wahrscheinlich um einen toten Sohn aus dieser Ehe trauerte. Die Leidenschaft der Eheleute ist untrennbar mit dem Traum von gemeinsamer »Hoheit« verbunden; offenbar spielte er schon bei der Brautwerbung eine wichtige Rolle, denn Lady Macbeth erinnert ihren Mann einmal, als er schwankend wird, an ein solches Versprechen. Ihrer Dominanz – deutlich etwa, wenn sie zornig seine Mannhaftigkeit in Frage stellt – liegt offensichtlich Frustration zu Grunde: sie leidet an unbefriedigtem Ehrgeiz und unter ihrer Kinderlosigkeit, vielleicht bleiben auch ihre sexuellen Erwartungen unerfüllt. Als Victor Hugo Macbeth in die Traditionslinie des biblischen Nimrod, des »ersten Menschenjägers«, stellte, wollte er vielleicht auch darauf hinweisen, dass nur wenige Figuren dieser Tradition berühmte Liebende waren. Macbeth selbst sieht sich als Soldat, nicht grausam, sondern professionell mörderisch, und daraus erklärt es sich auch, dass er so sonderbar als Person passiv bleiben kann, als wäre er gewissermaßen der Traum und nicht der Träumer. Ein berühmter Kriegsheld und also bestimmt kein Feigling, befindet sich Macbeth gleichwohl unausgesetzt in einem Zustand der Furcht. Furcht wovor? Unter anderem, so scheint es, vor Impotenz, ein Schrecken, der sowohl mit seiner überstarken Fantasie als auch mit dem ihm und seiner Frau gemeinsamen Traum von Größe zu tun hat.

Fast alle Interpreten finden, dass die Ermordung des schlafenden gütigen Duncan etwas von sexueller Gewalt an sich hat. Macbeth selbst legt ihnen diesen Gedanken nahe, wenn er sich unmittelbar vor dem Mord mit dem Vergewaltiger Tarquinius vergleicht, der sich »wie wild entbrannt« seinem Opfer nähert, der keuschen Heldin von Shakespeares Gedicht *Die Schändung der Lucretia*. Ist dies einer der seltenen Momente, wo Shakespeare sich gewissermaßen selbst zitiert? Ohne Zweifel verstanden viele der zeitgenössischen Zuschauer den Hinweis auf das frühe Werk, das damals sehr viel bekannter war als heute. Wenn es so ist, dann hat Shakespeare in dem Moment, da Macbeth daran geht, sein erstes großes Verbrechen auszuführen, seine eigene Imagination der seines Protagonisten extrem angenähert. So viele Figuren Shakespeares werden auf offener Szene erstochen – warum, so fragt man sich, dürfen wir diesen einen Mord nicht mit ansehen? Eben weil wir die Metzelei nicht sehen, können und müssen wir uns die Szene desto grausiger vorstellen, wie Macbeth auf den Schlafenden einsticht, der sein Cousin, sein Gast, sein König und symbolisch sein gütiger Vater ist. Ich habe früher die Vermutung ausgesprochen, dass Shakespeare die Tradition, der zufolge Brutus Cäsars Sohn ist, aufgreift und den Horror noch forciert, indem er Brutus mit seinem Dolch auf Cäsars Geschlechtsteile zielen lässt. Macbeth beschreibt den Leichnam Duncans in einer Weise, die an die Leichenrede des Antonius im *Julius Cäsar* erinnert, nur klingt in Macbeths Worten etwas noch Intimeres:

Duncan lag hier, die Silberhaut verbrämt
Mit seinem goldnen Blut – die offnen Wunden,
Sie waren wie ein Riss in der Natur,
Wo Untergang vernichtend [eindringt];

II.3, 111–114 [542]

Der »Untergang« ist Macbeth selbst, und die Vorstellung des »Risses in der Natur«, durch den er »vernichtend eindringt«, ist sehr deutlich sexuell konnotiert. Macbeths Worte sind auch als eine Art Entgegnung auf die bitteren Vorwürfe zu verstehen, die Lady Macbeth ihrem Mann gemacht hatte, als dieser sich weigerte, noch einmal das Mordzimmer zu betreten, um die blutigen Dolche zurückzubringen. »O schwache Willenskraft!« ruft sie aus, und nachdem sie selbst die Tatwaffen den toten Dienern in die Hände gedrückt hat, gibt sie ihm noch deutlicher zu verstehen, was sie von seiner Manneskraft hält: »Deine Festigkeit / Verließ dich ganz und gar.« Aber vielleicht ist sein Begehren für immer tot, und nur der Wunsch, sich fortzupflanzen, in der Zeit weiterzuexistieren, ist noch davon übrig. Er hat sich selbst zu einem Leben als »armer Komödiant« verdammt, als ein überängstlicher Schauspieler, der alle seine Einsätze verpatzt. Jago und Edmund waren beide, jeder in seiner Art, Bühnenautoren, die ihre eigenen Stücke zur Aufführung brachten, bis Jago von Emilia demaskiert und Edmund von Edgar, der im Kostüm des namenlosen Ritters auftrat, getötet wurde. Zwar spielten die beiden die Rollen, die sie selbst geschrieben hatten, ganz ausgezeichnet, aber ihr eigentliches Genie kam doch mehr bei der Konzeption der Handlung zu ihrem Recht. Macbeth spinnt unaufhörlich an der Konzeption seiner Handlung, aber das Drama will einfach nicht so geraten, wie er es gerne hätte. Er flickt und bessert daran herum und muss doch mit immer größer werdender Erbitterung erfahren, dass selbst seine blutigsten Einfälle keinen durchschlagenden Erfolg zeitigen – es gelingt ihm nicht, das, was ihn bedroht, aus der Welt zu schaffen, immer bleibt etwas übrig. Malcolm und Donalbain, Fleance und Macduff – sie alle entkommen ihm, und dass sie am Leben sind, macht Macbeth Alpträume.

Das Grauen kommt über Macbeth – das, nicht so sehr die Abfolge der blutigen Gewalttaten, ist die wahre Handlung des schrecklichsten aller Stücke Shakespeares. Schon als Kind habe ich die Hexen rätselhaft gefunden, die den faszinierten Macbeth zu seinem großen verbrecherischen Unternehmen anstacheln. Sie kommen zu ihm, weil sie ihn auf übernatürliche Weise *kennen*; es ist nicht eigentlich so, dass sie von ihm Besitz ergreifen, sich seiner bemächtigen, eher kann man sagen, dass sie zu ihm gehören. Ich will damit nicht etwa andeuten, sie hätten gar keine »eigene«, von ihm unabhängige Wirklichkeit, sondern nur noch einmal daran erinnern, dass sie offenbar keine Macht über ihn besitzen, dass vielmehr er Macht über sie hat. Die Hexen setzen ihm keine Ideen in den Kopf, die nicht schon drinnen wären, und dennoch hat es ohne Zweifel auch mit ihrem Einfluss zu tun, wenn er seiner eigenen Fantasie erliegt. Vielleicht geben sie Macbeth den letzten Anstoß dazu, sich seinen Phantasmagorien, die ihn ja, wie Lady Macbeth bezeugt, schon immer begleitet haben, zum ersten Mal in der rechten doppeldeutigen Passivität hinzugeben. So betrachtet kommen die Unheilsschwestern den drei Nornen sehr nahe. William Blake hat sie so aufgefasst: als Schicksalsgottheiten, die sehen, was in der Zeit noch unentwickelt verborgen liegt, die aber auch auf diejenigen aktiv einwirken, die sie lehren, mit ihnen in die Zeit hineinzusehen. Gemeinsam mit Lady Macbeth bringen sie Macbeth dazu, sich selbst preiszugeben, oder besser: sie machen ihn für die größere Verführungskraft seiner Frau empfänglich, und diese bringt ihn auf die Bahn unrechter Gewalt.

Sicher ist der Raum des Stücks der Kosmos dieser Hexen, er ist kein christliches Universum. Hekate, die Göttin, die in Zaubersprüchen beschworen wird, herrscht über die Nachtseite der

Welt, und wenn sie Macbeth auch einen »verkehrten Sohn« nennt, so strafen sie doch seine Taten Lügen: er handelt wie ein loyaler Verbündeter der bösen Zauberin. Wenn man den *Macbeth* genauer kennen lernt, fühlt man, dass dem Titelhelden selbst größere übernatürliche Energien zur Verfügung stehen als Hekate oder den Unheilsschwestern. Unsere mit ganz anderen Gefühlen gemischte, gleichwohl unabweisbare Sympathie für ihn hat ihren Grund erstens darin, dass Shakespeare unserem Interesse kein anderes Objekt anbietet – als Alternative käme nur noch Lady Macbeth in Frage, aber die wird relativ früh an den Rand des Geschehens gedrängt –, zweitens auch in unserer Furcht davor, dass seine Einbildungskraft die unsere sein könnte, vor allem jedoch ist unsere irrationale Sympathie eine Folge von Macbeths Erhabenheit: durch all seine Verwirrtheiten hindurch strahlt immer großer Stil, eine Macht, die weder göttlich ist noch höllisch, scheint ihn zu ihrem prophetischen Herold erwählt zu haben:

Dann hat auch dieser Duncan seine Würde
So mild getragen, blieb im großen Amt
So rein, dass seine Tugenden, wie Engel
Posaunenzüngig, werden Rache schrein
Dem tiefen Höllengreuel seines Mords;
Und Mitleid, wie ein nacktes, neugebornes Kind,
Auf Sturmwind reitend, oder Himmelscherubim,
Zu Ross auf unsichtbaren, luft'gen Rennern,
Blasen die Schreckenstat in jedes Auge,
Bis Tränenflut den Wind ertränkt.

I.7, 16–25 [532]

Wir haben hier wie anderswo nicht das Gefühl, dass solche proleptische Eloquenz nicht zu Macbeth passt; seine Sprache und die Bilder, die er heraufbeschwört, sind die eines Sehers, und das macht seinen Zerfall, seine Verwandlung zum blutigsten aller tyrannischen Schurken Shakespeares nur desto grauenhafter. Wir fragen uns aber, wie es möglich ist, dass diese große Stimme aus Macbeths Bewusstsein hervorbricht – ganz offenbar kommt es ohne sein Zutun über ihn. Wir wissen, dass er unter Anfällen leidet; Lady Macbeth bemerkt einmal, er sei »oft so / Und war's von Jugend an«. Die Visionen kommen und gehen, wie es ihnen gefällt, und dieses zweite Gesicht hat sowohl mit seiner proleptischen Einbildungskraft als auch mit dem Wirken der Hexen zu tun. Keine Person bei Shakespeare ist so okkult, nicht einmal der Magier Prospero.

Das hat eine außerordentlich starke Wirkung auf uns, denn wir *sind* Macbeth, auch wenn wir weder Morde begehen noch mediale Begabungen haben. Wir haben auch keine Antennen für transzendente Energien, für Visionen und Stimmen. Macbeth ist ebenso sehr eine dichterische wie eine mörderische *Natur*. Er kann nicht räsonieren oder kritisch Alternativen gegeneinander abwägen: die konkurrenzlose schiere Evidenz der Bilder, die er sieht, überwältigt ihn. Man kann sagen, dass Shakespeare seinen eigenen Intellekt Hamlet mitgegeben hat, seinen Überfluss an Leben Falstaff, seinen Witz Rosalind. Macbeth stattete er mit etwas aus, was man das passive Element in Shakespeares Einbildungskraft nennen könnte. Wir wissen nichts darüber, ob der Autor des *Macbeth* das Opfer seiner eigenen Imagination wurde oder nicht, aber es ist doch unübersehbar, dass Macbeth einer Macht zum Opfer fällt, die jenseits all dessen ist, was wir irgend fassen können. Seine tragische Würde verdankt sich seiner gewissermaßen ansteckenden Begabung, unbekannte Seinsweisen zu spüren, Mächte wahrzunehmen, die von höherer Art sind als Hekate und die Hexen, aber nicht identisch mit dem christlichen Gott und seinen Engeln. Diese Mächte sind das tragisch Sublime selbst, und Macbeth ist, ob er will oder nicht, so tief eins mit ihnen, dass er uns mit diesem sublimen Etwas anstecken kann, so wie die unbekannten Kräfte ihn selbst angesteckt haben. Die Interpreten haben diese Kräfte nie gültig benennen können, ich für meinen Teil möchte es mit Nietzsche halten, der erkannt hat, dass mit moralischen Vorurteilen solchen Dämonen nicht beizukommen ist. Sie regieren das Stück, und ihr Treiben erschreckt uns zutiefst, aber dieselben Mächte schenken uns auch jene extreme Lust, die das Dämonische, das auf uns übergreift, bejaht.

5

Nicht zuletzt wegen des Unheimlichen, das in dem Stück regiert, ist der *Macbeth* dem *Hamlet* und dem *König Lear* vollkommen ebenbürtig und überschreitet wie diese beiden Dramen die Grenzen, die scheinbar der Kunst gesetzt sind. Auch der *Macbeth* trotzt letztlich der kritischen Beschreibung und Analyse, allerdings in ganz anderer Weise: Hamlets Innerlichkeit ist ein Abgrund, Lears Leiden scheinen über menschliches Maß hinauszugehen, Macbeth dagegen ist nur allzu menschlich. So gewalttätig er ist, steht er uns doch viel näher als Hamlet und Lear. Warum sind wir diesem Königsmörder so innig verbunden? Selbst große Schauspieler scheitern an dieser Rolle; unter den wenigen guten Macbeths, die ich gesehen habe, war Ian McKellen der beste, und selbst ihm schien es nicht geheuer zu sein, wie offen gegenüber dem Publikum diese Rolle ist. Ich glaube, dass wir uns hauptsächlich deswegen so sehr mit Macbeth identifizieren, weil wir genauso wie er das Gefühl haben, unserer eigenen Natur Gewalt anzutun. Shakespeare ist der Vater vieler erstaunlicher Dinge, so auch der des expressionistischen Dramas: der *Macbeth* kann als erstes Exemplar dieser Gattung gelten. Das Bewusstsein Hamlets ist weiter als das unsere, Macbeths Bewusstsein dagegen scheint genau dem jedes und jeder Einzelnen von uns zu entsprechen. Und wie bereits erwähnt, ist uns auch das Phänomen des proleptischen Fantasierens innig vertraut, auch wir kennen dieses Gefühl, dass das Schreckliche unvermeidlich seinen Lauf nimmt, dass es »mit uns passiert«, was immer wir auch tun und lassen mögen.

Wenn Malcolm am Ende des Stücks die Macbeths »diesen toten Bluthund und seine höll'sche Königin« nennt, so müssen wir ihm, dem Sohn des ermordeten Duncan, Recht geben, und doch murrt etwas in uns dagegen, irgendwie scheint uns dieses Urteil über die beiden unangemessen. Ganz offenbar entstehen die Ironien des *Macbeth* nicht aus der Kollision verschiedener Perspektiven, sondern aus Spaltungen des Ich, die sowohl Macbeth als auch das Publikum erfährt. Macbeth stellt fest, dass bei ihm die praktisch-prosaische Vernunft [»function«][7] »in Ahnung schwinde«, und wir stimmen dem zu, geraten aber sogleich ins Nachsinnen darüber, ob nicht dasselbe, wenn auch nicht im selben Maß, auch für uns gilt. Dr. Johnson sagte, die Geschehnisse seien zu groß, als dass irgendein einzelner Charakterzug Macbeths für sich dafür verantwortlich gemacht werden könnte. Niemand fürchtete je mehr als Dr. Johnson das, was er die »gefährliche Vorherrschaft der Einbildungskraft« nannte, und darin liegt, scheint mir, der Grund, weshalb der größte aller Kritiker nicht wahrhaben wollte, dass die besondere proleptische Einbildungskraft Macbeths die Ereignisse des Dramas determiniert. Wir wollen im Folgenden einige Äußerungen dieses die Zeit überspringenden Geistesvermögens betrachten.

In einem versonnenen Selbstgespräch ziemlich früh im Stück macht uns Macbeth mit dem eigentümlichen Wesen seiner Fantasie bekannt:

> Die Anmahnung von jenseits der Natur
> Kann schlimm nicht sein – kann gut nicht sein: wenn schlimm –
> Was gibt sie mir ein Handgeld des Erfolgs,
> Wahrhaft beginnend? Ich bin Than von Cawdor:
> Wenn gut – warum befängt mich die Versuchung,

Deren entsetzlich Bild aufsträubt mein Haar,
So dass mein festes Herz ganz unnatürlich
An meine Rippen schlägt? – Erlebte Greuel
Sind schwächer als das Graun der Einbildung.
Mein Traum, des Mord nur noch ein Hirngespinst,
Erschüttert meine schwache Menschheit so,
Dass jede Lebenskraft in Ahnung schwindet
[that function is smother'd in surmise]
Und nichts ist, als was nicht ist.

I.3, 130–142 [525]

Macbeth nennt seine »Menschheit« [»state of man«], die da »erschüttert« wird, »single«, und das Adjektiv meint hier zwei Aspekte des »Singulären« gleichzeitig, nämlich das »Einzigartige« und das »mutterseelenallein Dastehende«, das »Verletzbare«, »Schwache«. Die Fantasie von der Ermordung Duncans ist derart »echt«, dass Macbeth geradezu meinen kann, *allein* das sei, »was nicht ist«, der praktische, lebenstüchtige Verstand [»function«] schwindet »in Ahnung«, wird zugedeckt von Fantasien. Die dramatische Musik dieser Passage ist unüberhörbar und doch sehr schwer zu beschreiben. Macbeth spricht in einer Art Trance zu sich selbst, halb traumatisiert, halb in hellseherischer Entrückung. Ihn überkommen Schreckensvisionen, er *sieht* etwas, was unvermeidlich passieren wird, und weiß doch zugleich, dass der Mord nur ein »Hirngespinst« ist. Er gibt sich dem »Grauen der Einbildung« restlos hin, sein Wille spielt keine Rolle mehr. Wir könnten versucht sein zu glauben, er stünde auf der Schwelle zum Irrsinn, aber das wäre ein Missverständnis. Nicht er, sondern die resolute Lady Macbeth wird verrückt; der Proleptiker Macbeth wird immer wilder und ungeheurer wüten, aber er ist am Ende so wenig geisteskrank wie am Anfang. Die Parameter von Geisteskrankeit im Werk Shakespeares schwanken. Ist Hamlet je wirklich toll, und wäre es auch nur bei Nordnordwest?

Lear, Othello, Leontes, Timon erleben alle eine Zerrüttung des Geistes und werden (zum Teil jedenfalls) wiederhergestellt, nur Lady Macbeth kann nicht auf Heilung hoffen. Es wäre leichter für uns, wenn Macbeth wahnsinnig würde, aber es ist unmöglich, schon deswegen, weil er die Einbildungskraft jedes Einzelnen von uns repräsentiert und auch unser Vermögen, uns die Zukunft, diejenige, die wir uns wünschen, wie auch die, die wir fürchten, vorwegzunehmen.
Daheim auf seiner Burg, die König Duncan als Gast beherbergt, setzt Macbeth zu einem Monolog à la Hamlet an, fällt aber sehr schnell in seinen ureigenen Stil zurück:

Wär's abgetan, so wie's getan ist, dann wär's gut,
Man tät es eilig. Wenn der Meuchelmord
Aussperren könnt aus seinem Netz die Folgen
Und nur Gelingen aus der Tiefe zöge:
Dass mit *dem* Stoß, einmal für immer, alles
Sich abgeschlossen hätte – hier, nur hier –
Auf dieser lockern Sandbank unsrer Zeit –
So setzt ich weg mich übers künft'ge Leben.

I.7, 1–7 [531 f.]

Im Anschluss an die große, einer Sphäre des Transzendenten entstammende Vision vom »Mitleid«, das »wie ein nacktes, neugebornes Kind auf Sturmwind« reitet, wendet sich die Fantasie des Usurpators noch einmal dem eigenen Willen zu:

Ich habe keinen Stachel,
Die Seiten meines Wollens anzuspornen,
Als einzig Ehrgeiz, der, zum Aufschwung eilend,
Sich überspringt und jenseits niederfällt –

I.7, 25–28 [532]

Hier betritt nun Lady Macbeth die Szene, und Macbeth wird in seiner Metapher unterbrochen. Wo »jenseits« fällt er nieder? Offenbar auf dem anderen Ufer, auf der jenseitigen Sandbank unsrer Zeit – aus der ehrgeizigen Mordfantasie ist ein Wunsch geworden. Das Bild vom Mord an Duncan hat zentrale Bedeutung in dem Stück, und Shakespeare sorgt dafür, dass es ein Phantasma bleibt: das ist der Grund, weshalb wir die wirkliche Ausführung der Bluttat nicht mit ansehen dürfen. Auf dem Weg zur Schlafkammer seines Opfers hat Macbeth eine Vision, die ihn noch tiefer in die Welt hineinführt, wo »nichts ist, als was nicht ist«:

Ist das ein Dolch, was ich vor mir erblicke,
Der Griff mir zugekehrt? Komm, lass dich packen –
Ich fass dich nicht, und doch seh ich dich immer.
Bist du, Unglücksgebild, so fühlbar nicht
Der Hand gleich wie dem Aug? oder bist du nur
Ein Dolch der Einbildung, ein nichtig Blendwerk,
Das aus dem heiß gequälten Hirn erwächst?
Ich seh dich noch, so greifbar von Gestalt
Wie der, den ich jetzt zücke.
Du gehst mir vor den Weg, den will ich schreiten,
Und ebensolche Waffe wollt ich brauchen.
Mein Auge ward der Narr der andern Sinne
Oder mehr als alle wert. – Ich seh dich stets
Und dir an Griff und Klinge Tropfen Bluts,
Was erst nicht war. – Es ist nicht wirklich da:
Es ist die blut'ge Arbeit, die mein Auge
So in die Lehre nimmt. – Jetzt auf der halben Erde
Scheint tot Natur, und den verhangnen Schlaf
Quälen Versucherträume; Hexenkunst
Begeht den Dienst der bleichen Hekate;
Und dürrer Mord,
Durch seine Schildwacht aufgeschreckt, den Wolf,

Der ihm das Wachtwort heult – so dieb'schen Schrittes,
Wie wild entbrannt Tarquin dem Ziel entgegen,
Schreitet gespenstisch. –
Du festgefügte Erde, leicht verwundbar,
Hör meine Schritte nicht, wo sie auch wandeln,
Dass nicht ausschwatzen selber deine Steine
Mein Wohinaus und von der Stunde nehmen
Den jetzt'gen stummen Graus, der so ihr ziemt. –
Hier droh ich, er lebt dort;
Für heiße Tat zu kalt das müß'ge Wort!
Eine Glocke wird angeschlagen.
Ich geh, und 's ist getan; die Glocke mahnt.
Hör sie nicht, Duncan, 's ist ein Grabgeläut,
Das dich zu Himmel oder Höll entbeut.

II.1, 33–64 [535 f.]

Dieses großartige Selbstgespräch, das seinen Gipfel dort erreicht, wo die Glocke schlägt, ist von Anfang an als eine Apotheose der Kunst Shakespeares erkannt worden. Macbeth ist sein zweites Gesicht offenbar schon so vertraut, dass die Vision des Dolchs ihn weder überrascht noch schreckt, vielmehr versucht er gelassen, den »Dolch der Einbildung« zu packen. Der Ausdruck »false creation« [also eine »falsche«, trügerische »Schöpfung« und nicht nur »ein nichtig Blendwerk«] verweist subtil darauf, dass der Kosmos des *Macbeth* eine Welt ist, wie sie die Gnostiker sahen: das Werk eines stümpernden Schöpfers, des »Demiurgen«, dessen Schöpfung schon *an sich* schlecht, also von allem Anfang an gefallene Schöpfung, war. Mit einer großartigen metaphysischen Kühnheit, die uns Bewunderung abnötigt und uns damit zu Macbeths Komplizen und Teilhabern an seiner Schuld werden lässt, reagiert er auf die Phantasmagorie, indem er seinen eigenen Dolch zückt und sich so zu seinen proleptischen Sehnsuchtsbildern bekennt. Wie im *Lear* bedeutet »Narr« hier in erster Linie

»Opfer«, aber Macbeth meint trotzig, dass seine Augen vielleicht eben nicht Opfer von Betrug seien, sondern sogar mehr wert als alle anderen Sinne zusammen.

Dieses Moment von Bravour wird dann von einem neuen Phänomen in der Entwicklungsgeschichte von Macbeths visionärer Begabung in den Hintergrund gedrängt: Die Halluzination schreitet mit der Zeit fort, verändert sich, Blutstropfen zeigen sich an Klinge und Heft. »Es ist nicht wirklich da«, versichert Macbeth sich selbst, leistet aber weiter keinen Widerstand und ergibt sich ganz der feurigen Beredsamkeit, die ihm zuströmt, und der Zaubermacht der Hekate. Hier nun assoziiert Macbeth erstaunlicherweise seine Schritte, die ihn zu dem schlafenden Duncan führen, mit denen des Vergewaltigers Tarquinius, der sich »wild entbrannt« seinem Opfer nähert. Shakespeare selbst hatte diese Geschichte in seinem Gedicht *Die Schändung der Lucretia* erzählt. Macbeth schändet Duncan nicht, sondern ermordet ihn, trotzdem hat die Anspielung wohl viele im Publikum alarmiert aufhorchen lassen. Auch diese Kühnheit ist, scheint mir, unverwechselbar Shakespearisch und zeigt, wie eng er mit der Fantasie seines Protagonisten im Bunde steht. Die Worte: »Ich geh, und 's ist getan« bezeichnen die proleptische Klimax; auch wir haben Anteil daran: wir spüren, dass Duncan bereits tot ist, ehe noch die blutige Tat ausgeführt ist.

Erst nach dem nächsten Mord, dem an Banquo, und nach der Begegnung mit Banquos Geist beginnt sich in den proleptischen Äußerungen des Usurpators das Grauen breit zu machen, er erlebt sich mehr als Opfer von Ungeheuerlichem denn als Ungeheuer:

> Blut ward auch sonst vergossen, schon vor alters,
> Eh menschlich Recht den frommen Staat verklärte;
> Ja, auch seitdem geschah so mancher Mord,
> Zu schrecklich für das Ohr: da war's Gebrauch,

Dass, war das Hirn heraus, der Mann auch starb,
Und damit gut.
Doch heutzutage stehn sie wieder auf,
Mit zwanzig Todeswunden an den Köpfen,
Und stoßen uns von unsern Stühlen: Das
Ist wohl seltsamer noch als solch ein Mord.

III.4, 74–82 [555]

Wenn man moralische Überlegungen außer Acht lässt, da sie, wie Nietzsche uns gelehrt hat, dem *Macbeth* schlicht fremd sind, kann man durchaus finden, dass die Empörung, die der Protagonist immer stärker spürt, vielleicht weniger rasend ist, als sie eigentlich sein müsste. Die Hexen täuschen ihn mit zweideutigen Reden, aber sie sind auch überhaupt ziemlich zweideutige Wesen; Bradshaw bemerkt einmal sehr hübsch, sie wirkten »sonderbar kapriziös und kindisch, ihre Lotsen und Kastanien sind ihnen kaum weniger wichtig als Macbeth und Schottland«. Sie sind weit davon entfernt, die Geschicke jenes *kenoma* zu regieren, jener »leeren« Welt, die der Raum des Dramas ist, sie machen den Eindruck, als wären sie deutlich untergeordnete Chargen, viel weniger wichtig als Macbeth. Eine Welt, die schon als eine gefallene Welt erschaffen wurde, ist alles andere als eine christliche Schöpfung. Zwar hat Hekate einige Macht in dieser Natur, aber man spürt, dass in dem Stück eine noch größere Gewalt am Werk ist, die eines Demiurgen. Shakespeare nennt sie nicht beim Namen, eine Metapher dafür ist »Zeit«, aber nicht jene »gute alte Zeit«, in der man einem Kerl, dem man das Hirn aus dem Schädel schlug, auch wirklich den Garaus machte, sondern das »Heutzutage«, wo die Geister der Ermordeten sich auf unsere Stühle setzen.

Das »Heutzutage« ist die leere Welt des *Macbeth*, in die wir, das Publikum, *geworfen sind*, und ebendieses Gefühl des Geworfenseins *ist* jener Terror, der nach Wilbur Sanders und Graham

Bradshaw im *Macbeth* herrscht. Als Macbeth erfährt, dass Macduff nach England geflohen ist, fasst er den schrecklichen Vorsatz: »Von Stund an nun / Sei immer meines Herzens Erstling auch / Erstling der Hand.« Und der erste Erstling seines Herzens ist der Entschluss, Lady Macduff, ihre Kinder und alle »armen Seelen«, die mit Macduff verwandt sind, abzuschlachten, woraus wir sehen, dass das Herz Macbeths auch das Herz ist, das die Welt des *Macbeth* regiert. Der Rächer Macduff schlägt Macbeth am Ende den Kopf ab und verkündet: »Die Welt ist frei.« Aber wie könnten wir ihm glauben? Die Welt ist die Welt Macbeths, so wie er sie in seiner Fantasie gesehen hat, auch wenn jetzt Malcolm König ist. Der Raum des *Lear* ist wie der des *Macbeth* ein kosmologisches Vakuum, aber das Stück ist viel komplexer; es gibt keine einzelne Passage, auch nicht in den Reden des Lear, die das Wesentliche des Werks in sich zusammenfasste. Macbeth kann uns ein solches Konzentrat seines Stücks und seiner Welt sehr wohl bieten, und er tut es in seiner berühmtesten Rede:

> Sie hätte später sterben können; es hätte
> Die Zeit sich für ein solches Wort gefunden. –
> Morgen und morgen und dann wieder morgen,
> Kriecht so mit kleinem Schritt von Tag zu Tag,
> Zur letzten Silb auf unserm Lebensblatt;
> Und alle unsre Gestern führten Narrn
> Den Pfad des staub'gen Tods. – Aus! kleines Licht!
> Leben ist nur ein wandelnd Schattenbild;
> Ein armer Komödiant, der spreizt und knirscht
> Sein Stündchen auf der Bühn und dann nicht mehr
> Vernommen wird; ein Märchen ist's, erzählt
> Von einem Tollen, voller Klang und Wut,
> Das nichts bedeutet.

V.5, 17–28 [582]

Dr. Johnson, zu Recht schockiert darüber, dass dies Macbeths Reaktion auf den Tod seiner Frau sein sollte, meinte zuerst, das könne einfach nicht wahr sein, und er vermutete einen Druckfehler in dem Vers »There would have been a time for such a word« [»es hätte / Die Zeit sich für ein solches Wort gefunden«]: statt »word« müsse »world« stehen. Er kam dann von dieser Idee ab, beharrte aber hartnäckig darauf, dass dieses »word«/»Wort« so viel bedeute wie »Mitteilung«, »Nachricht« und sich eben nicht, wie es aber nun einmal leider der Fall ist, auf das Wort »hereafter«/»später« beziehe. Wie das Ende des *Lear* so beleidigte auch diese Passage das moralische Empfinden Johnsons, was beweist, dass der große Kritiker die beiden Dramen ganz richtig verstand, denn tatsächlich sehen sie die Welt nicht aus einer christlichen Perspektive. Macbeth kann nicht nur für sich selbst, sondern auch für das Stück und für seine ganze Welt sprechen. In seiner Zeit gibt es kein »Später«, kein *Danach*. Und doch ist es der Selbstmord seiner Frau, den man ihm da gerade gemeldet hat. Er bringt keinerlei Trauer, nichts, was wir irgend als Trauer wahrnehmen könnten, zum Ausdruck. Statt einer Elegie auf die Königin Macbeth hören wir einen nihilistischen Totenmarsch, der freilich nicht Bilder von Marschierenden evoziert, sondern von Narren, die sich kriechenden Schrittes dahinbewegen, von einer Parade der Opfer, und *alle* sind Opfer. Das »kleine Licht« ist die Sonne und das Lebenslicht des Individuums, nicht mehr jener »große Lehensbrief«, von dem Macbeth mit so grandioser Emphase sprach, bevor er Banquo ermorden ließ:

> … Komm
> mit deiner dunklen Binde, Nacht; verschließe
> Des mitleidvollen Tages zartes Auge;
> Durchstreich mit unsichtbarer, blut'ger Hand
> Und reiß in Stücke jenen großen Lehensbrief,
> Der meine Wangen bleicht! – Das Licht wird trübe;

Zum dampfenden Wald erhebt die Kräh den Flug;
Die Tagsgeschöpfe schläfrig niederkauern,
Und schwarze Nachtunhold' auf Beute lauern.
Du staunst mich an? Still! – Sündentsprossne Werke
Erlangen nur durch Sünden Kraft und Stärke.

III.2, 46–55 [551]

Die Nacht wird hier zum königlichen Falken, der die Sonne zerreißt, Macbeths Imagination ist ganz und gar apokalyptisch. In dem Singsang vom »Morgen und morgen und dann wieder morgen« dagegen herrscht ein postapokalyptischer Ton, und genauso klingt es in Macbeths Reaktion auf die Nachricht, dass der Birnams-Wald gegen Dunsinane anrückt:

Das Sonnenlicht will schon verhasst mir werden;
Oh! fiel' in Trümmer jetzt der Bau der Erden!

V.5, 49 f. [583]

Das Leben unter dieser Sonne ist ein wandelnd Schattenbild, die Vorstellung eines Schmierenschauspielers, der ein Stündchen lang auf der Bühne stolziert und gestikuliert und schon vergessen ist, wenn wir aus dem Theater heimgehen. Dagegen ist die Stimme von Ralph Richardsons Falstaff, die nun schon seit einem halben Jahrhundert in mir nachhallt, wie ich denke (aber daran will nur Shakespeare, nicht Macbeth mich erinnern), keine von denen, die »nicht mehr vernommen« werden. Mit wunderbarem Raffinement revidiert dann Macbeth seine Metapher: das Leben ist nun plötzlich kein schlechter Schauspieler mehr, sondern eine von einem Schwachsinnigen erzählte Geschichte, die *notwendigerweise* nihilistisch ist. Die großartige Sprache Macbeths und des ganzen Stücks erscheint auf »Klang und Wut« reduziert, aber diese Phrase schlägt zurück: Macbeths eigene Diktion in all ihrem Glanz macht ihn zunichte. Es ist, als ob er sich selbst am

Ende alle imaginierte Sympathie aufkündigte und damit etwas tut, wozu das Publikum nicht fähig ist.

6

Ich komme noch einmal, zum letzten Mal, auf den ehrfurchtsvollen Schrecken zurück, den Macbeth uns einjagt. G. Wilson Knight verwies in diesem Zusammenhang auf eine Überlegung des weisen alten Höflings Lafeu in *Ende gut, alles gut*:

> Man sagt, es geschehen keine Wunder mehr, und unsre Philosophen sind dazu da, die übernatürlichen und unergründlichen Dinge alltäglich und trivial zu machen. Daher kommt es, dass wir mit Schrecknissen Scherz treiben und uns hinter unsre angebliche Wissenschaft verschanzen, wo wir uns vor einer unbekannten Gewalt fürchten sollten.
>
> II.3, 1–6 [852]

Wilbur Sanders greift Knights Anregung auf und fasst in seiner Deutung den *Macbeth* als das Stück Shakespeares, das uns mehr als alle anderen in Furcht »vor einer unbekannten Gewalt« versetzt. Aus meiner eigenen Erfahrung mit diesem Stück würde ich sagen, dass der Schrecken, den wir empfinden, ebenso berechtigt ist wie unser Staunen angesichts des *Hamlet.* Was immer das sein mag, was der Terror des *Macbeth* bei uns bewirkt, so ist es doch jedenfalls nicht eine Katharsis. Da wir gar nicht anders können, als Macbeth zu internalisieren, ist letztlich die »unbekannte Gewalt«, die wir fürchten, unsere eigene. Und wenn wir uns dieser Furcht hingeben – Shakespeare lässt uns keine Wahl –, folgen wir Macbeth in einen Nihilismus, der sich von dem Jagos und Edmunds sehr deutlich unterscheidet. Die beiden sind selbstsichere Nihilisten, erfüllt von der Gewissheit, erwählt zu sein, da sie sich selbst erwählt haben. Macbeth besitzt keinerlei Gewissheit, und uns, die wir ihm wider Willen nachfolgen, ergeht es ebenso.

Die erstaunlichste Bemerkung zur Furcht im *Macbeth* stammt wieder von Wilson Knight:

> Solange Macbeth im Konflikt mit sich selbst lebt, herrscht Elend, Bosheit, Angst; gegen Ende dann, als er sich selbst offen mit dem Bösen identifiziert und auch andere ihn so sehen, steht er der Welt furchtlos gegenüber, und er erscheint nun auch nicht mehr als böse.

Ich glaube zu verstehen, worauf Wilson Knight hinauswollte, aber seine These bedarf doch einiger Korrekturen. Vereinfacht ausgedrückt, führt Macbeths Bahn ihn vom proleptischen Horror zu dem Gefühl, dass er in seinen Erwartungen betrogen wurde, und an die Stelle der Furcht tritt die Empörung. Was »das Böse« betrifft, so können wir uns das sparen; der Begriff ist redundant – es ist, als wollten wir Hitler oder Stalin »böse« nennen. Als Macbeth sich verraten sieht, von Halluzinationen und Orakelsprüchen betrogen, reagiert er mit erbitterter, wilder Empörung, er gebärdet sich wie ein rasender Schauspieler, der dazu verdammt ist, immerzu seine Stichworte zu verpassen. Der Usurpator mordet weiter, kann aber die Zeit und das Ich nicht besiegen. Manchmal frage ich mich, ob Shakespeare nicht vielleicht doch irgendwie Zugang zu gnostischen und manichäischen Ideen gehabt hat, die sich verstreut in den Schriften der Kirchenväter finden (sie werden dort lediglich dem rechtgläubigen Leser zur Warnung zitiert), aber es ist wenig wahrscheinlich, dass es den Dramatiker zu dieser Art Lektüre hingezogen hat. Sosehr wir uns mit Macbeth identifizieren, macht er uns doch mehr Angst als alles, was um ihn herum vorgeht, und das legt uns den Gedanken nahe, dass vielleicht auch wir selbst mehr Schreckliches an uns haben als irgendetwas anderes in unserer Welt. Und doch kann der Kosmos, in dem Macbeth sich bewegt, wie auch unser eigener, wahrhaftig grauenhaft sein:

ALTER: Auf siebzig Jahr kann ich mich gut erinnern;
In diesem Zeitraum sah ich Schreckenstage
Und wunderbare Ding', doch diese böse Nacht
Macht alles Vor'ge klein.
ROSSE: O guter Vater,
Der Himmel, sieh, als zürn er Menschentaten,
Dräut dieser blut'gen Bühn. Die Uhr zeigt Tag,
Doch dunkle Nacht erstickt die Wanderlampe:
Ist's Sieg der Nacht, ist es die Scham des Tages,
Dass Finsternis der Erd Antlitz begräbt,
Wenn lebend Licht es küssen sollte?
ALTER: Unnatürlich
Wie die geschehne Tat. Am letzten Dienstag
Sah ich, wie stolzen Flugs ein Falke schwebte
Und eine Eul ihm nachjagt' und ihn würgte.
ROSSE: Und Duncans Rosse, seltsam ist's, doch sicher,
So rasch und schön, die Kleinod' ihres Bluts,
Brachen verwildert ganz aus ihren Ställen
Und stürzten fort, sich sträubend dem Gehorsam,
Als wollten Krieg sie mit den Menschen führen.
ALTER: Man sagt, dass sie einander fraßen.
ROSSE: Ja;
Entsetzlich war's, ich hab es selbst gesehn.

II.4, 1–20 [544]

Das ist nach der Ermordung Duncans, aber schon am Anfang des Stücks sagt ein verwundeter Krieger bewundernd über Macbeth und Banquo: »so stürzten sie / Die Doppelstreiche doppelnd, auf den Feind: / Ob sie in heißem Blute baden wollten, / Ob auferbaun ein zweites Golgatha, / Ich weiß es nicht.« Was bedeutet dieser Hinweis auf die »Schädelstätte« Golgatha, wo Jesus gekreuzigt wurde? Es sieht ganz so aus, als hätte Shakespeare hier subtil eine schockierende Parallele konstruiert: Wir befinden uns am Anfang des Dramas, und Macbeth und Banquo kämpfen beide für eine *gute* Sache, nämlich für König und Vaterland, und dennoch schaffen sie eine neue blutige Schädelstätte für eine zweite Kreuzigung. Graham Bradshaw beschrieb scharfsinnig den Horror der Natur im *Macbeth*, Robert Watson machte uns auf die gedankliche Nähe zum Gnostizismus aufmerksam. Shakespeare setzt uns einem Geschehen aus, das in extremer Weise Nicht-Wir ist, und er tut es nicht, um dem Publikum einen asketisch-tugendhaften Abscheu einzuflößen, sondern um uns zu einer Entscheidung zu zwingen: wir können und müssen wählen zwischen Macbeth und der Leere, dem *kenoma* der Gnostiker. Wir wählen allemal Macbeth, und diese Entscheidung kommt uns teuer zu stehen.

Dass der *Macbeth* ein großes Kunstwerk ist, steht außer Frage. Das Stück hat weder den weiten Horizont noch die Tiefe des *Hamlet* und des *König Lear*, es ist nicht so brillant quälend wie der *Othello*, und es bietet nicht wie *Antonius und Kleopatra* ein Panorama einer Welt ohne Ende, trotzdem ziehe ich persönlich es diesen großen Tragödien vor. Shakespeares ureigentliche Stärke liegt in der radikalen Internalisierung, und der *Macbeth* ist sein am konsequentesten internalisiertes Drama, denn es spielt in der schuldigen Fantasie Macbeths, die auch die unsere ist. Keine kritische Methode, die ebenso gut auf Thomas Middleton oder John Fletcher anzuwenden ist, kann uns Shakespeares Werk erhellen. Ich weiß nicht, ob Gott Shakespeare geschaffen hat, aber ich weiß, dass wir in einem ganz erstaunlichen Maß Shakespeares Geschöpfe sind. Im Verhältnis zu uns, die nie aufhören werden, von ihm zu lernen, ist Shakespeare so etwas wie ein sterblicher Gott; alle Messinstrumente, die wir verwenden mögen, um seine Größe zu relativieren, erweisen sich als untauglich. Wie die besten Kritiker erkannt haben, lehrt der *Macbeth* nicht, dass Verbrechen gegen die Natur gesühnt und geheilt sind, sobald die legitime politische Ordnung wiederhergestellt ist. Im *Macbeth* ist die Natur verbrecherisch, dies aber nicht im Sinn der christlichen Lehre von der *sündigen* Natur, die durch Gnade, Sühne und Vergebung erlöst wird. Im *Macbeth* gibt es wie im *Lear* kein Entrinnen, keinen Raum des Heiligen, wo wir Asyl finden könnten. Macbeth ist größer als wir, in seiner Kraft wie in seiner Qual, gleichwohl repräsentiert er uns, und je tiefer wir in unser Inneres vordringen, desto lebenswahrer finden wir ihn dort wieder.

FÜNF
Antonius und Kleopatra

A. C. Bradley hielt nur vier von Shakespeares Figuren für »unausschöpfbar«, nämlich Hamlet, Kleopatra, Falstaff und Jago. Man könnte sich fragen, weshalb er keine der Gestalten von *König Lear* – Lear selbst oder Edgar oder Edmund oder den Narren – in diesen erlesenen Kreis aufgenommen hat. Vielleicht liegt es daran, dass Shakespeare im *Lear*, der als Drama gewiss nicht weniger unausschöpfbar ist als der *Hamlet*, den Reichtum seines Genies auf vier Figuren verteilt hat. Unter den Frauengestalten Shakespeares ist Kleopatra nach dem einhelligen Urteil aller Kritiker die subtilste und imposanteste, im Übrigen jedoch herrscht wenig Übereinstimmung: Shakespeare arbeitet in diesem Stück so raffiniert mit verschiedenen Perspektiven, dass sich dem Betrachter ein verwirrend weites Feld von Deutungsmöglichkeiten eröffnet. Da selbst Antonius ganz offensichtlich diese Frau nicht versteht, wie sollten wir es können? Rosalie Colie ist aufgefallen, dass wir das Paar Antonius und Kleopatra nie allein zu sehen kriegen. Das ist hübsch, wenn auch nicht restlos wahr: einen kurzen Moment lang sind die beiden sehr wohl allein, allerdings nicht in *trauter* Zweisamkeit, da Antonius rasend vor Zorn ist. Wie waren die beiden im eher harmonischen Zusammensein? Unter allen Figuren Shakespeares sind nur Hamlet, Falstaff und Jago so forciert theatralisch wie diese zwei, und Kleopatra ist es in so hohem Grad, dass nur Hamlet und Falstaff neben ihr bestehen könnten, Antonius hält es nicht durch. Sie hört keinen Augenblick lang auf, die Kleopatra zu spielen, und so wie sie ihre Rolle auffasst, bleibt Antonius nichts anderes übrig, als sich mit dem etwas zweideutigen Status des ersten Liebhabers zu bescheiden. Es ist ihr Stück und nie im selben Maß seines, da er den Zenit seiner Herrlichkeit schon deutlich überschritten hat, ehe der Vorhang aufgeht, während sie es sich gar nicht leisten kann, etwas von ihrem Glanz einzubüßen. Sie ist das Urbild des Stars, die erste ganz große Berühmtheit der Weltgeschichte, und sie ist ihren Liebhabern Pompejus, Cäsar und Antonius überlegen, denn diese kennt man nur wegen ihrer Leistungen und ihres tragischen Endes. Sie hat und braucht keine historischen Verdienste, und ihr Tod ist eher Triumph als Tragödie; sie ist und war immer berühmt, und eben darum wird sie es immer bleiben.

Auf die vier großen Bluttragödien, die zugleich Familientragödien sind, folgt nun mit *Antonius und Kleopatra* ein Drama, das aus dem Raum des Häuslichen ausbricht in die große Welt des Konflikts zwischen Westen und Osten, ein Drama, das in seinen ungezählten Szenen immer neue Ausblicke eröffnet. Dr. Johnson fand merkwürdigerweise, in dem Stück sei »keine Figur sehr scharf als unverwechselbares Individuum gezeichnet«, was doch höchstens auf den *Macbeth* zutrifft, wo nur der Titelheld und seine Frau aus dem allgemein herrschenden Grau in Grau hervorstechen. Jede einzelne Rolle in *Antonius und Kleopatra* ist unverwechselbar, von dem chorischen Enobarbus bis zu dem Clown, der am Ende Kleopatra ihre Vipern liefert. Neben Octavius Cäsar, dem ehemaligen Verbündeten des Antonius, und dessen Untergebenen Enobarbus gibt es ein Dutzend scharf gezeichneter kleinerer Rollen.

Kleopatra und Antonius sind so reiche und starke Persönlichkeiten, dass sie wie der krönende Abschluss einer Periode intensiver Beschäftigung mit dem inneren Ich wirken: Etwa zwölf Jahre zuvor hatte Shakespeare den Faulconbridge in *König Johann* geschaffen, es folgten Richard II., Portia und Shylock (mag dessen Innerlichkeit Shakespeare auch gegen seinen eigenen Willen gelungen sein), und eine Dekade vor Kleopatra hatte diese

Kunst dann mit Falstaff einen ersten Gipfel erreicht. Coriolan, der nach Kleopatra entstand, ist ein »einsamer Drache« mit einem inneren Abgrund, und die Protagonisten der späten Romanzen sind etwas anderes als realistische Darstellungen von Personen. Ohne Zweifel ist es ein bisschen simpel, anzunehmen, Shakespeare sei ganz einfach erschöpft gewesen, nachdem er in nur vierzehn Monaten den *Lear*, den *Macbeth* und *Antonius und Kleopatra* geschrieben hatte. Ich bin gewiss ein fanatischer Shakespeare-Verehrer, aber selbst ich glaube zu sehen, dass der Dramatiker nach Antonius' Zusammenbruch und Kleopatras Apotheose sich davor scheute, noch weiter ins Innere des Menschen vorzudringen.

John Dryden erlaubt sich im Vorwort zu seiner Bearbeitung des Dramas, die unter dem Titel *All for Love* 1678 erschien und weite Verbreitung fand, milden Tadel an seinen illustren Protagonisten:

> Wenn das Werk nicht in höherem Maß Mitleid zu erregen vermag, so ist das in der Geschichte selbst begründet, denn die Verbrechen aus Liebe, die diese beiden begingen, waren in keiner Weise notwendige Folgen irgendeines Verhängnisses oder fataler Unkenntnis, sondern einer freien Willensentscheidung, da es sehr wohl in unserer Macht steht, unsere Leidenschaften zu beherrschen, und dies jedenfalls von uns gefordert wird.

Ich bezweifle, dass Dryden selbst Mitleid mit Antonius und Kleopatra empfand, für ihn war die Leidenschaft der beiden zwar ein Unheil, aber eben auch schuldhaft und tadelnswert. Ich frage mich indes, ob es überhaupt weiterhilft, wenn wir die Ursachen der Katastrophe im Verhältnis der Liebenden zueinander suchen. Unbestreitbar liegt darin, wie Shakespeare zeigt, ein destruktives Potenzial, das den Untergang der beiden beschleunigt, aber so wie ihre von Macht und Verrat regierte Welt beschaffen ist, hätte Octavius sie auf jeden Fall früher oder später vernichtet. Drydens vielversprechender Titel *All for Love* [*Aus lauter Liebe*] passt nicht für Shakespeares Stück, und selbst *All for Lust* [*Aus lauter Wollust*] ist noch weit vom Schuss. Antonius und Kleopatra sind charismatische Politiker, und beide beseelt eine so große Leidenschaft zu sich selbst, dass es geradezu an ein Wunder grenzt, dass sie überhaupt voneinander Kenntnis nehmen. Sie nehmen den gesamten Raum um sich herum in Anspruch; alle anderen Figuren, selbst Octavius, sind lediglich als Publikum von Bedeutung. Nur einer hat es jemals geschafft, die beiden seinen Zwecken dienstbar zu machen, nämlich Julius Cäsar, der aber nicht in dem Stück auftritt, sondern nur darin spukt. Vielleicht haben Antonius und Kleopatra aus Shakespeares *Julius Cäsar* und von dessen Titelfigur die liebenswerte Angewohnheit übernommen, nie hinzuhören, wenn jemand mit ihnen spricht. Besonders komisch ist das in der Sterbeszene des Antonius, der durchaus würdig von der Bühne abtritt, es sich aber gleichwohl nicht verkneifen kann, Kleopatra noch gute Ratschläge zu geben; diese unterbricht ihn andauernd und fährt ihm einmal wunderbar direkt in die Parade: »Nein, lass mich reden.« In gewisser Weise macht es keinen großen Unterschied, denn des Antonius letzter Rat taugt genauso wenig wie alle früheren, bedeutsam ist der Moment nur deswegen, weil Shakespeare den Protagonisten hier – nur dieses einzige Mal – fast aus der Rolle des herkulischen Helden fallen lässt, Kleopatra dagegen hört keinen Augenblick lang auf, die Kleopatra zu spielen. Das ist der Grund, weshalb diese Figur so wunderbar schwierig zu spielen ist: Die Darstellerin muss die Rolle der Kleopatra spielen und zugleich zeigen, dass diese Kleopatra die Rolle der Kleopatra spielt. Unter allen Schauspielerinnen, die ich gesehen habe, meisterte die junge Helen Mirren diese doppelte Aufgabe am besten.

»Lieben« Antonius und Kleopatra einander, um in unserer Sprache zu reden, die hier ausnahmsweise einmal nicht die Shakespeares ist? Lieben *wir* denn? Aldous Huxley hat in einem seiner Essays einmal darauf hingewiesen, dass wir mit dem Wort »Liebe« eine verwirrende Vielzahl von verschiedenen Gefühlen bezeichnen, die Spanne reicht von dem, was wir für unsere Mütter empfinden, bis zu den ganz flüchtigen und käuflichen Sensationen. Julia und Romeo lieben einander wirklich, aber sie sind noch sehr jung, und Julia ist ein wunderbar großherziges Geschöpf, das im Werk Shakespeares nicht seinesgleichen hat. Sicher ist, dass Kleopatra und Antonius, die sonst jeden und jede andere, in erotischen Dingen und überhaupt, langweilig finden, einander nicht langweilen. Dass zwei voneinander fasziniert sind, muss nicht bedeuten, dass sie einander lieben, aber das Verhältnis ist doch jedenfalls insofern romantisch, als die zwei einander nicht vollständig oder noch nicht vollständig kennen. Vor allem Kleopatra versteht es meisterhaft, wie wir von Enobarbus wissen, der Abstumpfung vorzubeugen. Antonius, auch er ein sterblicher Gott, hat seine besondere Aura, eine Art Astralleib, dessen Hinscheiden Musik von Oboen unter der Bühne anzeigt, die Musik des Gottes Herkules. Kleopatra weiß, dass niemand an seine Stelle treten wird, denn mit ihm ist die Epoche Julius Cäsars und des Pompejus gestorben, und selbst Kleopatra wird den ersten großen Verwaltungsbeamten an der Spitze des Staats, den Kaiser Augustus, schwerlich verführen.

Die Frage ist demnach so zu stellen: Worin besteht der Wert der gegenseitigen Faszination oder, wenn man so sagen will, der romantischen Liebe? Offenbar ist sie nicht so vernichtend bestürzend wie die familiale Liebe, die Lears und Edgars Schicksal bestimmt. Shakespeare beweist ungeheuerliches Raffinement, wenn er Plutarch korrigiert und sagt, Gott Herkules – nicht Bacchus – habe Antonius verlassen. Ein dionysischer Held kann nicht der Vergangenheit zugeordnet werden, wie die nur allzu nietzscheanische Karriere Hamlets immer wieder deutlich macht. Ein herkulischer Held erschien den Zeitgenossen Shakespeares nicht in dem Maß archaisch wie uns, aber ohne Zweifel hat er etwas Überlebtes an sich. Lear und Edgar sind viel weniger als Kleopatra und Antonius der Gefahr ausgesetzt, dass das Publikum sie an seiner eigenen Elle misst. Die Hure und ihr alternder Freier, der sie aushält – das ist eine mögliche Perspektive, der man die beiden Figuren unterwerfen kann, wenn man ein wild entschlossener Reduktionist ist, aber welches Interesse sollte man dann noch an dem Stück haben? Ein dionysischer Antonius würde *alle* Werte, die erotischen wie die gesellschaftlichen, mehr in Frage stellen, als ein herkulischer Held es je könnte. Wenn in dem Stück eine Kritik an Werten stattfindet, so kann diese nur in Kleopatra verkörpert sein, die zu einer Apotheose aufsteigt, nachdem Antonius auseinander gebrochen ist: Er hört auf, ein Gott zu sein, sie wird vergöttlicht.

Was fangen wir mit einer ägyptischen Göttin an, selbst wenn wir unrömisch genug sind, um nicht der Versuchung zu erliegen, sie auf eine opernhafte Zigeunerhure zu reduzieren? Wenn meine Interpretation des *Lear* irgend korrekt ist, dann erscheint dort die familiale Liebe nicht als ein positiver Wert, sondern wird als ein apokalyptischer Alptraum vorgeführt. Man kann behaupten, dass die romantische Liebe den Abstieg des römischen Osiris Antonius in die Unterwelt beschleunigt, jedoch ist es, wie bereits angedeutet, schwer möglich, aus seinem Niedergang und Fall herzuleiten, dass sie als Wert bejaht oder als katastrophal dargestellt würde. Bei Kleopatra liegen die Dinge ganz anders: ihre Geschichte ist sehr wohl wertsteigernd. Ist es der Wert der Liebe, den sie verherrlicht? Genau das scheint mir die schwierigste aller Fragen zu sein, eine wirkliche Herausforderung für das, was man früher Literaturkritik genannt hat. Die Kleopatra des 5. Akts ist nicht nur eine größere Schauspielerin geworden, sondern offenbar hat sie nach dem Tod des Antonius auch ihr Talent als Bühnenautorin entdeckt. Die Rolle, die sie sich auf den Leib geschrieben hat, ist sehr komplex, aber eine Komponente davon ist, dass sie Antonius geliebt hat und immer noch liebt und also einen unsagbar großen Verlust erlitten hat. Wenn man es auf den sublim bitteren Punkt bringt, kann man sagen, sie *heiratet* ihn im Moment seines Todes – man könnte dabei an Edmund denken, der, als er erfahren hat, dass Goneril und Regan tot sind, ausruft: »alle drei / Vermählt jetzt ein Moment«, aber diese Assoziation braucht uns nicht zu irritieren.

Das Dasein, sagt Nietzsche, ist nur als ästhetisches Phänomen ewig gerechtfertigt. Ich bin vielleicht sonst durchaus ein verbohrter alter Ästhet, würde aber zögern, der Behauptung zuzustimmen, dass für Shakespeare die Liebe nur als ästhetisches Phänomen gerechtfertigt sei, wenn ich nicht den Eindruck hätte, dass ebendas der springende Punkt der *Tragödie von Antonius und Kleopatra* ist, zumindest derjenigen Fassung des Stücks, die Kleopatra in ihrer Eigenschaft als Autorin im letzten Akt herstellt, wo ihr die Bühne ganz alleine gehört. Ihr Dramatiker-Kollege George Bernard Shaw, der sich nicht nur anmaßte, ihr Konkurrenz zu machen, sondern auch versicherte, er fühle nur Geringschätzung, wenn er seinen Geist mit dem Shakespeares vergleiche, äußert sich in der Vorrede zu seinem Stück *Cäsar und Kleopatra* ebenso beißend kritisch wie windschief:

> Ich halte es aus ganz praktischen Gründen für verfehlt, die sexuelle Vernarrtheit zum Gegenstand des Tragischen zu machen. Die Erfahrung beweist, dass sie nur ins Komische gewendet wirkungsvoll darzustellen ist. Wir können es ertragen, wenn Mrs. Quickly aus Liebe zu Falstaff ihr Silberzeug versetzt, nicht aber, dass Antonius aus Liebe zu Kleopatra in der Schlacht bei Actium fahnenflüchtig wird.

Natürlich konnte Shaw der Versuchung nicht widerstehen, sich auf die am wenigsten überzeugende Episode in der Geschichte vom Niedergang des Antonius zu stürzen, aber worauf es ankommt, ist doch, dass *Antonius und Kleopatra* eben nicht eine Tragödie von der Art des *Lear* oder des *Othello* ist. Noch weniger als jedes andere Stück von Shakespeare fügt sich dieses Drama den Regeln irgendeiner Gattung: in weiten Teilen dieser Tragödie dominiert der Geist des Komischen. Enobarbus erteilt Shaw die gebührende Antwort: Kleopatra, sagt er, ist »ein wundervolles Meisterwerk«, und er hat dabei ihre dämonische Energie im Sinn, ihre narzisstische Lebensfülle, die der Falstaffs nahe kommt. Shaw verabscheute Falstaff und assoziierte ihn – zu Recht, aber aus dem falschen Grund – mit Shakespeares Kleopatra. Kleopatra hat einen tiefen Sinn für ironischen und parodistischen Humor, sie hat wahrscheinlich Antonius zum Lachen erzogen wie Falstaff seinen Hal, der Unterschied ist nur, dass die sexuelle Liebe nicht Falstaffs Sache ist, die Kleopatras sehr wohl. Antonius hat den Gipfel seines Ruhms hinter sich; in kurzen Momenten leuchtet seine alte Größe wieder auf, aber das ändert nichts an der Tatsache, dass seine Lebensbahn dem Modell des Niedergangs folgt, das Shakespeare schon seinem Julius Cäsar zu Grunde gelegt hatte. Was indes Kleopatra angeht, wie könnten wir jemals die Grenze zwischen innen und außen genau bestimmen, da doch sie selbst es nicht kann? Sie ist ohne Zweifel die theatralischste aller Bühnengestalten und übertrifft alles, was Pirandello geschaffen hat. Wir können uns die Frage sparen, ob ihre Liebe zu Antonius jemals und im Besonderen im Moment ihres Todes *wirklich* Liebe ist, denn der Unterschied zwischen dem gespielten und dem leidenschaftlich empfundenen Gefühl existiert in dem Stück nicht. Der Wert der familialen Liebe bei Shakespeare ist gewaltig, aber er ist negativ; der Wert der leidenschaftlichen Liebe beim reifen Shakespeare verdankt sich einer Mischung von Theatralik und narzisstischem Selbstgefühl. Die Kunst ist selbst Natur, und der Wert der Liebe wird ganz und gar künstlich.

2

Auch wenn sich in all der Pracht von *Antonius und Kleopatra* schon Shakespeares liebevoller Abschied von seiner Kunst der Menschenerfindung ankündigt, ist doch das Stück unendlich vielgestaltig; in dieser Hinsicht knüpft es an den *Hamlet* an. Dort musste Shakespeare notgedrungen alle Vielfalt in die eine Figur seines grenzenlosen Helden legen, in *Antonius und Kleopatra* gibt es die Gestalt der Titelheldin mit ihren abertausend Masken, in erster Linie jedoch resultiert hier die Vielfalt aus dem Übergang von einer historischen Epoche in eine andere, aus einem Prozess, der in einer überwältigenden Fülle lebenswahrer Bilder evident wird. Ein heroisches Zeitalter, das Julius Cäsars, wird von der Ära der augusteischen Ordnung abgelöst. Wie auch sonst immer bekennt Shakespeare sich nicht zur einen oder anderen Konfliktpartei, aber der Kontrast zwischen der nie nachlassenden Intensität Kleopatras, die Antonius zu Grabe trägt, und der griesgrämigen Effizienz des Octavius Cäsar lässt doch vermuten, wo die Sympathien des Dichters lagen. Im *Macbeth* zwingt uns Shakespeare dazu, ihm ins Innere des Helden-Schurken zu folgen, in *Antonius und Kleopatra*, das unmittelbar danach entstand, dürfen wir den todgeweihten Liebenden nicht zu nahe kommen; wir sehen sie von außen, aus der Perspektive der Welt, und wir sehen ihre Welt aus unserer eigenen Perspektive. Diese Wendung weg von der Innerlichkeit wird schon ganz am Anfang deutlich, wenn Philo im Gespräch mit Demetrius, beide Offiziere im Dienst des Antonius, seinem Ärger Luft macht:

> Nein, dieser Liebeswahnsinn unsres Feldherrn
> Steigt übers Maß. Die tapfern, edlen Augen,
> Die über Kriegsreihn und Legionen glühten,
> So wie der erzne Mars, sie heften sich
> Und wenden ihrer Blicke Dienst und Andacht
> Auf eine braune Stirn: sein Heldenherz,

Das im Gewühl der Schlachten sonst gesprengt
Die Spangen seiner Brust, fällt ab zur Schmach
Und ist zum Fächer worden und zum Blasbalg,
Die lüsterne Zigeunrin abzukühlen.
Seht da, sie kommen!
Trompetenstoß. ANTONIUS *und* KLEOPATRA *mit ihrem Gefolge und* VERSCHNITTNEN, *die ihr Luft zufächeln, treten auf.*
Bemerkt ihn recht; so seht Ihr dann in ihm
Des Weltalls dritte Säule umgewandelt
Zum Narren einer Buhlerin; schaut hin und seht!

I.1, 1–13 [899]

Ob auch wir einen Liebeswahnsinnigen und eine lüsterne Zigeunerin sehen oder nicht, hängt davon ab, wie viel von einem Stoff wir in uns haben, der uns zum Dienst in der römischen Armee untauglich machen würde:

KLEOPATRA: Ist's wirklich Liebe, sag mir denn, wie viel?
ANTONIUS: Armsel'ge Liebe, die sich zählen ließe!
KLEOPATRA: Ich will den Grenzstein setzen deiner Liebe!
ANTONIUS: So musst du neue Erd und Himmel schaffen.

I.1, 14–17 [899]

Sie neckt ihn, er gibt sich großartig, und was er dann verkündet, klingt wenig überzeugend:

Schmilz in den Tiber, Rom! Der weite Bogen
Des festen Reichs, zerbrich! Hier ist die Welt,
Throne sind Staub, die kot'ge Erde nährt
Wie Mensch, so Tier …

I.1, 33–36 [900]

Um das, was er da sagt, wirklich *meinen* zu können, müsste er die Perspektive Falstaffs und Hamlets haben. Antonius ist nicht als Ferienreisender hier in Ägypten, aber er klingt so. Römische Gedanken, so klagt Kleopatra, ergreifen jedes Mal von ihm Besitz, wenn wieder einmal ein Bote auftaucht. Das ganze Stück hindurch kommen andauernd Boten, und ihre Botschaft ist immer wahr: Sie stehen für die ehernen Regeln, die das Spiel regieren. Antonius erkennt: »Fliehn muss ich diese Zauberkönigin« und reist ab nach Rom, aber vorher muss er noch in der Rolle des Stiers der Matadorin Kleopatra gegenübertreten, die ihre erste große Szene bravourös hinlegt:

KLEOPATRA: ... spiel uns eine Szene
  Ausbünd'ger Heuchelei, und mag sie gelten
  Für echte Ehre!
ANTONIUS: Du erzürnst mich! Lass!
KLEOPATRA: Das geht schon leidlich; doch du kannst es besser.
ANTONIUS: Bei meinem Schwert –
KLEOPATRA: Und Schild. – Er spielt schon besser,
  Doch ist's noch nicht sein Bestes. Sieh nur, Charmion,
  Wie tragisch dieser röm'sche Herkules
  Auffährt in seinem Grimm!
ANTONIUS: So leb denn wohl!
KLEOPATRA: Höflicher Herr, ein Wort:
  Wir beide müssen scheiden, doch das ist's nicht;
  Wir beide liebten einst, doch das ist's auch nicht;
  Das wisst Ihr wohl – was war's doch, was ich meinte?
  O mein Gedächtnis ist recht ein Antonius,
  Und ich bin ganz vergessen!
ANTONIUS: Wär nicht Torheit
  Die Dienrin deines Throns, so hielt ich dich
  Für Torheit selbst.
KLEOPATRA: O schwere Müh des Lebens,
  Dem Herzen nahe solche Torheit tragen

Wie diese ich! Doch, teurer Freund, vergib mir,
Denn Tod bringt mir mein Treiben, wenn es dir
Nicht gut ins Auge fällt. Dich ruft die Ehre,
Hör denn auf meinen eitlen Wahnsinn nicht!
Und alle Götter mit dir! Siegeslorbeer
Kränze dein Schwert, und mühelos Gelingen
Bahne den Weg vor deinen Füßen!

ANTONIUS: Komm;
Es flieht zugleich und weilet unsre Trennung:
Denn du, hier thronend, gehst doch fort mit mir,
Und ich, fortschiffend, bleibe doch mit dir. –
Hinweg!

I.3, 78–105 [909]

Hier ist der passende Ort, die Frage zu stellen: Was ist Antonius in Kleopatras Augen, wie sieht sie ihn in der Blütezeit ihrer Beziehung? Leeds Barroll meint subtil, sie sehe ihn

> ... als ein Spektakel. Für sie ist er nicht groß, aber gigantisch, nicht unwiderstehlich, aber pittoresk, nicht überwältigend, aber eindrucksvoll: ein deutlich sichtbarer und ansehnlicher Gigant von dieser Welt. Er ist nicht der ewig strebende und kämpfende Gott Herkules, sondern der statische Gott Atlas, kolossal statuenhaft aller Veränderung trotzend.

Das gefällt mir, ich kann es nur nicht glauben; richtig ist, scheint mir, dass die verwitwete Kleopatra, nachdem ihr Liebhaber sich in sein Schwert gestürzt hat, sich ein solches Bild von Antonius malt. In der oben zitierten Passage aber ist er sehr wohl ein kampfbereiter Herkules, mit dem sie ihr Spiel treiben kann, der jedoch immer gefährlich bleibt, ein sterblicher Gott und zugleich ein römischer Politiker. Ihre erotische Liaison mit Antonius ist, wie schon die früheren Beziehungen zu Pompejus und zu Julius

Cäsar, auch ein politisches Zweckbündnis, das jede der beiden Parteien jederzeit aufkündigen kann, wenn es opportun erscheint. In diesem grandios brutalen Spiel begeht man keinen Verrat an der Liebe, indem man sie verhökert, man ehrt sie, indem man sich für den erotischen Verlust mit einem Zugewinn an Macht entschädigen lässt. Obwohl beide Liebende es konsequent von sich weisen, kennen sie die Spielregeln ganz genau. Sie hält sich auch daran, er nicht, aber nicht deswegen, weil er sie etwa mehr liebte als sie ihn.

Antonius ist ein Mann, dessen Tage gezählt sind: sein Glanz schwindet im neuen Licht des Octavius Cäsar. Der Krieger Antonius ist dem ersten kaiserlichen Bürokraten hoffnungslos unterlegen, der von seinem Onkel und Adoptivvater Julius Cäsar die Gerissenheit, nicht aber die Generosität geerbt hat. Das Publikum spürt, dass Antonius ausgelaugt ist, er ist Roms und der römischen Dinge müde. Einst ein gewandter Politiker (so in Shakespeares *Julius Cäsar*), ist Antonius jetzt nur mehr ein Stümper, dem nicht zu raten ist und dessen Rat nichts taugt. Einer seiner größeren Irrtümer ist, dass er meint, er könne seinem Bündnis mit Octavius, das nichts als leerer Schein ist, durch eine dynastische Heirat mit Octavia, der Schwester des künftigen Kaisers, neue Substanz und Festigkeit verleihen, ein geradezu absurder Gedanke. Das politische Spiel verwandelt sich in eine Partie Russisches Roulette, die Antonius verlieren muss – er muss sein Wagnis teuer bezahlen und kehrt am Ende zu Kleopatra zurück. Von ihr fasziniert und von Octavia angeödet, wird Antonius alles verlieren, nicht aus lauter Liebe (oder aus lauter Wollust), sondern weil in ihm Veränderungen vorgehen, die ihm selbst immer unverständlich bleiben müssen. Ich bin selbst überrascht darüber, dass es eine Person geben soll, die noch mehr als Falstaff, Hamlet, Jago und Lear von der Selbstbelauschung zur Verwandlung gelangt, aber Antonius – der gewiss nicht das Ich-Bewusstsein dieser Größen hat – ist tatsächlich solcher Metamorphose in einem Maß fähig wie keine zweite Figur Shakespeares. Die gelehrten Interpreten ignorieren gewöhnlich die Tatsache, dass Shakespeares Kleopatra dem Plutarch der Fassung von North näher steht als der Antonius Shakespeares, unter anderem deswegen, weil Plutarch einen ererbten Groll gegen den historischen Antonius hegte, wenn er auch einige von dessen besseren Eigenschaften nicht leugnet. Nach Plutarch war nicht zuletzt Antonius' Feigheit der Grund, weshalb er die Schlacht bei Actium verlor; eine solche Sicht der Dinge war Shakespeare vollkommen fremd: die Tapferkeit seines Antonius lässt nichts zu wünschen übrig, während seine Urteilskraft, sein politisches Geschick und seine Selbstbeherrschung dahinschwinden.

Der Antonius des Dramas muss hinter Kleopatra zurückbleiben, aber das ändert nichts daran, dass er als Ruine seiner selbst Größe besitzt, und immer erhabener wirkt, je tiefer er sinkt. Ohne Zweifel ist dieser Mark Anton zu vielgesichtig für eine eindeutig tragische Figur, so wie auch Kleopatra zu sehr Verwandlungskünstlerin und zu nahe am Göttlichen ist, als dass wir sie in der Art wie etwa Cordelia oder Lady Macbeth als tragische Heldin wahrnehmen könnten. In seinem Niedergang und Fall überschreitet Antonius seine persönlichen Grenzen und wird in einem generösen Übermaß menschlich, das selbst für Shakespeare ungewöhnlich ist. Pathos und Grandeur verschmelzen ununterscheidbar, wenn diese prächtige Gestalt zu Grunde geht; sein Scheitern ist Shakespeares größte Katastrophenschöpfung und einzigartig in der abendländischen Literatur. Die erhabene Musik, die aus der Selbstvernichtung des Antonius klingt, wäre die größte poetische Leistung des Stücks, wenn da nicht noch die Sphärenharmonien der Sterbeszene Kleopatras wären, die auf ihren Schöpfer zurückwirkten und ihn für immer veränderten: Nach *Antonius und Kleopatra* ging Shakespeare eine zentrale Qualität seines Schaffens unwiederbringlich verloren.

Zwei positive Eigenschaften zeichneten den Antonius Plutarchs, so brutal und verbrecherisch er auch immer handelte, sein Leben lang aus: er liebte die Ehre und verstand es, bei seinen Soldaten Liebe zu wecken. Aber er war auch, so jedenfalls urteilt Plutarch, in einem Maß genusssüchtig und ohne innere Zucht wie kein zweiter Römer seiner Epoche, und ebendeswegen erlag er den Reizen Kleopatras:

> Zu den bedenklichen Zügen im Charakter des Antonius gesellte sich als letztes Übel die Liebe zu Kleopatra, brachte viele Leidenschaften, die noch verborgen in ihm schlummerten, zu hellem Aufflammen, und wenn noch etwas Vernünftiges und Heilsames in ihm sich dem widersetzen wollte, unterdrückte und vernichtete sie das vollends.[8]

Ich zitiere Plutarch nicht etwa, weil ich sein Urteil für besonders relevant hielte, ich will lediglich darauf aufmerksam machen, dass Shakespeare auch diese Perspektive als eine von Abertausenden, die dem Publikum zur Verfügung stehen, nicht ausschließt. Eine der schönsten Ironien Shakespeares ist, dass Antonius uns nirgends interessanter und liebenswerter zu sein scheint als dort, wo er das Gefühl seiner Identität verliert:

ANTONIUS: Eros, siehst du mich noch?
EROS: Ja, hoher Feldherr.
ANTONIUS: Oft sehn wir eine Wolke, drachenhaft,
Oft Dunstgestalten gleich dem Leu, dem Bär,
Der hochgetürmten Burg, dem Felsenhang,
Gezackter Klipp und blauem Vorgebirg,
Mit Bäumen drauf, die nicken auf die Welt,
Mit Luft die Augen täuschend: solche Zeichen sahst du,
Des dunkeln Abends Prachtgebilde.
EROS: Ja,
Mein edler Herr.

ANTONIUS: Was jetzt ein Pferd noch war, im nächsten Nu
Verschwemmt's der Wolkenzug, unkenntlich wird's,
Wie Wasser ist im Wasser.
EROS: Ja, so ist's.
ANTONIUS: Mein guter Freund, solch einem Bilde gleicht
Dein Feldherr jetzt. Noch bin ich Mark Anton;
Doch bleibt mir nicht, mein Freund, dies Lebensbild.
IV.14, 1–14 [IV.12, 977 f.]

Was für ein Einfall, dass der stolze Haudegen und Lebemann Antonius einen Moment lang wie Hamlet klingen darf! Eros ist nicht Polonius, aber schließlich macht Antonius auch keine parodistischen Späße. Er hört sich selbst verwundert fragen, ob Eros ihn wohl noch als Antonius erkennt, und fängt an, über die wolkige Unbeständigkeit der Identität zu sinnieren. Seine Zweifel resultieren nicht aus einer einzelnen, alles umstürzenden Wende-Erfahrung, sondern aus dem ganzen Prozess der Transformation und Auflösung, dem er vier Akte lang unterworfen war, vier Akte, die also nichts anderes sind als das Vorspiel seines Selbstmords. Diese Sterbemusik ist die längste in Shakespeares Werk und seine ausführlichste Studie zur Nostalgie. Das ist auch eine der großen Erfindungen Shakespeares: eine überdimensionale und reich ausgearbeitete Totenmusik, die in der ganzen Literatur des Westens einzigartig ist. Um uns, das Publikum, bei der Stange zu halten, muss Shakespeare sich und uns davon überzeugen, dass sein herkulischer Held groß genug ist, um eine solche Leichenfeier zu verdienen. Plutarchs Antonius könnte nie und nimmer zu derartiger Prachtentfaltung anregen. Shakespeare zeigt uns, dass eine Welt mit Antonius zu Grunde geht; Octavius drückt es am besten aus:

Dass nicht den Einsturz solcher Macht verkündet
Ein stärkres Krachen! Soll der Welt Erschüttrung

Nicht Löwen in der Städte Gassen treiben
Und Bürger in die Wüste? Antonius' Tod
Ist nicht ein einzeln Sterben; denn so hieß
Die halbe Welt.

V.1, 14–19 [985]

Diese »halbe Welt« ist die östliche Hälfte der römischen Welt, aber die Katastrophe, die Octavius konstatiert, findet nicht eigentlich im Raum statt, vielmehr ist der »Einsturz« eines Zeitalters zu beklagen, nämlich der Epoche des Cäsar und des Pompejus, die mit dem Tod Alexanders des Großen begann. Für Shakespeare ist das die heroische Epoche, die des Herkules, und der Antonius des Stücks ist, wie bereits erwähnt, ein zu spät Geborener, der archaisch wirkt: er gehört seinem Wesen nach in eine Zeit, da charismatisches Feuer alle Widrigkeiten besiegen konnte. Der Demagoge und brutale Politiker Antonius, der zugleich ein Eroberer ist, stellt Shakespeares letzten Triumph über Marlowes lautstarke Karikatur Tamburlaine dar. Jago löschte Barabas, den Juden von Malta, aus, Antonius überstrahlt Tamburlaine, Prospero wird den Doktor Faustus hinter sich lassen, und Marlowe wird sein, als wäre er nie gewesen. Im Sterben des Antonius – der ironischerweise sogar seinen Selbstmord stümperhaft ausführt – klingt eine absolute Musik, die sich in scharfem Kontrast von dem trotzigen Pathos abhebt, das Tamburlaine angesichts des Todes zur Schau trägt. Und doch glaube ich nicht, dass irgendein Publikum den Tod des Antonius als tragisch empfindet: hier stirbt nicht Hamlet oder Lear oder Falstaff (dessen Ende wir nur aus zweiter Hand, aus der Erzählung der Mistress Quickly in *Heinrich V.*, kennen). Das Pathos der Szene ist immens: Verzweifelt bemüht sich der sterbende Antonius, Kleopatra noch gute Ratschläge zu geben, und diese tiefe und echte Sorge um sie trägt ihren Teil dazu bei, dass er etwas von seiner Würde wiedererlangt. In gewissem Sinn, so kann man sagen, hat er schon bei seinem allerersten Auftritt zu sterben angefangen und über vier Akte hinweg das Schauspiel seines Niedergangs geboten; so betrachtet, ist es nur natürlich, wenn der tragische Effekt sich gewissermaßen verflüchtigt. Was Shakespeare uns jedoch überdeutlich macht, ist die Lücke, die Antonius hinterlässt – in der Wirklichkeit Kleopatras, aber auch in der aller anderen Personen des Dramas.

Ist das nur eine Sinnestäuschung? Wie schon bei Falstaff und Hamlet stoßen wir auch hier wieder, obwohl Antonius an diese beiden nicht entfernt heranreicht, auf eine der zentralen Fragen im Werk Shakespeares: Was ist der Wert der Persönlichkeit, zumal einer so starken Persönlichkeit wie der des Antonius? Sein Schicksal ist deswegen so katastrophal, weil er so viele Demütigungen erfahren muss, ehe er stirbt; Kleopatra entzieht sich durch den Tod, den sie wie ein Ritual zelebriert, aller Demütigung. Und doch ist die Persönlichkeit des Antonius ein Triumph der Kunst Shakespeares: das komplizierte Geflecht von Eigenschaften, die das Wesen dieses Herkules ausmachen, könnte schwerlich überzeugender dargestellt werden. So unfassbar manche charakteristischen Gesten des Antonius sein können, lässt sich das Publikum doch auf die vom Stück vorgegebene Prämisse ein, die da lautet: Die Vitalität des Antonius ist mehr als seine Taten, erst recht, wenn diese anrüchig sind. Hamlets grenzenloses intellektuelles und spirituelles Charisma ist von höherer Art als die charismatischen Gaben des Antonius, aber Hamlet ist, wenn man einmal von Horatio absieht, isoliert. Antonius ist der größte militärische Führer im Werk Shakespeares – größer noch als Othello und Coriolanus –, weil seine Persönlichkeit seine Welt restlos dominiert, sogar das Bewusstsein seines Feindes Octavius. Und diese Persönlichkeit ist, ebenso wie die Kleopatras, ungeheuer komisch: die extravagante Tragödie *Antonius und Kleopatra* ist lustiger als alle Komödien Shakespeares. Das Genie Shakespeares, unbarmherzig im *Lear*, im *Othello* und im *Mac-*

beth, gestattet sich hier wunderbar hemmungslos alle Freiheiten und schafft einen Reichtum wie in keinem anderen aller Stücke. Das Poetische macht einen großen Teil dieses Reichtums aus, und die Persönlichkeiten des Antonius und Kleopatras sind eine große herkulisch-erotische Dichtung; beide verkörpern eine Idee von Ordnung insofern, als extreme Unordnung auch eine Ordnung ist. Kleopatra besitzt mehr Verstand, Witz und Tücke und steht, wie bereits bemerkt, Falstaff näher, Antonius aber übertrifft jeden und jede in der grellen Prachtentfaltung seiner Poesie. Ich glaube nicht, dass irgendeine zweite männliche Figur, Hamlet und Falstaff eingeschlossen, Shakespeare so sehr fasziniert hat wie er. Er verkörpert Shakespeares Sehnsucht, anders und anderswo zu sein, er ist die personifizierte *Andersheit* von Shakespeares Kunst, die hier alle ihre Möglichkeiten ausschöpft und vorführt, welche Bandbreite eine bloß heroische männliche Figur haben kann, die zwar nicht über die intellektuellen Potenzen Hamlets und Falstaffs verfügt, deren Innerlichkeit aber unbegrenzt mobil ist. Überschäumende Lust, eine komische und doch göttliche Lust, ist das Wesen des Antonius.

3

Antonius und Kleopatra ist bekanntlich ein exzessives Stück, und es ist ebenso kräftezehrend wie amüsant, wenn man in einer guten Inszenierung oder beim genauen Lesen immer Schritt zu halten versucht. Wenn ich das Drama in meinen Seminaren behandle, habe ich jedes Mal das Gefühl, mich einer glorios mörderischen Bewährungsprobe auszusetzen. Hamlet, Falstaff, Jago verlangen dem Interpreten einiges ab, aber in ihren Stücken gibt es hin und wieder ruhige Plätzchen, wo man Atem schöpfen kann. In *Antonius und Kleopatra* ist kein Innehalten möglich, die verschwenderische Fülle der Erfindungen, die dämonisch variantenreiche Kraft der Poesie lassen es nicht zu. Wenn es ein Stück gibt, in dem restlos alles, was Shakespeare konnte, versammelt ist, so ist es dieses, darin sind sich die Gelehrten weitgehend einig. Ich kenne kein Drama, von welchem Autor auch immer, das auch nur annähernd die Spannweite und den intensiven Reiz von *Antonius und Kleopatra* hätte. Wer wie ich unter allen staunenswürdigen Talenten Shakespeares das der Menschenerfindung für seine größte Gabe hält, könnte dieses Drama für sein Meisterwerk halten, für noch bedeutender als den *Hamlet* und den *König Lear*, wenn da nicht diese kaleidoskopartigen Verschiebungen der Perspektive wären, die uns so verwirren. Jede Interpretation der Rolle des Antonius oder der Kleopatra durch einen Kritiker wie durch einen Schauspieler scheint von vornherein zum Scheitern verurteilt, weil unvermeidlich zu vieles unberücksichtigt bleiben muss, aber Shakespeare wollte es nun einmal nicht anders – es ist, als hätte er hier jede Geduld mit den Schauspielern und dem Publikum verloren. Das Drama mit seinen auffälligen zahlreichen Szenenwechseln hat offenbar keine schwächeren oder entbehrlichen Episoden und Sequenzen, das Niveau fällt auch dort nicht ab, wo keine der beiden Titelfiguren auf der Bühne steht. Janet Adelman meint, dass dies zu der Atmosphäre des Ungewissen beitrage, die in dem Stück herrscht, und vermutet, Shakespeare mache mit Bedacht Aspekte der beiden Hauptfiguren für uns undurchsichtig. Das ist möglich, aber die umgekehrte Argumentation ist ebenso plausibel; da dem Publikum keine privilegierte Perspektive angeboten wird, wuchern die dramatischen Ironien, und wir verlieren die Kontrolle darüber. Die Ungewissheit vervielfacht sich, weil die hochgradig histrionischen Protagonisten selbst kaum je wissen, ob sie sie selbst sind oder sich nur spielen. In diesem einen Sinn sind diese Figuren durchsichtig: sie sind Darsteller ihrer Rolle, und die ganze Welt ist ihr Publikum. Sie haben die Welt dauernd im Sinn, das Wort »Welt« ist ein immer wiederkehrender Refrain in dem Stück. Wenn ein Mensch nicht mehr weiß, wann er darstellt und wann er ist, dann muss es nicht verwundern, wenn er undurchsichtiger erscheint, als er ist.

Falstaff dominiert seine Stücke, mögen auch gelehrte Kritiker mit fanatischem Eifer versuchen, ihn kleiner zu machen. Dass Hamlet sein Drama regiert, wird von kaum jemandem bestritten, und von Jago kann man geradezu sagen, dass der *Othello* sein improvisiertes Werk ist. *Antonius und Kleopatra* ist so reich und vielgestaltig, dass die Protagonisten nie dominieren können; die Welt steht im Vordergrund, und das Stück ist mehr als jedes andere von Shakespeare ein Heterokosmos. Kleopatra und Antonius sind Teile einer Welt; sie möchten gern die Welt *sein*, und das ist ihre ganze Tragödie. Octavius siegt, weil er Rom repräsentiert und Rom sich viel von der Welt einverleibt. Shakespeare bejaht den römischen Imperialismus nicht und verdammt ihn nicht; wenn der Sieger Octavius verkündet: »Die Zeit des allgemeinen Friedens naht«, entscheidet allein unsere Perspektive darüber, wie viel Shakespearesche Ironie wir in diesen Worten finden. Der neue Cäsar beendet das Stück, indem er seinen toten Feinden eine recht zweideutige Reverenz erweist:

Mit ihrem Mark Anton lasst sie bestatten! –
Kein Grab der Erde schließt je wieder ein
Solch hohes Paar. Der ernste Ausgang rührt
Selbst den, der ihn veranlasst, und ihr Schicksal
Wirbt so viel Leid für sie wie Ruhm für den,
Der sie gestürzt. Lasst unsre Kriegerscharen
In Feiertracht begleiten diese Bahren,
Und dann nach Rom. – Komm, Dolabella, dir
Vertraun wir der Bestattung große Zier.

V.2, 356–364 [999]

Was genau sagt Octavius? Im Wesentlichen preist er die Glorie seines Sieges und gesteht gnädig zu, dass man Mitleid für die beiden empfinde, die er für ein »hohes Paar«, das nicht seinesgleichen auf Erden hat, hält. Man könnte anmerken, dass er ja eigentlich gehofft hatte, zumindest Kleopatra in seinem Triumphzug durch die Straßen Roms führen zu können, und die Enttäuschung darüber, dass das nun leider nicht möglich sein wird, ihn am meisten schmerzen dürfte. Aber wir wissen nicht, ob Shakespeare sich wünschte, dass sein Publikum dem römischen Sieger so wenig Sympathie entgegenbrächte, oder nicht. Selbst wenn die historischen Fakten es zuließen, wie kämen wir mit der Vorstellung von einem Antonius und einer Kleopatra zurecht, die als Kaiser und Kaiserin des Ostens und dann der ganzen Welten herrlich und in Freuden regierten? Es gäbe dann kein Drama und nicht diese triumphale Schöpfung Shakespeares: zwei titanische Gestalten, die bersten vor Lebendigkeit und sich nicht darum kümmern, welchen Preis sie für all die lodernde Pracht bezahlen müssen. Die Welt stellt an den beiden allerlei Mängel und Gebrechen fest, und das Publikum muss zugeben, dass sie nicht ganz Unrecht hat. Die Großen des Stücks – Antonius, Octavius, auch der jüngere Pompejus – sprechen nie im Namen der Welt und des Publikums. Wir können uns nur mit ihren Untergebenen identifizieren, so etwa in diesem Dialog zwischen Antonius' rechter Hand Enobarbus und Menas, der unter Pompejus dient:

MENAS: … Ihr und ich haben uns schon gesehen, Herr.
ENOBARBUS: Zur See, denk ich.
MENAS: Ganz recht, Herr.
ENOBARBUS: Ihr habt Euch gut zur See gehalten.
MENAS: Und Ihr zu Lande.
ENOBARBUS: Ich werde jeden loben, der mich lobt, obgleich nicht zu leugnen ist, was ich zu Lande getan.
MENAS: Noch was ich zu Wasser getan.
ENOBARBUS: Nun, etwas könnt Ihr schon für Eure Sicherheit leugnen; Ihr seid ein großer Dieb zur See gewesen.
MENAS: Und Ihr zu Lande.

ENOBARBUS: Solchen Landdienst leugne ich ab. Aber gebt mir die Hand, Menas; hätten unsre Augen jetzt Vollmacht, so würden sie hier zwei sich küssende Diebe ertappen.

II.6, 83–96 [933]

»Ich werde jeden loben, der mich lobt«, das ist in diesem Kontext große Komödie und für sich allein eine dunkle Weisheit. Antonius, Octavius und Pompejus arrangieren sich und teilen die Welt untereinander auf. Die Admirale und Generale, die ihre Befehle ausführen, sind einander in wunderbar lehrreicher Kameradschaft verbunden; sie verzichten anders als ihre Herren auf alle großartige Rhetorik und beglückwünschen einander fröhlich unbefangen zu ihren Pirateerien zu Wasser und zu Lande. Ihre Perspektive ist die der Welt: der Kampf zwischen Ost und West, zwischen Kleopatra-Antonius und Octavius, ist ein überdimensionierter Streit unter Piraten höherer Ordnung. Im Zentrum von *Antonius und Kleopatra* steht weder die Beziehung zwischen den beiden Liebenden noch deren Kampf mit Octavius: die Personen, die deren Umfeld bilden, haben alle mehr oder weniger und in verschiedener Weise Perspektiven mit dem Publikum gemeinsam. Die Welt ist das Zentrum des Stücks, und ihre Repräsentanten sind alle die Figuren, die nicht ein Reich regieren oder doch wenigstens (wie Pompejus) ein starker Machtfaktor sind. Octavia, die von ihrem Bruder in einer politischen Heirat mit Antonius verkuppelt wird, erscheint in dem Kommentar des Antonius, der zusieht, wie sie widerstrebend von ihrem Bruder Abschied nimmt, als ein Bildnis der Welt:

Ihr Mund gehorcht dem Herzen nicht noch kann
Das Herz die Zunge meistern: wie des Schwans
Flaumfeder steht auf hochgeschwellter Flut
Und sinkt auf keine Seite.

III.2, 47–50 [941]

Die Welt hat wie Octavia keine Wahl zwischen Ebbe und Flut, sie und Octavia sind Flaumfedern, die auf keine Seite sinken. Die so großherzig unparteiische Metapher des Antonius bezeugt, in welch erstaunlichem Maß er der Empathie fähig ist – einer der Gründe, weshalb seine Soldaten ihn so sehr lieben. Aber die Welt steht, wie die Metapher lehrt, nicht auf seiner Seite und auch nicht auf der des Octavius oder Kleopatras. Enobarbus, der gerade erfahren hat, dass Cäsar Lepidus und Pompejus ausgeschaltet hat, spricht auch hier im Namen des Publikums:

So hast du nur, o Welt, zwei Kiefer noch!
Wirf alles Futter, das du hast, dazwischen,
Sie werden sich zermalmen.

III.5, 13–15 [946]

Nachdem die zwei Kiefer alles Futter, das die Welt ihnen liefert, zermalmt haben, werden sie einander zerstören. Wir sind wie die Welt: etwas in uns will nicht rückhaltlos Partei ergreifen, und Shakespeare selbst hat, so reich er auch die Titelhelden mit Leben ausgestattet hat, dafür gesorgt, dass wir uns nicht an sie verlieren. Als Antonius von seinem letzten Sieg gegen Octavius zu Kleopatra heimkehrt, einem fatalen Sieg, der ihm nichts nützt, begrüßt ihn die Geliebte mit der ihr eigentümlichen Großartigkeit:

O unbegrenzter Mut! Kommst du so lächelnd
Und frei vom großen Netz der Welt?

IV.8, 17 f. [972]

Es wird nicht lange dauern, und die Flotte von Antonius und Kleopatra wird die beiden im Stich lassen, und der verratene Antonius wird ein letztes Mal in herkulische Raserei verfallen. Was ist das »große Netz der Welt«, in dem sich endlich doch selbst der »unbegrenzte Mut« dieses Herkules fängt? Ist es der Krieg oder ein Komplott Kleopatras mit Octavius oder einfach die Wandelbarkeit der Welt, die Unersättlichkeit der Welt in ihrer Eigenschaft als Publikum? Die Welt ergreift nicht für Octavius Partei, vielmehr bietet uns dieses theatralischste aller Stücke Welttheater, und das Publikum, das in Shakespeares Reichtum geschwelgt hat, muss endlich Frieden finden im Tod der beiden Heldengestalten, ehe sich der Vorhang zu einem neuen und ganz anderen Stück hebt, einem *Coriolan* oder einem *Perikles*. Wer die Welt als Publikum braucht, und mit weniger geben sich Kleopatra und Antonius nicht zufrieden, muss sich endlich erschöpfen wie Antonius, oder er muss wie Kleopatra die Apotheose in einem Privattheater inszenieren. Die dramatische Kunst verdankt keinem mehr als Shakespeare, und in diesem Stück teilt er seine Gaben so verschwenderisch aus wie nirgends sonst, aber er spürt hier auch zum ersten Mal, dass das Publikum eine Gefahr, ein »Netz« für ihn ist und ihm weniger abfordern wird statt immer mehr. Früher liebte Shakespeare die Welt, Falstaffs Liebe dann ist bereits eine spöttische Liebe, die hinter dem Rücken der Welt über sie höhnt, ihr Seitenhiebe versetzt. Der Dichter von *Antonius und Kleopatra* liebt die Welt und das Theater nicht mehr, noch hasst er sie, er beginnt ihrer müde zu werden. Groß ist dieses Stück nicht wegen seiner Ambivalenz und seiner Zweideutigkeiten, es ist als Dichtung größer als alle anderen Dramen Shakespeares. Wenn es anständig inszeniert und gespielt wird, ist es ein wunderbares Schauspiel, aber es hallt etwas darin, das zu groß für jede Bühne ist, obwohl man es im Theater immer noch besser erfassen kann als in einer noch so scharfsinnigen kritischen Studie.

4

Kleopatra, ohne Zweifel Falstaff und Hamlet ebenbürtig, ist die vitalste Frau, die Shakespeare geschaffen hat, sie übertrifft selbst Rosalind. Wir können Antonius nicht vollständig kennen lernen, weil Shakespeare ihn uns absichtlich entrückt hat. Kleopatra würde für uns selbst dann letztlich unerkennbar bleiben, wenn die Perspektiven aufgelöst würden, und zwar aus ganz ähnlichen Gründen wie Falstaff, der uns zwingt, immer wieder von vorn anzufangen, sobald wir etwas von ihm zu wissen glauben. Janet Adelman meint in ihrer brillant drastischen Interpretation des Stücks, Shakespeare habe in Kleopatra »das weibliche Mysterium einer unendlich regenerativen Energiequelle« dargestellt, »die nur immer reicher strömt, je mehr man aus ihr schöpft«. Auf dieses Mysterium gründet Shakespeare, so Adelman weiter, das »vollkommen maskuline Ich des Antonius, das über seine starren Grenzen hinausströmen kann«. Das sind eindrucksvolle Thesen, aber idealisieren sie nicht die Dinge ein wenig? Antonius stirbt einen guten Tod in liebender Sorge um Kleopatra, aber Shakespeare lässt ihn doch keineswegs über die festen Ufer seines römischen Ich treten: »Ein Römer, männlich nur besiegt vom Römer.« Der Tod Falstaffs, der mit Blumen spielt und lächelnd seine Fingerspitzen betrachtet, eine kindliche Szene, die den 23. Psalm anklingen lässt, sprengt Grenzen jeglicher Art, mögen auch einige Kritiker (Wyndham Lewis, Auden und Empson) daran zweifeln, dass Falstaffs Ich vollkommen maskulin ist. Antonius stirbt einen gut römischen Tod, der aber mehr dem des Cassius und des Brutus als dem Falstaffs und des transzendenten Hamlet gleicht. Vielleicht könnte man mit Adelman darin übereinstimmen, dass Kleopatra unendlich regenerativ ist, aber ihre Energie ist nicht übertragbar, weder auf Antonius noch auf das Publikum.

Shakespeare erfand unsere Erfahrung, dass wir geliebter Menschen dann am meisten inne werden, wenn sie sich ganz plötzlich von uns entfernen, und dass wir, wenn wir sie verloren haben, zumal an den Tod, in eine wahre Ekstase des Gedenkens geraten können, in der wir scheinbar das Liebesobjekt übermäßig vergrößern, die aber in Wahrheit eine Reduktion bewirkt. Proust erweist sich als Shakespeares größter Schüler, wenn er seinen Erzähler genau diesem ironischen Prozess unterwirft: Albertine wird dem Helden das, was der tote Antonius Kleopatra ist, ein verlorenes und rätselhaftes Sublimes. Einige Interpreten behaupten, Kleopatra liebe Antonius nur im 5. Akt, also erst nach seinem Tod. Das scheint mir eine allzu unfreundliche Sichtweise zu sein, aber wahr ist doch, dass ihre Hingabe nicht vor dem Ende des 4. Akts ihre ganze Höhe erreicht, als Antonius einigermaßen langwierig in ihren Armen stirbt. Sie ist eine Politikerin mit dynastischen Interessen, und so muss ihr das Schicksal ihres Landes und ihrer Kinder sehr am Herzen liegen, aber sie zieht diese Rücksichten nicht ins Kalkül, als sie überlegt, wie es wäre, wenn sie die Erniedrigung erduldete, vor den Römern zur Schau gestellt zu werden. In der historischen Wirklichkeit (so jedenfalls Plutarch) ließ Octavius nur den ältesten Sohn Kleopatras hinrichten, im Stück (V.2, 123–132 [992]) droht der römische Sieger Kleopatra an, er werde alle ihre Kinder vernichten, falls sie ihm, indem sie sich selbst tötete, seinen Triumph vergällte. Trotz grell spektakulärer Darstellungen römischer Triumphzüge in Hollywood-Filmen machen sich viele Menschen keinen realistischen Begriff von der Furchtbarkeit dieser Siegesparaden: die besiegten Herrscher und Heerführer mussten erst die Gemeinheiten des Pöbels über sich ergehen lassen und wurden anschließend oft auf grausame Weise hingerichtet. Kleopatra soll allerdings nach dem Willen des Octavius am Leben bleiben und gewissermaßen als immer währendes Circus-Spektakel seinen Ruhm verkünden: »Sie, nach Rom geführt, / Würd unsern Siegstriumph verew'gen.« Shakespeare hat in die Rede, in der Kleopatra diese infame Zumutung von sich weist, ein besonderes Feuer gelegt:

KLEOPATRA: … Nun, was denkst du, Iras?
Du als ein fein ägyptisch Püppchen stehst
In Rom zur Schau wie ich: Handwerkervolk,

Mit schmutz'gem Schurzfell, Maß und Hammer, hebt
Uns auf, uns zu besehn; ihr trüber Hauch,
Widrig von ekler Speis, umwölkt uns dampfend
Und zwingt, zu atmen ihren Dunst.

IRAS: Verhüten's
Die Götter!

KLEOPATRA: O ganz unfehlbar, Iras! Freche Liktorn
Packen uns an wie Huren; schreiend singt uns
Der Bänkelsänger; aus dem Stegreif spielen
Uns selbst und Alexandriens Gelage
Die lust'gen Histrionen: Mark Anton
Tritt auf im Weinrausch; und ein quäkender Junge
Wird als Kleopatra meine Majestät
In einer Metze Stellung höhnen!

V.2, 206–220 [994]

Shakespeare hat bestimmt gewusst, dass die römischen Theater keineswegs gezwungen waren, Frauenrollen mit Knaben zu besetzen (selbst zu seiner eigenen Zeit traten auf den europäischen Bühnen außerhalb Englands bereits Frauen auf); hat er hier seinem Schmerz darüber Luft gemacht, dass seine große Nilschlange dazu verdammt war, auf der Bühne des Globe von einem quäkenden Jungen verkörpert zu werden? Das Stück, das in seinen bildlichen Vorstellungen Kleopatra mit den Elementen Erde und Wasser assoziiert, wird sie am Ende, »ganz Feur und Luft«, Octavius, dem »großen Weltgebieter«, entkommen lassen. Nicht nur er, auch die Welt will über Kleopatra triumphieren, aber hier ergreift Shakespeare nun endlich Partei und verweigert der Welt die sadistische Genugtuung: Seine Kleopatra wird keinem anderen Triumph als dem des Stücks Glanz verleihen. Keine Figur im ganzen Werk Shakespeares weiß so edel abzutreten; sie zelebriert ihr Sterben als ein ganz persönliches Ritual der Verklärung. Wir sind bewegt, wenn Fortinbras befiehlt, Hamlet mit militärischen

Ehren zu bestatten, obwohl seine Annahme, der Prinz hätte sich wie er selbst oder Hamlet senior als Krieger »unfehlbar bewährt«, einfach absurd ist; bei aller Ironie, die wir empfinden, bejahen wir immerhin diese Apotheose, über die, wie wir wohl wissen, Hamlet selbst gespottet hätte. Der ironische Prinz hätte dem Publikum den Trost nicht missgönnt. Kleopatras Verwandlung ist von ganz anderer Art: es ist ein sprunghafter Übergang zu einer neuen Heldin, wenn Shakespeare diese Sterbemusik komponiert, die nicht ihresgleichen hat. Aber welche von beiden ist seine Kleopatra, und was genau wird in ihrem Sterberitual verherrlicht? Kleopatra stirbt als Verkörperung der Herrschergottheiten des alten Ägypten, obwohl Shakespeare so gut wie wir wusste, dass sie ihrer Herkunft nach gar keine Ägypterin war, sondern von einem der mazedonischen Generale Alexanders des Großen abstammte. Indes ist das Hieratische ihrem Sterben nur äußerlich – was sie bewegt, ist schlicht und unerträglich schmerzhaft die Sehnsucht, mit Antonius wiedervereint zu werden. Die Kunst, die sie hier ausübt, ist die der dramatischen Dichtung; ihre Elegie für Antonius ist nur zum Teil persönlich, denn sie klagt um verlorene Größe, ihre öffentliche Leidenschaft:

O edelster der Männer! willst du scheiden?
So sorgst du dich um m i c h? Aushalten soll ich
In dieser schalen Welt, die ohne dich
Nicht mehr ist als ein Viehstall? Seht, ihr Fraun,
Die Krone schmilzt der Erde! [*Antonius stirbt*]
O mein Herr!
O hingewelkt ist aller Siegeslorbeer,
Gestürzt des Kriegers Banner, Dirn und Knabe
Stehn jetzt den Männern gleich: kein Abstand mehr,
Nichts Achtungswertes bietet mehr sich dar
Unter dem spähnden Mond.

IV.15, 59–68 [IV.13, 984]

»Kein Abstand mehr« – der Wert selbst ist verloren, da es keine Differenz, keinen Maßstab mehr gibt. Kleopatras Sehnsucht nach einem verlorenen Sublimen ist nicht etwa ein Indiz dafür, dass wir es nun mit einer neuen transzendentalen Frau zu tun hätten, die an die Stelle des theatralischen Meisterwerks, das wir kennen gelernt haben, getreten wäre. Sie ist immer noch Schauspielerin genug, um ihre letzte große Szene, die dem toten Antonius gewidmet ist, zu *spielen*. Ich will damit keineswegs sagen, dass sie ihm nicht nahe wäre – sie ist ihm nun, da er nicht mehr da ist, so nahe wie nie zuvor –, ich möchte nur noch einmal darauf aufmerksam machen, dass wir ebenso wie Antonius und Kleopatra selbst ihre Leidenschaft nicht von ihrer Selbstdarstellung trennen und unterscheiden können. Unausdenkbar klug füllt Shakespeare jede psychische Kluft mit reinem Erz, und selbst der tiefste Ausdruck von Leid macht uns staunen:

Nichts mehr als jeglich Weib und untertan
So armem Schmerz wie jede Magd, die melkt
Und niedern Hausdienst tut. Nun könnt ich gleich
Mein Zepter auf die neid'schen Götter schleudern
Und rufen, diese Welt glich ihrer ganz,
Bis sie gestohlen unsern Diamant!
Nichtsnutzig alles jetzt!
Geduld ist läppisch, Ungeduld ziemt nur
Den tollgewordnen Hunden! Ist's denn Sünde,
Zu stürmen ins geheime Haus des Todes,
Eh Tod zu uns sich wagt? Was macht ihr, Mädchen?
Was, was? getrost! Wie geht's dir, Charmion?
Ihr edlen Dirnen! Ach! – Seht, Weiber, seht,
Unsre Leucht erlosch, ist aus! Seid herzhaft, Kinder,
Begraben wolln wir ihn: was groß, was edel,
Vollziehn wir dann nach hoher Römer Art.
Stolz sei der Tod, uns zu empfangen! Kommt,

Dies Haus des Riesengeistes ist nun kalt!
Ach Mädchen, Mädchen, kommt! In dieser Not
Blieb uns kein Freund als Mut und schneller Tod.

IV.15, 73–91 [IV.13, 984]

Wo sind hier die Grenzen des Histrionischen? Kleopatras Publikum besteht aus Iras und Charmion und dem Publikum vor der Bühne, vor allem aber ist sie sich nun selbst Publikum, da sie Antonius nicht mehr hat, der wie niemand sonst (von ihr selbst einmal abgesehen) ihre Kunst zu schätzen wusste. Iras und Charmion und wir sind sehr bewegt, aber vielleicht ist sie es noch mehr; ihre eigene Rede greift ihr so ans Herz, dass diese Wirkung ihrem Auftritt einen zusätzlichen ästhetischen Reiz verleiht. Wir können nicht ins Innerste von Kleopatras unendlich fruchtbarem inneren Ich vordringen. Das führt uns auf einen der Gründe, weshalb Shakespeare sich von der Innerlichkeit abwandte, nachdem er sie in den vier großen Tragödien immer weiter entwickelt hatte. Selbst bei Macbeth erkannten wir die Grenzen seiner Selbstdramatisierung und konnten darüber erschrecken, dass wir uns unwillkürlich mit seinen mächtigen Fantasien identifizierten. Bei Kleopatra können wir nie wissen, wo das Schauspieler-Ich aufhört, und so bewundern wir und identifizieren uns nicht. Das nimmt Kleopatra nichts von ihrer Größe, aber es macht sie fremd, wo sie uns am meisten fasziniert. Shakespeare wusste genau, was er geschaffen hatte; wie fast überall hinken wir hinter ihm her. Kleopatras komische Ausstrahlung ist ebenso stark wie ihre erotischen Energien; wenn man sie als tragische Heldin betrachtet, geht einem viel von ihrem Wesen verloren. Als ein glückloser Bote ihr mitteilt, dass Antonius Octavia geheiratet hat, erinnert sie an Antonius' großspuriges »Schmilz in den Tiber, Rom!« und ruft aus: »Schmilz in den Nil, Ägypten!«[9] Shakespeare zeigt uns nicht das Wiedersehen von Antonius und Kleopatra, obwohl doch diese Szene Teil ihrer öffentlichen Geschichte ist und keine jener privaten Begegnungen, aus denen wir ausgeschlossen werden. Möglicherweise hat sich Shakespeare deswegen dafür entschieden, weil er uns ihre gespannte Beziehung lieber indirekt an anderen Stellen der Handlung zeigen wollte, etwa dort, wo Kleopatra fatalerweise darauf besteht, an der Seeschlacht vor Actium teilzunehmen, und mehr noch in ihrem bemerkenswerten Auftritt bei einer Begegnung mit Thidias [Tyreus], dem Gesandten des Octavius:

KLEOPATRA: Lieber Abgesandter,
Dem großen Cäsar sag: Die Hand des Siegers
In diesem Kampfe küss ich; meine Krone
Leg ich zu Füßen ihm und wolle kniend
Von seinem mächt'gen Hauch Ägyptens Schicksal
Vernehmen.
THYREUS: Diesen edlen Weg verfolge;
Wenn Klugheit mit dem Glück den Kampf beginnt
Und jene wagt nur alles, was sie kann,
Ist ihr der Sieg gewiss. Lass huldreich mich
Auf deiner Hand der Ehrfurcht Pflicht besiegeln!
KLEOPATRA: Der Vater Eures Cäsar
Hat oft, wenn er auf Sturz der Kön'ge sann,
Auf den unwürd'gen Fleck den Mund gedrückt
Mit tausend Küssen.

III.13, 73–84 [III.11, 960]

Der Verdacht liegt nahe, dass das nicht eigentlich Verrat an Antonius ist, vielmehr ist das eine Gelegenheit, alte Rechnungen zu begleichen, denn Kleopatra kann ja annehmen, dass schon bald Antonius hereinstürmen wird (wie er es tatsächlich tut), um den Thidias auspeitschen zu lassen und sie selbst wüst zu beschimpfen; sie sei schon halb welk gewesen, eh er sie kennen gelernt habe, sagt er und schmäht sie als »ungetreu und falsch«, eine politische Wetterfahne; am hässlichsten aber ist dies:

Ich fand Euch, einen kalt gewordnen Bissen
Auf Cäsars Teller, ja ein Überbleibsel
Cnejus Pompejus'; andrer heißrer Stunden
Gedenk ich nicht, die Eure Lust sich auflas
Und nicht der Leumund nennt; denn ganz gewiss,
Wenn Ihr auch ahnen mögt, was Keuschheit sei,
Ihr habt sie nie gekannt!

III.13, 73–84 [III.11, 961]

Sie sind zu eng miteinander verbunden, als dass sie sich je trennen könnten, auch wenn sie einander verkauft und verraten haben und keiner mehr glaubt, dass es ein gutes Ende mit ihnen nehmen kann. Die größte gemeinsame Szene der beiden ist die auf dem Monument, auf das sich Kleopatra geflüchtet hat; der sterbende Antonius wird hereingetragen und zu ihr hinaufgehievt. Der Dialog, der sich dann entspinnt, ist ein erstaunliches Durcheinander aus empörender Komödie und schrecklichem Pathos, eine Komposition, die jeder kritischen Beschreibung trotzt:

ANTONIUS: Ich sterb, Ägypten, sterbe; nur ein Weilchen
Lass ich den Tod noch warten, bis ich dir
Von so viel tausend Küssen den armen letzten
Auf deine Lippen drückte.
KLEOPATRA: Ich wag es nicht –
O teurer Herr, vergib! – Ich wag es nicht,
Sie fahn mich sonst. Nein! nicht das Siegsgepränge
Des hochbeglückten, übermüt'gen Cäsar
Zier ich jemals. Bleibt Messern, Giften, Schlangen
Nur Schärfe, Kraft und Stachel, bin ich sicher.
Eur Weib Octavia mit dem kalten Blick

Und stillen Gleichmut soll nicht Ehr empfangen,
Indem sie streng mich ansieht. Komm, Antonius,
Helft, meine Fraun, wir ziehn dich hier herauf;
Fasst alle an.

ANTONIUS: O schnell, sonst bin ich hin.

KLEOPATRA: O seltsam Spiel, wie schwer du wiegst, Geliebter!
All unsre Stärke ging in Schwermut unter,
Das mehrt die Last. Hätt ich der Juno Macht,
Merkur, der Kraftbeschwingte, höbe dich
Und setzte dich an Jovis Seite. Komm nur!
Wünschen war nimmer Torheit; komm, komm, komm:
Sie ziehen Antonius hinauf zu Kleopatra.
Willkommen, willkommen! Stirb nun, wo du lebtest,
Leb auf im Kuss! Vermöchten das die Lippen,
Wegküssen sollst du sie!

ALLE: O jammervoll!

ANTONIUS: Ich sterb, Ägypten, sterbe! –
Reicht mir ein wenig Wein, dass ich noch rede!

KLEOPATRA: Nein, lass mich reden, lass so laut mich schelten,
Bis sie, gekränkt, das falsche Weib Fortuna,
Ihr spinnend Rad zerbricht.

IV.15, 18–44 [IV.13, 982 f.]

Kleopatra ist nirgends so empörend komisch, und das heißt: sie ist nirgends so verwundbar, nämlich in einer moralisierenden Perspektive, die ihr Bild zur Unkenntlichkeit verzerrt. Der arme Antonius wünscht sich einen letzten Kuss, aber sie wagt es nicht, zu ihm hinunterzusteigen; das ist noch einigermaßen verständlich, aber dass sie dann in dieser grotesk schrecklichen Situation das Thema Octavia zur Sprache bringt, ist einfach unpassend und taktlos. Aber das ist noch nicht der Gipfel der Geschmacklosigkeit: Der sterbende Antonius wiederholt seinen großartigen Vers: »Ich sterb, Ägypten, sterbe« und bittet um einen Schluck

Wein, weil er noch etwas sagen will – da fällt sie ihm vehement ins letzte Wort: »Nein, lass mich reden!« und ergeht sich, theatralisch wie nur je, in einer bombastischen Tirade. Dr. Johnson war empört, er fand die Phrase von dem »falschen Weib Fortuna« schlicht verabscheuenswürdig, aber der große Moralist wollte die sonderbare Heiterkeit, die in diesem Stück herrscht, nicht begreifen. Antonius stirbt mit aller Würde, die er angesichts der entfesselten Kleopatra und dem Bewusstsein zum Trotz, dass er sogar als Selbstmörder gestümpert hat, aufbieten kann. Die Welt ist immer anwesend, und Shakespeare widmet den 5. Akt ganz dem Geschäft, ihr und Kleopatra die jeweils gebührenden Ehren zu erweisen. Antonius ist nun, da er abwesend ist, ganz präsent, der letzte Abglanz des großen Toten in der Erinnerung ist prächtiger als alles, was wir von ihm auf der Bühne gesehen haben.

5

Kleopatra ist überall schwierig, extrem subtil ist sie im 5. Akt in ihrem Dialog mit Dolabella, den sie, wie es ihre Art ist, gewissermaßen verführt. Sie beschreibt ihren »Traum« von einem gottgleichen Antonius und betont dabei besonders dessen generöse Güte: »seine Freuden – / Delphinen gleich; stets ragte hoch sein Nacken / aus ihrer Flut.« Daran schließt sich der Wortwechsel an, der Kleopatra zu der Entscheidung führt, Selbstmord zu begehen:

KLEOPATRA: Gab es wohl jemals, gibt's je solchen Mann,
Wie ich ihn sah im Traum?
DOLABELLA: Nein, edle Fürstin!
KLEOPATRA: Du lügst, hinauf bis zu dem Ohr der Götter!
Doch gab es je, gibt's jemals einen solchen,
So überragt er alle Fantasie: –
Stoff mangelt der Natur,
Die Wunderform des Traums zu überbieten;

Doch dass sie einen Mark Anton ersann,
Dies Kunststück schlug die Traumwelt völlig nieder,
All ihre Schatten tilgend.

DOLABELLA: Fürstin, hört:
Groß wie Ihr selbst ist Eur Verlust, und Ihr
Tragt ihn der Last entsprechend. Mög ich nie
Ersehntes Ziel erreichen, fühl ich nicht
Durch Rückschlag Eures Grams den tiefsten Schmerz
Bis in des Herzens Grund.

KLEOPATRA: Ich dank Euch, Freund. –
Wisst Ihr, was Cäsar über mich beschloss?

DOLABELLA: Ich wollt, Ihr wüsstet, was ich ungern sage.

KLEOPATRA: Ich bitt Euch, Herr …

DOLABELLA: Wie groß sein Edelmut –

KLEOPATRA: Er will mich im Triumph aufführen?

DOLABELLA: Fürstin,
So ist's, ich weiß es.

V.2, 93–110 [990f.]

Dolabella würde, wir spüren es, Kleopatras nächster Liebhaber werden, wenn die Zeit und die Umstände es erlaubten, aber Shakespeares Zeit schreitet erbarmungslos voran. In Drydens *All for Love* ziehen Dolabella und Kleopatra einander mächtig an, und der Bearbeiter flicht zu allem Überfluss auch noch einen Flirt zwischen Ventidius und Kleopatra ein. Shakespeares Dolabella, wie der des Plutarch ein ehrgeiziger Politiker, ist so erschüttert von Kleopatras Schmerz, dass er seine Karriere riskiert, indem er ihr bestätigt, dass ihre Angst, beim Triumphzug zur Schau gestellt zu werden, nur allzu berechtigt ist. Mit einem Raffinement ohnegleichen macht sie anschließend Octavius glauben, sie versuchte die Hälfte ihres Besitzes heimlich beiseite zu schaffen, und spielt dann die maßlos Empörte, als man sie dabei »ertappt«. Octavius fällt darauf herein, er folgert, dass sie am Leben

bleiben will, zieht sich beruhigt zurück und gibt ihr damit Gelegenheit, ihren Tod und ihre Verklärung zu bewerkstelligen. Sie will »zum Cydnus wieder / Und Mark Anton begegnen« und schickt ihre Dienerinnen, ihr bestes Kleid zu holen.
Seinen Gipfel erreicht dieses grandiose Stück in der Episode, die der Apotheose Kleopatras vorausgeht; die Szene mit dem Clown, der die Giftschlange liefert, bestätigt Janet Adelmans Behauptung, dass Shakespeares »Beharren auf dem großen Horizont und der unendlichen Vielfalt der Welt der tragischen Erfahrung widerstreitet«. Es gibt eine Menge unheimlicher Perspektiven in *Antonius und Kleopatra*, aber die des Bauerntölpels ist die erstaunlichste von allen. Er dominiert das Gespräch mit Kleopatra, in dessen Verlauf seine Misogynie unter dem Eindruck ihres Charmes zuerst wankend wird, um sich dann aufs Neue zu befestigen, als er feststellen muss, dass er die Königin nicht von ihrem Entschluss abbringen kann. Wenige Dialoge in der Weltliteratur sind so schneidend schmerzhaft und so subtil wie der zwischen Kleopatra und dem bäurischen Kerl, der ihr soeben den Korb mit dem »Nilwurm« übergeben hat:

BAUER: Recht schön, gebt ihm nichts, ich bitt Euch, er ist sein Futter nicht wert.
KLEOPATRA: Wird er mich essen?

Wie sollen wir dieses kindlich anmutende »Wird er mich essen?« je auf einen Begriff bringen? Vielleicht spürt Kleopatra hier an der Schwelle ihres Todes und ihrer Vergöttlichung das Bedürfnis, noch einmal zum Spielerischen zurückzukehren, zu dem Falstaffischen Element ihrer Persönlichkeit, das ihren verführerischen Reiz ausmacht. Wenn der Clown zum Abschied noch einmal sagt: »ich wünsche Euch viel Freude[10] von dem Wurm«, hören wir darin etwas, das jenseits seiner phallischen Misogynie ist, etwas Prophetisches, das vielleicht auf eine Verwandlung deutet, darauf, dass Kleopatra von der Ekstase der Todesqual zu einer erotischen Epiphanie als Mutter und Geliebte zugleich gelangen wird, die Antonius und die Kinder, die sie von ihren römischen Eroberern hat, in ihren Armen hält. Ihre Kunst und die Shakespeares verschmelzen in einem gleißenden Aufstrahlen von purer Werthaftigkeit, das nichts mehr von der Zweischneidigkeit hat, die, wie Shakespeare uns zeigt, der Liebe in allen ihren Formen eigen ist.

Als Epitaph für Kleopatra eignet sich am besten ein Kommentar des Octavius, der gewiss viel weniger als Dolabella für ihren Zauber anfällig ist, was seine Worte nur desto eindrucksvoller macht:

> ... doch sie gleicht dem Schlaf,
> Als wollte sie Anton von neuem fangen
> Im starken Netz der Schönheit.
>
> V.2, 344–346 [998]

Er, der alles andere als ein Antonius ist, steigt über sich selbst hinaus, wenn er hier Kleopatras sieghaft verführerischer Grazie Tribut zollt. An diesem Punkt des Dramas ist das Publikum mit einiger Notwendigkeit die Welt geworden, ein Bewusstsein, in dem sich viele Perspektiven drängen. »Wird er mich essen?« steht in Tuchfühlung mit »ich wünsche Euch viel Freude mit dem Wurm«, aber im Gemenge schafft sich doch auch die widersinnige Hoffnung Raum, es möge ihr tatsächlich gelingen, noch einen neuen Antonius zu fangen.

Teil II
Tragischer Epilog

SECHS
Coriolanus

Die Überheblichkeit der Macht ist stärker als die Forderungen der Notwendigkeit. Die willfährige Unterwerfung unter die ungerechte Gewaltherrschaft und selbst der bloß natürliche Widerstand dagegen haben nichts an sich, was die Fantasie erregen oder reizen könnte, viel mehr beeindruckt uns die Anmaßung eines Rechts, andere Menschen zu beleidigen oder zu unterdrücken, die uns wie Überlegenheit erscheint. Wir möchten lieber Unterdrücker als Unterdrückte sein. Sowohl das Streben nach Macht wie auch die Bewunderung fremden Machtstrebens ist dem Menschen natürlich – das eine lässt ihn zum Tyrannen, das andere zum Sklaven werden. Das Unrecht, das mit Stolz und Pracht und allerlei anderem Beiwerk herausgeputzt daherkommt, zieht uns mehr an als das abstrakte Recht. Coriolanus klagt über den Wankelmut des Volks, aber er selbst zögert keinen Moment, gegen sein Vaterland Krieg zu führen, um seinen Stolz und seinen Eigensinn zu befriedigen.

– William Hazlitt

Der *Coriolanus* ist noch vor dem *Julius Cäsar* und *Heinrich V.* das eigentlich politische Stück Shakespeares. Was mich mehr interessiert, ist der experimentelle Charakter des Werks: mir scheint, dass der Dramatiker, nun vierzig Jahre alt, hier ganz bewusst die fünf großen Tragödien (*Hamlet*, 1601; *Othello*, 1604; *König Lear*, 1605; *Macbeth*, 1606; *Antonius und Kleopatra*, 1606) hinter sich lassen wollte. Der Protagonist des *Coriolanus* (1607) ist der Superlativ eines Soldaten, nicht ein Krieger, sondern wahrhaftig ein Heer, die effizienteste Tötungsmaschine im Werk Shakespeares. Dass dieser Mann nicht ganz und gar unsympathisch ist (und zwar unabhängig von den politischen Überzeugungen des Betrachters), ist ein Triumph der Kunst Shakespeares, denn unter allen einigermaßen prominenten Figuren in den Stücken ist er diejenige mit dem am knappsten bemessenen geistigen Horizont.

Coriolanus ist bekanntlich das Opfer seiner dominanten, allesverschlingenden Mutter, ein großes Kind und ein katastrophal tolpatschiges dazu, nur auf dem Schlachtfeld nicht. Wenn er dem römischen Pöbel gegenübersteht, schafft er es garantiert, die Menge so zu beleidigen, dass sie zu toben anfängt. Wie Anne Barton glänzend zeigt, hat Shakespeare das römische Volk hier ganz anders gezeichnet als die Plebejer im *Julius Cäsar* oder die Anhänger des Jack Cade in *Heinrich VI.* Der gemeine Mann im *Coriolanus* interessiert sich, so Barton, »sehr wohl für Gründe und Beweggründe, für die eigenen wie auch für die seiner Unterdrücker, und er ist in keiner Weise stumpfsinnig«. Diese Plebejer sind kein blindwütiger Mob, und Shakespeare bezieht nicht gegen sie Stellung. Der römische Feldherr Caius Martius (so heißt Coriolanus eigentlich) würde sich seinem ganzen Wesen nach besser zu einem Häuptling der kriegerischen Volsker, der Feinde Roms, eignen, eine Ironie, die Shakespeare das ganze Stück hindurch mitklingen lässt. So wie der Titelheld das gemeine Volk sieht, hat es weder Brot noch Spiele verdient. Er seinerseits ist in den Augen der Plebejer schlicht gefährlich, sie fürchten mit Recht um ihr Leben. Hazlitt würde es nicht zugeben, aber Shakespeare lässt dem Volk in diesem Konflikt durchaus einige Gerechtigkeit zuteil werden: Er zeigt es als furchtsam und jähzornig, aber er zeigt auch, dass Caius Martius Furcht und Zorn herausfordert, weswegen die Römer im Ganzen keineswegs im Unrecht sind, wenn sie ihn verbannen. Die »Ehre« bedeutet ihm alles, das

Leben der Leute nichts. Trotzdem ist er noch mehr sein eigener Feind als ihrer, und ihm werden nicht Furcht und Zorn der Römer, sondern seine Natur und ganze Wesensart zum tragischen Verhängnis.
In einem Zeitraum von nur vierzehn Monaten hatte Shakespeare Lear und seinen Narren, Edgar und Edmund, Macbeth und Lady Macbeth, Antonius und Kleopatra geschaffen. Verglichen mit diesen acht Gestalten, ist Caius Martius als Charakter und Persönlichkeit kaum wahrnehmbar. War Shakespeare seiner Kunst der Menschenerfindung, zumindest im tragischen Fach, müde geworden? Caius Martius besitzt nur wenig Innerlichkeit und jedenfalls keine, die uns oder irgendeiner Person des Stücks, er selbst eingeschlossen, zugänglich wäre. Was aber wollte dann Shakespeare überhaupt in diesem Stück positiv gestalten? Norman Rabkin fasst in seiner hellsichtigen Interpretation den Martius als eine Figur auf, die im Wesentlichen die Tradition früherer tragischer Protagonisten fortsetzt:

> Indem er den Namen Coriolanus annimmt, akzeptiert er die öffentliche Anerkennung, die ihm für seine Tat zuteil wird, und das bedeutet notwendig auch, dass er sich kompromittiert. Wie Lear, Macbeth, Brutus und Hamlet macht Coriolanus uns hier deutlich, in welch hohem Maß der Held ein Geschöpf seiner Taten ist, wie weitgehend ihn die Ereignisse, die ihm begegnet sind, definieren.

Sind aber Lear und Macbeth, Brutus und Hamlet tatsächlich in dieser Weise Kreaturen ihrer Erlebnisse? Sie alle haben eine innere Substanz, die ihr Wesen dominiert, Coriolanus dagegen ist praktisch leer. Lears Leidenschaft, Macbeths Einbildungskraft, Brutus' Wille zum Edlen, Hamlets grenzenloses Bewusstsein sind den Taten vorausgesetzt, und sie überdauern alle Ereignisse. Wir können uns Coriolanus in keiner anderen Handlung, in keinem anderen Kontext vorstellen als in ebendem des Stücks, und doch ist sein Untergang in diesem Kontext unvermeidlich. Genau das ist seine Tragödie, und genau das und nicht irgendeine politische Lehre hatte Shakespeare vor allem im Auge, als er dieses Drama schrieb. Auch hier wieder werden wir auf Chestertons Erkenntnis zurückverwiesen, dass die vitalsten Protagonisten Shakespeares »große Geister in Ketten« sind.

Coriolanus ist in eiserne Fesseln geschmiedet, ein Gefangener seiner Situation und seiner Natur, aber er ist alles andere als ein großer Geist. Er wurde von seiner Mutter zu einem infantilen Kriegsgott erzogen, und das bleibt er sein Leben lang seinem unermüdlichen Autonomiestreben zum Trotz. In seiner denkwürdigsten Rede bietet er dem Volk, das ihn soeben aus Rom verbannt hat, zornig die Stirn:

> Du schlechtes Hundepack! des Hauch ich hasse
> Wie fauler Sümpfe Dunst; des Gunst mir teuer
> Wie unbegrabner Männer totes Aas,
> Das mir die Luft vergift't. – Ich banne dich!
> Bleibt hier zurück mit eurem Unbestand,
> Der schwächste Lärm mach euer Herz erbeben,
> Eur Feind mit seines Helmbuschs Nicken fächle
> Euch in Verzweiflung; die Gewalt habt immer,
> Zu bannen eure Schützer – bis zuletzt
> Eur stumpfer Sinn, der glaubt erst, wenn er fühlt,
> Der nicht einmal euch selbst erhalten kann,
> Stets Feind euch selbst, euch endlich unterwerfe
> Als höchst verworfne Sklaven einem Volk,
> Das ohne Schwertstreich euch gewann. – So schmähend
> Euch, eure Stadt – wend ich so meinen Rücken –
> Noch anderswo gibt's eine Welt.
>
> III.3, 120–135 [168]

Für sich allein betrachtet, ist diese Rede großartig, im Kontext des Stücks kann man mehr Pathos als Heroismus darin finden. Coriolanus hätte besser daran getan, das Verbannungsurteil anzunehmen und ins Exil zu gehen, vielleicht hätte er anderswo in der Welt seine ewige Unreife hinter sich gelassen. Stattdessen – Hazlitt vermerkt es mit grimmiger Befriedigung – geht er zu den Volskern und zieht mit ihnen gegen Rom, wohl kaum ein ehrenvolles Unternehmen, wenn »Ehre« sich nicht in bloßer kriegerischer Tapferkeit erschöpft, die nicht danach fragt, welcher Sache sie dient. Anne Barton steht weitgehend allein mit ihrer Behauptung, Coriolanus finde bei den Volskern eine echte Heimat, da diese archaische Nation ganz von einem Kult des Kriegs geprägt sei. Ich finde diese These recht fragwürdig, denn die Handlung des Stücks zeigt ja doch eindeutig, dass Coriolanus am Ende eben keine Heimat hat: es ist ihm unerträglich, nach Rom zurückzukehren, und er kann auch nicht im Dienst der Volsker bleiben. Barton meint, Coriolanus habe seine Lektion gelernt und sehe schließlich ein, dass das gemeine Volk seine Rechte habe, er komme nur nicht mehr dazu, ein neues Leben auf der Grundlage dieser Einsicht anzufangen. Hazlitt scheint mir der Wirklichkeit dieses Stücks näher zu kommen, wenn er feststellt, dass Coriolanus in einer Haltung lebt und stirbt, die von der »Überheblichkeit der Macht« geprägt ist. Die Tragik des Coriolanus ist, dass er, der sich nicht *gemein* machen will, in einer Welt, die – wie die römische und die der Volsker gleichermaßen – als *Gemeinwesen* verfasst ist, keinen Platz hat. Warum aber Shakespeare sich dazu entschloss, eine so sonderbare Tragödie zu schreiben, ist nach wie vor eine offene Frage; sie soll uns im Folgenden beschäftigen.

2

T. S. Eliot schätzte bekanntlich den *Coriolanus* höher als den *Hamlet* und vertrat die absonderliche Meinung, der *Coriolanus* sei überhaupt die beste Tragödie Shakespeares. Das kann man nicht anders als pervers nennen, selbst wenn man die Entschuldigung gelten lässt, dass Eliot ehrlichen Herzens den *Hamlet* für »ästhetisch misslungen« hielt. Shakespeare hielt seine rhetorische Kunst im *Coriolanus* mit Bedacht an straffem Zügel; in dieser Hinsicht ist die Tragödie dem *Lear*, dem *Macbeth* und *Antonius und Kleopatra* weit unterlegen. Sie fasziniert insofern, als sie einen großen Abschied von der vierzehn Monate dauernden kreativen Ekstase Shakespeares bedeutet. Ich habe in meiner langen Lehrtätigkeit oft die Erfahrung gemacht, dass die Studenten dem *Coriolanus* mit einigem Widerstand begegnen, und auch das Lese- und Theaterpublikum überhaupt findet in aller Regel nicht spontan und ohne weiteres an dem Stück Geschmack.

Wenn man den *Coriolanus* als Fortsetzung der großen Tragödien auffasst, kann das Drama noch problematischer erscheinen, als es wirklich ist. Hier und in dem offensichtlich unfertigen *Timon von Athen* experimentiert Shakespeare mit zutiefst unsympathischen Helden, die er allerdings in genialer Weise so darzustellen versteht, dass sie dennoch – ihrem eigentlichen Wesen zum Trotz sozusagen – unsere Sympathie gewinnen können. Coriolanus ist kein Brutus, kein Patriot; viel mehr als Rom bedeutet ihm die eigene ganz persönliche Ehre. Im Fall des Heldenschurken Macbeth hatte Shakespeare die dramatischen Möglichkeiten rasender Empörung erkundet. Coriolanus empfindet das Verbannungsurteil als empörenden Frevel an seiner Ehre, als Schändung, Timon empört sich gegen eine fast universale Undankbarkeit. Sowohl Coriolanus wie Timon handeln empörend, aber weil sie überzeugt sind, dass man ihnen ungeheures Unrecht zugefügt hat, verbünden wir uns mit ihnen in entscheidenden Situationen. Auch das ist eine der großen originellen Leistungen Shakespeares und gehört in den Rahmen seiner Kunst der Menschenerfindung. Eugene Waith und A. D. Nuttall haben in sehr verschiedener Weise, jedoch einander ergänzend, die Aufmerksamkeit der Kritiker auf eine bemerkenswerte Rede des römischen Generals

Cominius gelenkt. Dieser beschwört vor den furchtsamen Tribunen, die den herkulischen Titelhelden des Stücks ins Exil getrieben haben, die Vision von einem Coriolanus herauf, der zum Führer der Volsker avanciert ist:

Er ist ihr All, er führt sie als ein Wesen,
Das nicht Natur erschuf, nein, eine Gottheit,
Die höher ihn begabt. Sie folgen ihm
Her gegen uns Gezücht, so ruhig, sicher,
Wie Knaben bunte Schmetterlinge jagen
Und Schlächter Fliegen töten.

IV.6, 91–96 [185]

Waith spricht vom »übermenschlichen Gebaren« des Coriolanus und ruft uns damit wieder das Paradox dieser sonderbaren Gestalt in Erinnerung: Coriolanus ist Gott und Kind zugleich, ein infantiler Mars. Nuttall bemerkt, dass die Passage »ein Wesen, / Das nicht Natur erschuf, nein, eine Gottheit« auf den hermetischen Mythos vom Menschen als einem sterblichen Gott verweist, eine überaus nützliche Erkenntnis, die nicht allein hier, sondern für Shakespeare überhaupt relevant ist. Ich habe in den Einleitungskapiteln diesen Mythos skizziert, der mir am ehesten so etwas wie die Kosmologie Shakespeares zu beschreiben scheint. Coriolanus, »ein Nichts«, wie er sagt, hofft dazustehn, »als wär der Mensch sein eigner Schöpfer / Und niemandem verwandt«. Das ist ihm, der das Geschöpf seiner Mutter ist, letztlich nicht vergönnt, und dennoch liegt sein wahrer Heroismus in seinem hermetischen Wagnis, der sterbliche Gott Coriolanus sein zu wollen und nicht der ewig infantile Caius Martius. Innerlich öde, fast hohl, besitzt er gleichwohl einen verzweifelt heroischen Willen.

Dieser letzte Satz lässt an Jago denken, aber Coriolanus ist alles andere als ein Bösewicht oder gar ein Heldenschurke. Er ist ein so originell verquerer Charakter, dass er sehr schwer zu beschreiben ist. Kenneth Burke regte an, wir sollten dieses Stück als eine »groteske Tragödie« betrachten. Den *Timon von Athen* kann man tatsächlich so nennen, aber Coriolanus beschwört ein enormes Pathos herauf, das wir eben nicht als grotesk empfinden. Shakespeare bietet uns raffinierterweise keine akzeptablen Alternativen zum Ehrbegriff des Coriolanus, sondern führt uns lediglich vor, wie borniert und destruktiv diese Auffassung sein kann. Die Mutter des Helden, seine Freunde und seine römischen und volskischen Feinde erregen keinerlei Mitgefühl in uns. Kein Mensch, höchstens T. S. Eliot, kann und konnte sich je mit Coriolanus identifizieren. Hazlitt – der gesagt hat: »Hamlet, das sind wir alle« – soll einmal bemerkt haben, dass nur der Herzog von Wellington sich mit Coriolanus verwechseln konnte.

Ich wage die Vermutung, dass Coriolanus eine Schöpfung von Shakespeares psychischem Immunsystem ist, das auf einen weit interessanteren herkulischen Helden, nämlich Antonius, mit der Bildung dieses Antikörpers reagierte. Da der *Coriolanus* unmittelbar nach *Antonius und Kleopatra* entstand, ist Shakespeare die befremdliche Diskontinuität, die an diesen beiden herkulischen Gestalten sichtbar wird, gewiss aufgefallen. Antonius bewahrt noch im Verfall die ganze Komplexität und einige der Tugenden, die ihn zu einer bewundernswerten Persönlichkeit gemacht hatten. Sofern im Fall des Coriolanus überhaupt von einer Persönlichkeit gesprochen werden kann, ist sie eine, die den Helden und andere leiden macht. Kleopatra stößt noch mehr als Antonius an die Grenzen der Persönlichkeit und überschreitet sie. Vom *Coriolanus* an zieht sich Shakespeare von der Persönlichkeit zurück: Timon etwa steht den satirischen Ideogrammen Ben Jonsons näher als den so recht eigentlich Shakespeareschen Schöpfungen jener Reihe, die mit Launce in den *Beiden Veronesern* beginnt und bis zu Kleopatra reicht. Und was die Stücke betrifft, die man unter dem Oberbegriff »späte Romanzen« zusammenfasst, so scheint dieser neue dramatische Modus per se das Prinzip der Mimesis weitgehend auszuschließen: selbst Imogen, Leontes und Prospero spielen über die Grenze des Realistischen ins Symbolische hinüber. Caliban und Ariel können in gewissem Sinn als Persönlichkeiten gelten, aber Caliban ist nur halb menschlich, und Ariel ist ein Geisterwesen. Was den *Coriolanus* so ungeheuer faszinierend macht, ist, dass dieses Stück der Raum einer großen Verwandlung Shakespeares ist, der etwas preisgab, was der Dreh- und Angelpunkt seiner dramatischen Kunst gewesen war: Von hier an gibt es keine freien Künstler und Künstlerinnen ihrer selbst mehr in seinem Werk. In Kleopatra, einer ganz erstaunlichen Schöpfung, triumphierte Shakespeares größtes Talent zum letzten Mal; ich wünschte, wir könnten erraten, warum diese Quelle versiegte, vielleicht versiegen musste. War Shakespeare seiner so enorm erfolgreichen Kunst der Menschenerfindung müde? Innerlichkeit, Shakespeares größter Beitrag zum abendländischen Ich, verschwindet im *Coriolanus* für immer. Kleopatras gewaltiges inneres Ich stirbt keinen gewöhnlichen Tod; sie erfährt eine Umwandlung, und es bleibt nichts, was uns Anlass zu Trauer oder Bedauern geben könnte. Wir können uns Shakespeares Gezeitenwechsel deutlich machen, indem wir Kleopatras Frage an den Schlangenlieferanten: »Wird er [der ›Nilwurm‹] mich essen?« der letzten prahlerisch auftrumpfenden Rede Coriolanus' an die Volsker gegenüberstellen: »Allein – ich – tat es.« Über Kleopatras kapriziöse und kindliche Frage kann man endlos nachsinnen, sie bezaubert uns und lässt uns noch einmal ganz neu staunend das Wunder ihrer Persönlichkeit erfahren – Coriolanus' Angeberei ist kindisch und schmerzt auf einem unendlich viel tieferen Niveau.

Überall, wo wir nach Shakespeares künstlerischer Entwicklung fragen, sind wir auf Vermutungen zurückgeworfen, er ist und bleibt der rätselhafteste aller Dramatiker. Die sprachliche Form des *Coriolanus* hat etwas Harsches, ja Abweisendes an sich, weil das Stück über weite Teile hinweg aus Tiraden besteht. Shakespeare beherrscht die Form und den Stoff in jeder Phase vollkommen, vielleicht allzu vollkommen. Nicht einmal er konnte den *Lear*, den *Macbeth* oder *Antonius und Kleopatra* restlos planhaften Absichten unterwerfen, immer wieder bricht hier etwas Wildes durch. Lear und Edmund, Macbeth und Kleopatra, sie alle emanzipieren sich von ihrem Schöpfer und sind wie Falstaff, Hamlet und Jago Hobgoblins, die mit dem Kranz des Apollo durchgebrannt sind. Es schwirren im *Coriolanus* keine transzendenten Energien umher; Caius Martius hat wenig Verstand und überhaupt keine Fantasie. Das Stück legt überall Zeugnis ab vom souveränen Wirken eines immens professionellen Dramatikers, dessen Stoff tatsächlich nichts als Stoff ist: wir spüren in jeder Phase, dass Coriolanus genau das tut, was Shakespeare von ihm verlangt. So raffiniert und eindrucksvoll das Drama ist, gehört es doch nicht zu den überlebensgroßen Werken Shakespeares. Man könnte fast glauben, dass sein Schöpfer sich vorgenommen hatte, Ben Jonson auf dessen eigenem Gebiet zu übertreffen, denn der *Coriolanus* ist in mancher Hinsicht genau das Stück, das Jonson – seinerseits von dem Ehrgeiz getrieben, den *Julius Cäsar* zu perfektionieren und zu überflügeln – in *Sejanus his Fall* (1605) misslungen war. Der *Coriolanus* beeindruckt nach wie vor die Literaturwissenschaftler, nicht jedoch die breite Allgemeinheit des Lese- und Theaterpublikums, dem die formale Perfektion dieser neoklassischen Tragödie weit weniger bedeutet. Aber Jonson war nie wie Marlowe ein übermächtiger Schatten für Shakespeare, und darum ist es wohl kaum sein Einfluss, der im *Coriolanus* spürbar wird; vielmehr haben wir es mit einer ganz persönlichen Reaktion Shakespeares auf seine eigene Leistung zu tun: Er hatte sich in den fünf Tragödien selbst übertroffen, in *diesen* Abgrund des Ich weiter vorzudringen wagte selbst er nicht. Indem er sich von der Innerlichkeit wegbewegte, gelangte er zum *Coriolanus*, der in einer Weise fremdartig anmutet wie kein anderes unter allen neununddreißig Dramen: das Stück ist von einer Fremdheit, die uns unheimlich, nicht geheuer ist, aber es besitzt auch den Reiz des Fremden, einen völlig neuen ästhetischen Glanz, der, wenn auch vermindert, in seiner Qualität einzigartig ist. Shakespeare gab vieles auf und gelangte zu einer Art von formaler Vollkommenheit, die nicht ihresgleichen hat.

3

Das Pathos des formidablen Coriolanus wird überall dort übermächtig, wo wir daran erinnert werden, dass dieser Held der Sohn einer wahrhaft fürchterlichen Mutter ist, der – noch vor Goneril und Regan – unerfreulichsten Frauengestalt im Werk Shakespeares. Da Volumnia wie alle Figuren des Stücks nur ein äußeres Ich besitzt, haben wir wenig Anhaltspunkte für Vermutungen darüber, wie eine altrömische Matrone die Wesensart einer Strindberg-Figur (der hübsche Vergleich stammt von Russell Fraser) annehmen konnte. Volumnia ist und bleibt die extravaganteste Gestalt dieses extravaganten Stücks und lässt sich eben nicht unserem gewöhnlichen Begriff der präpotenten, besitzergreifenden Mutter assimilieren. Sie rühmt sich, Caius Martius schon sehr früh in die Schlacht geschickt zu haben (wir erinnern uns: auch Othello musste schon als Kind in den Krieg), und sie genießt es, wenn Blut fließt, und wäre es selbst das ihres Sohnes:

> … schöner ziert's [das Blut nämlich] den Mann
> Als Goldtrophän. Die Brust der Hekuba
> War schöner nicht, da sie den Hektor säugte,
> Als Hektors Stirn, die Blut entgegenspritzte
> Im Kampf den Griechenschwertern.

I.3, 39–44 [115]

Diese pathologische Schwärmerei ist so grotesk, dass, wie so oft im *Coriolanus*, die Satire nicht weit sein kann. Einem Mann, der so eine Mutter hat, muss man vieles nachsehen, mag er sich auch bisweilen ganz abscheulich gebärden. Ich habe diese Tragödie nie so aufgeführt gesehen, dass sie zum Lachen reizte (wie der *Titus Andronicus*), aber man fragt sich doch, was Shakespeare sich dabei gedacht haben mag, als er das kindliche Spiel eines viel versprechenden Heldenknaben, nämlich des Sohns von Coriolanus, so schilderte:

VALERIA: ... Was macht Euer kleiner Sohn?

VIRGILIA: Ich danke, edle Frau, er ist wohl.

VOLUMNIA: Er mag lieber Schwerter sehn und die Trommel hören als auf seinen Schulmeister Acht geben.

VALERIA: Oh! auf mein Wort, ganz der Vater. Ich kann's beschwören, er ist ein allerliebster Knabe. Nein, wahrlich, ich beobachtete ihn am Mittwoch eine halbe Stunde ununterbrochen; er hat etwas so Entschlossnes in seinem Benehmen. Ich sah ihn einem glänzenden Schmetterling nachlaufen, und als er ihn gefangen hatte, ließ er ihn wieder fliegen, und nun wieder ihm nach, und fiel der Länge nach hin, und wieder aufgesprungen und ihn noch einmal gefangen. Hatte ihn sein Fall böse gemacht, oder was ihm sonst sein mochte, aber er knirschte so mit den Zähnen und zerriss ihn. Oh! ihr könnt nicht glauben, wie er ihn zerfetzte.

VOLUMNIA: Ganz seines Vaters Art.

VALERIA: Ei wahrhaftig! er ist ein edles Kind.

I.3, 53–67 [116]

Schmetterlinge zerfetzen ist vielleicht eine gute Vorübung für einen, der es einmal seinem Vater als rasender Krieger gleichtun will, aber ein solches Verhalten ist doch schwerlich geeignet, einen Menschen seiner sozialen Umwelt zu empfehlen. Vielleicht ist es ja ebendas, worauf Shakespeare uns hinweisen will: Es ist nur eine Frage der Zeit, dann wird der römische Pöbel es mit einem neuen Caius Martius zu tun bekommen. Vorerst jedoch beschäftigen sich die Mutter und die Freunde des aktuellen Helden damit, eifrig dessen Wunden zu zählen, die er nach seiner Heimkehr dem Volk zeigen kann, um seiner Kandidatur für das Amt des Konsuls Nachdruck zu verleihen:

MENENIUS: Wahr? Ich schwöre, dass sie wahr sind. – Wo ist er verwundet? *Zu den Tribunen*: Gott tröste Euer liebwertsten Gnaden; Marcius kommt nach Hause und hat nun noch mehr Ursache, stolz zu sein. – Wo ist er verwundet?

VOLUMNIA: An der Schulter und am linken Arm. Das wird große Narben geben, sie dem Volk zu zeigen, wenn er um seine Stelle sich bewirbt. Als Tarquin zurückgeschlagen wurde, bekam er sieben Wunden an seinem Leib.

MENENIUS: Eine im Nacken und zwei im Schenkel, es sind neun, so viel ich weiß.

VOLUMNIA: Vor diesem letzten Feldzug hatte er fünfundzwanzig Wunden.

MENENIUS: Nun sind es siebenundzwanzig, und jeder Riss war eines Feindes Grab.

Trompeten und Freudengeschrei.

Hört die Trompeten!

II.1, 140–156 [132f.]

Wie soll man das auf der Bühne darstellen, wenn nicht als Komödie? Shakespeare führt hier geschickt in die Szene hinüber, in der Coriolanus und die Plebejer einander verbannen, eine Konfrontation, die hart an der Grenze zur Komödie dahinsteuert. Es ist schwierig zu entscheiden, wie Volumnia genau aufzufassen ist, die dem Vorbild der grimmigen Juno Vergils einiges verdankt. Shakespeare lässt seine Volumnia ausdrücklich auf diese Verwandtschaft hinweisen, wenn sie eine Einladung zum Essen mit folgenden Worten ausschlägt:

Zorn ist mein Nachtmahl; so mich selbst verzehrend,
Verschmacht ich an der Nahrung. Lasst uns gehn.
Lasst dieses schwache Wimmern, klagt wie ich,
Der Juno gleich im Zorn. – Kommt, kommt!

IV.2, 50–53 [172]

Wie die Mutter so der Sohn: auch er verzehrt sich selbst und wird wie sie an der Nahrung verschmachten. Das ist nur deswegen nicht komisch, weil es – wie die Juno in der *Äneis* – so furchterregend ist. Überhaupt nicht komisch, sondern endlich doch wahrhaft tragisch ist die Szene, wo Volumnia dem Coriolanus entgegentritt und ihn, der entschlossen ist, mit den Volskern gegen Rom zu ziehen, ermahnt, sein Vorhaben aufzugeben:

... Kein Mann auf Erden
Verdankt der Mutter mehr; doch hier lässt er
Mich schwatzen wie ein Weib am Pranger.

V.3, 158–160 [199]

Volumnia ist so unsympathisch wie nur je, aber das hier ist mehr als keifende Gehässigkeit, denn es bedeutet für Coriolanus den Tod:

Oh! Mutter! – Mutter!
Was tust du? Sieh, die Himmel öffnen sich,
Die Götter schaun herab; den Auftritt unnatürlich
Belachen sie. – O meine Mutter! Mutter! Oh!
Für Rom hast du heilsamen Sieg gewonnen;
Doch deinen Sohn – O glaub es, glaub es mir,

Ihm höchst gefahrvoll hast du den bezwungen,
Wohl tödlich selbst. Doch mag es nur geschehn!

V.3, 182–189 [199]

Für eine Tragödie scheint mir das mehr als grotesk – vielleicht ist das Unheimliche der Szene daran schuld, dass es die Grenze des Tragischen überschreitet. Janet Adelman kommt in ihrer brillanten Interpretation der Passage zu diesem Schluss: »Abhängigkeit wird nicht belohnt, nicht mit Liebe, nicht mit der Anteilnahme des Publikums, sie führt zur Katastrophe des Ich, zum fürchterlichen Triumph der Volumnia.« Können wir noch die ästhetische Erfahrung des Tragischen machen, wo es keinerlei Trost gibt, wo sich uns nicht einmal Trauer mitteilt? Im *Coriolanus* und im *Timon von Athen* gestaltet Shakespeare die Götterdämmerung der Tragödie. Man kriegt nichts umsonst im Leben, und die fünf großen Tragödien hatten, so können wir vermuten, Shakespeare viel Substanz gekostet. Niemand, der nicht völlig versteinert oder so in sich verschlossen ist, dass nichts an ihn herankommt, wird den *Lear* und den *Macbeth* ohne tiefe Erschütterung aufmerksam lesen oder (aber das ist nur sehr wenigen vergönnt) in guten Inszenierungen sehen können. Der Mensch, der diese beiden Stücke geschrieben hat, kann, wer oder was immer er sonst gewesen sein mag, unmöglich ein gefühlskalter Egomane gewesen sein. Im *Coriolanus* und im *Timon* wird Shakespeares Erkenntnis fassbar, dass er eine Grenze überschritten hatte und wie über die reine Komödie so nun auch über die Tragödie hinaus war.

SIEBEN
Timon von Athen

Timon von Athen ist offenbar ein unvollendetes Werk; aus Gründen, die nicht ganz durchsichtig sind, scheint Shakespeare die Arbeit vorzeitig abgebrochen zu haben. Er brachte das Stück nie zur Aufführung, und manche Teile wirken, als fehlte ihnen der letzte Schliff. Einige Philologen haben in jüngerer Zeit die These vertreten, mehrere Szenen seien gar nicht von Shakespeare, sondern von Thomas Middleton, aber ihre Argumente sind nicht eben sehr überzeugend, und dass der eine oder andere gar noch dazu neigt, auch weite Teile des *Macbeth* Middleton zuzuschreiben, macht mich vollends misstrauisch. Manchen Unvollkommenheiten zum Trotz kann der *Timon* auf der Bühne sehr eindrucksvoll wirken. Ich habe das Stück zuletzt in der ausgezeichneten Inszenierung von Brian Bedford gesehen, bei der auch die großartige Bühnenmusik von Duke Ellington zur Aufführung kam. Ich finde, dass es auf der Bühne gegenüber der bloßen Lektüre gewinnt; es ist hochdramatisch, aber das sprachliche Niveau ist doch sehr deutlich unausgeglichen. In den späteren Teilen des Dramas nehmen die Fluchreden des Timon überhand, die aber merklich mehr Biss haben als die Tiraden des Coriolanus. Vielleicht fand Shakespeare selbst diese Flüche allzu eintönig; tatsächlich haben sie etwas Ermüdendes für den Leser, nicht jedoch im Theater: Bedford verstand es, eine höchst spannende Sache daraus zu machen. Wie im Fall von *Troilus und Cressida*, das auch nicht zur Aufführung gelangte, sieht es auf den ersten Blick so aus, als hätte Shakespeare seine dramatische Kunst unterschätzt. Anders als *Troilus und Cressida* ist der *Timon* keine

Dichtung ersten Ranges, aber beide Stücke sind überaus wirkungsvolle Bühnenwerke. Shakespeare war freilich vom Fach und so sehr mit allen theatralischen Wassern gewaschen, dass er dieses Potenzial schwerlich verkannt haben kann. Im Fall von *Troilus und Cressida* hatte die Zurückhaltung des Dramatikers, wie wir gesehen haben, vielleicht politische Gründe, der *Timon* dagegen, so vermute ich, erfüllte seinen Schöpfer mit einem Widerwillen, der ganz Shakespeares eigener war und keine äußeren Ursachen hatte; der Dichter wandte sich von dem Werk ab und begann mit dem *Perikles*, der am Anfang von Shakespeares letzter Schaffensperiode steht und das erste jener visionären Dramen ist, die man üblicherweise die Romanzen nennt.

Der *Timon von Athen* ist nicht so sehr eine Tragödie als vielmehr etwas, das irgendwo zwischen Satire und Farce einzuordnen ist. Wenn am Anfang des *Coriolanus* vielleicht der Gedanke stand, Jonsons *Sejanus his Fall* zu übertrumpfen, so könnte der *Timon* als ein Versuch begonnen haben, dem moralistischen Satiriker Jonson Konkurrenz zu machen. Coriolanus und Volumnia sind, wie bereits erwähnt, keine Personen, sondern Ideogramme im Stil Jonsons; Timon ist nicht einmal das, er ist nur eine Skizze, eine Karikatur. Etliche Interpreten betonen, dass Timon insofern einzigartig sei, als er keinerlei familiäre Bindungen habe. Er hat keinen Vater, keine Mutter, keine Frau, keine Kinder, nicht einmal eine Geliebte, und er hat auch keine Ursprünge. Wir erfahren später, dass er einmal Athen mit dem Schwert und mit Geld gerettet hat. Offenbar hat er seiner Heimatstadt als Krieger und General gedient; wie er zu seinem Vermögen gekommen ist, wird nicht mitgeteilt. Sexuellen Dingen steht er anfangs indifferent gegenüber, im weiteren Verlauf des Stücks entwickelt er einen immer stärkeren Abscheu davor – unter allen Dramen Shakespeares zeichnet sich dieses dadurch aus, dass außer Huren keine Frauen darin vorkommen.

Schamlos unzeitgemäß, wie ich bin, ein fossiler Vertreter einer längst überholten Schule der Shakespeare-Kritik, zögere ich nicht, im *Timon* ein gewaltiges Maß an persönlicher Bitternis festzustellen, die als aggressive Komponente einen heftigen Widerwillen gegen die sexuelle Ausschweifung enthält. Besonders die Geschlechtskrankheiten haben es Timon angetan, ähnlich wie Pandarus im Epilog zu *Troilus und Cressida* kommt er in seinen wütenden Schimpfreden gegen die Huren des Alkibiades immer wieder auf dieses Thema zu sprechen. Allenthalben im *Timon von Athen* wird eine exzessive rasende Wut spürbar, die fast verrückt wirkt und jedenfalls mehr ist als wilde Empörung über Undankbarkeit. Von der Distanziertheit, die Shakespeare im *Coriolanus* kultiviert hatte, ist im *Timon* nichts zu spüren, das Stück ist sehr weitgehend eine offene Wunde. Da wir über Shakespeares inneres Leben nichts wissen, können wir nichts darüber sagen, ob diese Wunde vielleicht seine eigene war oder nicht. Unverkennbar herrscht aber hier, mehr noch als im *König Lear*, eine erbitterte Empörung, die an Jonathan Swift gemahnt. Genau diese Haltung und nichts anderes will das Stück beschreiben; wie sie allerdings zu deuten ist, ob der rasende Timon ein enttäuschter Idealist oder ein Narr und Naivling ist, bleibt unentschieden. Hazlitt, vielleicht gereizt von Dr. Johnsons moralisierender Kritik am Lebenswandel des Verschwenders Timon, stiftete die romantische Tradition, diesen Helden zu verklären:

> … Timon, der es keineswegs genießt, sich selbst und andere zu verabscheuen. Seine ganze wilde Misanthropie ist erzwungen und seiner Natur zuwider. Er möchte den tückischen Launen des Glücks, den Stürmen der Leidenschaft und allen Widrigkeiten entkommen in die Stille des Grabes. Das ist es, was er im Sinn hat, und dieses Streben lässt ihn zum Romantiker werden. Er gräbt sich sein Grab an der Küste, ersinnt die Zeremonien seiner Bestattung in feierlicher Trostlosigkeit, baut sich ein Mausoleum aus den Elementen.

Hazlitts Timon ist ein Zeitgenosse des armen Dämons, der in Mary Shelleys *Frankenstein* sein Unwesen treibt, und in der zitierten Passage könnte auch von Frankensteins Geschöpf die Rede sein, nur müsste der Ort der Handlung von Griechenland in die Arktis verlegt werden. Dieses romantische Bild von Timon dominierte lange die Rezeption, von Hazlitt (1816) über Swinburne (1880) bis zu G. Wilson Knight, dessen Buch *The Wheel of Fire* (1930) einen Höhepunkt der Wertschätzung bezeichnet:

> In keinem Stück entwickelt Shakespeare eine derart unwiderstehlich zwingende technische Meisterschaft – eine gewissermaßen rohe Gewalt geht von diesem monumental gebauten Drama aus. Aber auch kein Stück ist so massiv aus roh behauenen gigantischen Blöcken gefügt, die aus dem Urgestein des Geistes oder der Seele Shakespeares gebrochen sind, wie das von Timon ... Keine technische Konstruktion Shakespeares muss derart schwere Erschütterungen aushalten, denn dieses Stück ist die ihrer selbst bewusste und universal gewordene Summe von *Hamlet*, *Troilus und Cressida*, *Othello* und *König Lear*, alle diese Dramen sind darin enthalten und aufgehoben.

Es wäre wunderbar, wenn es wahr wäre, aber Shakespeares Text gibt das, was Wilson Knight ihm nachrühmt, einfach nicht her. Ich hatte in meiner Jugend das Glück, Wilson Knight ausgewählte Szenen aus *Timon von Athen* vortragen zu hören. Er verlieh in seiner Interpretation dem Timon die ganze erhabene Größe eines Lear, aber die Wirkung hielt nicht an und verhallte mit dem Klang seiner Stimme. Einige literarisch hellhörige Studenten von mir assoziierten Timon mit Lear, aber das erweist sich bei genauer Betrachtung als Irrtum. *Timon von Athen* ist ein erstaunlicher Torso von ungeheurer Kraft des Ausdrucks, aber

Shakespeare kam offenbar zu der Überzeugung, dass das Stück in eine Sackgasse führte, und er hatte Recht damit. So bühnentauglich es immer sein mag, ist es doch der Friedhof der tragischen Kunst Shakespeares. Als eine dramatisierte Fabel zum Thema Undankbarkeit hätte das Stück keine Shakespearesche Resonanz, wenn nicht seine elegische Intensität an die fünf großen Tragödien erinnerte, die Shakespeare geschaffen hatte – die er sich abgerungen hatte, denn von Natur aus war die Komödie sein Fach. Falstaff und Rosalind entsprangen leicht einem Überfluss, der zutiefst Shakespeares eigener war, Hamlet und Lear wurden unter Mühen und Schmerzen geboren. *Timon von Athen* ist alles andere als ein Gipfelpunkt in Shakespeares Schaffen, das Grab des Timon ist auch die letzte Ruhestätte der ersten großen europäischen Tragödien seit der griechischen Antike.

2

Timon ist die lebhafteste unter den Karikaturen, die das Stück bevölkern, die übrigen Gestalten sind neben ihm fast bedeutungslos. Ein gewisses Format haben allenfalls der treue Haushofmeister Flavius, der Zyniker Apemantus, der im Personenverzeichnis als ein »ungehobelter Philosoph« charakterisiert wird, und Alkibiades, der gegenüber der Figur, die bei Platon und Plutarch erscheint, einiges eingebüßt hat. Die Übrigen sind samt und sonders Sykophanten, Schmeichler, Huren – nicht einmal Macbeth dominiert sein Stück so absolut wie Timon das seine. Coriolanus hat keine Innerlichkeit, aber Timon hat schlicht gar nichts zu bieten – bis zur 4. Szene des 3. Akts, wo sich zum ersten Mal die Schleusen seiner Wut öffnen, wenn er seinen Hausverwalter anweist, all die Schmeichler, Schmarotzer und falschen Freunde zu einem letzten Festmahl zu laden, bei dem er lauwarmes Wasser und Steine in zugedeckten Schüsseln auftragen lassen wird. Nachdem er den Gästen das Wasser ins Gesicht geschüttet und sie, Steine werfend, aus dem Haus gejagt hat, steigert er sich in seinem Zorn doch noch zu imponierender Eloquenz, wenn er nun seiner Heimatstadt Lebewohl sagt:

Lass mich noch einmal auf dich schaun. Du Mauer,
Die diese Wölf umschließt, tauch in die Erde,
Schütz nicht Athen! Fraun, werdet zügellos;
Trotzt euren Eltern, Kinder! Sklaven, Narren,
Reißt von dem Sitz die würd'gen Senatoren,
Und haltet Rat statt ihrer! Jungfraunreinheit
Verkehre plötzlich sich zu frecher Schande,
In Gegenwart der Eltern! Bankrottierer,
Halt fest, gib nichts zurück; heraus das Messer,
Für deines Gläub'gers Hals! Stehlt, ihr Leibeignen!
Langhänd'ge Räuber sind ja eure Herrn
Und plündern durch Gesetz. Magd, in deines Herren Bett!
Die Frau ist im Bordell! Sohn, sechzehn alt,
Die Krücke reiß dem lahmen Vater weg
Und schlag ihm aus das Hirn! Furcht, Frömmigkeit,
Scheu vor den Göttern, Friede, Recht und Wahrheit,
Zucht, Häuslichkeit, Nachtruh und Nachbartreue,
Belehrung, Sitte, Religion, Gewerbe,
Achtung und Brauch, Gesetz und Recht der Stände,
Stürzt euch vernichtend in eur Gegenteil,
Bis zur Vernichtung lebt! – Pest, Menschenwürger,
Häuf deine mächt'gen, gifterfüllten Fieber
All auf Athen, zum Falle reif! Du Hüftweh,
Die Senatoren krümm, dass ihre Glieder
Lahm gleich den Sitten werden! Lust und Frechheit
Schleich in das Mark und das Gemüt der Jugend,
Dass sie, dem Tugendstrom entgegenschwimmend,
In Wüstheit sich ertränkt! Mit Schwür und Beulen
Sei ganz Athen besät, und ew'ger Aussatz
Die Ernte; Atem stecke Atem an,

Dass ihre Näh gleich ihrer Freundschaft sei:
Gift durch und durch! Nichts nehm ich von dir mit
Als Nacktheit, du, des Abscheus würd'ge Stadt!
Nimm auch noch das, mit hundertfachen Flüchen.
Timon geht nun zum Wald; das wildste Tier
Zeigt Lieb ihm mehr als je die Menschen hier.
Auf ganz Athen, hört, Götter insgesamt,
Auf Stadt und Land zugleich die Blitze flammt!
Dass Timons Hass mit den Jahren wachs, ersuch ich,
Und alle Menschen, niedrig, hoch, verfluch ich!
Amen.

IV.1, 1–41 [411 f.]

Die Rede ist lang, aber es ist kaum möglich, in einzelnen Zitaten einen Begriff von ihrem Wesen zu vermitteln – sie bricht nach drei recht wenig befriedigenden Akten rhetorisch erlöst und erlösend über uns herein. Von nun an wird Timon fluchend und schimpfend seinen Weg gehen. Wir werden seiner überdrüssig werden, dieser erste wilde Wutausbruch aber ist nicht allein fürchterlich in seiner Gewalt, sondern bereitet uns durchaus noch Vergnügen. Da Timon nur eine Karikatur ist und seine Reden in Sprechblasen über seinem Haupt schweben, dürfen wir ohne weitere Umstände Athen als Chiffre für London und den edlen Athener für den gut vierzig Jahre alten Shakespeare nehmen. London im Jahr 1607 ist »zum Falle reif«, Werte aller Art stürzen sich hier vernichtend in ihr Gegenteil und leben bis zur Vernichtung. Ich will nicht andeuten, dass Shakespeare wie Timon auf dem Weg in den wilden Wald sei, aber die Schmähungen gegen das Bürgerlich-Städtische haben den Geschmack des Authentischen. Wenn Lear flucht, kommen wir schwerlich in Versuchung, ihn mit seinem Schöpfer zu verwechseln, denn der große König ist eine Person mit einer unauslotbaren Innerlichkeit, und wir sind von Shakespeare ermächtigt, uns selbst darin heimisch zu fühlen. Lears Leidenschaften sind größer als unsere, und doch sind sie auch die unseren – an Timons Rasen nehmen wir nicht teil, und Shakespeare bemüht sich nicht im Mindesten darum, uns Timon als Person nahe zu bringen. Noch mehr als im *Coriolanus* ist Shakespeare auf der Flucht vor der Tragödie und vor dem tragisch gesteigerten inneren Ich. Auch bei seinem nächsten großen Auftritt vermag Timon uns nicht so recht davon zu überzeugen, dass es eine bestimmte, unverwechselbare Person ist, die da so mächtig loslegt:

> O Lichtgott, Segen zeugend, zieh hinauf
> Dunstfäulnis; deiner Schwester Luftbahn sei
> Vergiftet! Zwillingsbrüder e i n e s Schoßes,
> Deren Erzeugung, Wohnung und Geburt,
> Fast ungetrennt, trifft sie verschiednes Glück;
> Der Größre höhnt den Niedern; ja, Natur,
> Von Wunden rings bedrängt, sie kann groß Glück
> Ertragen nur, wenn sie Natur verachtet.
> Heb diesen Bettler und versag's dem Lord;
> Folgt angeerbte Schmach dem Senatoren,
> Dem Bettler eingeborne Ehre.
> Die Weide schwellt des Ochsen Seiten auf,
> Der Mangel macht ihn mager. Wer, wer darf
> In reiner Mannheit aufrecht stehn und sagen:
> »Ein Schmeichler ist d e r Mensch.« Wenn's einer ist,
> So sind es all; denn jeder höhern Staffel
> Des Glücks schmiegt sich die untre: goldnem Dummkopf
> Duckt der gelehrte Schädel: schief ist alles,
> Nichts grad in unsrer fluchbeladnen Menschheit
> Als Bosheit ungekrümmt. Drum seid verabscheut,
> Gelage all, Gesellschaft, Menschendrang!
> Denn Timon hasst die Gleichgeschaffnen, ja sich selbst.

Zernichtung dem Geschlecht der Menschen! – Erde,
Gib Wurzeln mir!

IV.3, 1–23 [414]

Mir, der ich ein Leben lang Universitätslehrer war, prägt sich unvergessbar tief der Satz ein: »goldnem Dummkopf / Duckt der gelehrte Schädel«. In dieser ebenso brillanten wie anstößigen Rede an die Natur schwingt Verzweiflung mit, und ihr wird eine passende ironische Antwort – Timon, der nach Wurzeln gräbt, stößt auf Gold:

Wer Bessres in dir sucht, dem würz den Gaumen
Mit deinem schärfsten Gift! Was find ich hier?
Gold? kostbar, flimmernd, rotes Gold? Nein, Götter!
Nicht eitel fleht ich. Wurzeln, reiner Himmel!
So viel hiervon macht schwarz weiß, hässlich schön,
Schlecht gut, alt jung, feig tapfer, niedrig edel.
Ihr Götter! warum dies? warum dies, Götter?
Ha! dies lockt euch den Priester vom Altar,
Reißt Halbgenesnen weg das Schlummerkissen.
Ja, dieser rote Sklave löst und bindet
Geweihte Bande; segnet den Verfluchten.
Er macht den Aussatz lieblich, ehrt den Dieb
Und gibt ihm Rang, gebeugtes Knie und Einfluss
Im Rat der Senatoren; dieser führt
Der überjähr'gen Witwe Freier zu;
Sie, von Spital und Wunden giftig eiternd,
Mit Ekel fortgeschickt, verjüngt balsamisch
Zu Maienjugend dies. Verdammt Metall,
Gemeine Hure du der Menschen, die
Die Völker tört. Komm, sei das, was du bist.

IV.3, 24–45 [414 f.]

Auch das ist von einer zwingenden Gewalt, besonders die Phrase: »Verdammt Metall, / Gemeine Hure du der Menschen«. Kritiker haben auf die Parallelität zu Lears Fluchreden hingewiesen, die eine käufliche Menschheit und eine üppig wuchernde Sexualität zeigen, aber in Lear lebt doch noch ein positives Empfinden von Humanität, sonst könnte er nicht nach wohlriechendem Bisam rufen, seine »Fantasie zu lindern«. Timon dagegen lässt angesichts der Huren des Alkibiades seinen vergifteten sexuellen Fantasien freien Lauf:

Bleib Hure stets! dich liebt nicht, wer dich braucht,
Gib Krankheit dem, der seine Lust dir lässt.
Nutz deine Brunstzeit; mach die Wichte reif
Für Bad und Schwitzfass, rosenwangige Jugend
Für strenge Fastenkur!

IV.3, 84–88 [416]

Bevor er, immer wütender rasend, in diesem Geleise fortfährt, fordert Shakespeare-Timon (wie sonst sollten wir den nennen, der da spricht?) den Alkibiades auf, ein großes Gemetzel in London-Athen zu veranstalten:

Weil, die Schurken tötend,
Du warst erwählt, mein Vaterland zu tilgen.
Nimm hin dein Gold; geh, hier ist Gold – geh fort!
Sei wie Planetenpest, wenn Jupiter
In kranker Luft auf hochverruchte Städte
Sein Gift ausstreut; dein Schwert verschone keinen:
Nicht um sein Silberhaar den würd'gen Greis,
Ein Wuchrer ist's; hau die Matrone nieder,
Sie heuchelt, ihre Kleider nur sind sittsam,
Sie kuppelt frech; lass nicht der Jungfrau Wange
Stumpfen dein schneidend Schwert, denn diese Milchbrust,

Die durch die Fenster kirrt der Männer Augen,
Steht auf des Mitleids Liste nicht geschrieben,
Nein, zeichne sie als scheußliche Verrätrin:
Auch nicht den Säugling schone,
Des Wangengrübchen Narrn zum Weinen lächelt;
Denk, 's ist ein Bastard, den Orakelspruch
Mit dunklem Wort als deinen Mörder nennt;
Zerstück ihn mitleidlos: schwör Tod dem Leben;
Leg erzne Rüstung dir auf Ohr und Auge,
So hart, dass Schrei von Mutter, Säugling, Jungfrau,
Des Priesters selbst, in heil'gen Kleidern blutend,
Dir nichts sei. Hier ist Gold für deine Krieger:
Sä aus Vernichtung; ist dein Grimm erschöpft,
So sei vernichtet selbst. Sprich nichts und geh!

IV.3, 107–130 [417]

Das ist so gesteigert ungeheuerlich, dass es die Grenze zum Grotesken überschreitet, und Shakespeare selbst ist das natürlich wohl bewusst. Wenn nun gar das Kleinkind mit den Wangengrübchen mitleidlos zerstückt werden soll, fängt die Satire an, vollends wild um sich zu beißen – sie schnappt jetzt auch nach Timon und nach dessen Schöpfer. Aber Shakespeare ist noch nicht fertig mit uns; er kehrt noch einmal zu Timons Horror vor der Sexualität zurück. Timon, der vorher die Trosshuren des Alkibiades aufgefordert hat, ihr Gewerbe fleißig zu üben, versteigt sich nun zu einer schäumenden Tirade über die Lustseuche und ihre Scheußlichkeiten; angesichts dieser Rede scheint mir die Vermutung von Anthony Burgess, Shakespeare müsse etwas davon am eigenen Leib erlitten haben, sehr wohl glaubhaft:

Auszehrung sät
In hohl Gebein des Manns; lähmt Schenkelknochen,
Des Reiters Kraft zerbrecht; des Anwalts Stimme,

Dass er nie mehr den falschen Spruch vertrete
Und Unrecht kreische laut. Umschuppt mit Aussatz
Den Priester, der, auf Sinnenschwachheit lästernd,
Sich selbst nicht glaubt: fort mit der Nase, fort,
Glatt weg damit! vernichtet ganz die Brücke
Ihm, der, sich eigne Jagd erschnüffelnd, nicht
Für alle spürt: krausköpf'ge Raufer, macht sie kahl;
Dem unbenarbten Kriegesprahler gebt
Gehör'ge Qual von euch; verpestet alles,
Und eure Tätigkeit erstick und dörre
Die Quelle aller Zeugung. – Nehmt mehr Gold!
Verderbt die andern, und verderb euch dies,
Und Schlamm begrab euch alle!

IV.3, 153–168 [418]

Diese Hymne auf die Syphilis ist einzigartig und durch nichts zu überbieten. Wilson Knight, hingerissen von visionärer Begeisterung, betont den Aspekt der allumfassenden »Einheit« der Flüche Timons, diese seien der Ausdruck eines wütenden Antagonismus, einer Absage an das Gesunde schlechthin, an das körperliche wie soziale Heil des Menschen. Sosehr ich Wilson Knight verehre, kann ich darüber doch nur ungläubig staunen und wünschen, dass auch Shakespeare den irrsinnig tobenden Schmerz – was immer diesem in der Lebenswirklichkeit des Dichters entsprochen haben mag –, den er hier so großartig zum Ausdruck brachte, ebendadurch in den Griff bekommen und überwunden haben möge. Die Gewalt der Rede Timons ist halb prophetischer Eifer, der mit Skorpionen züchtigt, halb Selbstsatire, aber genau das ist auch überhaupt Timons Dilemma und zugleich die Quelle des expressiven Genies, das dieses extreme Drama regiert. Lears Flüche wahren bei aller entfesselten Wildheit immer ein gewisses königliches Decorum – Timon kennt keinerlei soziale Rücksichten und Hemmungen mehr, und er hat auch keine innere Natur, die ihm Grenzen setzen könnte. Was sollen wir mit einem solchen Hass anfangen, zumal da Shakespeare seinem Timon keine Vorgeschichte mitgegeben und auch sonst keine Anstrengungen unternommen hat, dessen fanatischen Eifer wider die Sexualität zu motivieren? Wir alle hören es ohne Zweifel gerne, wenn der Winkeladvokat und der heuchlerische Priester und der großmäulige Feigling geschmäht werden, aber die schrecklichen Wirkungen der Syphilis, die da so eindringlich geschildert werden, scheinen uns in keinem Verhältnis und keiner Beziehung zur Sünde der Undankbarkeit zu stehen. Shakespeare bemüht sich kaum darum, uns seinem Protagonisten zu entfremden und selbst auf Distanz zu gehen. Alkibiades mag ein achtenswerter Soldat sein, aber er ist jedenfalls eine der wenigen misslungenen Figuren in Shakespeares Werk; von dem Charisma jenes jungen Mannes, der in Sokrates verliebt war, besitzt dieser Alkibiades überhaupt nichts. Wo wir einen athenischen Prinz Hal oder wenigstens einen Hotspur erwartet hätten, tritt uns ein bierernster Fadian gegenüber. Selbst die Figur des zynischen Philosophen Apemantus inspirierte Shakespeare nicht zu besonderen Höhenflügen. Apemantus kommt Timon besuchen; er will herausfinden, ob Timon ein würdiger Vertreter der zynischen Lehre oder bloß ein Querulant ist. Von seinem Witz im Stich gelassen, inszeniert Shakespeare das Duell der beiden Käuze, die einander angiften; wir sehnen uns nach Rosalind zurück, die Apemantus parodiert, wenn er Timon eine Mispel anbietet:

APEMANTUS: Den Mittelweg der Menschheit kanntest du nie, sondern nur die beiden äußersten Enden. Als du in Gold und Wohlgeruch lebtest, wurdest du wegen zu gesuchter Feinheit verspottet; in deinen Lumpen kennst du sie gar nicht mehr und wirst, um ihres Gegenteils willen, verabscheut. Hier hast du eine Mispel, iss sie.

TIMON: Ich esse nicht, was ich hasse.

APEMANTUS: Hassest du Mispeln?

TIMON: Ja, denn sie sehen dir gleich.

APEMANTUS: Hättest du die diesen Mispeln ähnlichen, faulen Zwischenträger[11] früher gehasst, so würdest du dich jetzt nicht mehr lieben. Kanntest du je einen Verschwender, der noch geliebt ward, wenn seine Mittel dahin waren?

TIMON: Wen, ohne diese Mittel, von denen du sprichst, sahest du je geliebt?

APEMANTUS: Mich selbst.

TIMON: Ich verstehe dich; du hattest einmal so viel, dass du dir einen Hund halten konntest.

APEMANTUS: Was auf der ganzen Welt kannst du am besten mit deinen Schmeichlern vergleichen?

TIMON: Die Frauen; aber die Männer, die Männer sind das Ding selbst.

IV.3, 301–322 [422]

Das ist der Höhepunkt des Dialogs, der im Folgenden zu einem bloßen Austausch von Beleidigungen und Schimpfreden gerät. Das hat eine gewisse Bühnenwirkung, ist aber als sprachliches Kunstwerk wie in seinem Erkenntniswert von geringer Bedeutung.

Glücklicherweise gestattet Shakespeare seinem Timon vor dessen mysteriösem, aber offenbar selbstgewähltem Tod doch noch zwei Reden, in denen er Brillanz beweist. Die eine ist sein letzter Gruß an Athen:

Kommt nicht mehr zu mir, sondern sagt Athen,
Timon hat hier sein ew'ges Haus gebaut,
Auf dem bespülten Strand der salz'gen Flut,
Das einmal tags mit ihrem schwellnden Schaum
Die Wogen überfluten; dahin kommt,
Lasst meinen Grabstein euch Orakel sein. –

Lasst, Lippen, bittre Wort', und ende, Laut;
Des Schlimmen Bessrung sei der Pest vertraut!
Kein Menschenwerk als Gräber; Tod ihr Lohn!
Birg, Sonne, dich! vollbracht hat Timon schon.

V.1, 213–222 [V.2, 434 f.]

Die zwei Grabinschriften, die Timon für sich selbst verfasst, sind, verglichen damit, einfach nur überflüssig und grob. Wenn Cordelia und Lear sterben, bewegt uns das zutiefst – Dr. Johnson fand es schlicht unerträglich schmerzhaft –, wenn Timon verschwindet, tut das unseren geplagten Ohren wohl. Shakespeare, ein hellsichtiger Kritiker seiner selbst, hat wahrscheinlich über dieses Stück den Stab gebrochen; es war, so urteilte er wohl, alles in allem als Kunstwerk seiner nicht würdig. Vielleicht hatte er dabei die besten Verse des Stücks im Sinn, die ein Dichter ganz am Anfang spricht:

Wie Harz ist unsre Poesie und quillt,
Wo sie genährt wird; das Feur im Stein
Glänzt nur, schlägt man's heraus.

I.1, 21–23 [372]

Es glänzt nicht genügend poetisches Feuer im *Timon von Athen*, um das Stück zu läutern und aus seiner Raserei zu erlösen. Die Zeit war gekommen, da Shakespeare in seine letzte, visionäre Phase eintreten musste, um auf »pfadlosen Fluten [zu] ungeträumten Küsten« zu segeln.

Teil III
Die späten Romanzen

ACHT
Perikles

Wir wissen, dass Shakespeare im Winter 1607/1608 am *Perikles* arbeitete, umstritten ist allerdings, welchen Charakter diese Arbeit eigentlich hatte. Die Akte 1 und 2 sind in ihrer sprachlichen Form so grauenhaft, dass sie, auch wenn man eine noch so schlampige Überlieferung annimmt, unmöglich Shakespeare zugeschrieben werden können. Wir besitzen den Text nur in einer sehr schlechten Quarto-Ausgabe, aber wahrscheinlich waren nicht die großen sprachlichen Defizite der Grund dafür, dass das Stück nicht in die erste Folio-Ausgabe aufgenommen wurde, vielmehr ist das wohl auf den Einfluss Ben Jonsons zurückzuführen, der den *Perikles* abfällig als »eine schale Geschichte« bezeichnet hatte. Angeblich wussten die Schauspielerkollegen Shakespeares und auch Jonson, dass ein gewisser George Wilkins der eigentliche Autor der ersten zwei Akte war. Dieser Wilkins war ein kleiner Lohnschreiber, vielleicht irgendeine parasitäre Existenz in der Umgebung Shakespeares; man kann sich vorstellen, dass Shakespeare die Akte 1 und 2 in groben Umrissen vorgezeichnet und ihm die Ausführung übertragen hat. Selbst nach den Maßstäben jener Epoche war Wilkins ein ziemlich anrüchiger Bursche, der mit Huren herumzog – ein keineswegs unnützer Zeitvertreib für einen Koautor des *Perikles*, obwohl die exquisiten Bordellszenen ohne Zweifel von Shakespeare selbst sind.

Der *Perikles* ist nicht nur von sehr durchwachsener Qualität und durch eine schlechte Überlieferung entstellt, sondern auch eine höchst problematische Mischung heterogener Stilelemente. Die

Figur des mittelalterlichen Dichters John Gower übernimmt die Funktion eines Chors; in den ersten zwei Akten ist er einfach scheußlich, danach wird er ganz unverkennbar besser. Häufig nimmt das Stück Zuflucht zu pantomimischen Einlagen von einer Art, wie sie uns aus *Die Ermordung des Gonzago* bzw. deren Hamletscher Bearbeitung *Die Mausefalle* vertraut ist. Mehr als alles andere jedoch befremdet der auffallende Mangel an Kontinuität: Das Stück ist eine Aneinanderreihung von Episoden aus dem Leben des Perikles, seiner Frau Thaisa und Marinas, der Tochter der beiden. Diese Episoden ergeben keine notwendige, gesetzmäßige Abfolge von Ereignissen, wie man es in einem Historienstück, in einer Tragödie oder in einer Komödie erwarten müsste, aber Shakespeare war nun einmal über diese dramatischen Modi hinaus. Wir haben bei der Betrachtung des *Coriolanus* und des *Timon* bereits gesehen, dass Shakespeare sich nach *Antonius und Kleopatra* von der Innerlichkeit entfernte.
Es wäre absurd, die Frage zu stellen, welche Art von Persönlichkeit denn Shakespeares Perikles besitze. Die Bibliotheken sind voll von Büchern über die Persönlichkeit Hamlets, über die Persönlichkeit des Perikles ist nichts zu sagen und nichts zu schreiben, er hat keine. Selbst Marina, die doch alle Tugend der Welt besitzt, hat keine: in der emblematischen Welt des *Perikles* kann es kein individuelles Pathos geben. Shakespeare wandte sich nicht vom Menschen ab, aber er stellte nun in seiner Kunst eine andere Art von Realität dar als die, die Falstaff und Rosalind, Hamlet und Kleopatra, Shylock und Jago eigen ist. Perikles und Marina sind ein universaler Vater und seine Tochter; er ist nur insofern von Bedeutung, als er ihr Vater ist, der sie verliert und wiedergewinnt, und sie zählt nur als Tochter, die, ihrem Vater entrissen, mit diesem wiedervereint wird. Ich will damit nicht sagen, die beiden seien Archetypen oder Symbole, sondern nur, dass Shakespeare sich einzig für die Beziehung zwischen ihnen interessiert. Lear ist alles und nichts in sich selbst, und auch Cordelia umfasst

in den viel engeren Grenzen ihrer Persönlichkeit einen gewaltigen Reichtum. Perikles ist eben real genug, um ein Trauma erleiden zu können, und Marina ist stark genug, um sich nicht korrumpieren zu lassen, aber als Individuen mit besonderem Willen, eigentümlichen Erkenntniskräften und Sehnsüchten sind sie kaum existent. Sie sind nicht einmal passive Wesen. Nur insofern hatte der neidische Ben Jonson Recht: Perikles und Marina sind Figuren in einer »schalen« Geschichte, einer alten Geschichte, die immer wieder und zu allen Zeiten erzählt wird.

Ich habe den *Perikles* im Abstand von dreißig Jahren zwei Mal auf der Bühne gesehen. Beide Inszenierungen wurden von Studentenensembles veranstaltet, und beide bestätigten, was viele Kritiker schon immer behauptet haben, nämlich, dass sogar die ersten zwei Akte im Theater gar nicht übel wirken. Ausgenommen die erstaunliche Wiedererkennungsszene von Perikles und Marina im 5. Akt und die zwei grotesk heiteren Bordellszenen im 4., gibt es nur sehr wenig wirklich Dramatisches in dem Stück, und dennoch erscheinen auf der Bühne sogar die Dummheiten von George Wilkins wie verklärt. Das irritiert mich, den schlechte Regie und schlechte Schauspielerei zu einem Gefolgsmann von Charles Lamb gemacht haben; dieser hat leider nur allzu Recht, wenn er meint, man solle Shakespeares Stücke, zumal heute, besser lesen, als sie in verhunzter Gestalt aufgeführt zu sehen. Der *Perikles* ist das einzige Stück Shakespeares, das ich lieber noch einmal auf der Bühne sehen als lesen wollte, und das nicht allein wegen der Mängel, die auf das Konto der schlechten Überlieferung gehen. Vielleicht um sein Publikum für die ersten zwei Akte zu entschädigen, bot Shakespeare ihm in den restlichen dreien das radikalste theatralische Experiment seit dem *Hamlet* von 1600–1601. Der *Perikles* als Ganzes ist befremdlich, aber es gibt nichts, was in der Weise verblüffend wäre wie jene Lücke in der Darstellung, die Shakespeare im *Hamlet* von der 2. Szene des 2. Akts bis zum Ende der 2. Szene des 3. Akts aufreißt. Aber *was*

ist es denn überhaupt, was in den letzten drei Akten des *Perikles* dargestellt wird?
Gower lehrt im Epilog, das Stück habe uns gezeigt, wie Perikles, Thaisa und Marina sich tugendhaft »die Freudenkron erwerben«. Wenn man ihm glaubt, stellt das Drama den Triumph der Tugend über das launische Glück dar, ein Sieg, der allerdings nur errungen werden konnte, weil »die Götter« eingeschritten sind – gemeint ist wohl im Besonderen die Göttin Diana, der Shakespeare in seiner letzten Schaffensperiode eine auffallende Verehrung bezeigt. Aber kein Dramatiker wusste besser als Shakespeare, dass es schlicht unmöglich ist, die triumphierende Keuschheit – jungfräulich oder vermählt – auf der Bühne wirkungsvoll darzustellen. Shakespeares Gedicht *Der Phönix und die Turteltaube* behandelt ebendieses Thema:

Love hath reason, reason none,
If what parts, can so remain.

[Recht hat Liebe nun, nicht Recht,
Wo Entfernung so beharrt.[12]]

Die Frage, ob das »Recht«, die Räson des Herzens auf der Bühne vorzuführen ist oder nicht, hat Shakespeare immer beschäftigt und seine Kunst umgetrieben. Wie das Mysterium der vermählten Keuschheit darzustellen wäre – »If what parts, can so remain« –, blieb ein ewiges Rätsel. Shakespeares Gower und der *Perikles* als Ganzes entrücken uns so sehr unserer Welt (von den Szenen im Puff einmal abgesehen, versteht sich), dass das Stück tatsächlich eine Antwort auf die rhetorische Frage der Kupplerin (IV.3, 148 [1153]) gibt: »Was geht uns Diana an?«
Genau genommen gibt es nur zwei Gottheiten im *Perikles*, nämlich Diana und Neptun, und Diana erweist sich als die Stärkere von beiden. Was hat dieser Sieg zu bedeuten? Neptun hat Perikles

ähnlich wie Poseidon den Odysseus mit seinem Hass verfolgt. Northrop Frye, der auf die prozessionsartige Form des *Perikles* aufmerksam gemacht hat, meint, die besondere Art und Weise, wie hier Handlung dargestellt werde, rechtfertige die Behauptung, das Stück sei eigentlich die erste Oper der Weltgeschichte, und er vergleicht das Werk mit Eliots *The Waste Land* und natürlich auch mit Eliots »Marina«. Dianas Triumph ist wohl wirklich einigermaßen opernhaft und Marinas Sieg über das Personal und die Klientel des Bordells, in das sie verschleppt wurde, nicht minder. Fryes Auffassung des Stücks scheint mir jedoch ebenso wie die eher barocke Interpretation von Wilson Knight der merkwürdigen, offenbar von Shakespeare gewollten Leere des *Perikles* nicht gerecht zu werden.

Wir haben es hier mit einer Art *kenosis*, einer »Ausleerung«, zu tun: Der ganze Überfluss der Kunst Shakespeares verwandelt sich in Leere, der geistreichste und raffinierteste aller Dramatiker macht keinen Gebrauch von seinen größten Talenten und Potenzen – wahrhaftig eine Menschwerdung des Göttlichen. Frye nennt den *Perikles* »psychologisch primitiv«, und das ist richtig insofern, als Shakespeare bewusst der Kunst der Innerlichkeit absagt, aber es bedeutet nicht, dass er etwa das Primitive im Publikum ansprechen wollte. Wir verfolgen das Schauspiel, das sich uns bietet, nicht unkritisch; wir sind bereit, auf das Shakespearisch Lebenswirkliche zu verzichten, aber das Shakespearische als solches opfern wir nicht. Gower übernimmt es, uns immer wieder daran zu erinnern, dass wir es mit einem Theaterstück zu tun haben, aber sein überflüssiger Eifer, uns Perikles und Marina zu entfremden, verweist uns nicht auf die Macht des Archetypischen, sondern auf Shakespeare selbst. Das Publikum hat ein Vorwissen, es kennt den Schöpfer dieses Stücks bereits und muss deswegen bemerken, wie sehr sich der *Perikles* von den mehr als dreißig früheren Stücken unterscheidet. Es ist schlicht unmöglich, den *Perikles* zu lesen und nicht das Gefühl zu haben, dass der Schöpfer des Hamlet, des Falstaff und der Kleopatra uns hier mit einem Protagonisten konfrontiert, der bloß eine Chiffre ist, ein Name auf einem Blatt Papier. Anfang und Ende aller Beschäftigung mit Shakespeare ist Staunen, und im *Perikles* ist es der Dramatiker Shakespeare selbst, der am meisten Anlass zum Staunen gibt. Es ist zu vermuten, dass Shakespeare die Handlung des Dramas selbst entworfen hat, dass er jedoch den Geschehnissen der ersten zwei Akte wenig abgewinnen konnte und deswegen die Ausführung dieses Teils einem Kollegen und Kumpel, eben Wilkins, überließ.

Das Stück beginnt in Antiochia, wo der König Antiochus regiert. Dieser gibt allen Bewerbern um die Hand seiner namenlosen Tochter ein Rätsel auf, das sie lösen sollen, andernfalls werden sie hingerichtet. Er besitzt schon eine ansehnliche Sammlung von abgeschlagenen Köpfen. Die richtige Lösung der Rätselfrage aber würde enthüllen, dass er mit seiner Tochter schläft. Genau das errät Perikles von Tyrus und muss nun vor dem Blutschänder fliehen, der ihn ermorden lassen will. Er gelangt nach Tarsus, wo eine Hungersnot herrscht; er bringt den Menschen Korn und rettet sie. Im weiteren Verlauf der Reise erleidet dann der farblose Held zum ersten Mal Schiffbruch, wird an die Küste vor Pentapolis gespült, wo der König Simonides regiert, und heiratet dessen Tochter Thaisa. Nachdem alles das abgetan ist, übernimmt Shakespeare selbst das Steuer der Geschichte. Am Anfang des 3. Akts wird erzählt, dass Perikles und die inzwischen hochschwangere Thaisa sich eingeschifft haben, um heim nach Tyrus zu reisen. Während der Überfahrt tritt erneut Neptun in Aktion und sorgt dafür, dass wir beglückt endlich wieder die große Stimme Shakespeares vernehmen dürfen, der seinen Perikles die Götter beschwören lässt, ihm gegen den Sturm beizustehen:

Du, dieser Wüste Gott, bänd'ge die Brandung,
Die Höll und Himmel wäscht; und du, der du

Gebietst den Winden, binde sie in Erz,
Da du empor sie riefst! Oh, stille deinen
Betäubend grausen Donner, mild lösch aus
Deinen behenden Schwefelblitz!

III.1, 1–6 [1137f.]

Das ist Herman Melvilles Shakespeare, wenn auch Ahab diese Rede ohne Zweifel ins finster Trotzige gewendet hätte. Perikles ist kein Ahab, und er erträgt es, als man ihm sagt, Thaisa sei an der Geburt der kleinen Marina gestorben. Dann lässt er auch noch zu, dass die abergläubischen Seeleute, die überzeugt sind, dass eine Leiche an Bord Unglück bringe, den Sarg mit der scheinbar toten Thaisa darin ins Meer werfen. Die vermeintlich letzte Rede des Perikles an seine Frau hat auch in Melvilles Kunst Eingang gefunden:

Ein grauses Kindbett hattest du, mein Lieb:
Kein Licht, kein Feuer; abhold vergaßen dich
Die Elemente ganz; auch fehlt die Zeit mir,
Geweiht dich in dein Grab zu tun, ich muss
Kaum eingesargt dich in den Meerschlamm werfen,
Wo statt des Denkmals über dem Gebein,
Statt ew'ger Lampen, rings der spei'nde Walfisch
Und murmelnd Wasser deinen Leib bedeckt,
Der unter Muscheln ruht.

III.1, 56–64 [1139]

Eisern konsequent in seiner Abkehr vom mimetischen Realismus, lässt uns Shakespeare nicht wissen, ob Thaisa nun wirklich tot ist oder nicht. Als sie in der folgenden Szene in Ephesus, wo der Sarg angeschwemmt wurde, von Cerimon entweder wiederbelebt oder von den Toten auferweckt wird, ruft sie aus: »Diana!« und wendet sich also an ebendie Gottheit, die in Ephesus besondere Verehrung genießt. Dieselbe Göttin beschwört auch Perikles, dem wir in der nächsten Szene in Tarsus begegnen, wo er die kleine Marina dem Statthalter Kleon und seiner Frau Dionyza zur Erziehung übergibt (die beiden schulden ihm Dank für seine Hilfe während der Hungersnot): er gelobt »bei der Diana, die wir ehren«, sein Haupthaar nicht zu scheren, bis Marina vermählt ist. Dann wechselt der Schauplatz wieder: In Ephesus teilt Thaisa, die sich von ihren Leiden erholt hat, uns mit, dass sie als Vestalin im Tempel der Diana leben will. Dort wird das Drama denn auch sein glückliches Ende finden. Es scheint mir wichtig anzumerken, dass Shakespeare, indem er der Diana von Ephesus eine so herausragende Stellung verleiht, in Distanz zum Modell des christlichen Mirakelspiels geht. Es ist, als wäre der heilige Paulus nie in Ephesus gewesen: die Gottheit, die so penetrant durch die späten Romanzen spukt, hat ihren Ort außerhalb der christlichen Tradition. Es ist durchaus möglich, dass der sterbende Shakespeare zum Katholizismus seines Vaters zurückgekehrt ist, aber das – ähnlich wie Wallace Stevens' Bekehrung auf dem Sterbebett – würde nur wieder einmal beweisen, dass die schöpferische Fantasie und die Lebenswirklichkeit des Künstlers zwei ganz verschiedene Dinge sind.

Wenn ich an den *Perikles* denke, kommt mir als erstes nicht die Schlussszene im Dianatempel, wo Thaisa mit Perikles und Marina wiedervereint wird, in den Sinn, viel lebhafter sind mir die zwei wunderbaren Episoden im Bordell gegenwärtig, wo Marina standhaft ihre Tugend verteidigt, und die großartige Szene am Anfang des 5. Akts, in der Marina und Perikles einander wiedererkennen. Wenn alles Übrige in Ehren neben diesen herrlichen Passagen bestehen könnte, brauchte der *Perikles* den Vergleich mit den besten Dramen Shakespeares nicht zu scheuen. Leider ist dies nicht der Fall: Der 4. Akt wirkt im Guten wie im Schlechten wie eine jakobitische Version von *The Perils of Pauline*; Marina ist andauernd in akuter Gefahr, ermordet oder geschändet zu werden. Ihre Pflegeeltern haben eine Tochter, die immer im Schatten der viel schöneren Marina stehen muss. Sie wollen dem Mauerblümchen die Konkurrentin vom Hals schaffen und Marina umbringen lassen. Der Diener, der sie am Meeresufer ermorden soll, wird im letzten Moment von plötzlich auftauchenden Piraten an der Ausführung der Untat gehindert. Diese retten und rauben Marina und verkaufen sie an ein Bordell in Mytilene. Der große Flaubert soll am Ende seines Lebens noch einen Roman geplant haben, dessen Schauplatz ein Bordell in der Provinz sein sollte. Aber selbst er hätte unmöglich das älteste Gewerbe der Welt mit so lustvollem Schwung porträtieren können wie Shakespeare, der im Dialog von Pandar [Kuppler], Bawd [Kupplerin] und Boult [Bolz] noch einmal zum wunderbar ranzigen Geist des *Maß für Maß* zurückfindet:

KUPPLER: Bolz!

BOLZ: Herr?

KUPPLER: Sieh dich genau auf dem Markt um; Mytilene ist voll von Kavalieren. Wir verloren zu viel Geld in dieser Messezeit, weil wir zu wenig Mädchen hatten.

KUPPLERIN: Wir waren nie so verlegen um Dirnen. Wir haben nur kümmerliche drei, und die können nicht mehr tun, als sie tun können, und von der beständigen Arbeit sind sie so gut wie verfault.

KUPPLER: Darum müssen wir frische haben, einerlei, was wir dafür bezahlen. Wenn es kein Gewissen gibt, das bei jedem Gewerbe gelten muss, so kommen wir nie auf einen grünen Zweig.

KUPPLERIN: Da hast du Recht. Es handelt sich nicht bloß darum, dass wir arme Bankerte aufziehn – ich habe deren elf, glaube ich, aufgezogen –

BOLZ: Ja, bis zu elf Jahren, und dann wieder niedergezogen. Also soll ich mich auf dem Markt umsehn?

KUPPLERIN: Was sonst, Mensch? Das Zeug, das wir haben, bläst ein starker Wind entzwei, so kläglich sind sie verbrannt.

KUPPLER: Da hast du Recht; sie sind zu ungesund, auf mein Gewissen. Der arme Siebenbürgener ist gestorben, der bei der kleinen Hure schlief.

BOLZ: Ja, sie hatte ihn bald fertig; sie machte einen Braten für die Würmer aus ihm. Also, ich gehe und sehe mich auf dem Markt um.

IV.2, 1–23 [1150]

Nur in den Bordellszenen blitzt Shakespeares mimetische Kunst wieder auf und bringt frisches Leben in die steifleinene Welt des *Perikles*. Pandar, Bawd und Boult haben Persönlichkeit, Perikles, Marina und Thaisa nicht. Vor der formidablen, weil göttlichen – nämlich dianaartigen – Tugend Marinas müssen diese wunderbaren Halbweltgestalten kapitulieren, und sie machen die Welt mit einer Ironie neuen Typs bekannt, die viele spätere Dichter zur Nachahmung reizen sollte. Pandar etwa nimmt Peachum und Lockit aus Gays *Beggar's Opera* vorweg, wenn er sagt: »Wenn es kein Gewissen gibt, das bei jedem Gewerbe gelten muss, so kommen wir nie auf einen grünen Zweig.« Ein todbringender Wind bedroht die überarbeiteten Huren, den siebenbürgischen Freier und auch (so jedenfalls wurde behauptet) Shakespeare selbst. Die poetischste Bemerkung des Stücks macht die Kupplerin in Erwartung eines reichen Freiers für Marina: »Ich weiß, er kommt in unsern Schatten, um nachher seine Kronen in der Sonne leuchten zu lassen.« Aber Puffmutter und Zuhälter wissen nicht, dass Marina der Racheengel ist, der ihr Geschäft ruinieren wird. Die Männer kommen aus dem Bordell, in dem sie tätig ist, und sagen: »Sollen wir hingehen und die Vestalinnen singen hören?«, und schon bald befinden sich die drei Besitzer der unbotmäßigen Liebessklavin in einer ähnlichen Zwangslage wie die glücklosen Kidnapper in O. Henrys »The Ransom of Red Chief«:

KUPPLER: Ja, ich gäbe lieber doppelt, was sie kostet, wenn sie nie hierher gekommen wäre.

KUPPLERIN: Pfui, pfui über sie! sie ist imstande, den Gott Priapus frieren und eine ganze Generation ausfallen zu lassen. Wir müssen sie entweder schänden lassen oder sie loswerden. Wenn sie für die Kunden das Ihrige und was zu ihrem Gewerbe gehört, tun soll, dann kommt sie mir mit ihren Einreden, ihren Gründen, ihren Hauptgründen, ihren Gebeten, ihrem Niederknien, dass sie den Teufel zum Betbruder umwandeln würde, wenn er mit ihr um einen Kuss feilschen wollte.

BOLZ: Traun, ich muss sie notzüchtigen, oder sie wird uns alle unsere Kavaliere verscheuchen und alle unsere Flucher zu Pfaffen bekehren.

IV.6, 1–12 [1157f.]

Sie sind bereits besiegt, und sie wissen es; ihre komische Verzweiflung ist stärker als die starken Sprüche: weder sie selbst noch wir glauben daran, dass Bolz Marina jemals notzüchtigen wird. Der Statthalter von Mytilene Lysimachus kommt, er hält sich für berufen, Marina zu entjungfern. Als er das Haus wieder verlässt, ekelt ihn vor seiner eigenen Verderbtheit, und er ist in heftiger Liebe zu dem jungen Mädchen entbrannt. Bolz ist der nächste, der an ihr scheitert. Er kapituliert und macht in der Stadt bekannt, dass Marina Unterricht im Singen, Weben, Nähen und Tanzen erteilt, aber vorher sorgt er noch dafür, dass sie in einem ehrbaren Haus untergebracht wird. Offenbar müssen wir die Keuschheit der Heldin als etwas Mystisches, Okkultes betrachten: sie ist unantastbar, weil Diana ihr Eigentum schützt. Nachdem sie ihre Familie wiedergefunden hat, kann Marina Lysimachus heiraten, erstens deswegen, weil er nun ihren sozialen Status kennt, der dem seinen nicht nachsteht, und zweitens, weil Diana (jedenfalls die im *Perikles*) der ihrem Dienst geweihten Jungfrau ein Leben in »vermählter Keuschheit« gestattet. Das

Komische in den Bordellszenen ist von einer weit fortgeschrittenen Art, nur die Ironie der Unverwundbarkeit Marinas sorgt dafür, dass die Kohärenz der dramatischen Struktur gewahrt bleibt, denn wir haben es hier mit drei nüchtern denkenden Sexual-Praktikern zu tun, die versuchen, eine magische Jungfrau zur Unzucht anzustiften, was ganz außerhalb ihrer Möglichkeiten ist. Sie entdecken, dass Diana sie tatsächlich »etwas angeht« (dass also die oben zitierte Frage der Kupplerin sehr wohl relevant ist), denn Diana ist es, die sie scheitern lässt.

Es bleibt noch der Gipfelpunkt des *Perikles* zu behandeln, die großartige Szene, in der Vater und Tochter einander wiedererkennen, das zentrale Ereignis, auf das die ganze Handlung des Stücks zuläuft. Perikles, dem Kleon mitgeteilt hat, Marina sei tot, ist zutiefst verstört vor Trauer. Mit zottig wildem Haar, halb verhungert liegt er auf dem Deck seines Schiffs. Er erinnert an Kafkas untoten Jäger Gracchus auf seinem Totenschiff, aber dieser ist ein zu ewiger Wanderschaft verdammter Ahasver, ein Fliegender Holländer in zyklischer Bewegung, Perikles dagegen hat eine Prozession der Leiden vorüberziehen sehen und befindet sich nun am Ende einer Entwicklung, an der Schwelle seiner Erlösung. Manche Kritiker verfechten die sonderbare These, Perikles und Marina stünden in Parallele zu dem Blutschänder Antiochus und seiner namenlosen Tochter, und der springende Punkt ihrer Geschichte sei folglich darin zu suchen, dass sie den Inzest vermieden. Aber die Gefahr eines solchen Inzests existiert nur in den Köpfen jener Interpreten und nicht im Stück, denn es ist Lysimachus, der Marina kommen lässt, Perikles zu heilen, und der geläuterte Statthalter liebt erstens das Mädchen und hat zweitens wohl kaum im Sinn, dem schrillen Trio Pandar, Bawd und Boult ins Kupplerhandwerk zu pfuschen. Marina folgt ihrer mystischen Berufung als Vestalin der Diana, wenn sie sich ans Krankenlager des Fürsten von Tyrus begibt. Ohne Zweifel ist ein Kontrast zwischen jenem Inzest und dieser keuschen Liebe von

Vater und Tochter im Stück angelegt, aber das ist keine große kritische Entdeckung, das liegt auf der Hand.

Die 150 Verse der Wiedererkennungsszene (V.1, 82–233) gehören zum Besten, was Shakespeare geschrieben hat. Von Marinas ersten Worten an – »Heil Euch, mein König! Hört mich« –, auf die der traumatisierte Vater unwirsch abweisend reagiert, bis zum guten Ende, wenn Perikles, eingewiegt von Sphärenmusik, in sanften Schlummer fällt, verfolgen wir, ganz im Bann Shakespeares, atemlos das Geschehen. Das ist keine rhetorische Übertreibung, sondern die nüchterne Wahrheit: ich beobachte in meinen Lehrveranstaltungen immer wieder, wie stark die Studenten auf diese Passage reagieren, und ich selbst erlebe es genauso. Shakespeare führt uns hier exemplarisch eine verzögerte Reaktion vor, indem er gewissermaßen den Moment der Enthüllung zu einem langwierigen Geschehen dehnt. Einem ersten Höhepunkt strebt dieser Prozess zu, wenn Perikles immer deutlicher die Ähnlichkeit zwischen seiner verlorenen Frau und dem fremden Mädchen, das da vor ihm steht, bewusst wird:

> Schwanger mit Leid, komm ich mit Tränen nieder.
> Mein teures Weib glich dieser Maid, und so
> Könnt auch mein Kind aussehn: Thaisas Stirn;
> Ganz ihre Größe; ganz so schlank gewachsen;
> So silberstimmig; Augen, so juwelgleich,
> So reich gefasst; im Gang die zweite Juno;
> Sie macht die Ohren, die sie letzt, je mehr
> Sie redet, hungriger.
>
> V.1, 105–113 [1167]

Am Anfang steht die Erinnerung an Marinas Geburt auf hoher See und an den Tod Thaisas. Aber es bricht in der (wohl nicht zufällig) an Vergil anklingenden Klage doch immer etwas durch, das von einem Perikles kündet, dem die Augen, der Gang, die Stimme seiner Frau in ungebrochener Liebe präsent sind, und das bereitet einem weiteren Liebesbeweis des Ehemanns und des Vaters den Boden:

> ... doch siehst du aus
> Wie die Geduld, auf Königsgräber blickend,
> Weglächelnd Sturm und Drang.
>
> V.1, 137–139 [1167]

»Sturm und Drang« [»extremity«] meint die Summe all der Katastrophen, die über Perikles hereingebrochen waren; wir empfinden mit Recht Ehrfurcht angesichts dieses Kompliments: das Lächeln der Tochter hat die Macht, die ganze Leidensgeschichte des Vaters auszulöschen. Bemerkenswert ist, dass Shakespeare hier und im Folgenden Marina keine emotionalen Reaktionen auf die Fortschritte des Wiedererkennungsprozesses gestattet. Perikles weint, als Marina ihm ihren und den Namen ihrer Mutter nennt, sie dagegen bleibt ernst, würdig gefasst, ganz Priesterin, wenn sie sagt: »Thaisa, meine Mutter, endete / Gerad, als ich begann« – es ist ihre letzte Äußerung von einiger Bedeutung in dem Stück. Wir haben bis dahin gelernt, sie als okkultes Wesen zu akzeptieren, und ihr Mangel an Lebhaftigkeit verwundert uns nicht. Ganz anders reagiert Perikles:

> O Helicanus, schlag mich, würd'ger Mann,
> Verwunde mich, stracks pein'ge mich, dass nicht
> Dies große Freudenmeer, das auf mich stürzt,
> Die Ufer meiner Sterblichkeit bedecke
> Und mich in Wonn ertränke. – Oh, komm her,
> Du, die du den erzeugst, der dich erzeugte,
> Auf See geboren, beigesetzt in Tarsus
> Und nun auf See gefunden! – Helicanus,

Fall auf die Knie, danke den guten Göttern
Laut, wie der Donner droht: dies ist Marina.

V.1, 190–199 [1169]

Es ist, als brauche er, aus seinem Trauma erlöst, einen Beweis seiner fleischlichen Sterblichkeit. In der folgenden Traumvision fordert Diana ihn auf, nach Ephesus zu reisen, wo eine zweite Wiedererkennungsszene stattfinden wird. Mit den Worten: »Komm, lass wieder / Begraben dich in diesem Arm« drückt Perikles seine Frau Thaisa an sich. Hier nun, zu Füßen ihrer Mutter kniend, gibt auch Marina endlich doch Gefühlsregungen zu erkennen. »Mein Herz / Hüpft auf und will an meiner Mutter Busen«, ruft sie aus. Allerdings dämpft ihre eher zeremoniell wirkende kniende Haltung recht deutlich den Überschwang, der in ihren Worten liegt: Wessen Herz aufhüpft und an der Mutter Busen will, kniet, so sollte man denken, nicht nieder. Aber Shakespeare hat uns bereits in der Epiphanie Marinas vor Perikles alles gegeben, er hat das Thema erschöpft und uns auch; er tut gut daran, wenn er das Stück mit der Ankündigung ausklingen lässt, dass Marina und Lysimachus heiraten und den Thron von Tyrus besteigen werden. Perikles wird den treulosen Kleon und seine böse Frau Dionyza bestrafen und dann als Nachfolger von Thaisas Vater, der gerade zur rechten Zeit gestorben ist, in Pentapolis regieren. Gower tritt noch einmal auf die Szene, um uns Glück zu wünschen, und so ist denn die erste von Shakespeares späten Romanzen an ihrem Ende angelangt. Der *Perikles* ist, wie M. C. Bradbrook es ausgedrückt hat, »halb Schauspiel, halb Vision«. Das ist eine hochgradig problematische Konzeption, und Shakespeare ging damit ein hohes Risiko ein, aber was blieb ihm nach alledem, was er bereits geschaffen hatte, noch zu tun übrig? Er hatte die Tragödie zu neuem Leben erweckt und die Komödie und das Historienspiel zu nie dagewesenen Höhen geführt. Ihm blieb die Vision, deren Freiheit nur durch die praktischen Notwendigkeiten der Bühnendarstellung beschränkt war. Er ging in den folgenden Romanzen weit über den *Perikles* hinaus, aber dieses Stück war die Schule seiner letzten Kunst.

NEUN
Cymbeline

Cymbeline ist schwierig zu inszenieren, jedenfalls heutzutage; bei allem Reiz, den das Stück besitzt, gibt es doch häufig Anlass zu irritiertem Stirnrunzeln. Die romantische Kritik war sehr beeindruckt davon, und auch ich, der ich mich dieser Tradition verbunden fühle, bin für den Zauber dieses prächtigen Dramas empfänglich. Hazlitt und Tennyson verliebten sich in Imogen, eine jener ganz wenigen Figuren in den späten Romanzen, die mit einer Innerlichkeit ausgestattet ist, wie sie früheren Geschöpfen Shakespeares eigen war. Caliban im *Sturm* ist zwar auch sonderbar komplex gestrickt, aber er ist allenfalls halb menschlich – den absurden Anstrengungen neuerer Interpreten zum Trotz, die ihn zu einem rebellischen Helden ihrer Ideologie modeln wollen, zu einem schwarzen Freiheitskämpfer. Prominente Figuren in Shakespeares Romanzen sind nicht selten in einer Weise barock, die schwer zu deuten ist. Leontes im *Wintermärchen* etwa ist in seinen Anfängen eigentlich als eine Krankengeschichte konzipiert, ähnlich wie Edmund Spensers Malbecco, der »vergessen hat, dass er ein Mensch einst war, / Und trägt den Namen: Eifersucht«. Shakespeares Anti-Faust Prospero ist uns (und sich selbst) nicht recht durchsichtig, solange er seiner okkulten Wissenschaft verhaftet bleibt. Als er seinen Zauberstab zerbricht und sein Buch im Meer versenkt, gewinnt er eine neue Tiefe, aber dann ist das Stück auch schon zu Ende, und wir können lediglich spekulieren, was es mit der Persönlichkeit des alten und neuen Herrschers von Mailand auf sich hat, der in sein Reich zurückkehren wird, wo jeder »dritte Gedanke soll das Grab sein«. Imogens

Ehemann Posthumus bleibt scheu auf Distanz von einer Innerlichkeit, die über ihm zusammenschlagen, ihn verschlingen könnte, eine Figur am Rand ihrer selbst, ein Lauscher an seiner eigenen Wand.

Cymbeline ist von sehr unebenem Niveau, es findet sich darin vieles, was als unausgereift oder wenig durchdacht erscheinen kann. Aber alles das ist doch unverkennbar von Shakespeare, und an manchen Stellen klingt deutlich sein ureigener Abscheu vor dem London der Zeit um 1610 herum durch. Russell Fraser übertreibt es vielleicht ein bisschen, wenn er feststellt, dass »in *Cymbeline* die Kluft zwischen dem Dramatiker und seinen Figuren schmal« werde, aber er schafft es doch wie kein anderer Shakespeare-Biograf, den Mann und sein Werk zusammenzuführen, und an den Rändern der Romanzen ist tatsächlich immer ein etwas widriges Aroma zu spüren, das allerdings nur selten dominierend wird. Trotz alledem – irgendetwas im *Cymbeline* ist doch in besonderer Weise, mehr als im *Wintermärchen* und im *Sturm*, verkehrt oder widrig. Dr. Johnson, möglicherweise gereizt durch Andeutungen, Shakespeares Geist sei verwirrt gewesen, fällte bekanntlich ein sehr harsches Urteil über das Stück:

> Das Drama enthält viele richtige Einsichten, naturwahre Dialoge und einige hübsche Szenen, aber das Publikum muss auch eine große Menge Ungereimtheiten in Kauf nehmen. Den Aberwitz der Handlung anzuprangern, die absurde Handlungsweise der Personen, die Vermengung von Namen und Sitten verschiedener Zeitalter, die schiere Unmöglichkeit von Ereignissen, wie sie hier stattfinden, hieße, Kritik an Schwachsinn zu üben, der keinerlei Widerstand bietet, an Mängeln, die so offen zu Tage liegen, dass es nichts aufzudecken gibt, und die zu grob sind, als dass man sie rügen möchte.

Johnson hatte Recht und auch wieder nicht Recht: die himmelschreienden Ungereimtheiten sind tatsächlich da, aber sie sind noch mehr als irgendetwas sonst bei Shakespeare beabsichtigt. Gewiss, uns stehen die Haare zu Berge, wenn wir sehen, dass Posthumus aus dem antiken Britannien ins Italien der Renaissance verbannt wird, aber Shakespeare macht gar keinen Hehl aus solchen Kühnheiten, er will, dass wir bemerken, wie frech und frei er sich über die Skrupel hinwegsetzt, die Ben Jonsons mühsame Tragödien im Meer des Vergessens untergehen ließen. Jonson betonte in der Vorrede zur Quarto-Ausgabe seines *Alchemisten*, es bestehe ein »großer Unterschied zwischen denen, die alles zum Ausdruck bringen, was sie können, so unpassend es auch immer sein mag, und denen, die eine Auswahl treffen«. Das war ein alter Streitpunkt zwischen den beiden Freunden und Rivalen, und Shakespeare gab Jonson im *Cymbeline* Kontra, indem er nun tatsächlich mehr denn je alles zum Ausdruck brachte, was er konnte, und souverän die Forderung nach einer wohl überlegten Auswahl ignorierte. In diesem wilden Stück scheint sich Shakespeare einmal so recht alle Freiheit genommen zu haben, hier schert er sich nicht darum, ob es passt oder nicht, hier ist alles erlaubt. Vielleicht ist das der Grund, weshalb Imogen – glücklicherweise – ein so reiches Eigenleben gewinnen und, dem Charakter des Stücks zum Trotz, zu einer Person mit einer echten Innerlichkeit geraten konnte.

Was ist aber der Charakter des Stücks? Das ist keine Frage nach der Gattung, denn der reife Shakespeare ist fast überall über die Gattungen hinaus. Wir ordnen üblicherweise *Cymbeline* in die Gruppe der späten Romanzen ein, indes hat das Stück doch nicht viel mit dem *Wintermärchen* und mit dem *Sturm* gemeinsam, vom *Perikles* ganz zu schweigen. Imogen hat, außer dass auch sie (zusammen mit zwei Brüdern) ihrem Vater wiedergegeben wird, wenig Ähnlichkeit mit Marina, Perdita und Miranda. Es gibt Wunderliches genug im *Cymbeline*, aber das Drama ist doch keineswegs ein bloßes Ratespiel. Niemand in unserem Jahrhundert (und ich selbst auch nicht) hält es für ein außerordentliches Meisterwerk vom Rang des *Wintermärchens* und des *Sturms*. Shakespeare verwendet hier eine Menge Versatzstücke aus früheren Dramen, vor allem aus dem *Othello*, dem er den »kleinen Jago« Jachimo entlehnt hat, einen Bösewicht, der im Vergleich mit dem mehr als satanischen Vernichter des Mohren von Venedig recht harmlos anmutet; dennoch hat das Stück im Ganzen kaum Ähnlichkeit mit dem *Othello*. Die Faszination, die es auf den Leser (und den Theaterbesucher) ausübt, hat nicht zuletzt mit seinem launisch unberechenbaren Wesen zu tun, es eignet sich nicht zum Gegenstand stetiger Betrachtung. Man kann nicht einmal sicher sein, dass es sich auch wirklich wie ein Stück verhält: die Handlung ist ein einziges Chaos, und Shakespeare bemüht sich nicht einmal um Wahrscheinlichkeit. Wir haben keine Ahnung, wie es Imogen in die Welt der Schurken Cloten und Jachimo verschlagen konnte, die von ganz anderen Prinzipien der Darstellung als dem der realistischen Nachahmung regiert wird. Vielleicht hatte Shakespeare Lust, wider den Stachel zu löcken, dieses eine Mal rücksichtslos nur das zu tun, was ihm selbst Spaß machte, und schuf doch auf diese Weise wieder etwas, was auch anderen Spaß macht. *Cymbeline* ist mehr ein dramatisches Gedicht als ein Drama, und Shakespeare scheint hier mehr als in irgendeinem anderen Bühnenwerk auf der Autonomie des Ästhetischen zu beharren. Das ist wohl der Grund, weswegen Rom in dem Stück zugleich antik und modern sein darf und Britannien sowohl archaisch als auch jakobitisch. Shakespeare war über die Historie hinaus, so wie er auch die Komödie und die Tragödie hinter sich gelassen hatte.

2

Cymbeline beginnt am britannischen Hof mit einer Unterhaltung zwischen zwei Edelleuten. Der eine von beiden ist ein Fremder, was Shakespeare Gelegenheit gibt, dem Publikum das Vorfeld der Geschichte zu erschließen. Wir erfahren, dass König Cymbeline zwei Söhne hatte, die vor gut zwanzig Jahren als Kleinkinder entführt wurden und seitdem spurlos verschwunden sind. Sein einzig verbliebenes Kind Imogen, die künftige Erbin des Reichs, hat den rüpelhaften Sohn ihrer Stiefmutter, der sich um sie bemühte, abblitzen lassen und in aller Heimlichkeit den edlen Posthumus geheiratet, der, früh verwaist, als Mündel des Königs zusammen mit ihr am Hof aufgewachsen ist. Cymbeline (das ganze Stück hindurch eine nichtssagende Charge) hat in seinem Zorn Posthumus verbannt. Die ungehorsame Tochter Imogen beklagt die Trennung von dem Geliebten bitter:

> Keine Marter hat der Tod,
> So scharf wie diese.

I.2, 61 f. [1007]

Cloten, der abscheuliche Sohn der tückischen Königin und Stiefmutter Imogens, erweist sich schon bei seinem ersten Auftritt als ein widerliches Großmaul. So wie die Dinge bis jetzt stehen, könnten wir uns an jedem beliebigen korrupten Königshof befinden, zum Beispiel an dem von Jakob I., dem Förderer Shakespeares. Der Schauplatz wechselt: Wir sehen uns in ein Rom der Renaissance versetzt und treffen dort den verbannten Posthumus in Gesellschaft des Bösewichts Jachimo an, der mit seinen italienischen Verführungskünsten prahlt und behauptet, diesen werde auch Imogen erliegen. Seine Zuversicht gründet sich auf eine Geringschätzung des weiblichen Geschlechts ganz allgemein: »Wenn Ihr Frauenfleisch auch das Quäntchen für eine Million kauft, so könnt Ihr es doch nicht vor Ansteckung bewahren.« Gegen alle Plausibilität nimmt Posthumus die Wette an. Wir haben kaum Zeit, uns zu fragen, wie Posthumus sich auf ein derart blödsinniges Unternehmen einlassen kann, da sind wir auch schon wieder in Britannien, wo die tückische Königin sich als Urahnin von Brownings Giftmörderin entpuppt: Sie hat sich ein, wie sie glaubt, tödliches Mittel besorgt, das sie Imogen ins Essen tun will, um sie aus dem Weg zu räumen; sie weiß nicht, dass ihr Arzt, der vernünftigerweise einer so offensichtlich bösen Stiefmutter nicht traut, ihr statt des Gifts nur einen starken Schlaftrunk gegeben hat.

Was uns eigentlich, von Imogen einmal abgesehen, bei der Stange hält, hätte Shakespeare uns sicher erklären können – ich weiß es nicht. Der famose Jachimo (der, so möchte man wünschen, nur von Danny Kaye gespielt werden dürfte) erscheint am britannischen Hof, verleumdet Posthumus bei Imogen und schlägt ihr vor, mit ihm ins Bett zu gehen, um sich an dem angeblich untreuen Ehemann zu rächen. Shakespeare weiß, wie schnell sein Publikum die Geduld verliert, und so lässt er seinen kleinen Jago, als Imogen ihn abweist und damit droht, ihn beim König zu verpetzen, ohne viel Federlesens das Steuer herumreißen. Verblüfft sieht das Publikum zu, wie Jachimo abrupt die Taktik ändert: Er versichert, er schätze Posthumus über alles und habe Imogen nur auf die Probe stellen wollen. Dass die plötzliche Kehrtwendung des Schufts, der nun ihren Gatten in den höchsten Tönen preist, sie nicht argwöhnisch macht, könnte zu dem Schluss verleiten, dass es ihr an gesundem Menschenverstand fehlt oder dass Shakespeare von der erhabenen Gewissheit erfüllt ist, wir würden ihm jeden beliebigen Unsinn abkaufen, was ja auch fast stimmt. Jachimo setzt jetzt aufs Trojanische Pferd: er bittet Imogen, eine Kiste bei ihr unterstellen zu dürfen, und zwar am sichersten Ort des Hauses, in ihrem Schlafzimmer. Angeblich enthält die Truhe kostbare Geschenke für den römischen Kaiser, in Wahrheit jedoch will sich Jachimo als Kastenteufelchen bei ihr einschmuggeln. Da Imogen sich auf ein so aberwitziges Glatteis führen lässt, halten wir sie für eine etwas doofe Schöne, aber wir tun ihr Unrecht, richtig ist vielmehr, dass Shakespeare nach dem Motto verfährt: »Je haarsträubender, desto besser! Rasen sollen sie vor Empörung!«

Bevor Jachimo aus seiner Kiste steigt, um die schlummernde Schönheit und ihr Schlafzimmer in Augenschein zu nehmen, sollten wir einen Augenblick innehalten und uns fragen: Kommt Shakespeare wirklich *damit* durch? Es ist, als wären wir wieder am Anfang in der bei Plautus abgekupferten *Komödie der Irrungen* oder ein paar Jahrhunderte weiter in einer anderen Plautus-Adaptation, nämlich in Zero Mostels *A Funny Thing Happened on the Way to the Forum.* Fehlt dem *Cymbeline* lediglich die Musik und eine Truppe leicht bekleideter Balletteusen? Ohne Zweifel wird sich ein Regisseur finden, der das probiert, aber ist die närrische Romanze *Cymbeline* denn wirklich mit der so merkwürdig eindrucksvollen erotischen Komödie in *Was ihr wollt* verwandt? Niemand, oder doch niemand seit Swinburne, würde je auf die Idee kommen, den *Cymbeline* auf eine Stufe mit *Was ihr wollt* zu stellen, einem aus dem guten Dutzend ganz großer Meisterwerke Shakespeares.

Wohin man auch schaut, der ganze *Cymbeline* ist durchgedreht problematisch, und das hat Shakespeare ganz offensichtlich voller Mutwillen so beabsichtigt. Jachimo und Cloten sind komische Schurken, Posthumus ist ein Trottel und Cymbeline ein stupider Dickschädel, der nichts Besseres verdient hat als das reizlos bösartige Weib, mit dem er verheiratet ist. Man wünscht sich, Imogen dürfte in einem Stück agieren, das ihrem ästhetischen Wert eher gerecht wird, aber Shakespeare scheint zu sehr mit anderen Dingen beschäftigt, um ihr einen angemessenen Kontext zu geben, jedenfalls in den ersten zwei Akten. Um sie herum geht es grotesk zu, aber sie bleibt immer das erhabene Gegenbild des Grotesken. Shakespeare schafft in dem radikal experimentellen *Cymbeline* eine neue dramatische Gattung; wenn es uns schwer fällt, sie als solche zu erkennen, liegt das nur daran, dass die folgenden Stücke ganz anders sind und dass es auch in unserem modernen Theater nichts gibt, das in ähnlicher Weise absurd ist und dennoch ästhetische Würde hat. An absurden Dramen fehlt es uns wahrhaftig nicht, jedoch sind deren Protagonisten in aller Regel ebenso grotesk wie ihr Kontext, sogar bei Pirandello. Die bezaubernde Imogen, in die sich Hazlitt und Tennyson verliebten, ist auf unseren Bühnen unmöglich.

Shakespeares antithetische Technik lässt sich schön an der sehr lebhaften 2. Szene des 2. Akts studieren, die in Imogens Schlafkammer spielt. Die Schöne ist über ihrer Ovid-Lektüre eingeschlafen; Jachimo steigt aus seiner Truhe, streift ein Armband von ihrem Handgelenk (sie wacht davon nicht auf!) und nimmt das Zimmer und die schlafende Prinzessin lüstern in Augenschein. Er bemerkt, dass Imogens Buch an der Stelle aufgeschlagen ist, wo von der Vergewaltigung der Philomela durch Tereus erzählt wird, aber Jachimo ist kein ovidianischer Wüstling, sondern nur ein komischer Spanner, und also begnügt er sich damit zu bemerken: »Auf / Der linken Brust ein Mal, fünfsprenklig«.

Wilson Knight, noch wilder als das Drama selbst, verstieg sich dazu, Jachimo mit Jago und Edmund zu vergleichen, aber das symbolistisch idealisierte Stück, das er uns vorführt, hat mit dem *Cymbeline* Shakespeares nur mehr wenig gemeinsam. Jachimo hat nichts an sich, was ihn über andere italienisierte Schurken beliebiger Berufskollegen Shakespeares erhöbe. Genau genommen ist es bereits zu viel Ehre für Jachimo, ihn einen Bösewicht oder auch nur einen komischen Bösewicht zu nennen; Jago und Edmund sind wahrhaftig unauslotbare Abgründe des Nihilismus. Jachimo ist wie der lächerliche Widerling Cloten lediglich ein Hanswurst. Man hat argumentiert, er sei immerhin gerissen genug, um Posthumus zu übertölpeln; der allerdings, so muss man leider feststellen, ist nicht allzu helle, sondern einer aus der großen Schar von Shakespeareschen Ehemännern und Liebhabern, die ihrer Frauen unwürdig sind. Als Jachimo ihm präsentiert, was der Beweis für Imogens angebliche Untreue sein soll, reagiert er wie eine Parodie von Othello, und sein Monolog am Ende des 2. Akts ist eigentlich nur insofern interessant, als er uns

Einblicke in Shakespeares Bewusstsein vermittelt. Es liegt etwas darin, das zu stark ist, als dass es Posthumus angehören könnte:

Kann denn kein Mensch entstehn, wenn nicht das Weib
Zur Hälfte wirkt? Bastarde sind wir alle;
Und jener höchst ehrwürd'ge Mann, den ich stets Vater
Genannt, war, weiß der Himmel wo, als ich
Geformt ward; eines Münzers Werkzeug prägte
Als falsches Goldstück mich. Doch meine Mutter
Galt für die Diana ihrer Zeit: so steht
Mein Weib in dieser gleichlos. – Rache, Rache!
Rechtmäß'ges Glück verweigerte sie mir
Und bat mich oft um Mäß'gung: tat es mit
So ros'ger Sittsamkeit; dies süße Bild
Hätt auch Saturn erwärmt; mir schien sie rein
Wie ungesonnter Schnee – o all ihr Teufel! –
Der gelbe Jachimo, in einer Stunde –
Nicht wahr? – Nein, schneller – gleich: er sprach wohl kaum!
Wie ein gemäst'ter deutscher Eber schrie er
Nur »Oh!« und tat's: fand solch Entgegnen nur,
Dass, was ihn hemmen sollte, sie ihm schnell
Als Sieger gab. Oh, fänd ich doch nur aus
Des Weibes Teil in mir! Denn keine Regung,
Die sich zum Laster neigt im Mann, ich schwör es,
Die nicht des Weibes Teil: sei's Lügen, merkt,
Es ist des Weibes; Schmeicheln, ihrs; Trug, ihrs;
Wollüst'ger Sinn, ihrs, ihrs; die Rachsucht, ihrs;
Geiz, Ehrsucht, Hohn, Hoffart im steten Wechsel,
Verleumdung, seltsam Lüsten, Wankelmut,
Was Laster heißt, was nur die Hölle kennt,
Ist ihrs, zum Teil, wenn ganz nicht; ja doch, ganz:
Denn selbst im Laster
Sind sie nicht fest, nein, tauschen immer Laster,

Das nur Minuten alt, mit einem andern,
Nur halb so alt. Ich schreibe gegen sie,
Verfluche sie – Nein, Rache mehr zu stillen,
Bet ich aus Hass, es geh nach ihrem Willen:
Mehr quälen kann sie nicht der schlimmste Teufel.

II.4, 153–186 [II.5, 1038 f.]

Es ist erstaunlich, dass der fad mittelmäßige, wenn auch tugendhafte Posthumus zu dieser Tirade fähig sein soll, deren exzessiver Charakter dem seinen so ganz und gar widerspricht. Warum legt Shakespeare diese scheußlich abstoßenden Schmähungen dem Posthumus in den Mund? Gewiss, er lässt sich von Jachimo übertölpeln, aber im Großen und Ganzen soll er ja doch wohl als einigermaßen klar denkender Ehrenmann gelten, der mit Recht hohes Ansehen genießt und nicht ohne guten Grund von seiner wunderbaren Frau innig geliebt wird. Und dieser Held befiehlt im Folgenden seinem Diener Pisanio brieflich, Imogen zu ermorden!

Man sollte meinen, dass diesem Posthumus auf keine Weise mehr aufzuhelfen ist – was Shakespeare betrifft, so scheint es ihn nicht zu bekümmern. Meredith Skura deutet in einer brillanten Studie die Dilemmata des Stücks psychoanalytisch und gelangt zu dem Schluss, dass Posthumus zu seiner Identität als Ehemann erst finden kann, nachdem eine Traumvision es ihm ermöglicht hat, sich in Beziehung zu seiner verlorenen Familie zu setzen und sich als Sohn zu definieren. Wie Skura feststellt, sind die Identitäten im *Cymbeline* überhaupt (mit Ausnahme Imogens, möchte ich hinzufügen) sehr wenig stabil, vielleicht so wenig stabil wie nirgendwo sonst bei Shakespeare: »Die Übersteigerung der Komplikationen im *Cymbeline* macht uns erst so recht deutlich, dass ›Realität‹ letztlich in der Ausschmückung liegt und die Wahrheit im Exzess.« Ich für meinen Teil stehe freudianischen Interpretationen immer mit einigem Misstrauen gegenüber, aber in die-

sem Fall finde ich die Deutung sehr scharfsinnig: Skura psychoanalysiert die Dilemmata des Stücks und nicht das Stück selbst oder dessen Figuren.
Der *Cymbeline* ist auch eine beißende Shakespeare-Parodie Shakespeares: Wir begegnen hier dem *König Lear*, dem *Othello*, der *Komödie der Irrungen* und einem Dutzend weiterer Stücke wieder, allerdings sehen wir sie nun wie in einem Zerrspiegel. Unsere ganze Optik ist so verschoben, dass beispielsweise ich Skuras These zustimmen kann, obwohl ich den unseligen Posthumus für einen hoffnungslosen Fall halte und ihn nur in seinem vorletzten Stadium erträglich finde, wo er sich den Tod wünscht und damit sozusagen den Mord an Imogen büßt, der zwar nicht ausgeführt wurde, den er aber gewollt hatte. Selbst der göttliche Shakespeare konnte nicht immer alles zugleich haben, und wenn er den Posthumus erlöst, so kann er es nicht vermeiden, seinem Publikum ziemlich grob auf die Zehen zu treten. Aber die Selbst-Parodie fordert diesen Preis, und so möchte ich denn lieber statt nach dem »Exzessiven« im *Cymbeline* nach Shakespeare selbst fragen: Was wollte er als Dramatiker mit diesem Stück schaffen, das eine Anhäufung von parodistischen Selbstzitaten ist?

3

Selbst als Ideogramm betrachtet, ist Posthumus nicht vergnüglich. Shakespeare wusste, dass ein Stück Spaß machen muss, aber er zeichnet Posthumus als einen Charakter, der lauter Leiden schafft. Schon sein Name signalisiert, dass seine Geburt für seine Mutter den Tod bedeutete und dass er der letzte Sproß seiner Familie ist. Was Imogen an ihm findet, erfahren wir nicht – es genügt uns zu wissen, dass sie die Wahl zwischen ihm und Cloten (der sich auf »rotten« reimt) hat. Shakespeare selbst ist sein größter Feind im *Cymbeline*: er ist der Stückeschreiberei müde. Das Miasma von Überdruss und Ekel, das an den Rändern der großen Tragödien und der Problemkomödien spürbar wird, ist ins Zentrum des *Cymbeline* gezogen; Shakespeare bringt es nicht über sich, die wunderbare Imogen als eine zweite Cordelia sterben zu lassen. Nachdem er etwa drei Dutzend Dramen geschaffen hatte, waren seine kreativen Potenzen keineswegs erschöpft, er hatte nur das ganz starke Bedürfnis nach Distanz zu dem, was er machte. Man kann sagen, im *Cymbeline* funktioniere überhaupt nichts und alles, denn das Stück ist eine große Ellipse, allzu vieles bleibt ungesagt. Shakespeare war es gleichgültig, er wollte die Lücken nicht füllen.

Posthumus ist keine Null wie Cymbeline, aber er ist zu deutlich eine Selbstparodie, als dass wir denken könnten, Jachimo und Cloten parodierten ihn. Was hat es zu bedeuten, dass einer in seinem Ekel des Geistes das Ich parodiert? Diese Frage führt uns zurück auf den zitierten Monolog des Posthumus. Sein Ruf »Rache, Rache!« parodiert einen Othello, der seinerseits zu einer Parodie seines früheren Ich, des edlen Mohren, wird. Posthumus leidet zusätzlich an einer noch ernsteren Krankheit, denn er will des »Weibes Teil in mir« von sich abspalten, ein Drang, der den hysterisch rasenden König Lear parodiert. Einige Kritiker haben vermutet, dass Shakespeare den Satirikern seiner Zeit einen ironischen Seitenhieb versetzen wollte, als er seinen Posthumus, der ja wohl kaum zum Schriftsteller geboren ist, den Vorsatz fassen ließ, sich literarisch an den Frauen zu rächen: »Ich schreibe gegen sie, / Verfluche sie.« Es kann kein Zufall sein, dass diejenigen, die gegen die Frauen schreiben und sie verfluchen, immer die sind, die an Liebeskummer leiden oder die lasterhaft sind oder durchgedrehte Ehemänner, besessen von der Angst, gehörnt zu werden. Wir haben nie das Gefühl, dass Shakespeare selbst je von der Krankheit des Troilus, Othello, Posthumus, Leontes und vieler anderer angesteckt war, und doch glaube ich in Posthumus etwas zu spüren, das fast wie Selbstbestrafung des Dichters anmutet.

Ein Autor, der sich selbst parodiert, versucht sich zu schützen, ein Abwehrmechanismus, der schwer einzuordnen ist. *Der alte*

Mann und das Meer ist Hemingways *Cymbeline*, Faulkner hat eine ganze Menge solcher Werke geschrieben. Shakespeare schreckt nicht davor zurück, in patriotisch bombastischen Trotzreden gegen Rom (II.1), die er der bösen Königin und dem korrupten Cloten in den Mund legt, seinen John of Gaunt, den Bastard Faulconbridge und Heinrich V., zu parodieren. Besonders die Königin wird zum Instrument der Selbstzüchtigung, sie geißelt den patriotischen Schwulst, dessen sich der Dichter einst schuldig gemacht hat:

> Zeit und Glück,
> Die ihnen günstig waren, uns zu drücken,
> Stehn jetzt uns bei zu weigern. – Denkt, mein Herrscher,
> Der Kön'ge, Eurer Ahnen, und zugleich,
> Wie die Natur umbollwerkt unsre Insel;
> Sie steht, ein Park Neptuns, umpfählt, verzäunt
> Mit unersteigbarn Felsen, brüllnden Fluten,
> Sandbänken, die kein feindlich Fahrzeug tragen,
> Nein, es verschlucken bis zum Wimpel.
> Wohl ward hier Cäsar eine Art Erobrung;
> Doch ward ihm hier sein Prahlen nicht erfüllt,
> Von »kam und sah und siegte«: nein, mit Schmach –
> Der ersten, die ihn je berührte – floh
> Zwei Mal geschlagen er von unserm Strand:
> Sein Schiffgezeug, arm, unbehilflich Spielwerk
> Auf unsrer Schreckenssee, wie Eierschalen
> Hob es die Brandung und zerschellt' es leicht
> An unsern Klippen. Freudig des Erfolgs,
> Cassibelan, ruhmreich, einst Meister fast
> – O ungetreues Glück! – von Cäsars Schwert,
> Erleuchtete Luds Stadt mit Freudenfeuern,
> Und jeder Brit erhob sich siegesstolz.
>
> II.1, 15–34 [1040]

»Ein Park Neptuns« – das ist ein bisschen dick aufgetragen, und die Klage: »O ungetreues Glück!« entlarvt das ganze Triumphgeschrei als hohl. Das Bild der römischen Armada, die wie Eierschalen zerschellt, ist hübsch grotesk, und in »jeder Brit erhob sich siegesstolz« scheint deutlich Shakespeares Ironie durch. In diesem ungesunden Stil geht es weiter: In der folgenden Szene sehen wir den treuen Diener Pisanio, dem der unglückselige Posthumus befohlen hat, Imogen nach Milford Haven zu bestellen, wo angeblich ihr Ehemann sie erwartet, und sie auf der Reise zu ermorden. Jedes Mal wenn Imogen spricht, verstummt die Parodie, und wir hören wieder eine jener wunderbaren Stimmen, die der Menschenerfinder Shakespeare schuf:

Oh, ein geflügelt Ross! – Hörst du, Pisanio?
Er ist in Milford-Hafen: lies und sprich,
Wie weit von hier? Quält mancher sich um Nicht'ges
In einer Woche hin, könnt ich denn nicht
In einem Tag hingleiten? – Drum, du Treuer,
Der, so wie ich, sich sehnt, den Herrn zu schaun
– Sich sehnt – doch minder – nicht, nicht so, wie ich –
Dennoch sich sehnt – doch schwächer – nicht wie ich,
Denn meins ist endlos, endlos –, sprich, und schnell
– Amors Vertrauter müsste des Gehörs
Eingänge rasch bis zum Ersticken füllen –,
Wie weit es ist, dies hochbeglückte Milford,
Und nebenher, wie Wales so glücklich wurde,
Solch einen Hafen zu besitzen. Doch vor allem,
Wie stehlen wir uns weg? und wie den Riss
Der Zeit von unserm Fortgehn bis zur Rückkehr
Entschuldigen? – Doch erst, wie komm ich fort?
Warum vor dem Erzeugen schon gebären
Entschuldigung? Das sprechen wir nachher.
O bitte, sprich,

Wie viel Mal zwanzig Meilen reiten wir
In einer Stunde?

II.2, 49–69 [1043 f.]

Wer könnte das hören und nicht die Sprecherin lieben? Und doch schwingen düstere Töne mit: Sie wünscht sich Pegasus herbei, aber uns, die wir dieser wahrhaft Liebenden zuhören, ist gleichzeitig der Monolog des Posthumus in seiner ganzen erschreckenden Abscheulichkeit gegenwärtig, und wir wissen, dass sie Gefahr läuft, wie Ikarus zu enden. Imogen macht sich auf die Reise, Shakespeare aber inszeniert nun, ziemlich genau in der Mitte des Stücks, einen wunderbar wunderhaften Theatercoup und entführt uns nach Wales zu der Höhle des rauhen Naturburschen Belarius, alias Morgan, und seiner zwei Adoptivsöhne Polydore und Cadwal, die in Wahrheit die vor langer Zeit entführten königlichen Prinzen Guiderius und Arviragus sind. Morgan singt das hohe Lied des Jägerlebens, das, wie er aus schlimmer Erfahrung weiß, dem des Höflings und Kriegers vorzuziehen ist, die jungen Männer indes sind unzufrieden und sehnen sich nach den Freuden der Macht und des Kriegs, die ihnen vorenthalten werden. Polydore/Guiderius, der rechtmäßige Thronerbe Britanniens, auch wenn er es nicht weiß, besteht nachdrücklich darauf, dass Jugend und Alter nicht mit derselben Elle zu messen seien:

… Dies Leben mag
Das beste sein, ist Ruh das beste Leben;
Süßer für Euch, weil Ihr ein schärfres kanntet;
Für Euer steifes Alter passend; doch
Für uns ein Käfig der Unwissenheit,
Reisen im Bett, ein Kerker, wo der Schuldner
Nicht über seine Grenze darf.

III.3, 29–35 [1045]

Das Bild von der Gefangenschaft im Schuldturm ist einigermaßen düster, wenn man bedenkt, dass hier ein Königssohn spricht; die Fantasien des um seine edle Geburt Betrogenen sind umso bitterer, als sie keine leeren Fantastereien sind. Noch schärfere Töne schlägt der jüngere Bruder Cadwal an, der die hehre Jägerei vollends entzaubert:

Wovon
Doch sprechen wir, sind wir in Eurem Alter?
Wenn draußen Wind und Regen schlägt des dunkeln
Dezembers, wie, geklemmt in unsre Höhle,
Verschwatzen wir alsdann die frost'gen Stunden?
Wir sahen nichts, wir sind nur wie das Vieh,
Schlau wie der Fuchs um Beute; wie der Wolf
Kriegrisch um unsre Atzung: unsre Kühnheit
Ist jagen das, was fliehet; unser Käfig
Wird uns zum Chor wie dem gefangnen Vogel,
Mit Freimut unsre Knechtschaft zu besingen.

III.3, 35–44 [1045]

Diese Klagen sind wohl hauptsächlich deswegen so erfrischend lebhaft, weil sie die dominante Tonart der Selbstparodie durchbrechen. Die Bitternis in Morgans Entgegnung verrät, wie gründlich Shakespeare die Übel seiner eigenen Sphäre und die der höfischen Welt des Earl of Southampton studiert haben muss:

Wie ihr nun sprecht!
Kenntet ihr nur die Wucherei der Städte
Und hättet sie gefühlt; die Kunst des Hofes,
Der, schwer errungen, schmerzlich wird verlassen,
Wo bis zum Gipfel klimmen sichrer Fall ist,
Der Gipfel selbst so schlüpfrig, dass die Furcht
So schlimm ist wie der Fall; des Kriegs Beschwer

Ein Mühn, das nur Gefahr zu suchen scheint
Um Glanz und Ruhm, der dann im Suchen stirbt;
Und dass ein schmachvoll Epitaph so oft
Statt edler Tat Gedächtnis lohnt, ja, selbst
Durch wackres Tun verhasst wird und, noch schlimmer,
Sich beugen muss der Bosheit. – O ihr Kinder!
Dergleichen mag die Welt an mir erkennen:
Gezeichnet ist mein Leib von Römerschwertern;
Mein Ruf stand einst den Besten obenan.
Mich liebte Cymbeline; kam auf Soldaten
Die Rede, war mein Nam in jedes Mund;
Damals glich ich dem Baum, der seine Äste
Fruchtschwer herabsenkt; doch in einer Nacht
Ward – wie ihr's nennen wollt – durch Sturm, durch Raub
Mein reifes Obst, ja Land selbst abgeschüttelt,
Und kahl blieb ich dem Frost.

III.3, 44–64 [1046]

Das ist frei von parodistischen Elementen und bringt nur die geballte Lebenserfahrung Shakespeares zum Ausdruck. Er, der sich selbst als Geldverleiher betätigt hat, ist von der Schuld, die er beklagt, nicht frei: »Kenntet ihr nur die Wucherei der Städte / Und hättet sie gefühlt«. Die Rede ist wunderbar fein gesponnen: »die Kunst des Hofes, / Der, schwer errungen, schmerzlich wird verlassen«. Antithetische Weisheit nimmt mit beiden Händen: »dass die Furcht / So schlimm ist wie der Fall«; »Um Glanz und Ruhm, der dann im Suchen stirbt«; »... ja, selbst / Durch wackres Tun verhasst wird«. Belarius/Morgan ist kein autonomer Geist wie Imogen, seine Gedanken können nur Shakespeares eigene sein. So angenehm erfrischend der Auftritt der drei walisischen Jäger für uns ist, sind sie doch mit wenig Individualität ausgestattet, und die Wirkung der Szene verdankt sich hauptsächlich ihrem Überraschungspotenzial.

Aus viel edlerem Stoff ist die darauf folgende Szene, in deren Mittelpunkt Imogen steht. Sie liest den mörderischen Brief des Posthumus an Pisanio und will sich in der ersten Erregung selbst das Leben nehmen, überwindet aber mit wunderbarer Stärke diesen Impuls und gibt ihr Einverständnis zu einem raffinierten Plan, der wieder eine Selbstparodie Shakespeares ist, und zwar eine doppelte: Man wird dem Posthumus mitteilen, sie sei tot, und sie will, als junger Mann verkleidet, zu dem römischen General Lucius gehen, der am britannischen Hof vergeblich den Tribut eingefordert hatte, und als Page in dessen Dienst treten. Und noch ein zweites Motiv wird zur parodistischen Wiederverwendung aus dem Fundus hervorgeholt: Pisanio händigt Imogen das Fläschchen aus, das die böse Königin ihm für sie mitgegeben hat. Er meint, es enthalte ein Stärkungsmittel, das insbesondere gegen Seekrankheit helfe, in Wahrheit ist ein starker Schlaftrunk darin. Shakespeare führt überreichlich Handlungselemente ein, aber er verfolgt damit eine ganz bestimmte Absicht: Imogen muss mit ihren verschollenen Brüdern wiedervereint werden, damit das verborgene Ziel des ganzen Stücks, Friede und Versöhnung in der Familie, erreicht wird. Ich habe auch den Verdacht, dass der Überfluss an komplizierten Details der Handlung, der das ganze Stück prägt, in sich parodistischen Charakter hat, denn die nachfolgenden Stücke vermitteln den Eindruck, Shakespeare habe nicht nur die Lust an der Persönlichkeit, sondern auch die an der Handlung verloren: Die Geschichte des *Wintermärchens* ist viel simpler gestrickt, und der *Sturm* hat praktisch überhaupt keine Handlung.

Nachdem Imogen Männerkleidung angelegt hat, gerät die inflationäre Vielfalt der Motive vollends außer Kontrolle. Das Scheusal Cloten zieht Kleider des Posthumus an und macht sich auf nach Milford Haven, um Posthumus zu erschlagen und Imogen zu schänden. Ein glücklicher Zufall führt diese zu des Belarius Höhle, wo sie uns mit einer ihrer besten Reden überhaupt erfreut:

Ich seh, als Mann zu leben ist beschwerlich:
Ich bin ermattet. Schon zwei Nächte war
Mein Bett die Erde, und ich würd erkranken,
Hielt' mein Entschluss mich aufrecht nicht. – Milford,
Als dich Pisanio mir vom Berge zeigte,
Schienst du nicht fern. O Jupiter! ich glaube,
Gebäude fliehn den Unglücksel'gen, solche,
Wo er Erquickung sucht. Zwei Bettler sagten,
Ich könne fehl nicht gehn – lügt armes Volk,
Das Leiden trägt und selber weiß, wie schwer
Als Züchtigung sie oder Prüfung lasten?
Kein Wunder, da kaum wahr der Reiche spricht.
Im Überfluss zu sündigen ist schlimmer
Als Lüg aus Not; und Falschheit zeigt sich böser
Im Kön'ge als im Bettler. – Teurer Gatte!
Du bist der Falschen einer: dein gedenkend,
Vergeht der Hunger; eben wollt ich noch
Verschmachtend niedersinken. – Was ist das?
Es führt ein Pfad hinein: welch Haus der Wildnis?
Am besten wohl nicht rufen; nein, ich wag's nicht;
Doch macht Verhungern tapfer die Natur,
Eh es sie aufreibt ganz. Der Überfluss
Und Friede zeugen Memmen, Drangsal ist
Der Keckheit Mutter. – Heda! wer ist hier?
Bist ein gesittet Wesen, sprich; bist wild,
Nimm oder gib! – Ganz still? So tret ich ein.
Doch zieh ich erst mein Schwert, und wenn mein Feind
Das Schwert nur fürchtet so wie ich, dann wagt er's
Kaum anzusehn. Oh, solchen Feind, ihr Götter!

III.6, 1–27 [1058 f.]

Der Zauber dieser Rede ist ungeheuer, sie würde einem besseren Stück zur Ehre gereichen, als es der parodistische *Cymbeline* ist, der immerhin so viel guten Geschmack besitzt, dass er nicht auch noch Imogen zur Parodie herabwürdigt. Ihre eigene sanfte Ironie, die so voller Anmut ist, wendet sich zumeist gegen sie selbst, verschont aber auch den Ehemann, den Vater und die Männer im Allgemeinen nicht. Was indes das Ganze so wunderbar macht, ist vor allem eine Sache des Tons: Imogen ist die einzige Gestalt in dem Stück, die eine ureigene, unverwechselbare Stimme besitzt. Ihr selbstironischer Wunsch, der die Rede beschließt: »Oh, solchen Feind, ihr Götter!« bezeichnet den Moment schönster Komik im *Cymbeline*, der nur selten ernst ist und dessen fast ununterbrochene Spöttelei zu Lasten des Autors uns doch nur ebenso selten ein Lächeln abnötigt. Glücklicherweise begegnet hier einmal der Heldin eitel Freude, und das Publikum darf sich mit ihr freuen: Wir wissen ja, dass sie nun ihren Brüdern wiederbegegnet ist, auch wenn diese keine Ahnung davon haben und nicht einmal merken, dass sie eine verkleidete Frau ist. Hier ist nun Shakespeare endlich wieder ganz er selbst, wenn er wunderbar eindringlich beschreibt, wie die Geschwister, alle drei hart am Rand der Erkenntnis, einander spontan lieb gewinnen. Das Lob, das Imogen der natürlichen Liebenswürdigkeit ihrer Brüder zollt, ergänzt die im ganzen Stück immer wieder unüberhörbar durchklingende Polemik gegen den anmaßenden Adelsstolz:

> Die höchsten Herrn,
> Von einem Hof umgeben, größer nicht
> Als diese Höhle, die sich selbst bedienten,
> Von solcher Tugend, die versiegelt würde
> Durch eigenes Gewissen, ganz verachtend
> Die nicht'ge Gunst der urteilsleeren Menge –
> Sie überstrahlten nicht die zwei. Ihr Götter!
> Vertauschen möcht ich mein Geschlecht als ihr
> Genoss, da Leonatus falsch.

III.7, 54–61 [III.6, 1060 f.]

Das Kompliment gilt wohl kaum dem Volk im Allgemeinen, und die Rede gibt gewiss nicht dem Verdacht Nahrung, Imogen werde von inzestuösem Begehren getrieben. Im weiteren Fortgang des Stücks scheint Shakespeare mehr Fassung gewonnen zu haben, und die letzten zwei Akte sind zwar noch barocker und parodistischer als das Vorhergehende, aber die Bitternis ist doch deutlich gemildert.

4

Das Publikum atmet beglückt auf, wenn Polydore/Guiderius, der ältere Sohn des Cymbeline, Cloten enthauptet und den Tod des absurden Schurken mit den wohlgesetzten Worten kommentiert:

> Mit seinem eignen Schwert,
> Das gegen meinen Hals er zückte, schlug ich
> Den Kopf ihm ab; ich werf ihn in die Bucht
> An unserm Fels, er schwimm ins Meer und sage
> Den Fischen, er sei Cloten, Sohn der Königin,
> Was kümmert's mich.

IV.2, 149–154 [1068]

Wir wissen, dass der Sprecher eines Tages König von Britannien sein wird; einem anderen hätte Shakespeare die Kühnheit vielleicht nicht erlaubt, den Kopf, der immerhin dem Sohn einer Königin gehört hatte, zu den Fischen zu werfen – der Zensor hätte Anstoß nehmen können. Shakespeare wird die kopflose Leiche Clotens, die des Posthumus Kleider trägt, seinen Zwecken dienstbar machen: Als Imogen aus totenähnlichem Schlaf erwacht, sieht sie den Leichnam, den sie für den ihres Gatten hält, neben sich liegen. Man könnte sich darüber wundern, dass sie den Körper ihres Gatten mit dem Clotens verwechselt, aber schließlich befindet sie sich in einem Schockzustand. Der römische General

Lucius kommt hinzu, und er nimmt, freundlich, wie er ist, die Gramgebeugte als Pagen in seinen Dienst. Bis zu der langen Wiedererkennungsszene, die das Stück beschließt, spricht Imogen kein Wort mehr.

Vor ihrem schrecklichen Erwachen, als sie wie tot daliegt, singen ihre Brüder voller Trauer um ihren Freund ein Grablied, das vielleicht das schönste aller Lieder in Shakespeares Stücken ist:

GUIDERIUS: Fürchte nicht mehr Sonnenglut
  Noch des Winters grimmen Hohn!
  Jetzt dein irdisch Treiben ruht,
  Heim gehst, nahmst den Tageslohn:
  Jüngling und Jungfrau goldgehaart,
  Zu Essenkehrers Staub geschart.
ARVIRAGUS: Fürstenzorn macht dir nicht Not,
  Fürchte nicht Tyrannenstreich;
  Sorge nicht um Kleid und Brot,
  Eich und Bins ist dir nun gleich:
  König, Arzt und Hochgelahrt,
  All in einem Staub gepaart.
GUIDERIUS: Fürchte nicht mehr Flammenblitze,
ARVIRAGUS: Zittre nicht vorm Donnerschlage;
GUIDERIUS: Stumpf ist der Verleumdung Spitze;
ARVIRAGUS: Dir verstummt jetzt Lust und Klage:
BEIDE: Jung Liebchen, Liebster, goldgehaart,
  Wird, so wie du, dem Staub gepaart.
GUIDERIUS: Kein Zauberspruch verstör dich!
ARVIRAGUS: Nicht Hexenkunst beschwör dich!
GUIDERIUS: Kein irr Gespenst umschwärm dich!
ARVIRAGUS: Und nie was Böses härm dich!
BEIDE: Ruhiges Verwesen hier;
  Ehre, nach dem Tod, sei dir!

IV.2, 258–281 [1071]

So schön diese Elegie ist, ist sie doch von extremer Düsterkeit – das zentrale »Fürchte nicht mehr« ist der einzige Trost, der noch bleibt. Eine meiner Studentinnen hat mir einmal gesagt, ihr bedeute der *Cymbeline* allein dieser Verse wegen etwas. Das Lied ist gewiss das poetisch Wertvollste in diesem so eigenartig durchwachsenen Drama, und es bietet wohl auch den Schlüssel zum Ethos des *Cymbeline*, das ich düster und nihilistisch finde. Hierin scheint es mir der *Elegie für Will Peter* ähnlich, die gut zwei Jahre später entstand, deren ästhetischer Wert indes deutlich geringer ist.

Da der *Cymbeline* (wie der *König Lear*) im archaischen Britannien spielt, ist hier kein Platz für Bekenntnisse zum christlichen Unsterblichkeitsglauben – im Übrigen aber wüsste ich nicht zu sagen, in welchem anderen Stück Shakespeares dieser Glaube von Bedeutung ist. Da das Lied »Fürchte nicht mehr« zu groß für seinen Kontext ist (Imogen ist ja gar nicht tot, sondern schläft nur), habe ich keine Skrupel anzunehmen, dass es Shakespeares eigene Meinung ausspricht, und ich betrachte es als den *locus classicus* zum Thema: Shakespeare und der Tod. Die zwei fundamentalen Werte Shakespeares sind die Persönlichkeit und die Liebe, beide bestenfalls zweischneidige Werte, und hier werden sie wie alles andere »dem Staub gepaart«. Das Gedicht gewährt einen düsteren Trost, aber einen anderen Trost als den seiner überragenden ästhetischen Würde können wir bei Shakespeare nicht finden.

Um uns etwas aufzumuntern, begeben wir uns in die 3. Szene des 4. Akts, wo Cymbeline erfährt, dass die Königin aus Trauer um den verschwundenen Cloten schwer krank geworden ist, und in die folgende Szene, die uns Belarius und die immer noch unerkannten Königssöhne zeigt, die geloben, ihren britannischen Landsleuten im Kampf gegen die römischen Invasoren beizustehen. Posthumus verdrießt mich jedes Mal, wenn er auftritt, und er ist besonders albern am Anfang des 5. Akts, wenn er über dem getürkten »blutig[en] Tuch« meditiert, das Pisanio zum Beweis, dass Imogen tot ist, ihm geschickt hat:

Ja, blutig Tuch, dich heb ich auf: denn so
Verlangt ich dich gefärbt. Ihr Ehemänner,
Verführt ihr alle so, wie würde mancher
Ein Weib erschlagen, besser als er selbst,
Weil sie ein wenig fehlte! – O Pisanio!
Ein guter Diener tut nicht jeden Dienst;
Nur was gerecht, ist Pflicht. – Ihr Götter! straftet
Ihr meine Sünden so, dann lebt ich nicht,
Dies anzuregen: zu bereuen, ward
Geschont die edle Imogen, und mich
Verworfnen traf gerechte Rache. Doch
Um kleine Schuld entrafft ihr den, aus Liebe,
Dass er nicht tiefer falle; andre dürfen
Auf Sünde Sünde häufen, schlimmer stets,
Und Furcht erregend selbst gesichert bleiben.
Doch euch gesellt ist Imogen; tut, wie ihr wollt,
Und lasst mein Heil mich im Gehorchen finden.
Ich kam mit röm'schen Rittern, zu bekämpfen
Der Gattin Reich; doch ist's genug, Britannien,
Dass deine Fürstin ich erschlug; sei ruhig!
Dir geb ich keine Wunde. Drum, ihr Götter,
Hört meinen Vorsatz gnädig an: hier leg ich
Italiens Kleider ab und hülle mich
In brit'sche Bauerntracht; so fecht ich gegen
Das Volk, mit dem ich kam; so will ich sterben.
Für dich, o Imogen, ist doch mein Leben,
Ja jeder Atemzug ein Tod; so, unbekannt,
Gehasst nicht noch beklagt, weih ich mich selbst
Dem Untergang. Erkenne kühnern Geist
Jedweder Feind, als mein Gewand verheißt.

Schenkt, Götter, mir der Leonate Kraft!
Die Welt beschämend, will ich jetzt beginnen
Den neuen Brauch: schlecht außen, kostbar innen.

V.1, 1–33 [1078 f.]

Ich zitiere das nicht zuletzt deswegen, weil es so schlecht ist, aber auch, um noch einmal die Frage nach der unfertigen Persönlichkeit des Posthumus zu stellen. Seine Reue hat einen unguten Beigeschmack, denn er ist ja nach wie vor der Überzeugung, seine Frau habe ihn mit Jachimo betrogen, allerdings, so findet er jetzt, sei das eine eher »kleine Schuld« und kein teuflisches Verbrechen. Man fragt sich wieder einmal, warum Shakespeare keine Gelegenheit auslässt, seinen Protagonisten zu desavouieren, so dass es dem Publikum schlicht unmöglich wird, sich darüber zu freuen, wenn dieser Kerl am Ende doch wieder Imogen in seine Arme schließen darf. Wir zucken zusammen, wenn wir ihn sagen hören, die Götter hätten sie retten sollen, um ihr Gelegenheit zur Reue zu geben, mehr noch empört mich aber, dass diesem Posthumus gestattet wird, in brit'scher Bauerntracht zu büßen und also Edgar zu parodieren. Das Drama erweist sich auch hier als Racheunternehmen Shakespeares, der gegen seine eigenen Schöpfungen wütet, und Posthumus lässt sich am besten als Werkzeug dieser parodistischen Selbstbestrafung verstehen.

Die Selbstparodie setzt sich in der Pantomime fort, die am Anfang der 2. Szene des 5. Akts steht: Posthumus im Bauerngewand besiegt und entwaffnet Jachimo und lässt ihn dann laufen – eine Wiederholung und eine Verhöhnung des Zweikampfs zwischen Edgar und Edmund. Jachimo, der nicht das Format Edmunds und Jagos hat, erklärt, nur wegen seiner Sünden gegen Imogen habe ein gemeiner Bauer ihn besiegen können, und bereut. Wir erleben dann, wie Belarius, die Prinzen und Posthumus den gefangenen Cymbeline heraushauen, die in wilder Flucht weichenden Briten neu formieren, zum Gegenangriff übergehen und die

Römer vernichtend schlagen. Man sollte meinen, dass es nach alledem nichts mehr geben kann, auf das wir nicht gefasst wären, und doch schafft es Shakespeare, uns noch einmal zu verblüffen, allerdings können wir uns, wenn wir die Sache als Ästheten betrachten, dieses Triumphs der Originalität nicht ungeteilten Herzens freuen: Posthumus, der nun wieder römische Gewänder trägt, wird von den Briten gefangen genommen und erwartet bußfertig seine Hinrichtung. Im Gefängnis gewährt ihm Shakespeare die Gnade einer doppelten Vision; ihm erscheint im Traum seine verschollene Familie, dann schwebt, auf einem Adler sitzend, Jupiter hernieder und schleudert Blitz und Donner auf die Familiengespenster. Wilson Knight, ein wahrhaft generöser Geist, ist meines Wissens der einzige Kritiker, der je versucht hat, diese Szene ästhetisch zu rechtfertigen, ja, er hat mir einmal gesagt, wer diese Geister und Jupiter nicht schätzen könne, habe nichts von Shakespeare verstanden. Er war ein großer Kritiker und ein frommer Shakespeare-Verehrer, und ich habe diese Szene immer und immer wieder gelesen und mir einzureden versucht, dass sie gar nicht so schlecht sei, aber sie ist grauenhaft, und ich glaube, das ist beabsichtigt. Ich weiß nicht, warum Shakespeare diesen Schund hier haben wollte, aber es scheint mir unverkennbar, dass er sich angestrengt hat, die Sache so schlecht wie irgend möglich zu machen. Man höre sich nur einmal das Loblied auf Posthumus an, das der eine der Gespensterbrüder singt:

> Und als er nun zum Mann gereift
> Im mächt'gen Britenland,
> War keiner ihm an Tugend gleich,
> Weshalb er Gnade fand
> Vor Imogen, die seinen Wert,
> Sein edles Herz erkannt.

V.4, 52–57 [1085]

Das kann man ohne weiteres in meine Lieblingsanthologie schlechter Lyrik *The Stuffed Owl* aufnehmen, das ist die Parodie einer Parodie. Shakespeare lässt der Narretei freien Lauf, und das Rezitativ des von oben einschwebenden Jupiter bezeichnet einen Tiefstpunkt, der in keiner Epiphanie eines Gottes je unterschritten wurde:

Schweigt, schwache Schatten ihr vom niedern Sitz,
Betäubt mein Ohr nicht, still! – Wie wagt ihr, Geister,
Den Donnrer zu verklagen, dessen Blitz,
Rebelln zerschmetternd, kenntlich macht den Meister?
Elysiums leichte Schatten, fort, und ruht
Auf eurer nie verwelkten Blumenflur!
Kein irdisches Geschick trüb euren Mut;
Ihr wisst, nicht eure Sorg ist's, meine nur.
Den hemm ich, den ich lieb; es wird sein Lohn,
Verspätet, süßer nur. Traut meiner Macht;
Mein Arm hebt auf den tief gefallnen Sohn,
Sein Glück erblüht, die Prüfung ist vollbracht.
Mein Tempel sah den Ehbund. – Auf und schwindet! –
Mein Sternlicht schien, als er zur Welt geboren,
Ihm ist nicht Fürstin Imogen verloren,
Und durch dies Leid wird mehr sein Glück begründet.
Dies Täflein legt auf seine Brust; aus Huld
Spricht hier sein Schicksal unser Wohlgefallen;
Und so hinweg, dass meine Ungeduld
Nicht aufwacht, hör ich solche Klagen schallen. –
Auf, Aar, zu meinen kristallin'nen Hallen.

V.4, 93–113 [1086]

Es ist ausgeschlossen, dass Shakespeares einzigartig feines Gehör das Absurde dieser Dichtung nicht wahrgenommen haben soll. Solange wir darauf bestehen, dieses Rätsel ernst zu nehmen, kommen wir zu keiner Lösung. Aber wir haben es ja ohne Zweifel nur mit der provokanten Parodie der Erscheinung eines *deus ex machina* zu tun und sollen den Auftritt nur als Travestie auffassen. Beim Aufwachen findet Posthumus einen prophetischen Text, der ihm Glück verheißt, und er reagiert darauf, indem er den Theseus aus dem *Sommernachtstraum* parodiert:

> Noch immer Traum, wo nicht, solch Zeug, wie Tolle
> Verstandlos plaudern: beides oder nichts:
> Entweder sinnlos Reden oder solch Gerede,
> Das Sinn nicht kann enträtseln. Sei's, was immer,
> Dem Irrsal meines Lebens ist es gleich,
> Der Sympathie halb will ich es bewahren.
>
> V.4, 146–151 [1087]

Shakespeare kann nicht aufhören, sich selbst zu parodieren, es nimmt einfach kein Ende. Wir finden uns nun plötzlich in *Maß für Maß* wieder, wo der launige, vom Luden zum Henkersknecht gewandelte Pompey Barbardine redselig mitteilt, dass alles zur Hinrichtung bereit ist. Im *Cymbeline* übernimmt es ein aufgeräumter Kerkermeister, den freudig in sein Schicksal ergebenen Delinquenten Posthumus zum Galgen zu führen:

> Eine schwere Rechnung für Euch, Herr; aber der Trost ist, Ihr werdet nun nicht mehr zu Zahlungen gefordert werden, keine Wirtshausrechnung mehr zu fürchten haben, die oft das Scheiden betrüblich macht, wie sie erst die Lust erweckte. Ihr kommt schwach an, weil Ihr der Speise bedürft, und geht taumelnd fort, weil Ihr ein Glas zu viel getrunken habt; traurig, weil Ihr zu viel ausgegeben; traurig, weil Ihr zu viel eingenommen habt; Kopf und Beutel leer; der Kopf umso schwerer, weil er zu leicht ist, der Beutel umso leichter, weil ihm seine Schwere abgezapft ist. Oh! alle diese Widersprüche wer-

det Ihr nun los. – O über die Menschenliebe eines Pfennigstricks! Tausende macht er in einem Augenblick richtig: es gibt kein besseres Debet und Kredit als ihn; er quittiert alles Vergangene, Jetzige und Zukünftige – Euer Hals ist Feder, Buch und Rechenpfennig; und so folgt der völlige Abschluss.

V.4, 158–173 [1088]

Es gibt sonst nirgends bei Shakespeare diese zwanghafte Selbstparodie, die im *Cymbeline* alle Grenzen sprengt. Wahrscheinlich kann Shakespeare gar nicht damit aufhören, und wenn er es auch könnte, so würde dies an der kritischen Fragestellung nichts ändern: Warum ist er so erbarmungslos in seiner Selbsttravestie? Posthumus fällt in der 4. Szene des 5. Akts ganz aus seiner Rolle, man hat den Eindruck, dass er zum Stellvertreter Skakespeares geworden ist, wenn er im Dialog mit dem Kerkermeister den Tod willkommen heißt. Unmittelbar vor diesem Gespräch hatte Posthumus etwas sehr Dunkles gesagt. Dr. Johnson fand, die Passage gebe allzu wenig her und sei eigentlich unverständlich, aber ihre Resonanz ist doch so stark, dass sie Zweifel an seinem Urteil weckt. Ich zitiere die Stelle noch einmal, weil sie so wichtig ist:

Noch immer Traum, wo nicht, solch Zeug, wie Tolle
Verstandlos plaudern: beides oder nichts:
Entweder sinnlos Reden oder solch Gerede,
Das Sinn nicht kann enträtseln. Sei's, was immer,
Dem Irrsal meines Lebens ist es gleich,
Der Sympathie halb will ich es bewahren.

V.4, 146–151 [1087]

Vielleicht überschreitet Shakespeare hier die Grenzen seiner eigenen Ausdruckskraft; ich für meinen Teil habe jedenfalls wenig Zutrauen zu Johnsons Interpretation, der sich mit der Schlussphrase: »which / I'll keep, if but for sympathy« [»Der Sympathie halb will ich es bewahren«] gar nicht ernsthaft auseinander setzt. Ich höre in dieser Rede des Posthumus Shakespeare selbst sprechen; er stellt fest, dass wir das, was wir unser Leben nennen [»Irrsal meines Lebens« – »action of my life«], mehr *erleben*, erfahren, als aktiv handelnd *leben*, und dass wir, was mit uns passiert, bestenfalls annehmen [»keep« – »bewahren«] können, als ob es unser Handeln wäre, in einer Haltung der ironischen Sympathie mit uns selbst. Es ist dies wieder einer jener unheimlichen Momente, wo Shakespeares Erkenntnis bereits über Nietzsche hinaus ist.

5

Die 5. Szene des 5. Akts von *Cymbeline* umfaßt knapp fünfhundert Verse und ist in ihrer Komplexität und in der Art, wie hier der Moment des Wiedererkennens in die Länge gezogen wird, der Schlussszene von *Maß für Maß* ähnlich. Diese Assoziation ist vielleicht gewollt; auch hier spielt die Selbstparodie eine wichtige Rolle, und der auf den Kopf gestellte Moralismus, zu dem *Maß für Maß* am Ende gelangt, scheint auch im Schluss des *Cymbeline* auf. Shaw, Shakespeares neidischer Schüler, schrieb den letzten Akt um, *Cymbeline Refinished* – besonders übel erging es dabei der 5. Szene. Imogen wird ganz zu einem Geschöpf Shaws umgemodelt und hat mit sich selbst keine Ähnlichkeit mehr. Zwar finde auch ich bisweilen das Ende des *Cymbeline* einigermaßen frustrierend, aber es ist doch im Original sehr viel leichter auszuhalten als in der verstümmelten Version Shaws. Die letzte Szene beginnt mit einer guten Nachricht, nämlich mit der vom Tod der Königin, die wie Lady Macbeth, deren Parodie sie ist, »im Wahnsinn, schauderhaft« gestorben ist. Anders als die große Persönlichkeit der schottischen Thronräuberin hat Cymbelines Gemahlin am Ende noch bekannt, dass sie ihren Mann nie geliebt hat.

Die römischen Gefangenen werden hereingeführt, unter ihnen Lucius und sein Page Fidele (Imogen), Jachimo und Posthumus. Da auch Belarius und die Prinzen anwesend sind – sie sind vorher vom König wegen ihrer kriegsentscheidenden Heldentaten geehrt worden –, erwarten wir nun eigentlich eine große Wiedererkennungsszene, die Auflösung aller Rätsel und Heilung aller Übel. Cymbeline macht die Sache kompliziert, indem er Fidele als Pagen in seinen Dienst nimmt. Während er und die verkleidete Imogen abseits von den Übrigen miteinander sprechen, stellen Belarius und ihre Brüder fest, dass dieser Page dem Fidele, den sie kennen und für tot halten, zum Verwechseln ähnlich sieht: »Ganz dasselbe Wesen lebend«, aber sie behalten diese Entdeckung vorerst für sich. Shakespeare nimmt sich nun Jachimo vor, der so wortreich gesteht und bereut, dass wir uns nach dem wahren Jago zurücksehnen, der in stummem Trotz die Folter erwartet. Der geschwätzige Jachimo rekapituliert nahezu das ganze Stück und degeneriert so von einer Parodie Jagos zur Travestie eines Chors. Und doch hat Shakespeare keineswegs sein dramatisches Raffinement eingebüßt: Jachimos Zusammenbruch demonstriert, wie weit wir unter das Niveau der negativen Größe Jagos sinken und uns dennoch in einem Schurken verkörpert finden können. Jago ist wie Hamlet und Macbeth jenseits unserer Möglichkeiten, Jachimo ist unseresgleichen. Unsere Prahlereien, unsere Bosheit, Ängstlichkeit, Konfusion, alles das ist in Jachimo, der nicht schlechter ist als wir und den Shakespeare ungestraft lässt. Zwei Jahre vor *Cymbeline* hat Shakespeare wohl Ben Jonsons Meisterwerk *Volpone* gesehen, dessen unbarmherzig moralistischer Autor am Ende über seine zwei wunderbar liebenswerten Schurken Volpone und Mosca schockierend grausam – jedenfalls empfinde ich es so – Gericht hält. Wenn Posthumus den Jachimo mit dem Leben davonkommen lässt, scheint mir das einer von Shakespeares augenzwinkernden Verweisen in Richtung des wild entschlossen tugendhaften Ben Jonson zu sein.

Selbstparodistisch wird Shakespeares wieder dort, wo Posthumus Imogen niederschlägt, als sie sich ihm offenbaren will – unverkennbar kopiert Posthumus den Perikles, der Marina grob zurückstößt, als sie sich ihm nähert. Posthumus, ohne Zweifel einer der ödesten Helden Shakespeares entwickelt am Ende, als er seine wiedergewonnene Frau in die Arme schließt, denn doch noch einige sprachliche Kunst:

> Häng hier als Frucht, mein Leben,
> Bis der Baum stirbt.
>
> V.5, 263 f. [1097]

Selbst Cymbeline sind denkwürdige Verse vergönnt, wenn er nun alle drei verlorenen Kinder auf einmal zurückerhält:

> Bin so ich Mutter
> Von dreien Kindern? Nie war eine Mutter
> So froh nach der Geburt.
>
> V.5, 369–371 [1100]

Gnädig gestimmt, wie es sich gehört, wenn einem so viel Freude widerfahren ist, schenkt Cymbeline seinen römischen Gefangenen das Leben. Anschließend aber lässt ihn Shakespeare, offenbar hier wie am Ende von *Maß für Maß* schlicht unfähig, der Travestie ein Ende zu setzen, zu unserem Entsetzen etwas tun, was dem Stück sozusagen nachträglich den Boden unter den Füßen wegzieht und uns Dr. Johnsons gereizte Kritik verständlich macht: Nachdem man das Römische Reich in einem blutigen Krieg, ausgelöst durch Cymbelines Weigerung, Tribut zu zahlen, besiegt hat, erklärt nun dieser selbe Cymbeline, er werde gleichwohl den Tribut zahlen. Shakespeare hat uns die kriegerische Tapferkeit des Posthumus, des Belarius und der Prinzen vorgeführt, und sagt uns dann gewissermaßen, sarkastisch wie Falstaff:

»Ihr hab Euer Teil Ehre weg!« Nach alledem fragt man sich, ob nicht auch über dem Schlusswort des Cymbeline der Geist der Ironie Shakespeares schwebt:

> Preis sei den Göttern!
> Es wirble Rauch empor zu ihrem Sitz
> Aus heil'gen Tempeln.

V.5, 477–479 [1103]

Wofür sollen die Götter gepriesen werden? Warum soll man ihnen Dankopfer darbringen? Der *Lear* war ein heidnisches Stück für ein christliches Publikum und machte allen Trost, den heidnischen wie den christlichen, zunichte. *Cymbeline*, mehr eine bunt gemischte Travestie als eine Romanze, findet ein gutes Ende, aber die Aussöhnungen und Wiedergutmachungen sind mit Vorsicht zu genießen. Kein zweites Stück, nicht einmal *Maß für Maß* und *Timon von Athen*, zeigt uns Shakespeare so feindlich seiner eigenen Kunst entfremdet. *Troilus und Cressida* ist vielleicht offener gallig, aber im *Cymbeline* werden wir mit der Krankheit des Geistes, an der Shakespeare leidet, konfrontiert, einer Malaise, die auch im *Hamlet* zu spüren ist. Auch das erklärt, weshalb der Kontext des *Cymbeline* Imogen, die wahrhaftig ein besseres Stück verdient hätte, so fremd und unangemessen ist. Shakespeare kann seine Größe nicht verbergen, selbst im *Cymbeline* nicht, aber hier erscheint sein Genie einmal als etwas, das er ebenso wenig bejahen oder verzeihen kann.

ZEHN
Das Wintermärchen

Auf die ästhetische Selbstzerfleischung des *Cymbeline* folgt glorreich *Das Wintermärchen*, in das Shakespeare sein ganzes Genie, radikal gewandelt allerdings, gelegt hat. Meiner Meinung nach besitzt das Stück einen Reichtum wie kein anderes nach *Antonius und Kleopatra*, und ich ziehe es dem eher problematischen *Sturm* vor. Indes hat auch *Das Wintermärchen* seine Schwierigkeiten, die mit dem hohen Grad an Originalität, der das Stück auszeichnet, zusammenhängen. Es ist leider nicht mehr zu ändern, dennoch wünschte ich inständig, die Tradition hätte nicht den Begriff der »Romanze« eingeführt, um Shakespeares späte Dramen zu bezeichnen. Was dieser Gattungsbegriff mit der einen Hand gibt, nimmt er mit der anderen wieder, und überhaupt bedeuteten Gattungen Shakespeare gar nichts. *Der Widerspenstigen Zähmung* sieht aus wie eine Farce und ist doch keine, Falstaffs »Historien« sind Tragikomödien, und die Form des *Hamlet*, die der »unbegrenzten Dichtung«, ist bei Shakespeare die Norm, nicht die Ausnahme. Auch *Das Wintermärchen* ist, wie *Was ihr wollt* und der *Lear*, »unbegrenzte Dichtung«. Wir kommen deswegen bei Shakespeares größten Stücken nie an ein Ende, weil sich mit jeder neuen Perspektive vollkommen unerwartete Ausblicke auftun.

Das Wintermärchen ist ein gewaltig überdimensioniertes Schäfergedicht, aber es ist auch ein psychologischer Roman, die Geschichte des Leontes, eines Othello, der sein eigener Jago ist. Die meisten Kritiker finden darin auch einen mythischen Lobpreis der Wiederauferstehung und der ewigen Erneuerung, eine Deutung, die mir etwas zweifelhaft erscheint, wenngleich stoffliche

Elemente, die zu einer solchen Interpretation verleiten können, in zweideutiger Überfülle vorhanden sind. Kein Dichter, nicht einmal Shakespeare, kann die zerstörerische Macht der Zeit aufheben, und Wintermärchen zollen schon in ihrem Namen der Wiederholung und dem Wandel Tribut. Wilson Knight, der hier seinem eigenen tief verwurzelten Transzendentalismus subtil ein Schnippchen schlug, meinte, die Gottheit des Stücks sei weder biblisch noch klassisch antik, vielmehr sei hier »das Leben selbst« das Göttliche, was auf die ganz richtige Feststellung hinausläuft, dass im *Wintermärchen* ein naturalistischer Geist mit wunderbar weitem Horizont herrscht. »Realismus« ist ein problematischer Begriff, wenn man über schöne Literatur redet, aber für mich ist *Das Wintermärchen* doch jedenfalls viel realistischer als *Sister Carrie* oder *An American Tragedy.* Dreiser ist eher ein Verfasser von Romanzen, Shakespeare ist derjenige unter den Dichtern, der Dinge am wahrsten, so wie sie wirklich sind, beschreibt.

Anders als *Der Sturm* hat *Das Wintermärchen* nichts an sich, was die Ideologen in hellen Scharen anzieht, weswegen die Aufführungspraxis wie auch die literaturwissenschaftliche Diskussion wenig politisiert ist, selbst heute. Als eine Kostbarkeit bewahre ich die Erinnerung an eine Aufführung in Edinburgh im Sommer 1951 mit John Gielgud, der in der Rolle des Leontes den ganzen Irrsinn der Eifersucht wunderbar verkörperte und in seiner Darstellung subtil andeutete, dass dieser Wahn seine Ursache darin habe, dass Leontes sich allzu sehr mit Polixenes identifiziere. Mit meinem inneren Ohr höre ich immer noch Gielguds Stimme Leontes' erste Worte in dem Stück sprechen; sie sind an Polixenes gerichtet, der seine Abreise in sein Königreich Böhmen verschieben soll:

> Spart noch Euern Dank;
> Und zahlt ihn, wenn Ihr reist.

I.2, 9 f. [990]

Näheres über den Vordergrund des *Wintermärchens* erfahren wir aus einer berühmten Rede des Polixenes, der zusammen mit Leontes aufgewachsen ist:

> Wir waren Zwillingslämmern gleich, die blökend
> Im Sonnenscheine miteinander spielten;
> Nur Unschuld tauschten wir für Unschuld; kannten
> Des Unrechts Lehre nicht noch träumten wir,
> Man täte Böses; lebten wir so weiter
> Und stieg nie höher unser schwacher Geist
> Durch heißres Blut, wir könnten kühn dem Himmel
> Einst sagen: »Frei von Schuld«, die abgerechnet,
> Die unser Erbteil.

I.2, 67–75 [992]

Was war diese Unschuld, die sie für Unschuld tauschten? Die ererbte Schuld, die »abgerechnet« werden muss, ist die Erbsünde. Aber weiß Polixenes überhaupt genau, was er da redet? Offenbar meint er [und das meint auch die Schlegel-Tieck-Übersetzung]: Wenn sie von der Ursünde frei gewesen wären, die ja nach christlicher Lehre die ihre war, auch wenn sie lange vor ihrer Zeit von Adam begangen wurde, so hätten sie vor dem himmlischen Gericht auf »Unschuldig« plädieren können. Aber Shakespeare lässt Polixenes mehr sagen, als er meint, nämlich: »the imposition clear'd / Hereditary ours«, und der Wortlaut suggeriert eben nicht eine bloß mögliche bzw. unmögliche Freiheit von der Erbschuld, sondern eine wirkliche. Die Liebe zwischen den beiden Kindern im noch »unschuldigen« Alter scheint Polixenes nicht geprägt zu haben, aber sie ist vielleicht der Grund, in dem Leontes' wahnhafte Eifersucht wurzelt. Hermione, die Frau des Leontes, sagt einmal spielerisch, Polixenes könnte sie und seine Frau für Teufel halten, was ihm wohl in Wirklichkeit ganz fern liegt, aber wir fragen uns, ob Leontes, der von ihr wissen will: »Gewannst du ihn?«, genauso denkt. Sie redet in scherzendem Ton über die Zeit der Werbung, in seiner Erwiderung klingt wieder etwas Zweideutiges:

Nun, das war damals:
Drei bittre Monde starben langsam hin,
Eh ich's erlangt, dass du die weiße Hand
Mir als Geliebte reichtest, und da sprachst du:
»Ich bin auf ewig dein.«

I.2, 101–105 [993]

Es spricht ein heimlicher Groll aus dieser Beschreibung der Wartezeit, und das Bild der Braut, die zur Verlobung dem Geliebten die Hand reicht, wirkt wie ein Vorwurf, wenn unmittelbar danach Hermione Polixenes freundlich die Hand hinstreckt. Leontes Seitenbemerkung macht klar, wovon dieses Stück in Wahrheit handeln wird:

Zu heiß, zu heiß!
So heftig Freundschaft einen, eint das Blut.
Die Brust ist mir beklemmt, es tanzt mein Herz,
Doch nicht aus Freude, Freude nicht – Solch traulich Wesen
Nimmt heitern Schein, erklärt die Freiheit nur
Für Freundschaft, Herzlichkeit und Seelengüte,
Und zierlich mag's dem Spieler stehn, es mag;
Doch mit den Händen tätscheln, Finger drücken,
Wie sie jetzt tun, dabei bedeutend lächeln,
Wie in den Spiegel, seufzen dann, so tief,
Wie ein verendend Wild, solch traulich Wesen
Gefällt nicht meinem Herzen, nicht der Stirn.–
Mamillius,
Bist du mein Jung?

I.2, 108–120 [993 f.]

Die Krankheit des vor Eifersucht wahnsinnigen Leontes ist eine raffinierte Version des Leidens, von dem Othello befallen ist. Shakespeare, wohl die größte Autorität in Fragen der Hahnreischaft überhaupt, war besessen von dem Thema und in dieser Hinsicht vielleicht selbst ein bisschen verrückt. Proust, dessen eigene Eifersuchtskomödie Shakespeare viel verdankt, übertraf seinen Lehrer in der Gestaltung der komischen Aspekte der Obsession, nicht jedoch in der Darstellung ihres mörderischen Irrsinns:

> Affekt! dein Ahnen bohrt zum Mittelpunkt;
> Das machst du möglich, was unmöglich schien,
> Verkehrst mit Träumen (wie kann das geschehn?),
> Mit Schatten, du einbildungsfäh'ge Kunst,
> Und bist dem Nichts verbrüdert; nun, wie glaublich,
> Dass du auch Wesen dich gesellst; so ist's
> (Und das jenseits des Wahnes, und ich fühl es),
> Und das bis zur Vergiftung meines Hirns
> Und meiner Stirn Verhärtung.

I.2, 138–146 [994]

»Affekt« meint hier sowohl die sinnliche Begierde als auch die Eifersucht, die beide stark genug sind, das tiefe Bedürfnis des Leontes, betrogen zu werden, zu wecken. »Nichts« ist das Schlüsselwort; der unterdrückte Wunsch, dass Hermione ihn mit Polixenes betrügt, und der aktive Horror davor gründen sich auf eine nihilistische Ahnung vom Abgrund der ureigenen Nichtigkeit. Nichts ist, als was nicht ist, und der Traum erzeugt ein Amalgam aus Schwindel und Irrealem. »Nur deine Taten träum ich«, wird Leontes später zu Hermione sagen. Er tut es in seiner nihilistischen Verehrung dessen, was nicht ist, Jago und Edmund gleich. Shakespeare erweckt in uns sowohl den Horror davor, wie Leontes den Höllenqualen der Eifersucht zu verfallen, als auch Mitgefühl mit ihm, der sich für das Opfer eines ungeheuren Frevels hält, obwohl er allein ungeheuerlich handelt:

> Ha, schon fort!
> Zolldick, knietief, über Kopf und Ohr gehörnt. –
> Geh, spiel, Kind, deine Mutter spielt, auch ich;
> Doch meine Roll ist schmachvoll, und der Schluss
> Wird in mein Grab mich zischen; Hohngeschrei
> Mir Sterbeglocke sein. – Geh, Kind, und spiel. –
> Auch sonst gab's, irr ich nicht, betrogne Männer;
> Und manchen gibt's noch jetzt im Augenblick,
> Der, grad indem ich sprech, umarmt sein Weib; –
> Er träumt nicht, dass sie ihm ward abgeleitet,
> Sein Teich vom nächsten Nachbarn ausgefischt,
> Ja, vom Herrn Nachbar Lächler, das ist Trost;
> Auch andre haben Tor', und offne Tore,
> Wie ich, sehr wider Willen. Soll verzweifeln,
> Wem sich sein Weib empört, so hängte sich
> Der Menschheit Zehntel. Dafür hilft kein Arzt.
> Es ist ein kupplerisch Gestirn, das trifft,
> Wo es regiert, und mächtig muss es sein
> In Ost, West, Nord und Süd; drum steht es fest,
> Für eine Frau ist keine Grenzensperre;
> O glaubt's! sie lässt den Feind herein, hinaus,
> Mit Sack und Pack. Viel Tausend unter uns,
> Die diese Krankheit haben, fühlen's nicht.

I.2, 185–207 [995 f.]

Das wunderbar schrecklich authentische Feuer, das hier lodert, springt auf uns über; Shakespeare hat die krankhafte Fantasie des Leontes mit einer Macht ausgestattet, der wir nichts entgegenzusetzen haben. Das ganze Ressentiment der Männer und ihre

Angst vor den Frauen findet seinen genial komischen Ausdruck in diesem Meisterstück perverser Rhetorik:

Er träumt nicht, dass sie ihm ward abgeleitet,
Sein Teich vom nächsten Nachbarn ausgefischt,
Ja, vom Herrn Nachbar Lächler …

I.2, 194–196 [996]

In seinem Furor formuliert Leontes ewig geflügelte Worte, die alle erbitterten Ehemänner sich zu Wappensprüchen wählen können: »Es ist ein kupplerisch Gestirn« und: »Für eine Frau ist keine Grenzensperre«. Die Tobsucht und Ekstase seiner nihilistischen Erregung gipfeln in einem Staccato des Nichts:

Ist Flüstern nichts?
Und Wang an Wange lehnen? Nas an Nase?
Mit innern Lippen küssen? durch 'nen Seufzer
Den Lauf des Lachens hemmen? (sichres Zeichen
Gebrochner Ehre) – setzen Fuß auf Fuß?
In Winkel kriechen? Uhren schneller wünschen?
Die Stunde zur Minut[? den] Tag zur Nacht?
Und aller Augen blind, stockblind, nur ihre
Nicht, ihre nicht,
Um ungesehn zu freveln? ist das nichts?
Dann ist die Welt, und was darin ist, nichts,
Des Himmels Wölbung nichts und Böhmen nichts,
Mein Weib ist nichts, und nichts in all dem Nichts,
Wenn dies nichts ist.

I.2, 284–296 [998 f.]

Die ständig gesteigerte Intensität in den verschiedenen sprachlichen Registern, die Leontes zur Verfügung stehen, hat selbst in Shakespeares Werk nicht ihresgleichen. Er wird in der 2. Szene des 3. Akts abflauen und zerknirscht Vernunft annehmen; was ihn jedoch für das Publikum und die Leser so rasend interessant macht, sind seine spektakulären Auftritte in der ersten Hälfte des Stücks. Die zweite Hälfte gehört Autolycus und Perdita, aber bis zu dem Moment, da wir an der Küste Böhmens landen (die eigens erfunden wurde, um Ben Jonson zu ärgern), gibt Leontes den Ton im *Wintermärchen* an. Gleichgültig ob es mehr der Irrsinn oder der Nihilismus ist, der ganz am Anfang seines Wesens steht, ist er jedenfalls einer von Shakespeares Hohenpriestern des Nichts, ein würdiger Nachfolger Jagos und Edmunds. Frank Kermode bemerkt zu Recht, dass die Qualen des Leontes mehr intellektueller Natur seien als die des Othello, der seine Leiden gar nicht artikulieren kann. Leontes ist ein Intellektueller und konnte deswegen zum Nihilisten werden, aber warum hat Shakespeare den König von Sizilien außerdem zum finstersten Frauenhasser in seinem Werk gemacht? Diese Kombination von Misogynie und Nihilismus entspringt einer der bedeutenden Einsichten Shakespeares in die männliche Natur und regte Nietzsche zu einigen eher unheimlichen Grübeleien an. Leontes eröffnet seine größte Tirade mit der Frage: »Ist Flüstern nichts?« und lässt dem zehn weitere rhetorische Fragen folgen, bevor er in der zwölften das Wort »nichts« wieder aufgreift: »ist das nichts?« Die Antwort darauf, dreieinhalb Verse lang, enthält sieben Mal das Wort »nichts«:

> Dann ist die Welt, und was darin ist, nichts,
> Des Himmels Wölbung nichts und Böhmen nichts,
> Mein Weib ist nichts, und nichts in all dem Nichts,
> Wenn dies nichts ist.

I.2, 293–296 [998 f.]

Leontes, selbst ein Nichts (wie er heimlich fürchtet), nimmt wahr, was nicht ist, aber er nimmt auch das Nichts wahr, das ist. Shakespeares *Wintermärchen* zeigt uns einen winterlichen Geist, der alles um sich herum verkümmern macht und nicht mehr damit aufhören kann, bis er mit dem Tod anderer Menschen (dem wirklichen und dem nur scheinbaren Tod) konfrontiert und durch das Schockerlebnis wieder in die Wirklichkeit zurückgeführt wird. Die Darsteller des Leontes haben damit zu kämpfen, dass diese Figur im Verlauf des Stücks zu einem penetrant Zerknirschten degeneriert; Gielgud meisterte seinerzeit dieses Problem, indem er den Leontes im 5. Akt mit einer Art nervöser Gespanntheit ausstattete, die an einen Menschen denken ließ, der ständig fürchtet, von einer Woge des Nichts verschlungen zu werden. Ob auch eine unterdrückte homosexuelle Neigung Anteil an des Leontes Verirrung hat oder nicht, sei dahingestellt, von weit größerer Bedeutung ist jedenfalls, wie Shakespeare uns zu verstehen gibt, das Element des Tyrannischen. Genau das meinen auch die Höflinge des Königs und das Orakel von Delphi:

> Hermione ist keusch, Polyxenes tadellos, Camillo ein treuer Untertan, Leontes ein eifersüchtiger Tyrann, sein unschuldiges Kind rechtmäßig erzeugt, und der König wird ohne Erben leben, wenn das, was verloren ist, nicht wiedergefunden wird.
>
> III.2, 132–136 [1023]

Es ist gewiss ein interessanter Gedanke, dass die Eifersucht und der metaphysische Nihilismus als Erscheinungsformen des Tyrannischen zu betrachten sind, aber er führt uns nicht auf die Ursache von Leontes' Irrsinn. Ursache und Wirkung sind nach Nietzsche, der auch hier wieder Shakespeare folgt, bloße Fiktionen. Shakespeare, der so gründlich wie niemand sonst die gefährliche Macht der Einbildungskraft erforschte, ging noch einen letzten Schritt über Macbeths proleptische Fantasie hinaus und gelangte in die Phantasmagorie des Leontes. Wo nichts ist, ist alles möglich. Schlegel, den dieser Irrationalismus befremdete, erlaubte sich, Shakespeare zu schulmeistern, weil er versäumt hatte, Leontes ein handfestes Motiv zu geben: »In der Tat hat der Dichter vielleicht andeuten wollen, dass Hermione, obschon tugendhaft, Polixenes allzu warme Freundlichkeit bezeigte.« Coleridge traf die Sache genauer, als er feststellte, Shakespeare beschreibe die Eifersucht des Leontes »rein philosophisch«, was, wenn ich es in meine Sprache übersetze, bedeutet, dass er die metaphysische Basis der Eifersucht herauspräpariert hat, die Angst des Mannes, dass nicht genügend Raum und Zeit für ihn bleibt. Proust verglich sehr hübsch die Passion des eifersüchtigen Liebhabers mit dem Wissensdurst des Kunsthistorikers. Die Tyrannei einer unersättlichen Wissbegierde führt zu einer obsessiven Fixierung auf das Mögliche, in der man die eigene Sterblichkeit abzuwehren versucht und damit Gefahr läuft, jener grässlichen Unsterblichkeit teilhaftig zu werden, zu der Spensers Malbecco verdammt ist. Shakespeare hat dessen Schicksal mit Gewissheit gekannt:

> Doch kann er nimmer sterben, sterbend lebt er fort,
> Nährt sich von Gram, der ihn erhält,
> Das Leben ihm verlängert und zugleich den Tod.
> Schmerzliche Lust verwandelt sich in Lust am Schmerz.
> So schleppt er sein erbarmenswertes Dasein ewig fort,
> Verhasst sich selbst und jeder Kreatur,
> So sehr entstellt durch Kummer und durch eitles Graun,
> Dass er vergessen hat, dass er ein Mensch einst war,
> Und trägt den Namen: Eifersucht.

2

Recht und Gesetz der Natur vertritt im *Wintermärchen* die resolute und mutige Paulina, deren unglücklicher Ehemann Antigonus unmittelbar nach Shakespeares berühmtester Regieanweisung:

»Er entflieht, von einem Bären verfolgt« zu Tode kommt. Er ist eines der beiden Opfer, die für den Wahn des Leontes mit ihrem Leben bezahlen müssen; das andere ist der junge Prinz Mamillius, der Sohn und Erbe des Leontes. Seine Frau Hermione und seine Tochter Perdita überleben, wenn man so sagen kann, denn was den Tod oder Scheintod der Hermione betrifft, so lässt uns Shakespeare mit Bedacht im Unklaren darüber, ob sie nun tatsächlich gestorben war und wiederauferweckt wurde oder ob vielleicht Paulina sie damals nur verschwinden ließ und sechzehn Jahre lang versteckt gehalten hat. Da Leontes diese ganze Zeit hindurch bei Verstand und entsprechend zerknirscht war, scheint es einigermaßen hart, dass man ihm, bloß dem Orakel von Delphi zuliebe, so konsequent verschwiegen haben soll, dass seine Frau am Leben geblieben war. Wahrscheinlich wollte Shakespeare, dass sein Publikum, oder doch die große Mehrheit des Publikums, an das Wunder der Wiederauferstehung Hermiones glaubte, und doch deutet er auch wieder an, allerdings erst im 5. Akt, dass er selber diesem Wunder mit einiger Skepsis gegenübersteht.

Aus dem *Perikles* hatte Shakespeare wohl die Lehre gezogen, dass eine Wiedererkennungsszene pro Stück genug ist. Die Begegnung von Perikles und Marina hat eine so starke Wirkung, dass die folgende Wiedervereinigung des Titelhelden mit Thaisa darunter leidet. In der letzten Szene des *Cymbeline* werden sämtliche Wiedererkennungen in einem Aufwasch erledigt, aber wir haben gesehen, dass Shakespeare in diesem sonderbaren Stück auch sonst oft ins Genre der Farce verfällt. Damit der Glanz der Erweckung Hermiones nicht verdunkelt werde, setzt Shakespeare die Wiedervereinigung des Leontes mit Perdita nicht in Szene, sondern lässt lediglich drei anonyme Edelleute davon berichten. Einer von ihnen deutet an, dass Paulina in den sechzehn Jahren seit Hermiones vermeintlichem Tod wohl doch nicht nur eine Statue in ihrer Obhut hatte:

Ich dachte es wohl, dass sie dort etwas Wichtiges vorhabe, denn seit Hermiones Tode hat sie ganz geheim das entlegene Haus täglich zwei oder drei Mal besucht.

V.2, 104–107 [1070]

Hermione selbst spricht zu ihrer Tochter ein bisschen unbestimmt, aber doch jedenfalls nicht wie ein Mensch, der den Tod erfahren hat:

... dann wisse du,
Ich – durch Paulina hörend, das Orakel
Gab Hoffnung, dass du lebst – [bewahrte mich],
Den Schluss erwartend.

V.3, 125–128 [1076]

Hermione (oder Shakespeare) ist entfallen, dass sie mit eigenen Ohren gehört hat, wie das Orakel vorgelesen wurde; ihr Irrtum deutet darauf hin, dass sich die beiden Freundinnen in den sechzehn Jahren, als sie einander täglich zwei bis drei Mal sahen, häufig über das Thema unterhalten haben. Es ist dem liebenswerten Wesen Shakespeares zuzutrauen, dass er beides will: eine übernatürliche Wiederauferstehung und die skeptische Erkenntnis, dass die (Über-)Natur andere Sorgen hat. Indem er so das eine tut, ohne das andere zu lassen, verweist uns Shakespeare noch einmal zurück auf die Leidensgeschichte Hermiones im 2. Akt und in den ersten zwei Szenen des 3. Akts, eine Sequenz, die von der Kritik etwas vernachlässigt wurde, vielleicht deswegen, weil wir als Leser, des irren Leontes zwar nicht überdrüssig, aber doch ziemlich erschöpft, freudig der Küste von Böhmen und ihren Bären entgegensegeln. Nachdem Polixenes und der Höfling Camillo aus Sizilien geflohen sind, um ihr Leben zu retten, lodert des Leontes mörderischer Wahn noch einmal neu auf und äußert sich in einer Rede von Furcht erregender Heftigkeit:

Wie glücklich,
Dass ich so recht gesehn, die Wahrheit traf. –
Ach! irrt ich lieber! Wie verdammt bin ich
In diesem Glück! – Wohl kann sich eine Spinne
Verkriechen in dem Becher, und man trinkt;
Man geht und spürt kein Gift; nicht angesteckt
Ward das Bewusstsein; aber hält uns einer
Die ekelhafte Zutat vor und sagt uns,
Was wir getrunken, sprengt man Brust und Seiten
Mit heft'gem Würgen: ich trank und sah die Spinne.
Camillo half dazu und war sein Kuppler:
Ein Anschlag ist's auf meinen Thron, mein Leben;
Zur Wahrheit wird Verdacht: der falsche Bube,
Den ich bestellt, war vorbestellt von ihm;
Er hat ihm meinen Plan entdeckt, und ich
Bin ein geäffter Tor für sie, ein Spielball
Für ihre Laune.

II.1, 36–52 [1005]

Da Leontes dem Camillo befohlen hat, Polixenes zu vergiften, ist diese schreckliche Rede sogar noch irrsinniger, als sie klingt. Selbst für einen Metaphoriker vom Genie Shakespeares ist die Spinne im Becher eine erstaunliche Erfindung; die Paranoia vollbringt ihr Meisterstück, wenn Leontes beginnt: »ich trank und sah die Spinne«. Er hat den Wein der Eifersucht intus, und die Spinne, die darin schwamm, ist das Emblem seiner Verrücktheit. William Seward Burroughs schrieb einmal: »Paranoia bedeutet, dass man alle Fakten hat« – das Credo eines Menschen, der auch die Spinne im Becher gesehen hatte.
Der Tod seines Sohnes und seiner Frau schockiert Leontes derart, dass er schlagartig von seinem Irrsinn geheilt wird, eine extrem unglaubwürdige Verwandlung. Selbst Gielgud schien mir in der 2. Szene des 3. Akts, wo die Paranoia urplötzlich von Leon-

tes abfällt, überfordert. Das dramatische Problem hat Shakespeare selbst geschaffen, indem er alle seine Kunst an den Wahn des Leontes wendete: die Figur ist ihm allzu überzeugend gelungen, als dass sie nun so einfach kuriert werden könnte. Aber schließlich befinden wir uns ja in einem Wintermärchen, einer alten Geschichte, die am Kaminfeuer erzählt wird, während schneidende Winde ums Haus pfeifen. Shakespeare ist der Geschichtenerzähler, und er verlangt von uns ganz einfach, dass wir uns seiner Autorität beugen; möglicherweise findet auch er (so wie wir) den genesenen Leontes weit weniger interessant als den tobsüchtigen. Bevor wir gegen die Willkür des Dramatikers protestieren können, sehen wir uns an die skandalöse Meeresküste Böhmens entrückt, wo das *Wintermärchen* seine wahre Größe entfalten wird, wenn Perdita, die Schäferprinzessin, und Autolycus, der Fürst der Diebe, die Szene betreten.

3

Das *Wintermärchen* ist von einer außerordentlich großen Spannweite; der wunderbare Autolycus, der liebenswürdigste aller Shakespeareschen Ganoven, hat in dem Stück eine ebenso wesentliche Funktion wie Leontes und Perdita. Der irische Gelehrte Edward Dowden hat im 19. Jahrhundert den Begriff der Romanze eingeführt, um Shakespeares späte Stücke zu bezeichnen, und wir müssen wohl oder übel damit zurechtkommen, aber das *Wintermärchen* ist tatsächlich eine romantische Komödie, wenn man es in der Perspektive des Autolycus betrachtet. Diese Gestalt hat eine lange Tradition: Homer sagt, Autolycus sei der erste Dieb unter den Menschen gewesen, Ovid machte ihn zum Sohn des trickreichen, quecksilbrigen Gottes Hermes. Shakespeares Autolycus ist noch weit höheren Ranges: er ist nicht nur Dieb, sondern auch fahrender Sänger, und die wunderbaren Lieder, die in dem Stück gesungen werden, hat er gedichtet. Vor allem aber ist er eine vor Leben strotzende und unverwechselbare

Persönlichkeit, wie auch Dr. Johnson bestätigte: »Die Figur des Autolycus ist sehr natürlich konzipiert und wirkungsvoll ausgeführt.« Ich kann es nicht besser sagen, genieße es aber immer wieder, Johnson auszulegen, und beginne damit, indem ich feststelle, dass Autolycus zusammen mit Imogen und Caliban zu den besten Figuren im Spätwerk Shakespeares gehört. Wir begegnen ihm erstmals in der 3. Szene[13] des 4. Akts; er tritt singend auf die Bühne:

Wenn die Narzisse blickt herfür –
Mit Heisa! das Mägdlein über dem Tal –,
Ja, dann kommt des Jahres lieblichste Zier;
Statt Winter bleich herrscht rotes Blut zumal.

Weiß Linnen bleicht auf grünem Plan –
Mit Heisa! beim lieblichen Vogelgesang! –
Das wetzt mir alsbald den Diebeszahn;
Denn 'ne Kanne Bier ist ein Königstrank.

Die Lerche, die singt Tirlirilirei –
Mit Amselton, Heisa! und Drossellieder
Sind Sommerlust, ist mein Schätzchen dabei,
Wenn wir springen und tummeln im Grase nieder.

IV.3, 1–12 [IV.2, 1032 f.]

Der Kontrast zwischen Leontes und Autolycus springt ins Auge: Leontes stand für den Winter, an dessen Stelle nun, wie Autolycus verkündet, rotes Blut herrscht. Die Vorstellung des winterlich »Bleichen«, die im letzten Vers der ersten Strophe sozusagen nur nebenbei aufgerufen wird [»For the red blood reigns in the winter's pale« – »pale« kann auch »bleich« bedeuten, meint aber hier den »umpfählten«, umzäunten Raum, das *Reich* des Winters], schlägt hübsch subtil die Brücke zu der auf der sommerlichen Bleiche ausgebreiteten weißen Wäsche, die Autolycus so gern mitgehen lässt. Der eigentliche Kontrast zwischen den beiden Protagonisten ist der zwischen den scheußlichen Fantasien des Leontes von Ehebrechern, die »in Winkel kriechen«, und dem Treiben des Autolycus und seines Schätzchens, des Mägdlein über dem Tal, die sich im Grase tummeln und die Lieder von Lerche, Amsel und Drossel genießen. Autolycus, der kein böhmischer Bohemien, sondern ein englischer pastoraler Villon ist, lässt dem Lied sein großspuriges Credo folgen, das in den Ruf: »Ein Fang! ein Fang!« ausläuft, als er den jungen Schäfer, den Sohn von Perditas Ziehvater, nahen sieht:

> Mein Handelszweig ist Hemden; wenn erst der Habicht baut, so seht nur auch nach der kleineren Wäsche. Mein Vater nannte mich Autolykus; der, da er wie ich unter dem Merkur geworfen wurde, ebenfalls ein Aufschnapper von unbedeutenden Kleinigkeiten war. Die Würfel und die Dirnen haben mir zu dieser Ausstaffierung verholfen, und mein Einkommen ist die kleine Gaunerei; Galgen und Totschlag sind mir zu mächtig auf der großen Straße, denn Prügeln und Hängen sind mir ein Graus; was das zukünftige Leben betrifft, den Gedanken daran verschlaf ich. – Ein Fang! ein Fang!
>
> IV.3, 23–31 [IV.2, 1033]

Autolycus ist kein Straßenräuber, er verabscheut alle Gewalttätigkeit, und dass er so zerlumpt daherkommt, daran sind nur die Würfel und die Dirnen schuld. Er lebt vom Schwindel, und diese Welt genügt ihm, wie sich's gehört für ein Naturgeschöpf seines Schlages. Er ist nicht nur Taschendieb und Betrüger, sondern auch Balladensänger und Balladenkrämer, und am besten gefällt er uns, wenn er mit Galanteriewaren hausieren geht wie in dem folgenden Lied, seinem besten und auch einem der besten Shakespeares:

Linnen, weiß wie frischer Schnee,
Kreppflor, schwärzer als die Kräh,
Handschuh, weich wie Frühlingsrasen,
Masken für Gesicht und Nasen;
Armband, Halsgehäng voll Schimmer;
Rauchwerk für ein Damenzimmer,
Goldne Mütz und blanker Latz,
Junggesell, für deinen Schatz;
Nadeln, Zeug in Woll und Seiden,
Sich von Kopf zu Fuß zu kleiden.
Kauft, Bursche, dass ich Handgeld löse!
Kauft, kauft, sonst wird das Mädchen böse!

IV.4, 220–232 [IV.3, 1042 f.]

Wer im Publikum könnte einem Hausierer widerstehen, der so schön singt? Wenn er mit Liedern handelt, ist er besonders komisch:

DER JUNGE SCHÄFER: Was hast du da? Balladen?

MOPSA: Ei, bitte, kauf ein paar; eine gedruckte Ballade hab ich für mein Leben gern, denn da weiß man doch gewiss, dass sie wahr sind.

AUTOLYKUS: Hier ist eine zu einer gar kläglichen Weise: Wie eines Wucherers Frau in Wochen kam mit zwanzig Geldsäcken und wie sie ein Gelüst hatte nach Schlangenköpfen und frikassierten Kröten.

MOPSA: Glaubt Ihr, dass das wahr ist?

AUTOLYKUS: Gewiss wahr, und erst vor einem Monat geschehn.

DORKAS: Gott bewahre mich davor, einen Wucherer zu heiraten.

AUTOLYKUS: Hier ist der Name der Hebamme, einer gewissen Frau Schwatzmann, und von noch fünf oder sechs ehrlichen Frauen, die dabei waren; warum sollte ich wohl Lügen herumtragen?

MOPSA: Bitte, kauf das.

DER JUNGE SCHÄFER: Schon gut, legt es beiseit, und zeigt uns erst noch mehr Balladen; die andern Sachen wollen wir auch gleich kaufen.

AUTOLYKUS: Hier ist eine andere Ballade, von einem Fisch, der sich an der Küste sehen ließ, mittwochs, den achtzigsten April, vierzigtausend Klafter über dem Wasser, der sang diese Ballade gegen die harten Herzen der Mädchen; man glaubt, er sei ein Weib gewesen, die in einen kalten Fisch verwandelt ward, weil sie einen, der sie liebte, nicht glücklich machen wollte. Die Ballade ist sehr kläglich und ebenso wahr.

DORKAS: Glaubt Ihr, dass das auch wahr ist?

AUTOLYKUS: Fünf Beamte haben es unterschrieben und Zeugen mehr, als mein Paket fassen kann.

IV.4, 260–285 [IV.3, 1043 f.]

Das Paket des Autolycus enthält einen vor Witz sprühenden Shakespeare, der sich über die Absurditäten der in Flugschriften gedruckten Balladen lustig macht. In seiner Eigenschaft als Verfasser von parodistischen Liedern verschmilzt Autolycus ein Stück weit mit Shakespeare, der seine Fantasien über die Ehefrauen von Wucherern (Shakespeare selbst betätigte sich ja auch in dieser Branche) und die Metamorphose einer Frau, »die in einen kalten Fisch verwandelt ward, weil sie einen, der sie liebte, nicht glücklich machen wollte«, in vollen Zügen genoss. Erst recht vergnüglich ist alles das für ein Publikum, das zuvor den Tiraden des eifersüchtigen, sinnenfeindlichen Leontes ausgesetzt war und den gerissenen, aber im Grunde gutartigen Autolycus desto mehr zu schätzen weiß. Später, nachdem er mit Prinz Florizel die Kleider getauscht hat, damit dieser und Perdita, »der Klotz« an seinem Bein, dem Polixenes entkommen, gewinnt er vollends unser Herz, wenn er seine moralischen Grundsätze erklärt, die uns an Villon erinnern:

> Der Prinz selbst ist auf Schelmereien aus und stiehlt sich von seinem Vater weg mit dem Klotz am Bein; dächt ich, es wäre ein ehrliches Stückchen, dem König was davon zu sagen, so wollt ich – es nicht tun: ich halte es für die größere Schurkerei, es zu verschweigen, und bleibe meinem Beruf getreu.
> IV.4, 678–683 [IV.3, 1056]

Autolycus ist ebenso wie Paulina eine Kraft, die Gutes schafft, denn er rettet Perdita, so wie Paulina Hermione rettet. Sein Modus operandi ist freilich ganz anders, und wir sind davon hingerissen, denn wir ziehen das Komische dem Tragikomischen vor. Er befördert das Geheimnis von Perditas Herkunft ans Licht und bringt den alten und den doofen jungen Schäfer mitsamt den Beweisen zu Polixenes. Ein bisschen betrübt nehmen wir Abschied von Autolycus, der gelobt, ehrlich zu werden, und wieder in den Dienst des Prinzen Florizel tritt, aber wir brauchen uns nur Dr. Johnsons Worte ins Gedächtnis zu rufen und werden sogleich wieder froh gestimmt: »Autolycus ist sehr natürlich konzipiert« – und also wird er unweigerlich zu seiner wahren Natur zurückkehren und wieder durchbrennen und Laken stehlen und seine haarsträubenden Balladen verhökern.

4

Jede Sammlung von Lieblingsszenen aus Shakespeare sollte eigentlich die erstaunlich lange (840 Zeilen) 4. Szene [die 3. bei Schlegel-Tieck] des 4. Akts des *Wintermärchens* enthalten. Sie beginnt damit, dass Perdita und Florizel einander ihre Liebe erklären – es ist das schönste pastorale Liebesidyll, das Shakespeare geschaffen hat. Die Passage ist so wunderbar und so wichtig für das Verständnis der subtileren Aspekte des *Wintermärchens*, dass ich etwas genauer darauf eingehen will.

Wir befinden uns bei einem Fest auf dem Lande, man feiert die Schafschur. Perdita, mit Blumen bekränzt, ist als Flora, die antike italische Göttin der Fruchtbarkeit, kostümiert; die vermeintliche Tochter des Schäfers, die in Wahrheit eine sizilianische Prinzessin ist, fungiert als Gastgeberin des Fests. Von Anfang an hat Perdita etwas an sich, was sie wie eine glücklichere Proserpina (Persephone) – Tochter von Ceres (Demeter) und Jupiter (Zeus) – wirken lässt. Shakespeare war deren Geschichte aus Ovid vertraut: Proserpina wird von Pluto (Dis) in die Unterwelt verschleppt und von Ceres nur halb gerettet: Sie darf nur im Frühling und Sommer ans Licht zurückkehren. Perdita wird, wie wir noch sehen werden, in ihrer mythologischen Aura unverdunkelt bleiben. Shakespeare, der ganz ihrem Charme erliegt, macht sie zu einer ebenso lebendigen und unverwechselbaren Persönlichkeit wie Autolycus und Leontes. Selbst Florizel gewinnt unter ihrem Einfluss eine beseelte Lebhaftigkeit, die seinem Vater Polixenes nirgends vergönnt ist. In seinen ersten Worten an die Geliebte bringt Florizel seine Begeisterung über ihr Kostüm zum Ausdruck, das ihre Schönheit nicht so sehr verändert als vielmehr geradezu verklärt:

> Dies fremde Kleid macht jeden deiner Reize
> Lebend'ger; keine Schäferin, nein, Flora,
> Dem frühsten Lenz entsprossen. Diese Schafschur,
> Versammlung ist sie aller Liebesgötter,
> Und du bist ihre Kön'gin.

IV.4, 1–5 [IV.3, 1036]

So erotisch reizend das Kompliment auch ist, geht Perdita nicht darauf ein. Der falsche Schein der Verkleidung, die sie zu etwas Besserem und Florizel zu etwas Schlechterem macht, gefällt ihr nicht:

> Gnäd'ger Herr,
> Eur seltsam Tun zu schelten ziemt mir nicht;

Verzeiht, ich nenn es so; Eur hohes Selbst,
Des Landes holden Stern, habt Ihr verdunkelt
Durch Bauerntracht; mich arme, niedre Magd
Geputzt gleich einer Göttin. Die Gewohnheit
Erlaubt viel Törichtes bei unsern Festen,
Gebilligt stets, sonst müsst ich wohl erröten,
Euch in dem Kleid zu sehn, gewählt, so mein ich,
Ein Spiegel mir zu sein.

IV.4, 5–14 [IV.3, 1036]

Perdita sucht mit sanftem Takt eine Balance zwischen ihrem Respekt vor dem Kronprinzen von Böhmen, der unerreichbar weit über ihr steht, und ihrem ländlich gesunden Menschenverstand. Sie zögert, sich unter die feiernden Narren zu mischen, aber es bleibt ihr nichts anderes übrig, da sie die Rolle der Gastgeberin übernommen hat. An dem Fest nehmen auch, ebenfalls verkleidet, Polixenes und Camillo teil. Perdita begrüßt sie und überreicht ihnen Sträußlein mit Rosmarin und Raute. Der Dialog, der sich nun zwischen ihr und Polixenes entspinnt, ist einer der besten und tiefsinnigsten im ganzen Werk Shakespeares:

POLYXENES: Schäferin,
Wie bist du schön; dem Alter ziemend, schenkst du
Uns Winterblumen.
PERDITA: Wenn das Jahr nun altert –
Noch vor des Sommers Tod und der Geburt
Des frost'gen Winters –, dann blühn uns am schönsten
Blutnelken und die streif'gen Liebesstöckel,
Bastarde der Natur will man sie nennen:
Die trägt nicht unser Bauerngarten, Senker
Von ihnen hab ich nie gesucht.
POLYXENES: Weshalb
Verschmähst du sie, mein holdes Kind?

PERDITA: Ich hörte,
Dass, nächst der großen schaffenden Natur,
Auch Kunst es ist, die diese bunt färbt.
POLYXENES: Sei's:
Doch wird Natur durch keine Art gebessert,
Schafft nicht Natur die Art: so, ob der Kunst,
Die, wie du sagst, Natur bestreitet, gibt es
Noch eine Kunst, von der Natur erschaffen.
Du siehst, mein holdes Kind, wie wir vermählen
Den edlern Spross dem allerwildsten Stamm;
Befruchten so die Rinde schlechtrer Art,
Durch Knospen edler Frucht. Dies ist 'ne Kunst,
Die die Natur verbessert – mindstens ändert;
Doch diese Kunst ist selbst Natur.
PERDITA: So ist es.
POLYXENES: Drum schmück mit Liebesstöckeln deinen Garten,
Schilt sie Bastarde nicht.
PERDITA: Den Spaten steck ich
Nicht in die Erd, ein einz'ges Reis zu pflanzen:
So wenig wie, wär ich geschminkt, ich wünschte,
Dass dieser Jüngling mich drum lobt und deshalb
Nur mich zur Braut begehrt'. – Hier habt ihr Blumen!
Lavendel, Minze, Salbei, Majoran;
Die Ringelblum, die mit der Sonn entschläft
Und weinend mit ihr aufsteht; das sind Blumen
Aus Sommersmitt und die man geben muss
Den Männern mittlern Alters: seid willkommen!

IV.4, 77–108 [IV.3, 1038 f.]

Wenn Polixenes sagt: »Kunst ist selbst Natur«, so ist das vielleicht nur ein Gemeinplatz der Renaissance, aber das ist auch gar nicht das, was diesen kultiviert komischen Pseudo-Disput so originell und großartig macht. Dessen besondere Qualität verdankt sich auch nicht der Ironie, die darin liegt, dass Polixenes in der Pflanzenzucht das propagiert, was er als Vater keinesfalls will, nämlich »Den edlern Spross dem allerwildsten Stamm« vermählen. Hier streiten nicht Natur und Kunst, sondern jener fanatische Irrsinn, von dem früher Leontes besessen war, und die kühne Vitalität seiner Tochter, die eine heroische Natürlichkeit verkörpert. Solche Naturheldinnen gab es auch schon in früheren Stücken, aber keine war so unwiderstehlich in ihrer anmutigen Lebhaftigkeit. Der Stamm paranoischer Eifersucht hat triumphal generöse Güte hervorgetrieben, die in ihrer Art ebenso hartnäckig ist wie die Obsession des Leontes. Perdita hat viel von ihrem Vater; ohne Zweifel will Shakespeare zum Ausdruck bringen, dass hier ihr angeborener Adel – ähnlich wie der des Polydore und des Cadwal im *Cymbeline* – durchbricht.

Aber ihr leidenschaftlicher Naturalismus ist sogar noch stärker als ihre mächtige Persönlichkeit und scheint für etwas in Shakespeares eigenem Wesen zu stehen. Anders als viele Interpreten glaube ich, dass der Dramatiker mehr mit ihr sympathisiert als mit Polixenes, dieser gehört nicht so sehr zu Shakespeares Partei als vielmehr zu der Ben Jonsons. In dem denkwürdigen Gedicht, das Jonson der ersten Folio-Ausgabe vorangestellt hat, behauptet er mit Blick auf Shakespeare dasselbe, was auch Polixenes gesagt hatte: »Diese Kunst ist selbst Natur.« Die Natur, so bestätigt er, sei stolz auf Shakespeares Schöpfungen, aber auch die Kunst habe Anteil an dessen Größe. Jonson ahnt, was viele Gelehrte der jüngsten Zeit betonen, nämlich, dass Shakespeare ein Selbstrevisor war, aber seinem ganzen Lobpreis liegt das recht entschiedene Urteil zu Grunde, dass sein berühmterer Kollege nach Kunst strebte. Die Zeit hat Shakespeares Kunst über die Jonsons triumphieren lassen, doch was die Einzigartigkeit Shakespeares ausmacht, ist ganz offensichtlich die erstaunliche Verschmelzung von Kunst und Natur in gut zwei Dutzend seiner neununddreißig Dramen. Perdita interessiert sich nicht für eine Kunst, welche die Natur verbessert oder ändert, sie verlangt vielmehr nach einer nicht gefallenen Natur, die sich selbst Kunst wäre:

... O Proserpina!
Hätt ich die Blumen jetzt, die du erschreckt
Verlorst von Plutos Wagen! Anemonen,
Die, eh die Schwalb es wagt, erscheinen und
Des Märzes Wind' mit ihrer Schönheit fesseln;
Violen, dunkel wie der Juno Augen,
Süß wie Cytherens Atem; bleiche Primeln,
Die sterben unvermählt, eh sie geschaut
Des goldnen Phöbus mächt'gen Strahl, ein Übel,
Das Mädchen oft befällt; die dreiste Maßlieb,
Die Kaiserkrone, Lilien aller Art,
Die Königslilie drunter! hätt ich die,
Dir Kron und Kranz zu flechten, süßer Freund,
Dich ganz damit bestreuend!

IV.4, 116–129 [IV.3, 1039 f.]

Ich bin tollkühn genug, zu versichern, dass Perdita in dieser wunderbaren Passage für Shakespeare spricht. Sie an Proserpinas Stelle, will Perdita sagen, wäre nicht so nervenschwach gewesen, ihr wäre nicht die Unachtsamkeit unterlaufen, die der Grund dafür ist, dass die Blumen alle ihre kurz bemessene Zeit haben. Ewige Blüte- und Erntezeit in einem würde herrschen, wenn Proserpina Perditas Unerschrockenheit besessen hätte. In dem exquisiten Pathos dieser Rede geht Perdita über die Rolle der Tochter des Leontes hinaus und deutet auf die naturalistische Sinnlichkeit von John Keats voraus:

... Anemonen,
Die, eh die Schwalb es wagt, erscheinen und
Des Märzes Wind' mit ihrer Schönheit fesseln.

Die Natur selbst ist Kunst in und bei Perdita und bei Shakespeare und Keats, und wir fühlen uns ebenso herausgefordert wie Perditas Geliebter Florizel, an den jene verführerischen Worte gerichtet sind. Dieser reagiert auf ihre Wunschvorstellung, ihn ganz mit Frühlingsblumen – die aber in dieser Jahreszeit leider nicht zur Verfügung stehen – zu bestreuen, mit gespieltem Entsetzen: »Wie den Leichnam?«, und provoziert damit ihre kühne Entgegnung:

Nein, wie der Liebe Lager, drauf zu kosen,
Nicht wie ein Leichnam, mindstens nicht fürs Grab,
Nein, lebend mir im Arm.

IV.4, 130–132 [IV.3, 1040]

Errötend über ihre eigene Direktheit, weist Perdita sich gewissermaßen selbst zurecht: »gewiss, dies prächt'ge Kleid / Verwandelt meinen Sinn«. In seiner bemerkenswerten Entgegnung erlöst Florizel sie von aller Peinlichkeit und macht ihr dann das schönste aller Komplimente, das Shakespearesche Frauengestalten von ihren Liebhabern empfangen:

Was du auch tust,
Ist stets das Holdeste. Sprichst du, Geliebte,
Wünsch ich, du tätst dies immer; wenn du singst,
Wünsch ich, du kauftest, gäbst Almosen so,
Sängst dein Gebet, tätst jedes Hausgeschäft
Nur im Gesange; tanzest du, so wünsch ich,
Du seist 'ne Meereswell und tätest nichts
Als dies, stets in Bewegung, immerdar
Dies dein Gebärden. All dein Tun und Wirken,
So auserlesen im Gewöhnlichsten,
Krönt all dein Handeln, wie du's eben tust,
Dass Königin ist jeglich Walten.

IV.4, 135–146 [IV.3, 1040]

Die Ekstase dieser rhapsodischen Liebeserklärung regte Shelley zu seinem *Epipsychidion* an, aber selbst dieser große Gesang des Eros reicht nicht an die wunderbare Musik heran, die Shakespeare seinem Florizel in den Mund legt. In seinen *Last Poems*, vor allem in »Long-legged Fly«, das die Gestalt der noch ganz jungen Helena heraufbeschwört, gelang Yeats etwas, was den fließenden Rhythmen dieses Preislieds auf die anmutigen Bewegungen einer Frau in etwa nahe kommt:

> … tanzest du, so wünsch ich,
> Du seist 'ne Meereswell und tätest nichts
> Als dies, stets in Bewegung, immerdar
> Dies dein Gebärden.

Shakespeare bereitet hier auch den schockierenden Kontrast zwischen dem Sohn und seinem Vater vor, der später in derselben Szene Perdita mit einer verbalen Brutalität attackieren wird, die an die schlimmsten Exzesse des vor Eifersucht durchgedrehten Leontes erinnert:

> … Und du, Prachtstück
> Ausbünd'ger Hexenkunst, die kennen musste
> Den Königsnarren, der ihr nachlief – […]
> Der Dorn soll deine Schönheit dir zergeißeln,
> Bis sie nichtswürd'ger wird als deine Herkunft. –
> Dir sag ich, junger Tor – erfahr ich je,
> Dass du nur seufzest, weil du nie mehr, nie
> Dies Ding hier siehst, wie du gewiss nicht sollst,
> Verschließ ich dir dein Erbrecht, nenne dich
> Mein Blut nicht, ja mir auch nicht anverwandt,
> Fern von Deukalion her: – merk auf mein Wort,
> Folg uns zum Hof. – Du Bauer, für diesmal sei,
> Ob unsers Zorns gleich wert, doch freigesprochen

Von seinem Todesstreich. – Und du, Bezaubrung,
Wohl eines Schafknechts wert, ja sein sogar,
Für den du, wär mein Ruhm dadurch nicht krank,
Zu gut noch bist, wenn du von jetzt an wieder
Für ihn den Riegel dieser Hütte öffnest
Und seinen Leib mit deinem Arm umklammerst –
Erfind ich Todesarten dir, so grausam,
Wie du für sie zu zart bist.

IV.4, 423–442 [IV.3, 1048 f.]

Nach diesem Auftritt ist es uns vollends unmöglich, den vorher farblosen Polixenes je in unser Herz zu schließen; er hat sich, wie sein Freund Leontes, unsere Sympathie für immer verscherzt. Der Begriff »Schäferromanze« scheint immer weniger geeignet, das zu beschreiben, was sich im *Wintermärchen* ereignet, wir sind mittlerweile eher geneigt, das Stück eine groteske Komödie zu nennen. Aber für Shakespeare gibt es keine verbindlichen Gattungen, sein Genre ist eines, das über alle Gattungsgrenzen hinweg vagabundiert. Er wird sich nie in die Enge irgendeiner Konvention oder Theorie pferchen lassen.

5

Der 5. Akt des *Wintermärchens*, der nun wieder in Sizilien spielt, gipfelt in der berühmten Statuenszene, in der Hermione endlich Leontes und Perdita in ihre Arme schließen darf. Nach allen Wirrnissen und Aporien gönnt sich Shakespeare das Vergnügen, uns daran zu erinnern, dass wir, das Publikum, es mit einem Kunstprodukt zu tun haben, das ohne Scheu der Tatsache ins Auge blickt, dass es ja nur eine Fiktion ist. Paulina gibt ein Resümee der Dinge, wenn sie, an die Adresse der Wiedervereinten und zugleich die des Publikums gewandt, sagt: »Geht miteinander, / Ihr seligen Gewinner.« Es gibt keine Verlierer im *Wintermärchen*, zumindest am Ende: Mamillius ist schon so lange tot, dass wir nicht mehr um ihn trauern können, und auch von Antigonus ist nichts mehr übrig – ohne Zweifel hat einer der zahlreichen Bären, die an der böhmischen Meeresküste leben, ganze Arbeit geleistet. Paulina, die einigermaßen deutlich gemacht hat, dass sie keine schwarzen Künste treibt, achtet auch darauf, dass wir nicht distanzlos dem Realismus verfallen:

> Dass sie lebt,
> Wenn man's Euch sagte, würdet Ihr's verlachen
> So wie ein altes Märchen; doch Ihr seht,
> Sie lebt, spricht sie gleich nicht.

V.3, 115–118 [1076]

»Ist dies Magie«, ruft Leontes aus, »so sei sie eine Kunst, / Erlaubt wie Essen.« Um sechzehn Jahre gealtert, hat Hermione – als Statue wie auch als Frau – ein paar Fältchen bekommen, aber sonst ist sie ganz sie selbst. Ich glaube, wir missverstehen die Stimmung der Szene, wenn wir sie für weihevoll bedeutungsschwanger halten, aber ich frage mich auch, warum Shakespeare partout eine Statue haben will, noch dazu ein Werk von Julio Romano. Vielleicht bin ich der einzige Literaturwissenschaftler auf der Welt, der diese Szene nicht für eines der großen Glanzstücke des *Wintermärchens* hält, sondern eher für eine unerklärliche Merkwürdigkeit – Shakespeare nimmt sich hier, so viel ist zumindest klar, nicht selbst auf die Schippe. Ein Theatercoup ist es allemal: Statuen, die zum Leben erwachen, machen sich gut auf der Bühne. Die wirklich staunenswürdigen Wunder des *Wintermärchens* jedoch sind andere: die irre Eifersucht des Leontes, der sangeslustige Gauner Autolycus, vor allem aber das so natürlich entzückte Wohlgefallen, das Perdita und Florizel aneinander haben. Am Ende des Stücks ist Shakespeare allzu gewollt der sich selbst durchschauende Illusionist, skeptisch gegenüber jeglichem Bekenntnis zur Einheit von Natur und Kunst.

ELF
Der Sturm

Die zwei visionären Komödien Shakespeares, der *Sommernachtstraum* und *Der Sturm*, sind unter allen Dramen diejenigen, die heutzutage am schlimmsten missdeutet und am schlechtesten aufgeführt werden. Der Teufel der Erotomanie reitet die gelehrten Interpreten und die Regisseure, die sich über den *Sommernachtstraum* hermachen, während die Verderber des *Sturms* mehr ideologisch verblendet sind. Caliban, der tatsächlich ein schmerzlich bitteres Potenzial besitzt, der aber auch ein mörderischer Feigling ist und jedenfalls ein nur halb menschliches Wesen (sein Vater ist ein fisch- oder amphibienartiges Meeresungeheuer), wurde zu einem afrikanisch-karibischen Freiheitsheros stilisiert. Diese Betrachtungsweise ist so verkehrt, dass nicht einmal von einem Missverständnis gesprochen werden kann, sie kommt vielmehr dem offenen Bekenntnis gleich, dass man gar kein Interesse daran hat, das Stück auch nur zu lesen. Marxisten, Multikulturalisten, FeministInnen, Historizitätsexperten französischer Schule, sie alle kennen die Sache, für die sie eintreten, nicht aber Shakespeares Dramen.

Weil *Der Sturm* (1611) das letzte Stück war, das Shakespeare ganz allein, ohne die Mithilfe des Koautors John Fletcher, geschrieben hatte und weil es wahrscheinlich ein großer Erfolg am Globe gewesen war, stellte man das Stück als erste der Komödien an den Anfang der First-Folio-Ausgabe. Wir wissen, dass *Der Sturm* am Hof Jakobs I. uraufgeführt wurde, was vielleicht jene Züge erklärt, die dem Werk den Charakter eines Maskenspiels geben. Es hat keine eigentliche Handlung, das einzige äußere Ereignis ist der durch magische Künste erzeugte Sturm in der ersten Szene, dem merkwürdigerweise das Stück seinen Titel verdankt. Als literarische Quelle, sofern es überhaupt eine gab, kann allenfalls Montaignes Essay über die Kannibalen gelten, der seine Spur in Calibans Namen hinterlassen hat, wenn auch nicht in seinem Wesen. Aber Montaigne hat, wie schon im Fall des *Hamlet*, mehr Denkanstöße gegeben als Stoff geliefert, und Caliban ist alles andere als ein Lobgesang auf den natürlichen Menschen. *Der Sturm* ist weder eine Abhandlung über den Kolonialismus noch ein mystisches Vermächtnis, das Stück ist vielmehr eine ungehemmt experimentelle Bühnenkomödie, die letztlich, scheint mir, als eine Reaktion auf Marlowes *Doctor Faustus* gedeutet werden muss. Shakespeares Magier Prospero trägt einen Namen, der die italienische Übersetzung des lateinischen »Faustus« (»der Gunst genießt«, der Liebling, der Erwählte) ist, und das wiederum war der Beiname des Gnostikers Simon Magus in Rom. Prospero, im Bunde mit dem Kobold oder Engel Ariel (der hebräische Name bedeutet »Der Löwe Gottes«), der mehr ein Vertrauter ist als ein Mephistopheles à la Marlowe, ist Shakespeares Anti-Faust und sein letzter großer Triumph über Marlowe.

Da die herrschende Mode Caliban, obwohl er nur an die hundert Zeilen Text hat, zur Hauptfigur des *Sturm* erhoben hat, will ich mit ihm beginnen. Seine Schicksale im Lauf der Theatergeschichte sind aufschlussreich und machen mir Hoffnung in diesen üblen Zeiten. In Davenants und Drydens *Die verzauberte Insel*, einer in Musik gesetzten Bearbeitung des Stücks, die zwischen 1667 und 1787 auf Londoner Bühnen gespielt wurde, ist Caliban schon in einem frühen Stadium derart betrunken, dass er gar nicht in der Lage ist, Unheil zu stiften. Dieser Caliban – auch eine Travestie, aber eine ganz andere als die heute übliche, die uns einen edlen Revolutionär zeigt – war mehr als ein Jahrhundert lang eine komische Paraderolle. Im romantischen Zeitalter wurde der tanzende und jodelnde Halbmensch dann von Shakespeares bitter ernstem »wildem und missgestaltetem Sklaven« abgelöst. Man stellte ihn anfangs, wie es der Text nahe legt, als ein Geschöpf mit amphibischen Zügen dar, aber endlich nahmen doch allerlei sonderbare Monstrositäten überhand; man machte ihn zu einer Schnecke auf vier Beinen, zu einem Gorilla, einem Affenmenschen und zuletzt (London 1951) zu einem Neanderthaler. Mit ungläubigem Entsetzen habe ich in den sechziger Jahren eine ganz scheußliche Version von Peter Brooks gesehen, die Caliban als einen wilden Primitiven zeigte, der Miranda tatsächlich vergewaltigt, die Herrschaft auf der Insel an sich reißt und seinen Triumph feiert, indem er auch noch Prospero besteigt und sodomitisiert. Eine andere moderne Tradition – die heute herrschende – besetzt die Rolle mit schwarzen Schauspielern; unter den frühen Calibanen dieser Sorte, die ich gesehen habe, waren Canada Lee, Earle Hyman und James Earl Jones. Jonathan Miller kam 1970 auf die Idee, das Stück im Zeitalter von Cortés und Pizarro spielen zu lassen; er machte Caliban und Ariel zu südamerikanischen Indianern im Dienst der Weißen; der eine fungierte als eine Art Sherpa, der andere als gebildeter Hausklave. Das war immerhin bizarr genug, um unterhaltsam zu sein, während die Version, die George C. Wolfe jüngst mit so viel Erfolg auf die Bühne brachte, einfach nur aufreizend schlecht ist: Dort sind Caliban und Ariel Negersklaven, die Prospero gleichermaßen inbrünstig hassen. Moden dauern nicht ewig; im frühen 21. Jahrhundert wird es vielleicht noch einige Pseudo-Gelehrte geben, die über den Neokolonialismus wehklagen, aber ich glaube, dass dann Caliban und Ariel eher extraterrestrische Wesen sein werden – vielleicht sind sie es schon jetzt.

Die Literaturkritik – die der jüngsten Zeit ausgenommen – ist zu einem sehr viel tieferen Verständnis der Rolle Calibans vorgedrungen als die Theaterleute allesamt. Schon Dryden bemerkte ganz richtig, dass Shakespeare hier eine Person geschaffen habe, die in der Natur nicht existiert. Eine halbmenschliche Figur kann kein natürlicher Mensch sein, sei er nun ein Schwarzer oder ein Indianer oder ein Berber (denn Calibans Mutter, die Hexe Sycorax, stammt aus Algier). Dr. Johnson, der keine sentimentalen Neigungen hatte, beschrieb Caliban als einen »düsteren« Charakter, der »auf Böses sinnt«, und war nicht der Meinung, dass diese Figur eine ganz eigene Sprache auszeichne. In unserer Epoche warf Auden Prospero vor, er korrumpiere Caliban, eine allzu simple Verallgemeinerung, indes vermittelt uns der profunde Shakespeare-Kenner Auden auch eine wertvolle Einsicht, und zwar in seiner wunderbaren »Rede des Caliban an das Publikum« in *The Sea and the Mirror*. Vielleicht von Shelley, der sich mit Ariel identifizierte, angeregt, schlüpft Auden in die Haut des Caliban:

> Und wie kannst du dir in diesem Alptraum öffentlicher Einsamkeit, diesem ewigen Noch Nicht Erleichterung verschaffen als in einem immer wahnwitzigeren kollektiven Galopp, mit blutunterlaufenem Auge, in schrägem Lauf zum grauen Horizont der bleicheren Vision, woran dich orientieren als an den vier toten Wassern, dem Freudlosen, dem Fließenden, dem Trauervollen, dem Sumpf der Tränen, wohin steuern als zu dem Schwarzen Stein, auf dem die Knochen zerbrochen werden, denn nur dort im Aufschrei tiefsten Schmerzes kann deine Existenz einen letzten eindeutigen Sinn finden und deine Weigerung, du selbst zu sein, verzweifelt ernst werden, die Liebe nichts, die Furcht alles?

Das ist zutiefst Auden über Auden, stark von Kierkegaard beeinflusst, aber es beschreibt Calibans Dilemma: »Die Liebe nichts, die Furcht alles.« Zwischen Johnson und Auden steht die große Gestalt Brownings mit dem erstaunlichen dramatischen Monolog »Caliban upon Setebos«. Hier findet das schreckliche seelische Leid, das aus der fehlgeschlagenen Adoption Calibans durch Prospero resultiert, deutlicheren Ausdruck als bei Shakespeare:

> Nachts späht er Prosper aus bei seinen Büchern sitzend,
> Sorglos und stolz, jetzt Herr der Insel:
> Ruhlos näht er sich ein Buch aus breiten Blättern,
> Schreibt wunderbare Worte, die nur er kennt, auf die Seiten,
> Entrindet einen Stab, ruft ihn bei seinem Namen,
> Trägt zuweilen die prächtige gefleckte Haut
> Des Ozelots als einen Zaubermantel;
> Und einen Luchs hat er mit seidig glattem Fell,
> Die Bestie macht er vor ihm kriechen, wütend fauchen
> Oder atemlos sich ducken, ängstlich seinen Blick vermeiden
> Und sagt, sie ist Miranda und mein Weib;
> Als Ariel hält er sich einen Kormoran,
> Der muss für ihn Fische jagen und sogleich auswürgen;
> Auch ein hässlich Meeresuntier hat er sich gefangen,
> Es geblendet, zwischen seinen Zehn die feine Haut
> Zerrissen und es so gezähmt; er hält den Sklaven
> In ein Felsenloch gepfercht und nennt ihn Caliban;
> Ein bittres Herz, das lauernd seine Zeit hinbringt und beißt.
> So spielt er, selber Prospero zu sein, und findet
> Darin seine Lust: Nicht anders Er.

Caliban spricht hier wie auch sonst überall in dem Gedicht von sich selbst in der dritten Person; nur das letzte »Er« meint Setebos, den Gott der Hexe Sycorax. Das hässliche Meeresuntier, »ein bittres Herz, das lauernd seine Zeit hinbringt und beißt«, ist das gequälte Spielzeug eines kranken Kindes. Von Prospero verstoßen, bringt Caliban lauernd seine Zeit hin, aber er ist zu ängstlich und gar nicht fähig zu beißen. Browning hat erkannt, dass Caliban eigentlich ein Kind ist, ein schwaches, leidensfähiges und klagendes Geschöpf, das über seine Verstoßung aus dem Paradies der Gunst Prosperos nicht hinwegkommt. Seine akademischen Bewunderer waschen ihn eilfertig von dem Vorwurf rein, dass er versucht habe, Miranda zu vergewaltigen, ich frage mich aber manchmal, warum auch die feministisch gesinnte Kritik ihn verteidigt. Was diese Angelegenheit betrifft, so muss das Publikum es mit Miranda und Prospero halten und kann sich eben nicht auf die Seite des Ungeheuers schlagen, das närrisch boshaft versichert, es hätte die ganze Insel mit kleinen Calibanen bevölkert, wenn man es nicht daran gehindert hätte. Halb ein Wilder, halb ein Seeungeheuer, hat Caliban gewiss einiges Pathos, aber das bedeutet nicht, dass er als in irgendeiner Weise bewundernswert gelten könnte.

2

Ein Stück ohne Handlung muss irgendwelche anderen zentralen Interessen haben, aber Shakespeare scheint sich jedenfalls nicht auf Prosperos kalte, anti-faustische Persönlichkeit zu konzentrieren, eher scheint es ihm auf das anzukommen, was die Gestalt des Magiers andeutet. Auch Ariel besitzt mehr eine gewaltige Suggestivkraft als eine Innerlichkeit, die uns, außer in vereinzelten kurzen Momenten, zugänglich wäre. Die Faszination, die der *Sturm* auf so viele Zuschauer und Leser aller möglichen Kulturen ausübt, hat nicht zuletzt damit zu tun, dass hier ein rachedurstiger Zauberer, der am Ende zur Verzeihung bereit ist, mit einem Feuer- und Luftgeist und mit einem Halbmenschen zusammentrifft, der den Elementen Erde und Wasser assoziiert ist. Prospero scheint ein fünftes Element ähnlich dem der Sufis zu verkörpern, das wie er selbst der Tradition der antiken Hermetiker entstammt. Die Kunst Prosperos verleiht Macht über die Natur, zumindest über die äußere Natur. Zwar könnte seine Kunst Prospero auch zum unumschränkten Meister seiner selbst machen, aber so weit hat er es am Ende des Stücks denn doch nicht gebracht. Prosperos Platonismus ist bestenfalls eine enigmatische Philosophie; Selbsterkenntnis im Sinn der Neoplatonischen Schule kann ja eigentlich kaum in die Verzweiflung führen, und doch ist Prospero am Ende düster gestimmt, besonders deutlich in seinem Epilog.

Welchen Gewinn für den Dramatiker, wenn schon nicht für die Person, versprach Shakespeare sich von seinem *Sturm*? Wir können einigermaßen sicher sein, dass er das Stück nicht als ein *letztes* Werk konzipierte. Er war 1611 erst siebenundvierzig Jahre alt und sollte noch große Partien von mindestens drei Stücken schreiben, die er wahrscheinlich alle zusammen mit John Fletcher verfasste, nämlich von *Heinrich VIII.*, dem verschollenen *Cardenio* und von *Die beiden edlen Vettern*. Prospero ist nicht mehr eine Verkörperung von Shakespeare selbst, als der Doctor Faustus ein Selbstporträt von Marlowe war; freilich, die Leser und Theatergänger der Romantik waren ganz entschieden anderer Meinung, und ich selbst habe genug von einem verspäteten Romantiker in mir, um mir zu wünschen, ich könnte dahinterkommen, was sie zu dieser extravaganten Überzeugung veranlasste.

Der Sturm hat etwas Elliptisches an sich, das die Romanze in einem Maß, das Shakespeare gar nicht beabsichtigt hat, symbolträchtig wirken lässt. Prospero endet nicht wie Hamlet als einer, der uns noch viel zu sagen hätte, der es aber notgedrungen sein lässt: »Doch sei es drum.« Wir spüren, dass Hamlet uns, »hätt [er] nur Zeit« und Lust dazu, sein Geheimnis offenbaren könnte. Prosperos Geschichte vom Ich ist, scheint es, eine ganz andere: Hamlet stirbt ins Wahre hinüber – Prospero lebt in Verhältnissen weiter, die verstörend befremdlich oder doch jedenfalls fortdauernd problematisch sind. Da Prosperos Geschichte nicht tragisch, sondern zumindest insofern komödienhaft ist, als sie »glücklich«, mit einem Erfolg, endet, büßt er seine spirituelle Autorität ein, wenn er auch die politische Herrschaft wiedergewinnt. Das soll nicht etwa heißen, er verliere das Prestige, das wir im Allgemeinen tragischen Helden und Hamlet im Besonderen zuschreiben, vielmehr löst sich die besondere Aura eines Anti-Faust, der, ohne spirituellen Schaden zu nehmen, Wissen gewinnen konnte, in Nichts auf. Dass er der verzauberten Insel den Rücken kehrt, ist für sich genommen kein Verlust für ihn, dass er jedoch seinen Stab zerbricht und sein Buch im Meer versenkt, bedeutet eine Verminderung seines Ich. Diese Embleme einer reinen, nicht sündhaften Magie waren auch Zeichen des Exils: wenn er nun als alter und neuer Herrscher von Mailand heimreist, hat er einen hohen Preis für seine Rehabilitierung bezahlt. In seiner Absage an seine okkulte Kunst teilt Prospero uns mit, dass er sogar Tote zum Leben erweckt habe, was doch nach christlichem Glauben Gott und Jesus vorbehalten ist. Als Herzog von Mailand ist er nur ein Machthaber wie viele andere; die Kunst, die er aufgibt, verlieh ihm eine Macht, mit der verglichen alle Politik lächerlich scheint.

Der Sturm ist mehr Ariels und viel mehr Prosperos Stück als Calibans. *Prospero* wäre ein viel besser passender Titel als *Der Sturm*, womit wir beim eigentlichen Geheimnis des Stücks angelangt sind: Warum beschwört es so raffiniert die Faust-Geschichte herauf, um diese Legende anschließend zur Unkenntlichkeit zu transformieren? Simon Magus, der erste Faustus, soll orthodox christlichen Quellen zufolge (gnostische sind nicht auf die Nachwelt gekommen) die fatal ironische Widerlegung seines Beinamens »der Begünstigte« erfahren haben: In einem Wettstreit mit Christen versuchte er eine Levitation und stürzte dabei ab. Die meisten späteren Fauste schlossen einen Pakt mit dem Teufel und fanden ein böses Ende – die bedeutendste Ausnahme ist Goethes Faust, der von Engelknaben in den Himmel entführt wird; Mephistopheles ist homoerotisch lüstern so von den appetitlichen Hinterteilen der »allerliebsten Jungen« fasziniert, dass er den Diebstahl seines verbrieften Eigentums zu spät bemerkt. Der Anti-Faust Prospero, der mit dem Engel Ariel vertrauten Umgang pflegt, schließt keinen Teufelspakt, sondern versenkt sich in das Studium der hermetischen Wissenschaften. Shakespeare genoss es offenbar, seinen Magier mit einer Vorgeschichte auszustatten, die diesen in ironischen Kontrast zum Protagonisten Marlowes stellt: dessen Doctor Faustus war, verglichen mit Prospero, nur ein verbummelter Student. Angeblich – aber auch hier haben wir nur christliche Zeugnisse – war Simon Magus wie der Zauberer Jesus ein Schüler Johannes' des Täufers und voller Neid auf seinen erfolgreicheren Rivalen. Der Magier Prospero tritt gewiss nicht in Konkurrenz zu Jesus; Shakespeare achtet im *Sturm* sorgfältig darauf, keine Bezüge zu christlichen Dingen herzustellen. Wenn sich der bußfertige Caliban gegen Ende des Stücks Prospero unterwirft, stutzen wir im ersten Augenblick, da er *Gnade* suchen will:

> Das will ich, ja; will künftig klüger sein
> Und Gnade suchen: welch dreifacher Esel
> War ich, den Säufer für 'nen Gott zu halten
> Und anzubeten diesen dummen Narrn.

V.1, 294–297 [91]

Aber was kann das schon anderes bedeuten, als dass Caliban, nachdem er Stephano anstelle von Setebos als seinen Gott verehrt hatte, sich nun dem guten Gott Prospero zuwendet? Erst nach dem Ende des Stücks, wenn der Schauspieler, der den Prospero verkörpert hatte, vor den Vorhang tritt, um den Epilog zu sprechen, kommen wiedererkennbar christliche Begriffe ins Spiel, die freilich immer noch in einiger Distanz zur Offenbarung stehen:

> Verzweiflung ist mein Lebensend,
> Wenn nicht Gebet mir Hilfe bringt,
> Welches so zum Himmel dringt,
> Dass es Gewalt der Gnade tut,

Und macht jedweden Fehltritt gut.
Wo ihr begnadigt wünscht zu sein,
Lasst eure Nachsicht mich befrein.

Epilog 15–20 [93]

Das ist an die Adresse des Publikums gerichtet, dessen Applaus erbeten wird:

Macht mich aus des Bannes Schoß
Durch eure will'gen Hände los.

Epilog 9f. [92]

Dieses Absolutionsverfahren ist ein kühner Witz: Die Kirche »begnadigt«, das Publikum applaudiert, und der Schauspieler wird befreit – und das alles ist der Lohn der theatralischen Kunst. Die Rolle des Prospero im visionären Raum des *Sturm* ist gottähnlich, selbst der Zorn und die Ungeduld des Magiers parodieren – in sicherer Distanz – den Charakter des jähzornigen Jahwe, so wie das Buch Numeri ihn zeigt. *Der Sturm* ist ein raffiniert subtiles Drama, und es fällt einem wie auch etlichen anderen Meisterwerken Shakespeares gegenüber schwer, bei der Betrachtung immer Nüchternheit zu bewahren. Kein Publikum hat je Prospero in sein Herz geschlossen; Ariel ist dem Magier (auch wenn der Regisseur Wolfe die Sache ganz anders darstellt) sehr wohl zugetan, wenn auch nicht unkritisch blind ergeben, und Miranda liebt ihn, der in sich die Rollen der gütigen Mutter und des strengen Vaters vereint. Warum gestaltet Shakespeare Prospero als eine derart kalte Person? Das Ethos des Stücks scheint es nicht zu fordern, und das Publikum kann einen Protagonisten, der so ohne jeden Zweifel im Recht und doch eigentlich unsympathisch ist, leicht frustrierend finden. Er hatte als Herrscher die Staatsgeschäfte eher nachlässig geführt und nur als Magier und als allein erziehender Vater wirkliches Talent bewiesen; nichts spricht dafür, dass er nach seiner Heimkehr in seiner Regierungstätigkeit irgend Glanz entfalten wird. Northrop Frye vertrat die Ansicht, Prospero sei, allerdings in einem sehr abgehoben ironischen Sinn, durchaus mit Shakespeare identisch, denn er ist gewissermaßen auch

> ein viel geplagter, überarbeiteter Theater-Prinzipal, der die faulen Mitglieder seiner Truppe ausschimpft, die guten fachmännisch lobt, der sich Arbeiten ausdenkt, um die Müßigen zu beschäftigen, immer unter Zeitdruck, denn es dauert nicht mehr lang, bis der Vorhang sich öffnet, und während der Vorstellung sitzt er auf glühenden Kohlen, passt auf, dass seine Leute nicht patzen, träumt voll Sehnsucht von den ruhigen Zeiten, da er sich von alledem zurückziehen wird, aber noch ist es nicht so weit: er muss hinaustreten und das Publikum zum Applaus auffordern.

Das ist so hübsch, dass es wahr sein könnte, und vielleicht nahm ja der viel geplagte Dichter und Regisseur (die Schauspielerei hatte er offenbar bereits aufgegeben, als er den *Othello* schrieb) wahr, dass er selbst auch kälter wurde und nicht mehr »die offene und freie Wesensart« besaß, die Ben Jonson ihm nachrühmte. Es gibt nicht viel Genialisches im *Sturm* und in den anderen späten Stücken – eine Ausnahme ist die Rolle des Autolycus im *Wintermärchen*. Prospero hat, wie Frye zu Recht bemerkt, trotz seiner regen Beziehungen zu allerlei Geistern keine transzendentalen Neigungen. Was – abgesehen von seinem Rachebedürfnis, dem er dann entsagt – trieb Prospero zu seinen hermetischen Studien, die er in Mailand zu einer Zeit begann, als er noch keinen Grund hatte, an Rache auch nur zu denken? Die Hermetiker der Renaissance, Giordano Bruno etwa oder Dr. John Dee, suchten wie alle Gnostiker vor ihnen in ihrer Wissenschaft Gotteserkenntnis. Nicht so Prospero: er gibt uns nicht den kleinsten Hinweis darauf, dass er etwa ewigen Mysterien nachjagte. Anders als Bruno ist der Anti-Faust Prospero kein Häretiker; er verhält sich indifferent zur christlichen Offenbarung, obwohl er eine Geheimwissenschaft studiert, die andere seinesgleichen der christlichen Lehre vorzogen (wenn sie es, Brunos Schicksal vor Augen, wagten) oder, der häufigere Fall, christlichen Zwecken dienstbar machen wollten. Wieder stutzen wir verwundert: Ist vielleicht Prospero wie Shakespeare ein Ästhet, ein Künstler und eben nicht Adept einer mystischen Wissenschaft? Dann wäre aber Prospero nur eine ins Große ausgearbeitete verfehlte Metapher, und eine solche Deutung würde unsere Erfahrung mit dem Stück Lügen strafen. Zwar inszeniert auch Prospero festliche Spektakel – eines wird ihm beinahe zum Verhängnis –, aber er ist nicht Ben Jonson und auch nicht Shakespeare.

Zweifellos ist Prospero ein wirklicher Gelehrter, der Erkenntnis um ihrer selbst willen sucht. Da aber Streben nach Wissen nur in den seltensten Fällen etwas Dramatisches an sich hat, fragen wir uns, weshalb Prospero dennoch eine so überaus gelungene dramatische Gestalt ist. Was ist es denn, was in ihm Gestalt gewonnen hat? Er hat intellektuelle Motive, er betreibt, könnte man sagen, wissenschaftliche Forschungen, auch wenn seine Wissenschaft so persönlich und subjektiv wie die von Dr. Freud ist. Freud nannte sich im engeren Kreis selbst gern einen Konquistador, und diese Bezeichnung scheint mir sehr gut auch das Wesen von Prospero zu fassen. Wie Freud ist Prospero wahrhaft ein »faustus«, einer, dem das Glück günstig ist, ein Gewinner. Freuds Triumph ist etwas fadenscheinig geworden, vieles von seinem Ruhm hat das 20. Jahrhundert nicht überlebt. Prospero frohlockt angesichts seines nahen Sieges, und dann wird er plötzlich tief traurig. Niemand von allen Gestalten Shakespeares ist so erfolgreich wie er, ausgenommen allein Heinrich V. In den Grenzen seines eigenen Stücks gelingt Falstaffs undankbarem Sohn alles zum Besten, die ironische Demontage findet erst danach im

Fortgang der realen Geschichte statt und in Shakespeares früher Historie *Heinrich VI.*, die mit der Bestattung Heinrichs V., mit Aufständen in Frankreich und Vorzeichen des Bürgerkriegs in England beginnt.

Prospero wartet nicht, bis er wieder in die Geschichte eintritt; der ironische Verlust folgt fast unmittelbar, nachdem seine begnadigten Feinde – Caliban eingeschlossen – seine diesseitige und mystische Überlegenheit anerkannt haben. Die dynastische Heirat Mirandas mit dem Prinzen von Neapel wird die beiden Reiche versöhnen und weiteren außenpolitischen Zwistigkeiten vorbeugen. Aber welche okkulten Fähigkeiten wird Prospero noch haben, nachdem er seinen Stab zerbrochen und sein Buch versenkt hat? Ich glaube, dieses einzelne, einzige Buch ist im Kontrast zu den Büchern von Marlowes Faustus zu denken: »Ins Feuer will ich meine Bücher werfen!« schreit dieser, als Mephistopheles und die anderen Teufel ihn holen. Faustus hat nur seine Bibliothek mit den Werken des Cornelius Agrippa und anderer, aber Prospero hat *sein Buch*, und das heißt: das Buch, das *er geschrieben hat*, die Frucht all seiner Studien, seines Grübelns, seiner praktischen Erfahrungen im Umgang mit Geistern. Diese Erkenntnis erklärt einiges, macht aber auch erst so recht deutlich, welch ungeheuer schmerzliches Opfer dieser Konquistador bringt: Er vernichtet sein Lebenswerk. Es ist, als hätte ein Freud, der nie eine Zeile veröffentlicht hätte, die Manuskripte seiner Sämtlichen Werke im Meer von Raum und Zeit versenkt.

Wenn es eine Analogie zwischen Shakespeare und Prospero gibt, so ist diese in der Ausnahmestellung zu suchen, die beide innehaben: der erste unter den Dichtern und Dramatikern und der größte Hermetiker, der Meister der weißen Magie. Ben Jonson gab seine Gesammelten Werke 1616, im Todesjahr Shakespeares, selbst heraus. Erst 1623 veröffentlichten Freunde und Mitarbeiter Shakespeares »Buch«, die First-Folio-Ausgabe, in der achtzehn Stücke zum ersten Mal gedruckt erschienen, an prominenter

Stelle, am Anfang, *Der Sturm.* Der nicht mehr ganz so eifersüchtige Ben Jonson legte voller Stolz mit Hand an bei dem Unternehmen, das ihn in der Überzeugung bestärkte, dass er recht daran getan hatte, sein eigenes Buch nicht im Meer zu versenken. Prospero aber vollbringt diese selbstmörderische Tat, die aufgeklärt werden muss, damit wir durch die Legenden-Aura hindurch, in die *Der Sturm* eingehüllt ist, das Stück als das sehen können, was es wirklich ist.

3

Ariel ist die Schlüsselfigur, die uns den Zugang zum Verständnis Prosperos eröffnen kann, und das, obwohl dieser hilfreiche Geist selbst ein Unikat ist und keine Analogien mit anderen Gestalten uns Aufschluss über ihn geben. Insbesondere hat er sehr wenig Ähnlichkeit mit Puck, auch wenn viele Kritiker das Gegenteil behaupten. Ariel ist in der Bibel kaum mehr als ein bloßer Name, und Shakespeare hat diesen Namen wohl kaum seiner Bedeutung im Hebräischen wegen gewählt (Ariel ist in dem Stück eben nicht ein »Löwe Gottes«, sondern er ist ein Luft- und Feuergeist), vielmehr war ihm wohl die klangliche Ähnlichkeit Ariel/aireal wichtig, die auf das Luftige verwies. Ariel steht in offensichtlicher Opposition zu Caliban, der ganz Erde und Wasser ist und erst nach dem Luftgeist in die Handlung eingeführt wird. »Macht ich es gut?« fragt der Schauspieler Ariel am Ende den Regisseur Prospero, und dieser, offenbar zufrieden mit den gezeigten Leistungen, entlässt ihn in eine Freiheit endlosen Spielens in der Luft und im Feuer. Caliban, den erst die Claque unserer Tage zum Star gemacht hat, darf mit Prospero nach Mailand zurückkehren, der den ungeratenen Adoptivsohn (und eben nicht, wie manche meinen, den unterdrückten Sklaven) murrend und nur aus Pflichtgefühl wieder zu sich nimmt, um sein Erziehungswerk fortzusetzen: »Und dies Geschöpf der Finsternis erkenn ich / Für meines an.« Das pädagogische Projekt, das Prospero sich vorgenommen hat, ist in seiner Art wahrhaft visionär, aber seine Zukunft nach dem Stück ist auch nicht düsterer als die vieler Shakespearescher Ehen – wir brauchen uns nur etwa vorzustellen, wie die Fetzen im Hause von Beatrice und Benedick fliegen werden, nachdem der Vorhang gefallen ist. Ariel dagegen wird herrlich und in Freuden leben, wenn auch in einer Weise, die Shakespeare und uns unbegreiflich bleiben muss. Shelley assoziierte Ariel mit der Freiheit der romantischen poetischen Fantasie, ein Gedanke, der Shakespeares Geist nicht völlig unangemessen ist, so altmodisch er auch heute anmutet. Alles, was im *Sturm* passiert, ist das Werk Ariels, der Prosperos Regieanweisungen umsetzt. Allerdings wird die ganze Plackerei nicht ihm alleine aufgeladen, auch wenn die heutigen Inszenierungen es so darstellen. Der Geist befehligt eine Truppe von luftigen Engelwesen, die ihm zur Hand gehen: »schalte nur / Durch dein gewaltig Wort mit Ariel / Und allen seinen Kräften«. Auch sie haben wohl einen Kontrakt zu erfüllen und sind, wenn man Caliban glaubt, nicht glücklich über ihre Lage.

Es gibt eine sonderbar komische Passage (die Beckett in seinem *Endspiel* großartig von Clov und Hamm parodieren lässt), in der Ariels Drängen auf Freilassung und Prosperos unbestimmte Reaktion eine eigenartige Spannung erzeugen, die sich jedoch (außer auf politisch ganz korrekten Bühnen) gegen alle Erwartung nicht in einer Explosion entlädt. Es ist in diesem Zusammenhang nützlich, sich noch einmal klar zu machen, was Frank Kermode so ausdrückt: *Der Sturm* »ist die raffinierteste Komödie eines Autors, dessen Komödienwerk in einem Maß, das ganz erstaunlich ist, missverstanden wird.« Es war sicher ein schweres Stück Arbeit, das Raffinement von Stücken wie *Was ihr wollt*, *Maß für Maß* und *Das Wintermärchen* zu übertreffen, aber Shakespeare gelang es, und er entwickelte eine solche Brillanz, dass wir, wie Kermode meint, diese komische Leistung bis heute gar nicht vollständig erfassen können. Ich habe nur selten jemanden in einer

Vorstellung des *Sturm* lachen hören, aber das liegt an den Regisseuren, deren Sensibilität nicht über das politisch Erwünschte hinausreicht. Die Beziehung Prospero-Ariel ist – unter anderem, wie noch zu zeigen sein wird – eine köstliche Komödie. Überhaupt nicht komisch dagegen ist Prosperos gescheitertes Adoptionsprojekt, das für ihn wie für Caliban eine einzige Quälerei bedeutet. Mit diesem Thema werden wir uns später noch einmal näher befassen.

4

Die Abwesenheit von Bildern im *Sturm* hat vielleicht Auden dazu bewegt, seinem »Kommentar« zu dem Stück den Titel *The Sea and the Mirror* zu geben. Audens Prospero sagt zu Ariel, er übergebe seine hermetische Bibliothek dem Schweigen des Meeres, das keinen Missbrauch kenne, weil ihm alles gleich wertlos sei. Das Stück beginnt mit einem Sturm auf See und endet mit der Verheißung stiller See und günstiger Winde – die Komödie besitzt neben vielen anderen Gaben die, uns von Bildern rein zu waschen. Wir sind Miranda, die beschworen wird: »Bleib still, und hör das Ende unsrer Seenot.« Wenn die See gleichgültig alles verschlingt, so behält sie doch nichts und wirft uns wieder aus. In seinem schönsten und berühmtesten Lied verwandelt Ariel unser Gebein auf dem Grund des Meeres in Korallen und unsere Augen in Perlen.

Ariel weist auf eine Metamorphose, die radikaler ist als alles, was die Figuren des Dramas wirklich erfahren. Keine von ihnen muss »verfallen«, aber keine, nicht einmal den Magier Prospero, »wandelt Meereshut / In ein reich und seltnes Gut«. Vielleicht kann nur das Werk Shakespeares, als ein Ganzes genommen, diese Metapher ausfüllen. Ich frage mich, ob vielleicht auch »Der Sturm« einer dieser Titel Shakespeares war, die achtlose Nonchalance zum Ausdruck brachten, so wie »Was ihr wollt« oder »Wie es euch gefällt«. Der Sturm ist Ariels Schöpfung (der Wille, der ihn regiert, ist der Prosperos), und er ist wesentlich fiktional, ein literarisches Seestück: gewaltige Wassermassen brechen über die Personen herein, aber am Ende ist niemand nass geworden. Niemand kommt in dem Stück zu Schaden, und Prospero, gerührt von Ariel, der im Erbarmen so menschlich wird wie niemals sonst, verzeiht ausnahmslos allen. Im *Sturm* löst sich alles in Nichts auf, nur das Meer nicht. In gewissem Sinn kann das Meer als der Inbegriff der Auflösung gelten, aber das ist nicht die Betrachtungsweise dieses einzigartigen Dramas. Es gibt im *Sturm* keine Imogen, keinen Autolycus; die Persönlichkeit steht nicht mehr im Zentrum von Shakespeares Interesse, und was das Geisterwesen Ariel und den Halbmenschen Caliban angeht, so macht dieser Begriff auch gar keinen Sinn. Das Genre der visionären Komödie war Shakespeare nicht neu; der *Sommernachtstraum* war Bottoms Stück, aber auch das Pucks. Dennoch, *Der Sturm* setzt – im Gegensatz zum *Cymbeline* und zum *Wintermärchen* – keine Tradition fort, er ist vielmehr auf mysteriöse Weise innovativ; das Werk stiftet eine neue Form von Komödie, eine, die Beckett in seinem *Endspiel*, einem Amalgam aus *Hamlet* und *Sturm*, kopierte.

Die Allegorie war nicht Shakespeares Sache, und ich finde im *Sturm* nur wenig davon. W. B. C. Watkins, den ich sehr bewundere, merkte an, dass manches in Ariels Harpyen-Szene und in dem Maskenspiel der Ceres Spenserianisch anmute, aber keine der beiden Sequenzen ist zu den eigentlichen Kostbarkeiten des Stücks zu zählen. *Der Sturm* reizt zu Spekulationen, nicht zuletzt deswegen, weil wir uns von Prospero esoterische Weisheiten erwarten, eine Hoffnung, die er konsequent enttäuscht. Seine Ehrfurcht erregende Meisterschaft steht in einem absurden Missverhältnis zu den Zwecken, die er verfolgt. Seine Gegner sind ein schlapper Haufen; um sie zu besiegen, braucht man nicht den mächtigsten aller Magier zu bemühen, das könnte auch eine niedrige Charge wie Sycorax erledigen. Ich habe den Verdacht, dass auch hier das anti-faustische Prinzip den Schlüssel zu Prospero bietet; Magie lässt sich kaum wirkungsvoll auf der Bühne darstellen, wenn nicht irgendein ernüchterndes Element dazutritt. Shakespeare interessierte sich für alles, aber die innere Person war ihm doch ein weit wichtigeres Anliegen als die Magie. Als sich seine eigene mächtige Zauberkunst nach dem ganz großen Kraftakt, der Schöpfung von *König Lear*, *Macbeth* und *Antonius und Kleopatra* in nur vierzehn Monaten, von der Innerlichkeit abwandte, fand – zu beobachten im *Coriolanus* und im *Timon von Athen* – etwas statt, was man als eine Art Entleerung des Ich beschreiben könnte. Wenn dann in den späten Stücken zum Entzücken der gelehrten Interpreten Wunder und Mythisches so unübersehbar in den Vordergrund treten, so steckt darin mehr Ironie und Wille zur Farce, als wir immer vermutet hatten. Prosperos Zauber ist nicht überall ein überzeugend vollwertiger Ersatz für die geschwundene Innerlichkeit, und Shakespeare lässt erkennen, dass er sich dieses Problems wohl bewusst ist.

Prospero wirkt fast ebenso besorgt und gehetzt wie Macbeth, und er vergisst in seiner gespannten Nervosität nie die Tatsache, dass seine magische Kunst, so meisterhaft er sie auch beherrscht, nicht über das Zeitliche hinausreicht, dass seine Autorität nur vorläufig ist. Überhaupt scheint mir der Gedanke der Autorität eine mysteriöse Hauptrolle in dem Stück zu spielen. Mysteriös ist die Sache deswegen, weil Prosperos »Autorität« von einer Art ist, die nicht ihresgleichen in Shakespeares Werk hat. Es fällt relativ leicht zu sagen, was sie *nicht* ist: Sie ist nicht legitime politische Macht, obwohl Prospero der rechtmäßige Herrscher von Mailand ist. Sie ist auch nicht eigentlich moralisch: Prospero liegt im Grunde wenig daran, sich zu rechtfertigen. Vielleicht gibt es eine Verwandtschaft zu dem, was Kent spürt, wenn er eine falsche Identität annimmt, um weiter seinem Herrn dienen zu können, aber Prospero besitzt doch wenig von der überirdischen Majestät Lears. Er strebt nach etwas wie säkularisierter spiritueller Autorität, und am Ende gewinnt er tatsächlich etwas in der Art, wenn er auch einen hohen Preis dafür bezahlt. Gerald Hammond hat sehr fein beobachtet, dass bereits die erste Szene des Stücks das Problem der Autorität anreißt; in *Fleeting Things* (1990), einer ausgezeichneten Arbeit über englische Poesie des 17. Jahrhunderts, bemerkt er: »*Der Sturm* beginnt seine Studien zum rechten Gebrauch und zum Missbrauch von Autorität und Macht, indem er uns ein kenterndes Schiff zeigt, dessen Besatzung mit den Passagieren zerstritten ist.« Der ehrliche alte Gonzalo hat den Bootsmann, der kein Blatt vor den Mund nimmt, ermahnt, er möge bedenken, wen er an Bord habe, und bekommt die wunderbare Antwort:

> Niemand, den ich lieber habe als mich selbst. Ihr seid Rat; könnt Ihr diesen Elementen Stillschweigen gebieten und auf der Stelle Frieden stiften, so wollen wir kein Tau mehr anrühren: gebraucht nur [Eure Autorität]! Wo nicht, so dankt Gott, dass Ihr so lange gelebt habt, und bereitet Euch in der Kajüte auf Euer Stündlein, wenn es schlagen sollte. – Lustig, liebe Kinder! – Aus dem Wege, sag ich.
>
> I.1, 20–27 [31]

Die Autorität, von der hier ironisch die Rede ist, hat Prospero an sich gerissen: er hat diesen Elementen zu toben geboten. In der folgenden Szene, wo wir Prospero persönlich kennen lernen, hören wir, wie er Miranda auffordert, sich zu fassen und sich um die Schiffbrüchigen keine Sorgen zu machen, es sei keinem ein Leid geschehen. Das muss das Publikum verunsichern: Wenn der ungeheure Sturm, an dessen bösartiger Echtheit selbst der erfahrene Bootsmann keinen Augenblick lang zweifelte, nicht wirklich ist, was von alledem, was das Stück uns zeigt, sollen wir dann überhaupt noch für wahr nehmen? A. D. Nuttall meint, vieles in dem Drama sei »prä-allegorisch«, es besitze einen phänomenalen Schimmer, der uns zugleich staunen und zweifeln mache. Auch

wenn es später so aussieht, als ließe sich Prospero von Ariels Mitleid mit den Opfern der zauberischen Illusionen rühren, ist der Magier doch offenbar von allem Anfang an entschlossen, die »höhere Tugend« der Verzeihung zu üben.
Da Prospero mit Hilfe Ariels und dessen dämonischer Untergebenen die Natur auf der Insel und in ihrer Umgebung nach Belieben manipulieren kann, weiß das Publikum nie, was es eigentlich vor sich hat. Wenn Prospero uns mitteilt, »das güt'ge Glück« habe seine Feinde an diesen Strand gebracht, können wir nur staunen, wie praktisch die Weltordnung alles eingerichtet hat. Ariels erster Auftritt (vor Caliban) macht die Verhältnisse nicht durchsichtiger: Dieser allmächtige Geist, so erfahren wir, war ein Gefangener der Hexe Sycorax, »in einer Fichte Spalt ... peinlich eingeklemmt«, und wäre noch heute in dieser fatalen Lage, wenn Prosperos Kunst ihn nicht daraus erlöst hätte. Offenbar ist Ariel magischen Attacken wehrlos ausgeliefert, was nichts anderes bedeutet, als dass die Zauberei Macht selbst über die Welt der Engel hat. Feuer und Luft müssen sich ebenso wie Calibans Erde und Wasser dem fünften Element, der »Quintessenz«, der Hermetiker und der nordafrikanischen Hexen beugen. Die nur neckend spielerisch gespannte Beziehung zwischen Prospero und Ariel steht in scharfem Kontrast zum Verhältnis Prospero-Caliban, das durch wilden Hass gekennzeichnet ist, und doch kann sich Ariel ebenso wenig wie Caliban dem Willen des Meisters widersetzen. Bevor der 1. Akt schließt, lässt dieser potente Wille den Prinzen Ferdinand zur Salzsäule erstarren und demonstriert, dass wie die Über- und Außernatur auch der Mensch Prosperos Kunst unterworfen ist.

5

Es fällt uns schwer, uns daran zu erinnern, dass *Der Sturm* eine Komödie ist, wenn wir Prospero auf der Bühne agieren sehen. Das ist aber vielleicht nur eine Folge unserer Theatertradition:

die Schauspieler und Regisseure machen keinen Gebrauch von den Möglichkeiten, die der Kontrast zwischen der anti-faustischen Autorität Prosperos und den Possen seiner glücklosen Feinde eröffnet. Da Prospero im 2. Akt nicht auftritt, kann dort der köstliche Humor durchdringen – selbst in manchen der ideologisch verblendeten Narreteien, die sich heutzutage als Inszenierungen des *Sturm* ausgeben. Die Dialoge der Schiffbrüchigen sind von genialer Subtilität:

ADRIAN: Scheint diese Insel gleich wüst –
SEBASTIAN: Hahaha!
ANTONIO: Nun, Ihr habt bezahlt.
ADRIAN: Unbewohnbar und beinah unzugänglich –
SEBASTIAN: Dennoch –
ADRIAN: Dennoch –
ANTONIO: Es konnte nicht fehlen.
ADRIAN: Muss ihr Himmelsstrich von der sanftesten und angenehmsten Milde sein.
ANTONIO: Milde ist eine angenehme Dirne.
SEBASTIAN: Ja, und sanft obendrein, wie er sehr gelahrt zu vernehmen gegeben.
ADRIAN: Die Luft haucht uns hier recht lieblich an.
SEBASTIAN: Als hätte sie 'ne Lunge, und zwar 'ne verfaulte.
ANTONIO: Oder als wäre sie aus einem Sumpfe gewürzt.
GONZALO: Hier ist alles zum Leben Dienliche vorhanden.
ANTONIO: Richtig, ausgenommen Lebensmittel.
SEBASTIAN: Die gibt's hier wenig oder gar nicht.
GONZALO: Wie frisch und fett das Gras aussieht! wie grün!
ANTONIO: Wirklich, der Boden ist fahl.
SEBASTIAN: Mit einer kleinen Schattierung von Grün darin.
ANTONIO: Er trifft nicht weit vom Ziel.
SEBASTIAN: Nein, er verfehlt die Wahrheit nur ganz und gar.

II.1, 34–55 [49 f.]

Ihre volle Wirkung entfaltet die Passage vor dem Hintergrund einer Bibelstelle, auf die sie raffiniert anspielt. In der Beschreibung einer Vision des Propheten Jesaja von der Zerstörung Babylons heißt es:

> Herunter, Jungfrau, du Tochter Babel, setze dich in den Staub! Setze dich auf die Erde, wo kein Thron ist, du Tochter der Chaldäer. Man wird nicht mehr zu dir sagen: »Du Zarte, du Verwöhnte«.
>
> Jesaja, 47,1

Die »Milde« [die in Shakespeares Text ebenso wie die Tochter Babel in der Genfer Übersetzung »tender and delicate« genannt bzw. nicht mehr genannt wird] heißt im Englischen »Temperance«. Das Wort bedeutet »Maßhalten« im weitesten Sinn und meint in Adrians Rede speziell das *gemäßigte Klima*, da es aber auch die Tugend der Mäßigung, der Beherrschung der Leidenschaften, bezeichnet, konnte es zu einem puritanischen Mädchennamen werden.[14] Antonio, Prosperos thronräuberischer Bruder, und Sebastian, der es ihm gern nachtun und seinen eigenen Bruder Alonso, den König von Neapel, stürzen wollte, sind die unverbesserlichen Bösewichter des Stücks. Die sympathischeren Höflinge Gonzalo und Adrian dienen ihnen als Zielscheiben bösartigen Spotts, aber hier wenden sich ihre Witzeleien auf einer tieferen Sinnebene gegen sie selbst, da das Jesaja-Zitat den Sturz der Übeltäter prophezeit. Die unmittelbare Komik der Szene liegt darin, dass Gonzalo und Adrian im Grunde Recht haben, auch wenn sie nicht wissen, dass die Insel verzaubert ist, während Antonio und Sebastian wild entschlossene Reduktionisten sind und die Wahrheit ganz und gar verfehlen. Das Publikum beginnt zu verstehen, dass alles auf die Perspektive ankommt auf Prosperos Insel: Man kann sie als Wüstenei oder als Paradies sehen, je nach Standpunkt.

Jesaja und Montaigne fließen in der anschließenden Rede Gonzalos zusammen, der von dem idealen Gemeinwesen schwärmt, das er als König der Insel einrichten wollte. Dass Sebastian und Antonio für diesen schönen Traum nur Hohn übrig haben, zeigt ihren schlechten Charakter; die beiden bestätigen auch prompt den Eindruck, den wir von ihnen gewonnen haben: Sie versuchen Alonso und Gonzalo im Schlaf zu ermorden. Diese werden durch das Eingreifen Ariels gerettet, eine Szene, deren Melodramatik wir, abgelenkt durch den komischen Kontext, nur abgeschwächt wahrnehmen. Wirklich komödienhaft wird es dann wieder, wenn Caliban auf König Alonsos Hofnarren Trinculo und dessen ständig betrunkenen Bruder Stephano trifft. Der arme Caliban, der Held der aktuellen Kolonialismusdebatte, besingt seine neue Freiheit von Prospero und huldigt zugleich Trinculo als seinem Gott:

> Will nicht mehr Fischfänger sein
> Noch Feurung holen,
> Wie's befohlen;
> Noch die Teller scheuern rein,
> Ban, Ban, Ca – Caliban
> Hat zum Herrn einen andern Mann:
> Schaff einen neuen Diener dir an.
> Freiheit, heisa! heisa, Freiheit! Freiheit, heisa! Freiheit!
>
> II.2 [63]

Weitaus komplexer zeigt sich Caliban im 3. Akt, wo seine furchtsame Brutalität und sein Hass gegen Prospero in einem mörderischen Plan ihren Ausdruck finden:

> Nun, wie ich sagte, 's ist bei ihm die Sitte,
> Des Nachmittags zu ruhn; du kannst ihn würgen,
> Hast du erst seine Bücher: mit 'nem Klotz
> Den Schädel ihm zerschlagen oder ihn

Mit einem Pfahl ausweiden oder auch
Mit deinem Messer ihm die Kehl abschneiden.
Denk dran, dich erst der Bücher zu bemeistern,
Denn ohne sie ist er nur so ein Dummkopf,
Wie ich bin, und es steht kein einz'ger Geist
Ihm zu Gebot. Sie hassen alle ihn
So eingefleischt wie ich. Verbrenn ihm nur
Die Bücher!

III.2, 85–93 [69]

Der primitiven Niedertracht dieser Rede steht die ästhetische Sensibilität gegenüber, die sich in seiner zutiefst betroffenen Reaktion auf die Musik des unsichtbaren Ariel zeigt:

Sei nicht in Angst! Die Insel ist voll Lärm,
Voll Tön und süßer Lieder, die ergötzen
Und niemand Schaden tun. Mir klimpern manchmal
Viel tausend helle Instrument' ums Ohr
Und manchmal Stimmen, die mich, wenn ich auch
Nach langem Schlaf erst eben aufgewacht,
Zum Schlafen wieder bringen: dann im Traume
War mir, als täten sich die Wolken auf
Und zeigten Schätze, die auf mich herab
Sich schütten wollten, dass ich beim Erwachen
Aufs Neu zu träumen heulte.

III.2, 133–141 [70]

Was zwischen den zwei Passagen vermittelt und ihren Widerspruch aufhebt ist der Begriff des Kindischen; Caliban ist noch sehr jung, und das traumatische Scheitern des Adoptionsunternehmens hat ihn, dessen Erziehung noch lange nicht abgeschlossen war, weit zurückgeworfen. In seiner Konzeption des Halbmenschen Caliban lässt Shakespeare mit staunenswerter Kunst

Kindisches und Kindliches ineinander überfließen. Wir reagieren mit Abscheu, wenn dieses infantile Ungeheuer in Fantasien von Schädeleinschlagen und Ausweiden und Halsabschneiden schwelgt, aber nur wenig später rührt uns ebenso tief das exquisite kindliche Pathos seines Traums, der an Dickens erinnert. Caliban ist alles andere als der heldische Rebell, den die Ideologen in den Universitäten und den Theatern so gerne hätten, er ist vielmehr Shakespeares Verkörperung eines zum bitteren Extrem getriebenen Familienromans, in dem das Kind tatsächlich und nicht nur in der Fantasie ein »untergeschobenes«, »unechtes« Kind ist und sein Außenseiterdasein einfach nicht mehr erträgt. Die Verfassung des armen Wechselbalgs Caliban weist ironisch voraus auf den Zustand traumatisierter Verwirrung, in den Prospero und Ariel die schiffbrüchigen hohen und höchsten Herren versetzen werden. Ariel in der Gestalt einer Harpye treibt die ganze Herde in einem Hain nahe der Behausung Prosperos zusammen, wo sie sein Urteil erwarten. Zuerst lässt der Magier zur Feier der Verlobung Mirandas und Ferdinands von Geistern ein visionäres Maskenspiel aufführen. Diese unterhaltende Einlage scheint mir die poetisch schwächste Passage in dem Werk zu sein; ich habe den Verdacht, dass Shakespeare an einigen Stellen ganz bewusst die höfischen Maskenspiele parodiert, die Jonson zu jener Zeit für Jakob I. verfasste. Viel wichtiger als dieser Mummenschanz selbst ist der Moment, in dem er unvermittelt abbricht, ein kritischer Moment der Bewährung für Prosperos Kunst. Der Magier fährt plötzlich auf von seinem Sitz und spricht, während die Masken verschwinden:

> Vergessen hatt ich ganz den schnöden Anschlag
> Des Viehes Caliban und seiner Mitverschwornen,
> Mich umzubringen; und der Ausführung
> Minute naht.

IV.1, 139–142 [79]

Wenige Theatercoups können es mit diesem hier aufnehmen. Prospero, der das ganze Stück hindurch mit gespannter Konzentration darauf bedacht war, die Gunst des Augenblicks sofort zu nutzen, hat sich von bloß unterhaltenden Nebenprodukten seiner hehren Kunst so einlullen lassen, dass er die akute Gefahr, die ihm und seinem ganzen Projekt droht, beinahe vergessen hätte. Die Interpreten spielen in ihrer Mehrzahl die Bedeutung von Prosperos Zerstreutheit herunter und halten sie für ein entbehrliches Detail – »Seltsam!« sagen sie wie Ferdinand und lassen es damit sein Bewenden haben. Miranda aber widerspricht ihnen, wenn sie feststellt: »Nie bis diesen Tag / Sah ich ihn so von heft'gem Zorn bewegt.« Dieser Zorn gilt nicht nur »dem Vieh Caliban«, dem verstoßenen Ziehsohn, sondern auch Prospero selbst, weil er unaufmerksam war und die Kontrolle über sich verloren hatte. Nachdem er sich ein Leben lang in eiserner Disziplin den hermetischen Wissenschaften gewidmet hatte, ist er jetzt nur um Haaresbreite noch einmal davongekommen, und diese Erfahrung erschüttert Prosperos Zuversicht für immer.
Ich sehe nicht den geringsten Grund, warum man das Versagen Prosperos mysteriös finden sollte. Shakespeare erfindet hier ein psychisches Phänomen, das die Mehrheit von uns nur allzu gut kennt, nämlich das der allzu intensiven Vorbereitung auf Ereignisse. Ich denke dabei etwa an Brownings Childe Roland, einen von Shakespeares Erben, der plötzlich auf den Dunklen Turm stößt und sich selbst schilt: »Narr, Dummkopf, jetzt zu schlafen! / Ein Leben lang hast du den Augenblick ersehnt.« Prosperos Kunst verlangt strikte geistige Disziplin, absolute Geistesgegenwart. Seine kurzzeitige Unkonzentriertheit ist mehr als ein Alarmsignal, sie bewegt ihn zur denkwürdigsten aller seiner Äußerungen; an Ferdinand gewandt, seinen Schwiegersohn in spe, der einmal Neapel und Mailand regieren soll, spricht er:

Mein Sohn, Ihr blickt ja auf verstörte Weise,
Als wäret Ihr bestürzt: seid guten Muts!
Das Fest ist jetzt zu Ende; unsre Spieler,
Wie ich Euch sagte, waren Geister und
Sind aufgelöst in Luft, in dünne Luft.
Wie dieses Scheines lockrer Bau, so werden
Die wolkenhohen Türme, die Paläste,
Die hehren Tempel, selbst der große Ball,
Ja, was daran nur teilhat, untergehn
Und, wie dies leere Schaugepräng erblasst,
Spurlos verschwinden. Wir sind solcher Stoff
Wie der zu Träumen, und dies kleine Leben
Umfasst ein Schlaf. – Ich bin gereizt, Herr: habt
Geduld mit mir; mein alter Kopf ist schwindlig.
Seid wegen meiner Schwachheit nicht besorgt.
Wenn's [Euch] gefällt, [begebt Euch] in die Zelle
Und [ruht] da; ich will auf und ab hier gehn,
Um mein Gemüt zu stillen.

IV.1, 146–163 [79]

Eine kritische Tradition, die heute nicht mehr hoch im Kurs steht, deutete diese Passage als Shakespeares öffentlichen Abschied von seiner Kunst. Ganz so einfach liegen die Dinge gewiss nicht, aber die Erwähnung des »großen Balls«, »the great globe«, gibt doch zu denken, da sie als ironischer Verweis auf Shakespeares Theater zu verstehen ist. Ganz unabhängig davon jedoch, ob Shakespeare hier auch in eigener Sache spricht oder nicht, bestätigt jedenfalls Prosperos spektakuläre Rede das Publikum in seinem Gefühl, dass dieser Magier keinerlei transzendentale Überzeugungen hat, mögen sie nun christlich oder hermetisch-neoplatonisch sein. Ebenso wie das leere Schaugepräng, das Prospero inszeniert hatte, wird auch London mit seinen Türmen und Palästen und dem großen Globe untergehen, und es wird nichts an seiner Stelle sein, kein Gott, kein Himmel noch sonst etwas. Es scheint auch keine Wiederauferstehung der Toten zu geben: »dies kleine Leben / Umfaßt ein Schlaf«. Was das Publikum auf der Bühne sieht, ist leerer Schein, und das Publikum selbst besitzt auch nicht mehr Substanz. Prospero ist »gereizt«, die Erfahrung seiner Fehlbarkeit, seiner Unaufmerksamkeit, und der mörderische Plan Calibans haben ihn aufgeregt, was aber das Publikum aufregen könnte, ist die Erkenntnis, dass dieser mächtige Zauberer letztlich ein Nihilist ist, eine Art gütiger Jago (was für ein Ausdruck!), dessen Projekt notwendig in der Verzweiflung enden muss. Als er nun Ariel herbeizitiert: »Geist, / Wir müssen gegen Caliban uns rüsten«, bekommt er die Antwort:

> Ja, mein Gebieter; als ich die Ceres spielte,
> Wollt ich dir's sagen, doch ich war besorgt,
> Ich möchte dich erzürnen.

IV.1, 167–169 [79]

Nachdem wir gesehen haben, wie Ariel und Prospero ohne große Schwierigkeiten Caliban, Stephano und Trinculo in die Flucht schlagen – die drei werden von Geisterhunden gehetzt –, fragen wir uns, was Ariel wohl getan hätte, wenn Prospero nicht doch selbst die Initiative ergriffen hätte. Ariel handelt in dem Stück kein einziges Mal ohne ausdrücklichen Befehl Prosperos, und folglich war die Gefahr, die von Caliban drohte, doch wohl größer, als viele Deuter wahrhaben wollen. In Prosperos Rede klingt Erleichterung, als er Ariel zum entscheidenden 5. Akt ruft:

> Jetzt naht sich der Vollendung mein Entwurf,
> Mein Zauber reißt nicht, meine Geister folgen,
> Die Zeit geht aufrecht unter ihrer Last.
> Was ist's am Tag?

V.1, 1–3 [82]

Nachdem er Ariel angewiesen hat, den König von Neapel und die Seinen aus ihrem Gefängnis zu befreien, erreicht Prosperos Anti-Faustianismus seinen Zenit in einer großen Verzichtserklärung, die gleichwohl mehr Fragen aufwirft als beantwortet:

> Ihr Elfen von den Hügeln, Bächen, Hainen;
> Und ihr, die ihr am Strand, spurlosen Fußes,
> Den ebbenden Neptunus jagt, und flieht,
> Wenn er zurückkehrt; halbe Zwerge, die ihr
> Bei Mondschein grüne saure Ringlein macht,
> Wovon das Schaf nicht frisst; die ihr zur Kurzweil
> Die nächt'gen Pilze macht; die ihr am Klang
> Der Abendglock euch freut; mit deren Hilfe
> (Seid ihr gleich schwache Fäntchen) ich am Mittag
> Die Sonn umhüllt, aufrühr'sche Wind entboten,
> Die grüne See mit der azurnen Wölbung
> In lauten Kampf gesetzt, den furchtbarn Donner
> Mit Feur bewehrt und Jovis Baum gespalten
> Mit seinem eignen Keil, des Vorgebirgs
> Grundfest' erschüttert, ausgerauft am Knorren
> Die Ficht und Zeder; Grüft, auf mein Geheiß,
> Erweckten ihre Toten, sprangen auf
> Und ließen sie heraus, durch meiner Kunst
> Gewalt'gen Zwang: doch dieses grause Zaubern
> Schwör ich hier ab; und hab ich erst, wie jetzt
> Ich's tue, himmlische Musik gefordert,
> Zu wandeln ihre Sinne, wie die luft'ge
> Magie es soll: so brech ich meinen Stab,
> Begrab ihn manche Klafter in die Erde,
> Und tiefer, als ein Senkblei je geforscht,
> Will ich mein Buch ertränken.

V.1, 33–57 [83 f.]

Die poetische Gewalt des *Sturm*, vielleicht sogar Shakespeares, stößt in dieser angeblichen *kenosis*, dieser »Ausleerung« sterblicher Göttlichkeit, an eine Grenze der Kunst. Ich sage »angeblich«, weil die unheiligen Kräfte des Magiers alles übersteigen, was wir erwartet hatten, weswegen wir uns nun fragen, ob er tatsächlich per Deklaration seine erworbene Natur, die selbst Kunst ist, so einfach abtun kann. Die Geister, die er, wie er behauptet, entlässt, nennt er abfällig »schwache Fäntchen«, und wir fragen uns, wann und warum Prospero Tote erweckt hat. Diese Kunst wäre so viel mehr als bloß »gewalt'ger Zwang«, dass es völlig unangemessen wäre, von »grausem Zaubern« [oder gar von »rauh-rohem Zaubern«, »rough magic«] zu reden. Welches Buch aus seiner Bibliothek will Prospero versenken, oder ist vielleicht doch das Buch gemeint, das er *geschrieben* hat?
Prosperos Abdankungserklärung klingt mehr nach Machtbehauptung als nach Rückzug. Nichts von allem, was Prospero sagt, trennt ihn mehr von Shakespeare als diese Rede. Wir lauschen nicht einem Dramatiker, sondern einem unheimlichen Magier, der seine Kunst so sehr verinnerlicht hat, dass er nicht von ihr loskommen kann, auch wenn er es wollte. Die einzige Szene, die den 5. Akt bildet, geht noch an die 250 Verse lang fort, und wir sehen nirgends Anzeichen, dass Prosperos Autorität schwächer geworden wäre. Warum unternehmen Antonio und Sebastian, die keinerlei Reue zum Ausdruck bringen, nichts gegen Prospero, der doch angeblich keine Geister mehr aufbieten kann? Warum bringen sie ihn nicht einfach um, als Prospero sie beiseite nimmt und ihnen sagt, er wisse von ihrem Komplott gegen König Alonso, wolle aber fürs Erste nichts ausplaudern? Sebastian murrt lediglich: »Der Teufel spricht aus ihm«, und in der Perspektive der Schurken sieht es ja tatsächlich so aus. Prospero mag versuchen, seine Kunst von sich abzutun, aber es ist überhaupt nicht ausgemacht, ob die Aura seiner übernatürlichen Autorität jemals verschwinden wird. Seine tiefe Melancholie am Ende des Stücks

hat vielleicht mit seinem angeblichen Rückzug von der Zauberei gar nichts zu tun.

Der Rest des *Sturm* handelt von Triumph, Wiedergutmachung, von Versöhnung, es gibt sogar Andeutungen, dass Prospero und Caliban es schaffen könnten, ihre grauenhafte Beziehung zu verarbeiten, aber es bleibt auch vieles unaufgelöst. Es wird nicht gesagt, dass Caliban auf der Insel zurückbleiben werde; soll er vielleicht Prospero nach Mailand begleiten, wo jeder »dritte Gedanke das Grab soll sein«? Es ist fast unvorstellbar, dass Caliban in Italien leben sollte – ist es vorstellbar, dass Antonio wieder in Mailand sein Unwesen treiben darf und Sebastian in Neapel? Die Heirat von Ferdinand und Miranda soll für politische Stabilität in Neapel wie in Mailand sorgen, aber wer weiß? In gewisser Weise ist der Gedanke, dass Prospero wieder in Mailand regiert, ebenso beunruhigend wie der, dass Caliban dort seine Bildung vervollständigt. In einem bemerkenswerten Resümee sagt Gonzalo:

> Und Ferdinand … fand ein Weib,
> Wo man ihn selbst verloren; Prospero
> Sein Herzogtum auf einer armen Insel;
> Wir all uns selbst, da niemand sein war.
>
> V.1, 210–213 [89]

Gonzalo sagt mehr, als er meint, denn Prosperos wahres Herzogtum wird wohl immer diese arme Insel bleiben, wo »niemand sein war«, wo vielmehr alle Prosperos waren und nur er allein sein eigen war. Wie könnte der Magier, so groß oder so klein auch immer die Macht ist, die ihm bleibt, in Mailand sich selbst finden und sich selbst gehören?

ZWÖLF
Heinrich VIII.

Der Eindruck, den ich bei meiner jüngsten Lektüre von *Heinrich VIII.* gewonnen habe, lässt mich daran zweifeln, dass dieses Werk tatsächlich in so weiten Teilen, wie immer behauptet wird, von John Fletcher verfasst wurde. Zwar ist es mehr ein dramatisches Gedicht als ein eigentliches Drama, aber es wirkt doch erstaunlich homogen, und es finden sich nur wenige fremde Züge, die Fletchers Einfluss verraten. *Heinrich VIII.*, ein Experiment im prächtigen Genre, bietet große Rollen – Wolsey, Katherine, Heinrich –, nicht jedoch Charaktere; was mich an dem Stück vor allem fasziniert, ist Shakespeares unbeteiligte Gleichgültigkeit gegenüber seinen Protagonisten, die ihn erst interessieren, wenn sie untergehen (Buckingham, Wolsey, Katherine, Cranmer, der mit knapper Not noch einmal davonkommt), und dann des Dichters und unser Mitgefühl erregen.

Am meisten Kopfzerbrechen bereitet die Figur des Königs, die nichts von jenem Heinrich VIII. hat, den Holbein und Charles Laughton uns zeigen, und nie so recht Farbe bekennt. Shakespeare, immer vorsichtig in politischen Dingen, hütet sich, den Schatten einer Schuld auf Heinrich fallen zu lassen, wenn dessen Günstlinge stürzen, aber er unternimmt auch nichts, um den König zu entlasten. Sogar der Konflikt zwischen Katholiken und Protestanten ist so gedämpft, dass Shakespeare kaum überhaupt Partei zu ergreifen scheint. Klage und Trauer finden in dem Stück beredten Ausdruck, mag es auch scheinbar, wenn am Ende Cranmer die ruhmreiche Regierung der gerade erst geborenen Königin Elisabeth prophezeit, in eine patriotische Feierstunde münden. Das Publikum muss bei alledem daran denken, dass Königin Anne Bullen (Boleyn) wie Cromwell und Thomas More (der im Stück nicht auftritt, aber als Nachfolger Wolseys erwähnt wird) auf dem Schafott enden wird und der so glücklich gerettete Cranmer auf dem Scheiterhaufen. Keine von allen Figuren des Dramas besitzt eine Innerlichkeit, sie sind heraldische Bilder mit wunderschönen Stimmen, und mehr sollten sie nach Shakespeares Willen auch gar nicht sein. Nur der König ist kein sprechendes Porträt, ob er aber mehr ist oder weniger als das, können wir nicht entscheiden, das lässt Shakespeare nicht zu. Der mit nahezu absoluter Macht regierende Heinrich schafft es irgendwie, sich der Verantwortung für die bösen Taten Wolseys, die er gebilligt hat, und für das, was er selbst Buckingham und Katherine antut, zu entziehen. Es ist nicht einmal so, dass wir etwa einander widersprechende Bilder des Königs, verschiedene Perspektiven, bekämen; ihm fehlt die stimmig konsequente Abscheulichkeit, die ihn interessant machen würde. Die Regisseure und Darsteller können praktisch mit der Rolle machen, was ihnen passt; die Inszenierungen, die ich gesehen habe, blieben alle irgendwie dem von Holbein und Laughton vorgegebenen Archetyp verhaftet, obwohl nur wenig im Text diese Interpretation stützt.

Warum schrieb Shakespeare *Heinrich VIII.*? Der Alternativ-Titel *All Is True* lässt verschiedene Deutungen zu, die aber allesamt nicht sehr überzeugend sind. Es ist eben nicht alles wahr, sondern nur einiges, wie Shakespeare wohl gewusst hat. Die Figur des Königs, soweit man überhaupt von einer konsistenten Figur sprechen kann, ist wenig glaubwürdig. Am Anfang ist Heinrich VIII. nur Wolseys Gimpel, dem erst ein Licht aufgeht, als der Kardinal gar zu sorglos mit seiner Korrespondenz ist. Ein ganz anderer Heinrich rettet im letzten Akt Cranmer, aber wir erfahren nie, was den König eigentlich dazu veranlasst hat, seine Meinung zu ändern. Wir wissen nicht einmal, ob wirklich Heinrichs sexuelle Unersättlichkeit ihn dazu treibt, Katherine zu verstoßen, aber es ist jedenfalls wenig plausibel, dass allein Wolsey daran schuld sein soll. Shakespeare ist mit allem einverstanden. »Alles ist wahr« lässt sich in Mahnung übersetzen: Urteilt nicht moralisch; eine solche Betrachtungsweise schützt nicht vor Irrtum und ist für nichts gut. Seht euch dieses große Schauspiel an, hört die elegischen Klagen, lasst euch ergreifen von der Nostalgie nach der glorreichen elisabethanischen Zeit.

Heinrich VIII. ist eine prozessionsartige Abfolge von Bildern, ein Rückfall in das Theater vor Shakespeare. Seines eigenen Genies müde, macht der Dichter kaum Gebrauch von seinen Erfindungen und tut, als wären sie nie gewesen. Das sind nicht wir, was da auf der Bühne zu sehen ist, oder höchstens insofern, als der eine oder die andere von uns sich vielleicht für jemanden hält, der aus grandioser Höhe tief gefallen ist. Dieses dramatische Gedicht von entschwindenden Dingen ist ein Performance-Kunstwerk, vielleicht ein letztes Hurra (auch wenn ihm noch das Gemeinschaftswerk *Die beiden edlen Vettern* folgen sollte). Russell Fraser, der Shakespeare nachrühmt, er habe hier »eine Rhetorik des Edlen geschaffen, die in englischer Sprache einzig ist«, stellt doch zugleich etwas befremdet fest, dass die Protagonisten von *Heinrich VIII.* »in ihrem letzten Anfall von Größe alle zu ein und derselben Musik tanzen«. Tatsächlich sind sie in ihrem Untergang alle zum Verwechseln gleich edel, Shakespeares Gabe des Besonderen ist verschwunden. Dr. Johnsons Urteil, Shakespeares Genie gehe in dem Stück mit Katherine auf und verlösche mit ihr, erstaunt mich, da die Schwanengesänge Buckinghams und Wolseys sich von den Klagen der Königin doch kaum unterscheiden. Aber den großen Moralisten Johnson berührten vor allem »die leidende Demut und die gepeinigte Tugend« der verstoßenen Königin, und Buckingham ist nun einmal nicht demütig und Wolsey nicht tugendhaft. Dieses dramatische Gedicht als Ganzes lag Johnson nicht, der von allen Heldinnen Shakespeares Cordelia am meisten liebte. Und doch verdient

Heinrich VIII., als sprachliches Kunstwerk betrachtet, mehr ästhetische Wertschätzung, als man dem Stück im Allgemeinen zugesteht. Wie *Die beiden edlen Vettern* repräsentiert das Drama einen neuen und originellen Stil, der von größerer Bedeutung ist als die Figuren auf der Bühne, die ihren Text aufsagen. Ein erster Höhepunkt ist erreicht, wenn Buckingham seiner Hinrichtung entgegengeht und in seiner letzten Rede sein Schicksal mit dem seines Vaters vergleicht, der auf Befehl Richards III. ermordet wurde:

> Ich kam hierher als Lord Groß-Konnetabel,
> Herzog von Buckingham; jetzt bin ich nur
> Der arme Eduard Bohun; und reicher dennoch
> Als die Elenden, die mich angeklagt
> Und Wahrheit nie gekannt. Ich geb ihr Zeugnis
> Mit meinem Blut, um das sie einst noch ächzen.
> Mein edler Vater, Heinrich Buckingham,
> Der gegen Richards Tyrannei zuerst stritt,
> Als er entflohn zu seinem Diener Banister,
> Fand, weil in Not, Verrat durch diesen Buben
> Und fiel ohn Untersuchung: Gott sei mit ihm!
> Der siebte Heinrich dann, wahrhaft bekümmert
> Ob meines Vaters Mord, der edle König,
> Gab Ehre mir und Gut zurück und schuf mir
> Aus Trümmern doppelt hellen Glanz. Jetzt rafft
> Sein Sohn, Heinrich der Achte, Leben, Ehre
> Und Nam, und was mich glücklich je gemacht,
> Mit e i n e m Streich auf ewig aus der Welt.
> Mir gönnte man gerichtliches Verhör,
> Und zwar ein wahrhaft edles, das beglückt mich
> Ein wenig mehr als meinen armen Vater.
> Doch sonst ward beiden gleiches Los: wir beide
> Gestürzt durch Diener, durch die liebsten Männer!

Höchst treulos, unnatürliche Vergeltung! –
Der Himmel legt in alles Zweck. Ihr aber
Nehmt diese Warnung von dem Sterbenden:
Wo Lieb ihr und Vertraun freigebig schenkt,
Bewahrt die Zung: die ihr zu Freunden macht,
Die Herzen ihnen gebt, gewahren sie
Den kleinsten Stoß an eurem Glück, sie rollen
Wie Wellen von euch fort, nur wiederkehrend,
Euch zu verschlingen. All ihr guten Menschen,
Betet für mich! Ich geh! Die letzte Stunde
Des müden, langen Lebens hat geschlagen.
Lebt wohl!
Und wollt ihr Trauriges einmal erzählen,
Sagt, wie ich fiel. – So schließ ich. Gott verzeih mir.

II.1, 102–136 [825 f.]

Shakespeares eigene besessene Angst davor, von Freunden verraten zu werden, wird hier sehr deutlich; die Passage erinnert an die Erfahrungen, die in den Sonetten geschildert werden, und an das, was der Schauspieler-König im *Hamlet* in seiner Rede über den feindlichen Gegensatz von Willen und Geschick sagt. Verwandtes findet sich auch in der *Elegie* für Will Peter, die unmittelbar vor *Heinrich VIII.* entstand und deren bittere Klagen über verleumderische Gemeinheiten im Stück widerhallen. Vielleicht fand Shakespeare, dass auch sein Los nur wenig glücklicher war als das seines armen Vaters. Wir wissen es nicht, und es ist überhaupt nicht sicher, dass der Verdruss, den die »Blökende Bestie« der Klatschsucht dem Dichter bereitete, etwas mit seinem Verhältnis zu Will Peter – vielleicht einem Verhältnis von der Art, wie es in den Sonetten angedeutet wird – zu tun hatte. In den Klagereden von *Heinrich VIII.* schwingt, jedenfalls glaube ich das herauszuhören, etwas mit, das auf ein sehr persönliches Leid deutet. Wolseys Schwanengesänge sind fast zu grandios für einen so korrupten Charakter; auch ihre Klangfülle verdankt sich, scheint mir, einem privaten Leid des Dichters:

Leb wohl dem kleinen Guten,
Das mir von Euch gekommen ist! Leb wohl,
Ein langes Lebewohl all meiner Größe! –
So ist des Menschen Treiben: heute sprießen
Der Hoffnung zarte Knospen, morgen blühn sie
Und kleiden ihn in dichten Blumenschmuck:
Und übermorgen, tödlich, kommt ein Frost,
Und wenn er wähnt, der gute sichre Mann,
Die Größe reife – nagt ihm der die Wurzel
Und fällt ihn so wie mich. Ich trieb dahin
Gleich wilden Knaben, die auf Blasen schwimmen,
So manchen Sommer auf der Ehrsucht Wogen,
Doch viel zu weit: mein hochgeschwellter Stolz
Brach endlich unter mir und gibt mich jetzt,
Müd und im Dienst ergraut, der Willkür hin
Des wüsten Stroms, der ewig nun mich birgt.
Ich hass euch, eitler Pomp und Glanz der Welt,
Mein Herz erschließt sich neu. O traurig Los
Des Armen, der an Königsgunst gebunden!
Denn zwischen jenem Lächeln, so ersehnt,
Der Fürsten Huld, und unserm Abgrund liegt
Mehr Qual und Angst, als Krieg und Weiber haben;
Und wenn er fällt, fällt er wie Luzifer,
Der Hoffnung ewig bar.

III.2, 350–372 [858]

Der Hörer oder Leser kann unmöglich Wolsey bedauern, diesen niederträchtigen Pfaffen, der alle Bloßstellung und Demütigung, die ihn erwartet, verdient hat. Und doch – auch hier wieder der *Elegie* ähnlich – klingt in der Melodie vom Verlust der Gnade eine intensive Nähe. Ist vielleicht der Fürst in Wahrheit nicht Heinrich VIII., sondern Henry Wriothesley, der dritte Earl of Southampton? Die Frage ist nicht zu beantworten, hat aber gleichwohl ihre kritische Berechtigung, und wäre es auch nur deswegen, weil die dichterische Kunst, mit der Wolseys Fall gestaltet wird, so unverdient und unverhältnismäßig großartig ist. Sie ist nicht deswegen unangemessen, weil Wolsey ein Schurke ist, sondern weil er ein so kleiner Schurke ist, kein Jago und kein Macbeth, sondern bloß ein Gauner im Ministeramt, ein Politiker, wie er im Buch steht. Wolsey kann gar nicht wie Luzifer fallen, er ist kein Morgenstern, der in die ewige Finsternis gestoßen wird. Er ist nichts als ein Heuchler, und doch zieht Shakespeare alle Register zu vollendeter Reife gediehener Kunst, wenn er seinen Untergang besingt. Freilich, das Werk ist, ganz praktisch nüchtern betrachtet, nun einmal auf Prachtentfaltung angelegt, und die größte stilistische Kunst konnte ihren Überfluss verschwenden, wie es ihr passte. Wenn Wolsey seinen loyalen Diener Cromwell drängt, sich von ihm loszusagen, versteigt er sich in eine Tonart, die jenseits all dessen ist, was einem gestürzten Politiker zusteht:

> Trocknen wir uns die Augen; hör mich, Cromwell.
> Wenn ich vergessen bin – und das ist bald –
> Und schlaf im stummen kalten Stein, wo niemand
> Mich nennen wird, dann sag, ich lehrt es dich,
> Sag, Wolsey – der einst ging des Ruhmes Pfad,
> Der Ehre Bänk und Klippen all erkundet –
> Fand dir den Weg zur Höh aus seinem Schiffbruch,
> Den wahren, sichern, den er selbst verlor.
> Denk nur an meinen Fall und was mich stürzte!
> Cromwell, bei deinem Heil, wirf Ehrsucht von dir!
> Die Sünde hat die Engel selbst betört,
> Wie frommte sie dem Menschen, Gottes Bilde?

Meid Eigenliebe, segne selbst die Feinde;
Bestechung führt dich weiter nicht als Treu.
Stets in der Rechten halte milden Frieden,
Dann schweigt die Bosheit. Handle recht, nichts fürchte;
Dein Ziel sei immer Ziel auch deines Landes,
Wie deines Gottes und der Wahrheit: dann
O Cromwell! wenn du fällst, fällst du im Tod
Als sel'ger Märtyrer. Dem König diene,
Und – bitt dich, führe mich hinein:
Mach ein Verzeichnis dort all meines Guts,
Bis auf den letzten Pfennig; 's ist des Königs.
Mein Priesterkleid und mein aufrichtig Herz
Vor Gott, mehr blieb mir nicht. O Cromwell, Cromwell,
Hätt ich nur Gott gedient mit halb dem Eifer,
Den ich dem König weiht, er gäbe nicht
Im Alter nackt mich meinen Feinden preis!

III.2, 431–457 [860]

Diese erhabenen Weisheiten in ihrer ganzen stilistischen Brillanz werden gewiss nicht Shakespeare selbst ins Gewissen geredet, der keine übertriebenen weltlichen Ambitionen hatte; er wollte lediglich das alte Recht seiner Familie, ein Wappen zu führen, restituiert sehen – kein unbefriedigter Ehrgeiz vergällte ihm seine letzten Stratforder Jahre in behaglichem Wohlstand. Auch der gottesfürchtige Eifer passt nicht zu Shakespeare, wenngleich die *Elegie* für William Peter eine sonderbare Mischung aus zurückhaltender Frömmigkeit und Zweifel an der Wiederauferstehung zum Ausdruck bringt. Möglicherweise fühlte sich der Dramatiker 1612/1613 selbst nackt seinen Feinden preisgegeben, denn eine derartige Stimmung ist auch in der *Elegie* zu spüren, aber wir kennen diese Feinde nicht, falls sie überhaupt existierten. Shakespeare, der damals auf die fünfzig zuging, war vielleicht krank oder durch bösen Klatsch traumatisiert oder beides. Er hatte, so stellen wir uns vor, anders als Marlowe oder Ben Jonson sein Leben lang »in der Rechten […] milden Frieden« gehalten und gehofft, dann werde die Bosheit schweigen. Man muss nicht die Größe und Güte des Dr. Samuel Johnson besitzen, um von den letzten Versen der Königin Katherine zutiefst gerührt zu sein:

> Wenn ich erst tot bin, gutes Mädchen,
> Setzt mich in Ehren bei; bestreut mein Grab
> Mit jungfräulichen Blumen, dass man sehe,
> Ich war bis an den Tod ein keusches Weib.
> Ihr sollt mich balsamieren, dann zur Schau
> Ausstellen: zwar nicht Kön'gin, doch begrabt mich
> Als Königin und eines Königs Tochter.
> Ich kann nicht mehr!
>
> IV.2, 167–173 [871]

Und doch sind es *die Verse*, die uns rühren; die bedauernswerte Katherine ist zu armselig, um solche Harmonie in sich bergen zu können. Auch hier fragen wir uns, was Shakespeare so inspiriert haben kann. Er war an einen Punkt gelangt, da paradoxerweise das Drama, dem er sich entfremdet hatte, immer noch seine ganze dichterische Kraft hervorkitzeln konnte, während der wahrhaft empfundene Schmerz nur die *Elegie* hervorbrachte, ein Gedicht, das häufig (freilich nicht durchweg) so banal ist, dass viele Kritiker meinen, es könne unmöglich von Shakespeare verfasst worden sein.

Ich kann das Rätsel von *Heinrich VIII.* nicht auflösen, und es fällt mir schwer, in den verzückten Jubel Cranmers einzustimmen, der am Ende die künftige Glorie des Wickelkinds Elisabeth prophezeit. Shakespeare starb mit zweiundfünfzig Jahren und lernte das Greisenalter nicht kennen, trotzdem herrscht in *Heinrich VIII.* ein Altersstil. Falstaff, mehr als irgendeine andere Figur – sogar noch mehr als Hamlet – ein Alter ego Shakespeares, weigerte sich standhaft, sich zu seinen Jahren zu bekennen, und wir finden ihn nur desto heroischer lustig. Die Welt scheint sehr gealtert in *Heinrich VIII.* und in dem Teil der *Beiden edlen Vettern*, der von Shakespeare ist. Dank seinem unheimlichen Gespür wusste er, dass seine Epoche, welchen Namen auch immer wir ihr heute geben, zu Ende war. *Heinrich VIII.* ist eine Elegie auf Shakespeares weltverändernde dramatische Kunst, und er entsagt hier bewusst seinen größten Fähigkeiten.

DREIZEHN
Die beiden edlen Vettern

Letztlich liegt die alles überragende Größe Shakespeares in seinem einzigartigen Denkvermögen. Da sein Denken poetischer und in der Regel dramatischer Natur ist, neigen wir dazu, es uns eher fantasierend als abstrakt argumentierend vorzustellen. Aber auch hier gehören wir dem Erfinder Shakespeare an. Er vermag ein Universum von Gedanken und Handlungen darzustellen wie niemand sonst. Können wir wirklich sein eigenes Denken von dem Denken, das er uns vorführt, unterscheiden? Ist es Shakespeare oder Hamlet, der zu gut – nicht zu viel – denkt? Hamlet ist sein eigener Jago und auch sein eigener Falstaff, weil Shakespeare ihn zum freiesten aller seiner »freien Künstler ihrer selbst« gemacht hat, um Hegels Formulierung zu verwenden. Shakespeare überragt alle noch so bedeutenden Dichter, selbst Dante und Chaucer, weil er in der Gestaltung seiner freien Künstler ihrer selbst die größte Freiheit genießt und zum Ausdruck bringt. Nietzsche meinte, dass der dionysische Hamlet an der Wahrheit zu Grunde gehe, nachdem er, so ist wohl zu denken, der Kunst den Rücken gekehrt hat. Der Hamlet des 5. Akts ist gewiss nicht mehr derselbe wie der Dramatiker und Regisseur Hamlet im 2. und 3. Akt, und Shakespeare lässt den sterbenden Prinzen andeuten, dass er eine neue Art von Wissen besitzt, die uns unerreichbar ist. Solche Erkenntnis könnte nur aus einem neuen Denken kommen, das mit Hamlets großer Verwandlung auf der Seereise nach England einsetzt. Was unser Wissen von Veränderungen in Shakespeares eigenem Denken betrifft, so können wir lediglich aus Indizien schließen, dass es seine eigenen Stücke waren, die seine großen Verwandlungen bewirkten. Die Erfahrungen aus seiner Arbeit am *Hamlet*, *Lear*, *Macbeth*, an *Antonius und Kleopatra*, am *Wintermärchen* und am *Sturm* prägten sein letztes Werk, das uns einen neuen Shakespeare zeigt, einen, der beschloss, das Schreiben aufzugeben, nachdem er an die Grenzen der Kunst, vielleicht auch an die des Denkens, gestoßen war, ja, sie überschritten hatte.

Soweit wir wissen, sind die Shakespeareschen Partien von *Die beiden edlen Vettern* (1613) das Letzte, was der Autor des *Hamlet* und des *Lear* geschrieben hat. Ich habe das Stück nie auf der Bühne gesehen und glaube nicht, sehr viel versäumt zu haben, da das, was von Shakespeare stammt, sehr wenig Dramatisches hat. Meine Kollegen sind in ihrer großen Mehrheit anderer Meinung, aber ich finde Shakespeares Stil in diesem letzten Werk subtiler und raffinierter als irgendwo sonst, wenn auch alles andere als eingängig. Seine Absichten sind sehr verrätselt; er verleugnet sein lebenslanges Interesse für den Charakter und die Persönlichkeit und gestaltet eine Vision des menschlichen Lebens, die düsterer, ferner und befremdlicher ist als irgendeine frühere. Shakespeares Anteil an dem sonderbar zeremoniellen Mirakelspiel ist ein selbst nach seinen Maßstäben erstaunliches Stück Poesie, allerdings sehr schwierig und kaum für die Bühne geeignet. Er steht in wunderlichem Kontrast zu den Passagen, die John Fletcher geschrieben hat. Vielleicht war dies bereits das dritte Gemeinschaftsprojekt der beiden Autoren, da aber der *Cardenio* verschollen ist und Fletchers Anteil an *Heinrich VIII.* zweifelhaft, muss es als das einzige sichere gelten. Shakespeares Kollegen, die die First-Folio-Ausgabe zusammenstellten, nahmen *Heinrich VIII.* in die Sammlung auf, nicht aber die *Vettern*, die sie Fletcher (damals als Nachfolger Shakespeares der Hausautor der Truppe) zugestanden. Die meisten Philologen stimmen heute darin überein, dass Shakespeare den 1. und den 5. Akt (mit Ausnahme der 2. Szene) sowie die 1. Szene des 3. Akts geschrieben hat. Drei Fünftel des

gesamten Texts sind offensichtlich Fletchers Werk; diese Teile sind sehr lebhaft und ziemlich albern. Shakespeares zwei Fünftel sind düster und tiefgründig, und sie eröffnen uns vielleicht einen besseren Zugang zu Shakespeares innerem Leben in jener späten Phase als *Cymbeline*, *Wintermärchen* und *Sturm*.
Shakespeares Partien der *Beiden edlen Vettern* sind mehr lyrisch als dramatisch, sie enthalten wenig Handlung und extrem wenig Charakterzeichnung. Es herrscht nicht eigentlich jener »Altersstil« (Shakespeare war damals neunundvierzig), den wir aus *Heinrich VIII.* kennen, aber die Stimme, die da spricht, ist doch offenbar der ungeheuren Leidenschaften und Leiden müde, die Chesterton im Sinn hatte, als er von den »großen Geistern in Ketten« sprach. Der Anti-Faust Prospero war der letzte große Geist, den Shakespeare schuf. Theseus gerät gegen Ende der *Beiden edlen Vettern* fast zu einem Stellvertreter Shakespeares, indes bleibt er doch immer lediglich eine Stimme, wenn auch, anders als sein Namensvetter im *Sommernachtstraum*, eine bemerkenswerte Stimme. Der frühere Theseus war von deutlich kleinerem Format als Hippolyta, sein später Nachfahre ist ihr mindestens ebenbürtig. Er ist der letzte Dichter im Werk Shakespeares, in ihm bildet sich das ab, was man, glaube ich, den zögerlichen, widerstrebenden Rückzug Shakespeares von der Literatur nennen muss. Der Dramatiker scheint Ende 1610 oder Anfang 1611 wieder in seine Geburtsstadt Stratford gezogen zu sein, hielt sich aber offenbar bis 1613 immer wieder für längere Zeit in London auf. In den letzten drei Lebensjahren blieb er in Stratford und schrieb nicht mehr. Der Rest war Schweigen, aber warum?
Wir können darüber nur Vermutungen anstellen, und *Die beiden edlen Vettern*, scheint mir, liefern noch am ehesten Hinweise, die uns auf eine Lösung führen. Shakespeares Abschied von der Kunst hat wohl nicht seinesgleichen in der Literaturgeschichte des Abendlands, ich jedenfalls kenne keinen ähnlichen Fall von einiger Bedeutung. Tolstoi wandte sich von seiner eigentlichen

Kunst ab und verfasste eine Weile lang lediglich religiöse Traktate, aber am Ende fand er noch einmal zur Literatur zurück und schrieb die große Novelle *Hadschi Murad*. Es gibt Schriftsteller, denen man gewünscht hätte, sie wären zur rechten Zeit verstummt; Wordsworth produzierte nach 1807 und Whitman nach 1865 nur noch Schund. Molière starb mit fünfzig, unmittelbar nachdem er den *Eingebildeten Kranken* geschrieben und inszeniert und auch noch selbst die Titelrolle gespielt hatte. Shakespeare gab wahrscheinlich die Schauspielerei um 1604 herum im Alter von knapp vierzig Jahren auf, führte aber weiterhin Regie und inszenierte seine Stücke selbst, vielleicht sogar noch *Heinrich VIII.*, jedenfalls aber, solange er dauernd in London lebte, also bis 1611. Wir wissen nichts Sicheres darüber, ob er selbst den *Sturm* 1611 inszenierte und ob er sich am 29. Juni 1613 in London aufhielt, als während einer Aufführung von *Heinrich VIII.* im Globe Feuer ausbrach und das Theater niederbrannte. In den Biografien finden sich mehr oder weniger gut begründete Mutmaßungen über familiäre Ereignisse und finanzielle Aktivitäten in den drei letzten Lebensjahren, aber wir bekommen keine Aufschlüsse darüber, warum Shakespeare nach einem arbeitsreichen Vierteljahrhundert zu schreiben aufhörte. Mein Lieblingsbiograf Russell Fraser wärmt befremdlicherweise die Geschichte wieder auf, die Theodor Spencer sich aus den Fingern gesogen hat; dieser meinte, dass eine Abordnung der King's Men bei ihrem Hausautor vorgesprochen und ihn gedrängt habe, zu Gunsten von John Fletcher zurückzutreten, dessen Stern um 1613 herum steil aufstieg, während Shakespeare aus der Mode kam. Tatsächlich kann ich mir gut vorstellen, dass die Schauspieler angesichts der Texte, die Shakespeare ihnen in den *Beiden edlen Vettern* zumutete, einigermaßen verdutzt und frustriert waren, aber sie wussten doch auch, dass Fletcher im Vergleich mit Shakespeare, dessen enormer Erfolg auch ihnen zugute gekommen war, nur ein kleiner Schreiberling war.

In seiner letzten Arbeit ging der unerschöpflich kreative Experimentator über die Grenzen der Romanze und Tragikomödie hinaus und gelangte zu einem fremdartigen neuen Modus; er knüpfte an Chaucer an, der sein eigentlicher Ahnherr und bis heute der einzige englische Dichter ist, dessen Sprachkunst der seinen gleichkommt. Shakespeare kehrte noch einmal zur *Erzählung des Ritters* zurück, deren Einfluss schon im *Sommernachtstraum* spürbar gewesen war, aber dieses Mal machte er von dem Werk einen sehr viel direkteren Gebrauch. Chesterton, der ein scharfes Gespür für die Beziehung zwischen Shakespeare und Chaucer hatte, bemerkt zur *Erzählung des Ritters* dies:

> Chaucer geht nicht mit Palamon und Arcite ins Gefängnis, so wie Shakespeare in gewissem Sinn Richard II. in den Kerker begleitet. Bis zu einem gewissen Grad und in einer gewissen subtilen Weise scheint sich Shakespeare mit Hamlet zu identifizieren, der findet, dass Dänemark, ja die ganze Welt ein Gefängnis sei. Dieses Gefühl, dass die Dinge sich wie eine Mauer um die Seele schließen, haben wir bei Chaucer nicht: seine Tragödien sind einfach, man möchte fast sagen: sonnig. In seiner Welt ist das Unglück nichts weiter als Unglück, seine Missgeschicke sind wie Wolken am Himmel, aber es gibt einen Himmel.

In den *Beiden edlen Vettern* nun hat Shakespeare keinerlei Neigung, mit Palamon und Arcite ins Gefängnis oder sonst wohin zu gehen, und das Stück (oder zumindest die Teile, die von Shakespeare sind) ist ganz bewölkt und ohne Himmel. Wenn er seinen Theseus im *Sommernachtstraum* mehr nach dem Vorbild von Chaucers Ritter als nach dem von Chaucers Theseus formte, so machte er den Theseus der *Beiden edlen Vettern* zu einer konsequent abweisenden Gestalt, die er erst gegen Ende zu etwas modelt, was eher ihm selbst ähnlich sieht. Chaucers Ritter und

Shakespeares früher Theseus sind skeptische Edelleute; der letzte Theseus ist vielleicht ein brutaler Nihilist, aber einer, der immer darauf bedacht ist, den äußeren Schein des Ritterlichen zu wahren. Das ganze Ethos von Chaucers Gedicht ist in einem Reimpaar auf eine kurze Formel gebracht:

> It is ful fair a man to bare him evene,
> For alday meeteth men at unset stevene.

Mein alter Freund, der großer Chaucer-Kenner Talbot Donaldson, fasst den Sinn des Satzes in der exzellenten Paraphrase:

> Es ist immer gut, Gleichmut zu bewahren, denn man hält andauernd Verabredungen ein, die man gar nicht getroffen hat.

Das ist nicht ganz die Maxime des Theseus in den Schlussversen der *Beiden edlen Vettern*, den letzten Versen wirklicher Dichtung aus Shakespeares Feder:

> Ihr Zauberer dort droben, sagt, was macht ihr
> Aus uns für Wesen? Lasst bei dem uns [lachen],
> Was wir [entbehren], und bei dem uns trauern,
> Was wir [haben]. Wahre Kinder sind wir!
> Doch lasst uns dankbar sein für das, was ist,
> Und hadern nicht mit Euch, den über uns
> Allmächtig Waltenden. Kommt jetzt mit mir,
> Und was die Zeit verlangt, das lasst uns tun!
>
> V.4, 131–137 [104][15]

Ich werde auf diese Passage am Ende des Kapitels noch einmal zurückkommen und will hier nur anmerken, dass die letzte Zeile »bear us like the time« [»was die Zeit verlangt, das lasst uns tun!«] an Chaucers »bare him evene« anklingt, auch wenn hier eben

nicht wie bei Chaucer Gleichmut gefordert wird. Der geniale Satiriker Chaucer war zugleich ein gutartiger Ironiker – die Ironien der *Beiden edlen Vettern* dagegen sind, wie wir noch sehen werden, hemmungslos bissig. Man könnte denken, Shakespeare hätte in *Troilus und Cressida* und in *Maß für Maß* die Grenzen der Bitterkeit erreicht, aber in seinem letzten Stück geht er noch darüber hinaus. Mars und Venus regieren in den *Beiden edlen Vettern*, und es ist schwierig zu entscheiden, welche der zwei Gottheiten es schlimmer treibt und ob es überhaupt vernünftig ist, auf dem Unterschied zu beharren. »Make love, not war!« skandierten viele in den sechziger Jahren, aber diese Handlungsaufforderung wird in den *Beiden edlen Vettern* vollkommen sinnleer, da der neunundvierzigjährige Shakespeare organisierte Gewalt und Eros so verwirrend wild vermengt, dass sie nicht mehr zu trennen sind.
In ihrem Temperament und ihren Visionen der Wirklichkeit waren Shakespeares Arbeiten von etwa 1588 an bis zu *Was ihr wollt* (1601) zutiefst chaucerianisch. Der Autor der Problemkomödien, der großen Tragödien und der späten Romanzen zollte immer noch Chaucer einen gewissen Tribut, der letzte Rückgriff auf den größten seiner Vorläufer indes lässt einen dritten Shakespeare erkennen, dem der geniale Geist abhanden gekommen war, selbst in der Ironie. Wenn es ein Theater gegeben hätte, für das er hätte schreiben können, so hätte er vielleicht noch drei oder vier weitere Stücke verfasst, aber offenbar fühlte er, dass keine Bühne sie hätte aufführen können oder wollen, und man darf bezweifeln, dass ein Nihilismus, der den der *Beiden edlen Vettern* noch überträfe – vorausgesetzt, eine solche Steigerung von schwarzer Düsterkeit wäre irgend möglich –, selbst heute, da Shakespeare all sein Prestige in die Waagschale werfen könnte, ein Theater fände. *Die Erzählung des Ritters* entkommt dem Abgrund des Nihilismus, wenn auch ihre Implikationen düster genug sind: die pure Laune regiert das Dasein.

Chaucers Helden Palamon und Arcite sind Blutsbrüder und ritterliche Idealisten, bis sie sich in die wunderbare Emily, die Schwester von Hippolyta, die Theseus von Athen geheiratet hat, vergucken. Von dem fatalen Moment an, da sie beide in Liebe entbrennen, sind sie geschworene Feinde: einer von ihnen muss sterben, und der Überlebende soll Emily bekommen. Theseus veranstaltet ein großes Turnier, um die Sache zu regeln. Arcite siegt, aber die Ironie will es, dass er, als er im Galopp eine Ehrenrunde dreht, vom Pferd fällt und sich den Hals bricht. So bekommt denn Palamon das Mädchen, und Theseus hält eine Rede, in der er steif und fest behauptet, es sei alles nach göttlichem Ratschluss geschehen.

Aber Theseus spricht nicht die Meinung des Erzählers, des Ritters, aus, und dieser ist nicht das Sprachrohr des Dichters Chaucer, auch wenn es sehr feine Unterschiede sind, die diese drei voneinander trennen. Für den Ritter ist die Liebe Zufall, und das ganze Leben ist zufällig und der Ruin der Freundschaft zwischen Palamon und Arcite auch. Nach Talbot Donaldson läuft Chaucers Darstellung auf die Behauptung hinaus, dass der reine Zufall den Lauf der Welt, alles Leben und Lieben und Sterben regiere, eine Philosophie, die der Theodizee, die Theseus predigt, nicht eben viel Raum lässt und die stoische Erkenntnis des Ritters bestätigt, dass man nun einmal nicht anders kann, als die Verabredungen einzuhalten, die man nicht getroffen hat. Da Palamon und Arcite praktisch ununterscheidbar sind und die arme Emily keinerlei Initiative entwickelt, könnte dem Leser die Sache eigentlich egal sein, wenn nicht Chaucer selbst eine ganz eigene Negativität ins Spiel brächte: Palamon, Arcite und Emily gehen beten, und zwar jeder in einen eigenen Tempel, und diese drei Heiligtümer, die drei verschiedenen Gottheiten geweiht sind – Venus resp. Mars resp. Diana –, erweisen sich gleichermaßen als wahre Schädelstätten, sie enthalten nichts als Abbildungen, die von den Leiden hilfloser Opfer berichten. Der Ritter beschreibt

sie uns in heiter unbefangenem Ton, aber uns gruselt, und Chaucer hat es ganz offensichtlich darauf angelegt, uns zu schockieren.
Es mutet uns etwas merkwürdig an, wenn Talbot Donaldson feststellt: »Während die Greuel bei Chaucer offenbar im Wesentlichen der höheren Gewalt der Götter zur Last gelegt werden, lokalisiert Shakespeare sie dort, wo sie ihren Ursprung haben, in den Herzen der Menschen.« Was die *Beiden edlen Vettern* angeht, so ist das eine Verharmlosung: Dort ist der Eros das Grauenhafte selbst, er ist die unheilbare schreckliche Krankheit, an der Männer und Frauen jeden Alters leiden, die alle befällt, sobald sie die Kindheit hinter sich lassen und sich den Widrigkeiten der Sexualität ausliefern. Man kann geradezu behaupten, dass Shakespeare in diesem Stück den Eindruck vermittelt, das Leben bestehe aus gar nichts anderem als aus Widrigkeiten und Leiden. Der 1. Akt beginnt damit, dass drei Königinnen in Trauergewändern sich vor Theseus, Hippolyta und Emilia niederwerfen. Sie sind die Witwen von Helden, die im Krieg der »Sieben gegen Theben« gefallen sind und deren Leichen nun vor den Mauern der Stadt verwesen, da der Tyrann Kreon, der Theben regiert, verboten hat, sie zu bestatten. Die Klagen der königlichen Bittstellerinnen haben etwas Ritualisiertes, sie wirken barock künstlich gedrechselt:

Wir sind drei Königinnen, deren Gatten
Als Opfer fielen König Kreons Wut.
Dort im theban'schen Felde liegen sie
Den Raben, Geiern, Krähen hingeworfen.
Er will nicht dulden, dass wir ihre Leichen
Zu Asche brennen und in Urnen bergen,
Damit der Greuel menschlicher Verwesung
Dem Strahlenauge Phöbus' sei entrückt.
Erbarmt Euch unser! Ihr, der Erde Herrscher,

Zieht Euer siegreich Schwert, des Rechtes Hort,
Und gebt der toten Könige Gebeine
Uns Jammernden, damit wir sie bestatten!
Und dann erwägt in Eurem edlen Sinn,
Dass wir gekrönte Königinnen, ach!
Kein Obdach haben, außer da, wo Löwen
Und Bären hausen, wenn nicht schlimmer noch.

I.1, 39–54 [14 f.]

Man könnte die Sache sehr viel kürzer ausdrücken, aber der Manierismus der Rede ist wichtig. Die ausschweifende Form bringt exzessive Empörung, nicht so sehr exzessive Trauer, zum Ausdruck. Empörung ist die Tonart, die in Shakespeares letztem Drama regiert, wo fast alle Figuren Grund haben, sich zu empören, gegen Unrecht, gegen die Zeit, gegen den Eros, gegen den Tod. Thomas De Quincey, der romantische Kritiker mit dem sensibelsten Gehör für rhetorische Feinheiten, fand im 1. und 5. Akt der *Beiden edlen Vettern* Passagen, die seiner Meinung nach »das Exquisiteste, was sprachliche Kunst hervorgebracht hat«, waren, und rühmte den majestätisch elaborierten Stil, den Shakespeare hier entwickelt, in den höchsten Tönen. Was aber sind die poetischen Absichten, die diesem Übermaß an Elaboriertheit zu Grunde liegen? Theodore Spencer meinte, diese »langsamen Rhythmen« und diese »formstrenge Anmut« sollten eine chorische Wirkung erzielen, Distanz zum Geschehen herstellen:

In den Shakespeareschen Passagen der *Beiden edlen Vettern* wirken unverkennbar ein Zauber, eine Stimmung, eine Ordnung: der Zauber, der die Illusion gelten lässt, die Stimmung, die von der Tragödie nichts mehr weiß, eine Ordnung, die an den Rändern mit einem größeren Ganzen aus Einverstandensein und Staunen verschmilzt.

Spencer, dessen Lyrik die von Yeats getreulich nachahmt, scheint mir hier den späten Yeats und nicht den späten Shakespeare zu beschreiben. Illusion und staunendes Einverstandensein prägen weder Inhalt noch Form der *Beiden edlen Vettern*. Der Begriff des »Altersstils« passt zu Yeats' *Last Poems and Plays*, zu Hardys *Winter Words* oder zu Stevens' *The Rock*, aber nicht zu Shakespeares letztem Stück. Wenn der größte aller Dichter der Leidenschaften überdrüssig war, so war er doch der ganzen enormen Fülle von Stilen, die er geschaffen hatte, nicht minder müde. Die Ellipse wird – einigermaßen verblüffend in so barocker Umgebung – zur bevorzugten rhetorischen Figur; elaboriertes Verkünsteln und zugleich Aussparen ergibt eine sonderbare Form, die aber diesem Stück von destruktivem Liebesbegehren und ausradierter Freundschaft genau angemessen ist. In seiner Antwort auf das Klagelied der ersten Königin erinnert Theseus an jenen Tag vor langer Zeit, da sie Capaneus, der jetzt tot vor Theben liegt, heiratete:

> ... Ihr waret damals schön,
> Eu'r Lockenhaar floss dicht und voll und golden
> Von Eurem Haupte, schöner als der Schleier
> Der Göttin Juno. Euer Ährenkranz,
> Er strahlte frisch und war noch unversehrt.
> Fortuna lächelte Euch freundlich zu ...

I.1, 62–66 [15]

Theseus, der selbst bald heiraten wird, schließt (nicht sehr taktvoll) mit einer Klage über den Verlust ihrer Schönheit:

> O, wie doch Zeit und Leid bis zur Vernichtung
> An allem zehren!

I.1, 69 f. [15]

Dieses Gefühl des Verlusts und weniger die Bitten der Königinnen, denen Hippolyta und Emilia zu Hilfe geeilt sind, bewegen Theseus zu dem Entschluss, seine Hochzeit zu verschieben und gegen Kreon und Theben zu marschieren. Auf die Eröffnungsfanfare dieser Szene folgt, nicht weniger genau durchdacht, die Vorstellung Palamons und Arcites. Shakespeare macht sich nicht die unnötige Mühe, die beiden irgend voneinander zu unterscheiden; sie wirken wie siamesische Vettern, die ein und denselben hochmoralischen, etwas selbstgefälligen Charakter gemeinsam haben und keinerlei Persönlichkeit zur Schau tragen. Für Shakespeare und für uns sind sie deswegen interessant, weil sie Vehikel der Polemik gegen das London des Jahres 1613 sind, die Stadt, der Shakespeare den Rücken gekehrt hatte, ohne allerdings die Verbindung abreißen zu lassen. 1612 wurden immer noch Ketzer und Hexen hingerichtet, im Jahr darauf starb Sir Thomas Overbury im Tower von London; die Gräfin von Essex hatte ihn vergiften lassen, nachdem er dagegen Einspruch erhoben hatte, dass sie Robert Carr, den Lustknaben des Königs, heiratete. Wie immer achtete der umsichtige Dramatiker darauf, dass seine aktuellen Anspielungen dunkel und unbestimmt blieben, aber es ist doch unverkennbar, dass Kreons Theben das verluderte London Jakobs I. meint:

ARCITE: Davon sprach ich nicht,
Das ist nun einmal so Thebaner Art.
Ich wollt nur sagen, wie gefährlich es
Für unsre Tugend sei, wenn wir noch länger
In Theben bleiben, wo man alles Böse
So schön zu färben weiß und alles Gute
Als Maske für das Böse nur gebraucht,
Wo jeder, der nicht mit den Wölfen heult,
Als Fremder und Barbar geachtet wird.

I.2, 35–42 [21]

Wenn sich Palamon und Arcite den in Theben/London herrschenden Bräuchen anpassten, würden sie jenen Stand der Unschuld verlieren, den sie so unerschütterlich preisen. Die moralstrengen Krieger, Neffen Kreons, dem sie äußerst kritisch gegenüberstehen, sprechen entzückt davon, dass sie sich »den reinen Glanz der Jugend« ungetrübt erhalten wollen und »noch nicht in den Verbrechen der Natur verstockt« seien. Aber sie sind auch Patrioten und eilen zu den Waffen, als sie erfahren, dass Theseus anrückt; mag dessen Sache auch die edlere sein, so stehen sie doch treu und fest zu Theben. Grimmiger als je zuvor weigert sich Shakespeare, den Krieg zu glorifizieren, und lässt die Amazone Hippolyta bei der Verabschiedung des Pirithous, der seinem Vetter und Busenfreund Theseus ins Feldlager nachreisen will, wahrhaft schockierende Worte sprechen:

> ... Wir waren selber Krieger
> Und [weinen] nicht, wenn unsre teuren Helden
> Den Helm aufsetzen, auf die Meerfahrt ziehn,
> Von aufgespießten Säuglingen erzählen,
> Oder von Frauen, die die eignen Kinder
> Gesalzt mit ihren Tränen selbst verschlangen.
>
> I.3, 18–22 [24]

Wer nicht weinen kann, wenn von Müttern erzählt wird, die ihre eignen Kinder in Tränenbrühe kochen, um sie zu verzehren, der kann vielleicht, um sich vor dem Grauen zu schützen, darüber lachen. Da diese groteske Vorstellung Hippolyta so gar nicht zu erschüttern vermag, können wir vermuten, dass Shakespeare, ähnlich wie im *Titus Andronicus* zwanzig Jahre früher, einen Verfremdungseffekt erzielen will. Allerdings war jenes Stück eine ungeheuerliche Persiflage der Stücke von Marlowe und Kyd. Was hat derselbe Effekt in den *Beiden edlen Vettern* zu suchen? Weder Hippolyta noch Emilia, die bei der Szene anwesend ist, scheint diese scheußliche Fantasie für etwas anderes zu halten als für eine Feststellung von Tatsachen, und auch das weist darauf hin, dass Shakespeare eine emotionale Distanz herstellen will. Ebenso wenig emotional tief lässt der Mangel an Eifersucht blicken, den Hippolyta offenbart, wenn sie über die innige Beziehung zwischen Pirithous und Theseus spricht:

Sie beide waren Kampf- und Schlafgenossen,
Die, so in Mangel wie Gefahr vereint,
Zu mancher Zeit, an manchem Orte kämpften.
Reißende Ströme haben sie durchschwommen,
Vor deren Wut der kühnste Schwimmer bebt,
Gefochten, wo gewisser Tod in Aussicht –
Doch brachten sie es durch. Ihr Band der Liebe
Ist so mit Kunst, so stark und fest gewebt,
Dass sich's verschleißen, doch nicht reißen kann.
Ich meine, müsste Theseus seines Herzens
Aufricht'ge Neigung teilen, dass er selbst
Nicht würde sagen können, welche Hälfte,
Wollt er gerecht sein, ihm die liebre wär.

I.3, 35–47 [24 f.]

Wenn sie seelenruhig feststellt, dass ihre Heirat das Band der Liebe, das den Ehemann an seinen besten Freund fesselt, nicht lösen oder lockern wird, legt sie eine unheimliche Abgeklärtheit an den Tag, und noch dazu gibt sie recht deutlich zu verstehen, dass es ihr egal ist, welche Hälfte ihm die liebere ist. Emilias Entgegnung ist höflich und führt noch weiter von aller Leidenschaft ab: »Doch eine muss es sein, und die seid Ihr, / Ich wüsste keinen Grund, weswegen nicht!« Wenn Shakespeare nicht lediglich seine eigenen Studien zum Wesen der Eifersucht, etwa im *Othello* und im *Wintermärchen*, parodieren will, eröffnet er uns den Zugang zum Bewusstsein einer Amazone, das sich von dem aller seiner anderen Frauengestalten grundlegend unterscheidet. Alles das ist ein Vorspiel zu einer anrührenden und wahrhaft einzigartigen Schilderung der Liebe zwischen zwei jungen Mädchen. Auch Rosalind und Celia waren von Kindheit an unzertrennlich, aber das hinderte sie nicht, Orlando respektive Oliver heftig zu begehren; ganz anderer Art war offenbar die Beziehung zwischen der älteren Emilia und ihrer Freundin Flavina, die starb, als beide elf Jahre alt waren:

EMILIA: Ihr spracht von Theseus' und Pirithous' Liebe.
Begründeter gewiss ist ihre, reifer,
Durch Wahl und Urteil stärker ausgerüstet,
Da gegenseitiges Bedürfnis ja
Der Liebe eng verschlungne Wurzeln nährt.
Doch ich und sie, von der ich seufzend rede,
Wir waren kleine, unschuldsvolle Dinger,
Die sich nur liebten, weil sie eben mussten,
Wie Elemente einfach wirken müssen,
Und selber doch nicht wissen wie? warum?
Was ihr gefiel, gefiel auch mir, was nicht,
Das war auch ohne weitres mir zuwider.
Brach ich 'ne Blume, die ich in den Busen
Mir steckte (der zu schwellen erst begann),
Litt es sie nicht, bis dass sie eine gleiche
An ihre jungfräuliche Brust gelegt,
Wo beide dann ihr Leben, phönixgleich,
In Duft verhauchten. Meiner Locken Schmuck
War Muster ihr; die Kleidung, die sie trug,
Die einfach immer, doch geschmackvoll war,
Wählt ich zu Festen mir. Hatt ich ein Lied
Mit meinem Ohr erlauscht und summt es leise,
So fing sie's auf, ließ es nicht wieder los
Und sang's im Schlafe noch. – Was ungerufen

Mir so in das Gedächtnis kommt, beweist,
Dass Liebe zwischen Mädchen heft'ger ist
Als zwischen den verschiedenen Geschlechtern.

I.3, 55–82 [25 f.]

Wir verstehen jetzt, warum Emilia – noch mehr als Chaucers Emily – sich so vollkommen passiv in der Frage verhalten wird, ob sie nun Arcite oder aber Palamon zuteil werden soll. Diese Passage ist viel zu wenig bekannt – sie müsste eigentlich der *locus classicus* zum Thema solcher Mädchenliebe sein, denn nirgendwo sonst hat Shakespeare sich so ausführlich und differenziert dazu geäußert. In keine andere Rede in diesem Drama hat Shakespeare auch nur annähernd so viel Leidenschaft gelegt: »Ihr seid ganz hingerissen«, bemerkt Hippolyta trocken. Ihre höfliche Ironie nimmt Emilias Hymnus auf die tote Flavina, oder besser: auf die vollkommene Liebe zweier junger Mädchen, deren jede ihre ganze Identität in der anderen wiederfindet, nichts von seiner zu Herzen gehenden Schmerzlichkeit. Der Kontrast zwischen der heiteren Unschuld dieser Verbindung und der mörderischen Gewalt, mit der Palamon und Arcite um Emilia streiten, könnte nicht greller dargestellt werden. Mit beißendem Witz lässt Shakespeare die Szene in einem Disput enden, der bei aller gemessenen Höflichkeit doch etwas recht Beunruhigendes hat:

HIPPOLYTA: Ihr seid ganz hingerissen, dieser Eifer
Beweist nur, dass Ihr niemals einen Mann
So lieben könnt, wie Ihr Flavina liebtet.
EMILIA: Des bin ich ganz gewiss.
HIPPOLYTA: Doch, Schwesterchen,
Glaub ich in diesem Punkt Euch dennoch nicht,
Obgleich ich weiß, dass Ihr es ehrlich meint.
Mir scheint dies nur ein krankhafter App'tit,
Der leicht in Ekel umschlägt. Wär ich reif

Für Eure Weisheit, ei da hättet Ihr
Fürwahr genug gesagt, um aus den Armen
Des edlen Theseus mich herauszureden,
Für dessen Heil ich in dem Tempel jetzt
Will beten, mit der freudigen Gewissheit,
Dass ich den ersten Platz in seinem Herzen
Dennoch besitze vor Pirithous.

EMILIA: Bewahrt Euch diesen Glauben, während ich
Bei meinem bleibe.

I.3, 82–98 [26]

Zentrale Bedeutung hat die Phrase: »ein krankhafter App'tit, / Der leicht in Ekel umschlägt«, die großartig akute Ambivalenz zum Ausdruck bringt. Man kann sich des Gedankens schwer erwehren, dass diese Ambivalenz sehr weitgehend dem neunundvierzig Jahre alten Shakespeare angehört, der hier anzudeuten scheint, dass er endlich frei von der Tyrannei des Begehrens ist, wenn auch nicht von allem Begehren, und doch zugleich wehmütige Sehnsucht nach anderen Formen der Liebe offenbart. Shakespeares komplizierte Sexualität, der er vielleicht in der *Elegie* für Will Peter Büßerketten angelegt hatte, schlägt in den *Beiden edlen Vettern* wieder über die Stränge der Repression, wenn auch nur in einzelnen ironischen Fußnoten: den Paaren Pirithous-Theseus und Palamon-Arcite gestattet er in seiner Darstellung nichts von dem, was die Beziehung der so innig ineinander aufgehenden jungen Mädchen so liebenswert macht.

Palamon und Arcite werden im Kampf verwundet und gefangen genommen. Der siegreiche Theseus befiehlt, dass man sie gesund pflege; er ist entschlossen, sie als seine Gefangenen im Kerker zu behalten. Shakespeare teilt uns nicht mit, warum Theseus so handelt, aber sein Stolz, zwei so exzellente Krieger seiner Macht unterworfen zu sehen, hat doch eine sadistische Note, und man gewinnt den Eindruck, dass ein homoerotischer Besitzanspruch im

Spiel ist. Der Kreis von Shakespeares 1. Akt schließt sich, wenn am Ende die drei Königinnen wieder auftreten, um nun ihre Ehemänner zu bestatten. Sie verabschieden sich mit einem denkwürdig rätselhaften Zweizeiler:

> Die Welt ist eine Stadt mit tausend Straßen,
> Zu Marktplatz Tod bringt jed' uns gleichermaßen.
>
> I.4, 15 f. [29]

Das könnte Shakespeares Antwort auf den warnenden Hinweis Chaucers sein, dass wir andauernd Verabredungen einhalten, die wir nicht getroffen haben. Der folgende Akt führt uns zu Palamon und Arcite in den Kerker, da das aber bereits zu dem Teil gehört, den John Fletcher geschrieben hat, brauchen wir uns damit nicht zu befassen und erwähnen lediglich, dass die Vettern beide in Liebe auf den ersten Blick zu Emilia entbrennen und, genauso wie bei Chaucer, ihre Freundschaft für immer zerstören. Shakespeare setzt erst im 3. Akt wieder ein: er steuert die 1. Szene bei, in der Arcite, vor geraumer Zeit auf die Fürbitte seines alten Bekannten Pirithous hin aus dem Gefängnis entlassen, liebeskrank durch die Wälder streift, während alle Welt das Maienfest begeht. An diesem fatalen Maifeiertag läuft Palamon, der es geschafft hat, auszubrechen – immer noch in Ketten –, dem Rivalen über den Weg, und die beiden kommen überein, ihren Streit in einem Zweikampf auf Tod und Leben zu entscheiden. Die Szene lebt von dem Kontrast zwischen hochtönend ritterlichen Reden der beiden und ihrem wahnsinnigen Drang, den Konkurrenten, wenn auch mit Bedauern, abzuschlachten, und hat einen irren, irrealen Zauber. Es ist schwer, die Komik dieses Treffens, die kaum Parallelen hat, zu beschreiben, aber einige Verse Arcites können wenigstens eine Ahnung davon vermitteln:

… Ehr und Treue
Sind heilig mir, wie sehr du mir sie auch
Absprechen willst! Mit ihnen, guter Vetter,
Bring ich in Einklang alles, was ich tat;
Ein Ebenbürt'ger steht dir gegenüber!
Fügt ich dir Unrecht zu, so sag es mir
In würd'ger Weise, – und mit Wort und Schwert
Werd ich als Edelmann dir Rede stehn!

III.1, 50–57 [49]

Diese raffinierte Mischung aus aufgeblasener Würde und Höflichkeit verschwindet, wenn Fletcher wieder das Steuer übernimmt. Das Duell der beiden Irren wird von Theseus unterbrochen, der samt Gefolge und Emilia die Szene betritt und wütend erst mit Tod und Verbannung droht, sich dann aber eines anderen besinnt: Palamon und Arcite sollen in einem Turnier, jeder unterstützt von drei Rittern seiner Wahl, gegeneinander kämpfen; der Sieger bekommt Emilia, der Unterlegene und seine Verbündeten werden geköpft, so dass Theseus am Ende doch seine zweifelhafte Befriedigung haben wird. So stehen die Dinge am Beginn des 5. Akts, der (mit Ausnahme der schwachen 2. Szene) wieder Shakespeare gehört. Er fügt Chaucers Handlung zwei wunderbar ungeheuerliche Gebete hinzu, die Arcite und Palamon vor dem Turnier sprechen. Diesen scheußlichen Beschwörungen des Mars bzw. der Venus folgt Emilias keusches Gebet an die Adresse Dianas, das deutlich schwächer ist, da sich Shakespeare bei dem vorhergehenden Kraftakt, in den er alle Bösartigkeit gelegt hat, deren er fähig war, einigermaßen verausgabt hat. Arcite spricht zuerst zu seinen Rittern, um sie anzufeuern (»Ihr, … / Die ihr bereit seid, sich für mich zu opfern …«), bevor er Mars beschwört:

Drum lasset uns an jenen Gott uns wenden,
[Der das Feld zum Brunnen macht, bis an den Rand
Gefüllt mit Blut von Männern.] Steht mir dazu bei
Und beugt im Geiste euch vor seiner Macht!

V.1, 45–48 [86 f.]

Die Blutschwelgerei bereitet uns auf die Klimax von Arcites Rede vor, in der Shakespeare, der offensichtlich zunehmend Gefallen am Abscheulichen findet, es fast zu weit treibt, um noch komisch zu sein:

Du, der die Zeit, die aus den Fugen ging,
Von neuem wieder fügst, – entnervte Reiche
Zertrümmerst, – über Staub und alte Rechte
Gericht hältst, – wenn die Erde krank, mit Blut
Sie heilest und vor Übervölkrung
Die Welt bewahrst: ich nehme dies, dein Zeichen,
Als glückverheißend an und gehe kühn
In deinem Namen an mein Werk. Kommt alle!

V.1, 63–69 [87]

Shakespeares Abscheu vor dem aus den Fugen der Natur und der Ordnung geratenen London seiner Zeit, aus dem er sich selbst verbannt hatte, klingt in diesen Hyperbeln, die selbst für Marlowes Tamburlaine starker Tobak wären. Der falstaffische Shakespeare, der in *Heinrich V.* mit subtiler Ironie am Werk war, erzielt hier mit wild fuchtelnden Gesten beträchtliche Wirkung, aber das sind erst die Vorübungen zur größten aller Geschmacklosigkeiten, übler noch als alles, was sich Thersites in *Troilus und Cressida* erlaubt, und gleichwohl ein durch und durch idealistisch hohes Lied. Dies ist Palamons Lobpreis zur Ehre der Venus:

Heil dir, geheimnisvolle Herrscherin,
Die du die Macht hast, des Tyrannen Wut
Zu bänd'gen, dass er wie ein Mädchen weint, –
Mit einem einz'gen Winke deines Auges
Mars' Trommel lässt verstummen und den Lärm
Der Schlacht zu leisem Flüstern sich verlieren.
Den Krüppel lässt du seine Krücke schwingen
Und heilest trotz Apollo ihn. Den König
Machst du zum Untertanen seines eignen
Vasallen – lässest steife Gravität
Im Tanz sich drehen, – lässt den Hagestolz,
Des Jugend deine Flamme übersprang
(Wie wilde Buben über Freudenfeuer),
Mit siebzig Jahren spät noch Feuer fangen
Und, wie zum Spotte seiner heisern Kehle,
Verliebte Lieder singen. Welche Macht,
Wie groß auch, könnte deiner sich vergleichen?!
Die Flamme Phöbus' mehrst du mit den deinen,
Die heißer noch als seine Flammen glühn.
Das Himmelsfeuer sengte ihm den Sohn,
Den sterblichen, doch du versengst ihn selbst.
Diana, doch bekannt als streng und kalt,
Warf hin den Bogen und begann zu seufzen.
– In Gnaden nimm mich an als deinen Jünger!
Geduldig hab ich stets dein Joch getragen,
Wie einen Kranz von Rosen, ob es schwerer
Als Blei auch war und mehr als Nesseln sticht.
Nie hab ich wider dein Gesetz gegrollt,
Geheimes nie verraten, denn mir war
Ja nichts bekannt, doch hätt's auch nicht getan,
Wenn alles offenbar mir wär gewesen.
Nie hab ich eines andern Weib verführt,
Vielmehr bin ich errötet, wenn ich sah,

Wie andre es versuchten. Heftig frug ich
Und zürnend dann: Habt ihr denn keine Mutter?
Ich hatte eine, und sie war ein Weib,
Wie also könnet ihr ein Weib beleid'gen?
Dabei erzählt ich, dass ich einen Mann
Von achtzig Jahren hätt gekannt, der sich
Mit einer Jungfrau hätt vermählt von vierzehn,
Denn so [haucht deine Macht dem Staube Leben ein!]
Des Alters Krämpfe hatten seine Füße
Verbogen, Gicht die Finger ihm gekrümmt;
Die stieren Augen hatten heft'ge Schmerzen
Aus ihren Höhlen ihm herausgetrieben,
Was in ihm Leben war, war eitel Qual.
Und doch erzielte diese halbe Leiche
Mit ihrer Gattin einen kräft'gen Buben!
Dass e r der Vater war, bezweifl' ich nicht,
Denn sie beschwor's, und wer musst ihr nicht glauben?
Genug – zu denen, die's getan uns plaudern,
Gehör ich nicht, noch weniger zu denen,
Die's nicht getan und doch sich dessen rühmen,
Wie ich dagegen über die kann lachen,
Die's hätten gern getan und nur nicht konnten.
Doch jene hass ich, die gewährte Huld
Mit Namensnennung unverschämt verkünden.
So bin ich, und beschwören kann ich es,
Nie seufzte ein Verliebter wahrer, treuer.
Und darum, holde Göttin, lass mich siegen
In diesem Kampf, der treuer Liebe soll
Den Lohn verleihn, und segne gnädig mich
Mit einem Zeichen deines Wohlgefallens.
Musik lässt sich vernehmen, Tauben flattern über die Bühne.
Die Ritter fallen auf ihr Angesicht und knien dann.
O du, die in der Brust der Sterblichen

Von elf bis neunzig herrschest – deren Plan
Die ganze Welt und wir ihr Wild! Ich danke
Für dieses Zeichen, das mir Zuversicht
Ins Herze gießt und meinen Gliedern Kraft
Zu diesem Werk verleiht. – Steht auf und lasst
In Ehrfurcht von der Himmlischen uns scheiden,
Denn es ist Zeit!

V.1, 77–136 [87–89]

Ich, der ich achtundsechzig bin, zucke zusammen, wenn ich dies lese; diese Vorstellungen von Siebzig-, Achtzig-, Neunzigjährigen machen mir klar, dass der neunundvierzig Jahre alte Shakespeare solche Stadien der Existenz nicht zu erleben erwartete noch hoffte. Dieser erstaunliche Hymnus an Venus ist jenseits aller Ironie, er ist eine negativ sublime Coda zu einem Vierteljahrhundert dramatischer Dichtung. Wie können wir Shakespeare in dieses offenbar neue Genre folgen, das zu entwickeln er sich weigerte? Keine kritische Methode kann uns helfen, wenn wir dieser immer neuen Dichtung gegenübertreten und ihr standzuhalten versuchen; die letzte Stimme des Dichters ist so viel stärker als alle anderen, dass der graduelle Unterschied in seiner Wirkung einem qualitativen Sprung gleichkommt. Und wenn die männlichen Leser angesichts von Palamons Gebet zusammenzucken (und genau das sollen sie auch), so muss das daran liegen, dass es ein nahezu universales Gefühl von Schuld und Scham anspricht. Keine Passage im Werk Shakespeares trifft mich so schmerzlich und zuinnerst, denn Palamon spricht als ein naiv Unschuldiger und also nicht im Namen der allermeisten von uns und auch nicht im Namen Shakespeares. Mit einem Mal besitzt Palamon eine Persönlichkeit, die ihn radikal von Arcite und von allen Männern im Publikum unterscheidet, ausgenommen, vielleicht, eine winzig kleine Minderheit. Wir leben heute in einer Kultur der Scham und der Schuld, und diese so unheimlich machtvolle Rede ruft unfehlbar in vielen von uns Scham und Schuldgefühl hervor, wenn wir, Geschöpfe eines »visuellen Zeitalters«, uns im Trommelfeuer der Augenreize noch einen Rest Gehör bewahrt haben. Aber ich bin eigentlich kein moralistischer Kritiker – meine Shakespeare-Verehrung erwächst aus ästhetischer Bewunderung, und so wende ich mich denn wieder der mehr ästhetischen Betrachtung der meisterhaften Rede Palamons zu.

Die ungeheure Gewalt der Venus wird hier fast ausschließlich in grotesken und Schreckensbildern dargestellt, die unser ganzes Elend eindrucksvoll deutlich machen, und trotzdem erscheinen wir nicht als Opfer, und Venus wird von dem Vorwurf freigesprochen, sie sei Täterin. Shakespeare hat am Ende von Chaucer über die bloße Ironie hinaus noch etwas gelernt; Palamon ist ohne Einschränkung bewunderungswürdig, aber er weiß eigentlich nicht, was er redet, und nur die ritterliche Tugend selbst kann, ohne absurd zu wirken, so sprechen, wie er es tut. Wenn Venus kein Vorwurf zu machen ist und wir allein für den ganzen Irrsinn der Liebe verantwortlich sind, dann müssen wir fragen (Palamon tut es nicht), warum wir unter ihrem Einfluss unweigerlich in Elend und Schande geraten. Palamon besitzt vielleicht paradiesische Ur-Tugend, aber die meisten von uns zwischen elf und neunzig sind nicht so rein, und nichts in diesem oder in sonst einem Stück von Shakespeare lässt vermuten, dass der Dramatiker einer paulinisch-augustinianischen Lehre anhängt, die eine erotische Ur-Sünde postuliert. Wie die *Beiden edlen Vettern* und die *Elegie* für Will Peter zu bezeugen scheinen, hatte Shakespeare genug Prügel eingesteckt, um froh zu sein, dass er mit alledem nichts mehr zu tun hatte, aber dass er uns etwa ganz simpel mit »treuer Liebe Lohn« abspeisen will, sieht dem alles andere als uneingeschränkt glücklich liebenden Ehemann von Anne Hathaway gar nicht ähnlich. Palamon beurteilt und beschreibt die schreckliche und katastrophale Macht der Venus über die Männer von elf bis neunzig völlig korrekt und ist insofern ein Realist in erotischen Dingen, auch wenn er als ein keuscher Verehrer der Göttin mit Recht von ihr Belohnung erwartet. Shakespeare sorgt dafür, dass die Rede mit keiner Silbe die größte ihrer Ironien ausplaudert: Palamon könnte genauso gut wie zu Venus zu Diana beten (was Emilia dann tatsächlich tut), denn sie ist seine wahre Göttin.

Palamon hat zwei verschiedene Vorstellungen von Venus, Shakespeare dagegen ist wie die meisten von uns in Dingen der Erotik Monotheist; zwar hütet er sich, auch nur die Spur von Ironie in Palamons Rede manifest werden zu lassen, aber er sorgt doch für eine geheime zweite Stimme, die diesem Lobgesang auf eine schuldlose, blütenreine Venus eine unverkennbar andere Färbung gibt. Bei aller ironischen Meisterschaft hätte Chaucer (der seine Dichtungen bei Hof und anderswo laut vortrug) wohl seinem Publikum nicht zuzumuten gewagt, was Shakespeare hier seinen Lesern und Zuhörern aufgibt – ich für meinen Teil glaube nicht, dass der späte Shakespeare eine so hohe Meinung von seinem Publikum gehabt hat, vielmehr hatte er wohl endgültig resigniert und schuf das Paradox der Rede Palamons nur für sich selbst und wenige Vertraute. Eine solche Haltung war gewiss nicht geeignet, die Produktivität anzuregen, und tatsächlich verstummte Shakespeare und schrieb in den drei Jahren, die ihm noch blieben, nichts mehr. Der Zufall ist die Gottheit, die eigentlich in der *Erzählung des Ritters* regiert, in den *Beiden edlen Vettern* herrscht tyrannisch Venus und nicht Mars oder Diana. Was Palamons großen Auftritt angeht, so müssen wir uns an die Rede halten, nicht an den Redner, so ehrlich es der junge Krieger auch immer meinen mag mit seiner Venus-Frömmigkeit. Seine Göttin richtet innere Zerstörungen an, während Mars die Außenwelt verwüstet; die Litanei der Destruktion ist lückenlos, die Jägerin Venus lässt kein Stück Wild entkommen. Alte Männer (»steife Gravität«) drehen sich im Totentanz. Siebzigjährige Hagestolze singen heiser verliebte Lieder. Krüppel schwingen ihre Krücken. Phöbus Apollo erlaubt in seiner Vernarrtheit seinem Sohn Phaeton, den Sonnenwagen zu lenken, ein Abenteuer, das böse endet. Diana verliebt sich in Endymion und wirft ihren Bogen weg. Das Beste ist die »halbe Leiche« des Achtzigjährigen mit der vierzehnjährigen Braut. Hier wird Venus zur Parodie Gottes, der den Adam erschafft: »so haucht deine Macht dem Staube Leben ein«, und es entsteht ein Bild der Hässlichkeit, das nicht seinesgleichen im Werk Shakespeares hat:

> Des Alters Krämpfe hatten seine Füße
> Verbogen, Gicht die Finger ihm gekrümmt;
> Die stieren Augen hatten heft'ge Schmerzen
> Aus ihren Höhlen ihm herausgetrieben,
> Was in ihm Leben war, war eitel Qual.

V.1, 108–113 [88 f.]

Der alte Lüstling mit seinen verkrümmten Händen und Füßen und den aus den Höhlen hervortretenden Augen wirkt eher wie ein Gefolterter als wie ein Genießer. Palamon signalisiert Spott, aber wir empfinden blankes Entsetzen. Mit offenem Zorn reagiert Talbot Donaldson auf diese provokante Passage:

> Wo Palamon in seinem Gebet nicht der Macht der Göttin, andere zu erniedrigen und zu korrumpieren, huldigt, preist er sich selbst dafür, dass er sich nie an tückischen Anschlägen auf die Tugend der Frauen beteiligt und nie schmierige Witze über sie gerissen hat, immer in dem Bewusstsein – braver Junge –, dass er eine Mutter hat.

Die ganze Passage ist ein Fall von Shakespearescher Distanzierungskunst, die sich hier dem Verständnis eines an Chaucer geschulten Ironikers entzog. Wie Chaucer lässt auch Shakespeare

Arcite im Kampf siegen, und Theseus ist grimmig entschlossen, Palamon und seine Ritter hinrichten zu lassen. Aber Arcites Pferd wirft seinen siegreichen Reiter ab, und der tödlich verwundete Mars-Verehrer tritt großzügig Emilia an Palamon ab. Da Shakespeare bereits klar gemacht hat, dass das Herz der Heldin auf ewig der toten Flavina gehört, haben wir keinen Grund, diese halbe Drehung des Glücksrades mit Jubel zu begrüßen. Das letzte Wort hat Theseus, der endlich doch auch die Absurdität der ganzen Sache zu erkennen scheint und nun plötzlich Züge von Shakespeare selbst annimmt:

> Zwei Tage oder drei weihn wir der Trauer,
> Bis wir Arcit zur Erd bestattet haben.
> Dann aber ziehn wir Hochzeitskleider an
> Und jubeln mit Palämon, den ich noch
> Betrauerte vor einer Stunde, während
> Ich froh war mit Arcit. Jetzt tut Arcit mir leid,
> Und mit Palämon freu ich mich!
>
> V.4, 124–131 [104]

Auf diese liebenswerte Selbstkorrektur folgt die wunderbare Schlusspassage, in der Theseus ganz verschwunden scheint und Shakespeare selbst uns für immer Lebewohl sagt:

> Ihr Zauberer dort droben, sagt, was macht ihr
> Aus uns für Wesen? Lasst bei dem uns [lachen],
> Was wir [entbehren], und bei dem uns trauern,
> Was wir [haben]. Wahre Kinder sind wir!
> Doch lasst uns dankbar sein für das, was ist,
> Und hadern nicht mit Euch, den über uns
> Allmächtig Waltenden. Kommt jetzt mit mir,
> Und was die Zeit verlangt, das lasst uns tun!
>
> V.4, 131–137 [104]

Die »Zauberer dort droben« sind wohl kaum Venus, Mars und Diana, vielmehr scheint von noch kapriziöseren Mächten die Rede zu sein. Palamon, Arcite, Emilia, Theseus, alle diese Karikaturen sind verschwunden, nur Shakespeare und wir sind noch da. Er hat gelernt, lachend zu entbehren und trauernd zu besitzen: Haben und Nicht-Haben ist gleich leicht, so wie in unseren heitersten Momenten, als wir noch Kinder waren oder wenn wir wieder Kinder sind. Der Rest ist nicht Schweigen und auch nicht die Aufforderung, Gleichmut zu bewahren, wenn wir Verabredungen einhalten, die wir nicht getroffen haben, denn »tun, was die Zeit verlangt« [»bearing us like the time«], meint nicht, lediglich das Gebot eines bestimmten Moments anzunehmen, sondern die Zeit als solche, so viel oder so wenig davon uns noch bleiben mag. Kein Schlusswort irgendeines Stücks von Shakespeare erscheint mir so tröstlich.

Coda: Die Shakespearesche Differenz

Wenn meine Annahme stimmt, dass Shakespeare, indem er die universal anerkannte Weise der Darstellung von Charakter und Persönlichkeit erfand, zugleich den Menschen, wie wir ihn kennen, erfand, dann muss er auch auf unsere Vorstellungen von der Sexualität entscheidenden Einfluss genommen haben. Joel Fineman, der hinter das Geheimnis dessen kommen wollte, was er den »Subjektivitäts-Effekt« nannte, fand in den Sonetten das Paradigma für alle Bisexualitäten, die Shakespeare (oder sonst ein Autor) geschaffen hat. Wenn Fineman sich auch allzu sehr von der intellektuellen Mode anstecken ließ, alles und jedes der »Sprache« statt dem auktorialen Ich zuzurechnen, verdanken wir ihm gleichwohl wirkliche Einsichten in den Zusammenhang von Shakespeares Porträts des unaufhörlich wachsenden inneren Ich und Shakespeares übernatürlich anmutender Wahrnehmung der Bisexualität in allen ihren Masken.

Wie überall erweist sich Shakespeare auch hier als der eigentliche Psychologe und Freud als der späte Propagandist. Der Mensch ist, diese Erkenntnis scheint bei Shakespeare überall durch, bisexuell veranlagt: wir alle haben Vater und Mutter. Ob wir die homosexuelle oder die heterosexuelle Komponente unseres Begehrens »vergessen« oder beide behalten, das können wir uns, so wie die Sonette und die Stücke die Sache darstellen, nicht aussuchen, und es besteht auch gar kein Grund zu besonderer Sorge, in aller Regel zumindest. Die prominenteste Ausnahme ist der Fall des Melancholikers Antonio im *Kaufmann von Venedig*; er klingt, nachdem er Bassanio an Portia verloren hat, geradezu lebensmüde. Shakespeare war, um das Wenigste zu sagen, ein skeptischer Ironiker, und daher wahrten seine Repräsentanten von Bisexualität immer eine gewisse mehr zweideutige als ambivalente Reserve.

Nietzsche, hierin ein Schüler Hamlets, erklärte uns, dass wir nur für das Worte haben, worüber wir bereits hinaus sind, weswegen immer ein Gran Verachtung in allem Reden liege. Ehe Hamlet unseren Glauben an die Sprache und an uns selbst erschütterte, war das menschliche Dasein sehr viel weniger kompliziert, aber auch deutlich weniger interessant. Shakespeare lehrte uns durch Hamlet, unsere Beziehungen zu jedermann mit Skepsis zu betrachten, voller Misstrauen gegenüber aller Gewandtheit, Affekte zu artikulieren. Wenn jemand uns allzu offenherzig und beredt seine Liebe erklärt, werden wir argwöhnisch, denn wie Nietzsche tragen auch wir Hamlet in uns.

Dass wir über uns selbst ebenso spontan wie über andere lachen können, verdanken wir weitgehend Falstaff, der sowohl die Ursache fremden Witzes als auch selbst witzig ist. Wer die Ursache fremden Witzes sein will, muss lernen, Gegenstand des Lachens zu sein, er muss dieses Lachen annehmen und vertragen und schließlich wohlgelaunt, hochgestimmt darüber triumphieren. Dr. Johnson pries Falstaffs unerschütterliche Fröhlichkeit, und er hatte Recht damit, allerdings unterschätzte er Falstaffs pädagogische Ambitionen, zu denen sich der fette Ritter auch ganz offen bekennt. Was Falstaff uns lehren will, ist ein umfassender Humor, der unnötige Grausamkeiten vermeidet, der vielmehr so recht deutlich macht, wie verletzbar jedes Ego ist, auch das von Falstaff selbst.

Shakespeares klügste Frauengestalt ist vielleicht Rosalind in *Wie es euch gefällt*, aber die reichste, diejenige, die am meisten umfasst, ist Kleopatra: Sie führt uns die ganze Komplexität des Erotischen vor Augen und lehrt uns, dass es schlicht unmöglich ist, die Akteurin, die die Rolle der Liebenden gibt, und die wirklich

Liebende voneinander zu scheiden. In all ihrer Brillanz verwirrt und verunsichert uns Kleopatra, und nicht nur uns, sondern auch Antonius und sich selbst. Ihre leidenschaftliche Existenz ist ständiger Wandel und schließt Ehrlichkeit aus, da sie für den Eros irrelevant ist. Wenn wir heute als Liebende mehr Mensch sind, tun wir es lediglich Kleopatra nach, deren Repertoire an erotischen Möglichkeiten ebenso wenig schale Ödigkeit wie Gewissheit aufkommen lässt.

Vier Jahrhunderte lang hat sich Shakespeares universale Wirkung stetig gesteigert; man kann wohl behaupten, dass sehr viel mehr Menschen seine Stücke aus eigener Initiative heraus oder im Rahmen des Schulunterrichts gelesen als auf der Bühne oder in Filmversionen gesehen haben. Wird sich dies im neuen Jahrhundert ändern, da eigentliches Lesen mehr und mehr aus der Mode kommt und Shakespeare in dem Maß, in dem der ganze Kanon sich auflöst, dessen Zentrum er ist, aus den Lehrplänen getilgt wird? Wird die heute modische Lehre, dass alle Individualität eine Illusion sei, auch noch kommende Generationen verblenden, so dass sie alles, was im Verdacht des Genialen steht, von sich weisen? Wenn Shakespeare nur ein Produkt gesellschaftlicher Prozesse ist, dann kann man auch der Ansicht sein, dass jedes beliebige derartige Produkt so gut oder so schlecht wie jedes beliebige andere sei. Werden Falstaff und Hamlet in jener Kultur der virtuellen Realität, die Aldous Huxley und George Orwell, wenn auch unvollständig und in verschiedener Weise, prophezeit haben, noch Paradigmen des Menschen sein können? Ein Journalist, der für das, was er »den genialen Einzelkämpfer« nannte, nur Hohn übrig hatte, verkündete kürzlich, die drei führenden »Ideen« unserer Zeit seien der Feminismus, der Umweltschutzgedanke und der Strukturalismus. Er verwechselte politische und akademische Moden mit Ideen, und das bringt mich wieder auf die Frage zurück: Wer, wenn nicht Shakespeare, könnte uns bei unserer Suche nach einer (wirklichen) Idee vom Menschen leiten?

Wenn Shakespeare wie Christopher Marlowe im Alter von neunundzwanzig Jahren ermordet worden wäre, so wäre der *Titus Andronicus* oder *Der Widerspenstigen Zähmung* sein letztes Stück gewesen und *Richard III.* sein Meisterwerk. Die gesellschaftlichen Entwicklungen der Regierungszeit von Elisabeth I. und Jakob I. hätten ungerührt ihren Fortgang genommen, aber die englische Renaissance hätte nicht jene fünfundzwanzig Dramen hervorgebracht, die mehr zählen als alle anderen. Gewiss, diejenigen Literaturwissenschaftler, die sich als bloße Kulturhistoriker verstehen, könnten sich auch mit George Chapman oder Thomas Heywood beschäftigen, denn wenn es nur auf die sozialen Triebkräfte der Kunst ankommt, so ist das eine Werk so interessant und wertvoll wie das andere. Wir alle wären vielleicht nicht weniger fidel, als wir sind, wenn es den reifen Shakespeare nie gegeben hätte, aber wir wären doch ganz anders, weil wir anders denken und empfinden und sprechen würden. Unsere Ideen wären andere, vor allem unsere Ideen vom Menschen, denn sehr viele unserer Gedanken waren Shakespeares Gedanken, bevor sie die unseren wurden. Und ebendeswegen haben wir keinen feministischen und keinen strukturalistischen und auch keinen um unsere Umwelt besorgten Chapman, werden uns aber, Gott sei's geklagt, wohl bald mit einem umweltschützerischen Shakespeare konfrontiert sehen.

2

Shakespeares Werk hatte in den letzten zweihundert Jahren den Status einer weltlichen Bibel. Die Stücke sind ähnlich gründlich und umfassend textkritisch durchleuchtet und kommentiert worden wie die Bücher der Heiligen Schrift, und die Menge an interpretierender Literatur zu Shakespeare steht der an theologischen Bibelauslegungen nicht nach. Es ist schlechthin unmöglich, auch nur die Veröffentlichungen zu Shakespeare alle zu lesen, die es wert wären, gelesen zu werden. Zwar gibt es unverzichtbare Arbeiten – die von Samuel Johnson, William Hazlitt, A. C. Bradley, vielleicht noch die von Samuel Taylor Coleridge –, aber die meisten Kommentare zu Shakespeare entsprechen doch bestenfalls den Bedürfnissen einer je besonderen Generation in dem einen oder anderen Land. Und diese Bedürfnisse sind verschieden: Regisseure und Schauspieler, Theater- und Lesepublikum, Professoren und Studenten können ganz unterschiedliche Vorstellungen davon haben, was ihrem Verständnis weiterhilft. Shakespeare gehört allen Menschen, unabhängig von ihrer Nationalität, ihrer Sprache und ihrem Beruf. Anders als die Bibel, die in Konkurrenz zum Koran und zu indischen und chinesischen religiösen Schriften steht, ist das Werk Shakespeares wirklich einzigartig in der Kultur der Welt, und nicht nur in der Theaterkultur.

Das Buch, das ich hier vorlege, ist die Arbeit eines Nachgeborenen, es steuert im Kielwasser der Shakespeare-Kritiker, die ich am meisten verehre: Johnson, Hazlitt, Bradley sowie deren Schüler Harold Goddard. Ich habe mich bemüht, meine späte Geburt zum Vorteil zu wenden, und immer gefragt: Warum Shakespeare? Er war bereits *der* kanonische Autor der westlichen Kultur und ist dabei, im ungeschriebenen Kanon der Welt eine zentrale Stellung einzunehmen. Wie ich immer wieder betont habe, sind Hamlet und Falstaff, Rosalind und Jago, Lear und Kleopatra ganz offensichtlich mehr als große Rollen für Schauspieler und Schauspielerinnen. Es fällt einem manchmal schwer, sich klar zu machen, dass Hamlet kein antiker Held ist wie etwa Achilles oder Ödipus und dass Falstaff keine historische Person war wie etwa Sokrates. Wenn wir an den Teufel denken, so hat das, was uns in den Sinn kommt, ebenso viel von Jago wie von Satan, und die historische Kleopatra ist nur ein Schatten jener hypnotisch faszinierenden Gestalt, die Shakespeare geschaffen hat, des Inbegriffs der *femme fatale*.

Shakespeares Wirkung, ungeheuer in der Literatur und noch größer im Leben, ist unermesslich geworden und scheint immer noch zu wachsen. Das Werk ist einflussreicher als das Homers und Platons und hat Charakter und Persönlichkeit der Menschen in keinem geringeren Maß geprägt als alle heiligen Schriften des Westens wie des Ostens. Die Gelehrten, die Shakespeare auf seinen Kontext einengen wollen – den historischen, sozialen, politischen, ökonomischen, rationalen, theatralischen –, können vielleicht bestimmte Aspekte der Stücke erhellen, aber sie können unmöglich Shakespeares Einfluss auf uns erklären, der einzigartig und eben nicht auf Shakespeares besondere Situation, seinen Ort in Raum und Zeit, zurückzuführen ist.

Wenn es tatsächlich eine universale, einheitstiftende Weltkultur, die der Rede wert ist, geben kann, dann kann eine solche Kultur nicht aus der Religion fließen. Judaismus, Christentum und Islam entstammen einer gemeinsamen Wurzel, im Übrigen aber besitzen sie mehr Trennendes als Verbindendes, und die anderen großen religiösen Traditionen, die ihre Zentren in Indien und China haben, sind den verschiedenen Nachkommen Abrahams ganz fremd. Gemeinsam ist der Welt mehr und mehr die Technologie; irgendwann einmal wird sie ein einziger riesiger Computer sein, aber das ist nicht eben das, was wir unter »Kultur« verstehen. Englisch ist schon jetzt die Weltsprache und wird es wohl im 21. Jahrhundert noch mehr werden. Shakespeare, der beste und alles überragende Schriftsteller englischer Sprache, ist schon jetzt der einzige universale Autor, der überall gelesen und aufgeführt wird. Diese Ausnahmestellung ist in keiner Weise zufällig, sondern hat ihre guten Gründe. Sie verdankt sich zuallererst dem schönsten und tiefsten aller Talente Shakespeares, das ihn befähigte, eine Reihe von Männern und Frauen zu schaffen, die in der Literatur nicht ihresgleichen haben. Iris Murdoch, die sich nichts Geringeres als das Unmögliche zum Ziel gesetzt hat, nämlich, es im epischen Fach dem Dramatiker Shakespeare nachzutun, sagte einmal in einem Interview: »Natürlich hat die Sache einen großen Haken, ich meine: wenn man sein will wie Shakespeare; man muss ja alle möglichen Leute verschiedenster Art erschaffen, die völlig anders sind als man selbst.«

Wie Shakespeare selbst war, werden wir nie erfahren, soviel zumindest steht fest. Wir glauben zu wissen, wer Ben Jonson und Christopher Marlowe waren; es könnte sein, dass unsere Vorstellungen falsch sind, aber jedenfalls haben wir ein ziemlich klares Bild von diesen Persönlichkeiten. Wir besitzen eine ganze Anzahl von Informationen zum äußeren Leben Shakespeares, aber über sein Wesen wissen wir absolut nichts. Er *wollte* farblos erscheinen; das war vielleicht eine seiner vielen Masken, hinter denen er seine wahrhaft ungeheure Originalität und intellektuelle Autonomie verbarg, die nicht allein den Glanz der zeitgenössischen Kollegen, sondern auch den der früheren und nachgeborenen verblassen ließen. Man kann Shakespeares innere Freiheit gegenüber den Konventionen seiner Epoche und auch gegenüber der Theatertradition nicht genug bewundern. Ich glaube, wir müssen die Bedeutung dieser Unabhängigkeit noch stärker herausstreichen, als man es bisher getan hat. Es lässt sich zeigen, dass das Werk Dantes oder Miltons oder Prousts der vollendete Ausdruck der abendländischen Kultur in dem je besonderen Stadium ihrer Entwicklung war, Gipfel und Konzentrat der Kultur Europas, so wie sie sich zu einem bestimmten Zeitpunkt an einem bestimmten Ort darstellte. Dasselbe lässt sich an Shakespeare nicht zeigen, und zwar nicht wegen jener »literarischen Transzendenz«, die man ihm nachrühmt. Bei Shakespeare bleibt immer ein unaufgelöster Rest, ein Überschuss, so exzellent auch die Inszenierung, so scharfsinnig die Deutung, so gründlich die gelehrte Abhandlung, sei es im alten Stil, sei es im neuen modischen, auch gewesen sein mag. Shakespeare zu erklären ist ein endloses Unternehmen – jeder, der es versucht, wird erschöpft sein, lange bevor die Stücke ausgeschöpft sind. Man kann sein Werk allegorisieren oder ironisieren, indem man es ausschließlich auf die Theatergeschichte, die Religion, die Politik bezieht, es im

Licht der Kulturanthropologie, der Psychoanalyse, der Theorien von Foucault oder Marx oder des Feminismus betrachtet, aber das alles reicht nicht sehr weit. Nahezu jeder kann, wenn er es nur einigermaßen schlau anfängt, mit einiger Wahrscheinlichkeit Shakespeare Einsichten abgewinnen, die für sein noch so besonderes Spezialinteresse relevant sind, sehr viel weniger wahrscheinlich ist es, dass eine freudianische oder marxistische oder feministische Optik Einsichten in Shakespeares Werk vermittelt. Seiner Universalität sind wir nicht gewachsen, seine Stücke wissen mehr als wir, und unsere Besserwisserei ist deswegen in akuter Gefahr, in Ignoranz abzustürzen.

Kann es eine Shakespearesche Deutung Shakespeares geben? Seine Stücke interpretieren einander gegenseitig, und etwa zwei Hand voll gelehrter Kritiker haben es verstanden, die Stücke dabei zu belauschen. Ich wünschte mir nur allzu sehr, es gäbe immer noch eine Aufführungspraxis im Geist Shakespeares, aber es ist lange her, dass ich eine solche Inszenierung gesehen habe. Ich will in diesem Buch eine Shakespearesche Interpretation der Figuren Shakespeares bieten, wobei ich öfter die Hilfe der einen Figur in Anspruch nehme, um eine andere zu erklären. In einigen Fällen habe ich auch Geschöpfe anderer Autoren herangezogen, besonders von Chaucer und Cervantes, aber es ist immer ein riskantes Unternehmen, sich von Shakespeare zu entfernen, um ihn zu begreifen, selbst wenn man sich auf die wenigen Autoren beschränkt, die den Vergleich mit dem Erfinder Hamlets und Falstaffs aushalten und nicht sofort zu nichts zusammenschrumpfen. Shakespeares Gestalten mit denen seiner zeitgenössischen Rivalen zu vergleichen heißt, diese der Lächerlichkeit preiszugeben, wie ich immer wieder gezeigt habe. Literarische Transzendenz ist heute nicht mehr Mode, aber Shakespeare ist nun einmal seinen Kollegen im dramatischen Fach in einer Weise überlegen, dass jeder kritische Versuch, ihn den Beschränkungen seiner Zeit, seines Orts, seiner Profession zu unterwerfen, immer hart am

Rand des Absurden steuert. Am Beginn aller Shakespeare-Kritik steht heutzutage nicht mehr das ehrfürchtige Staunen, und doch gibt es, glaube ich, gar keine andere Möglichkeit, sich diesem Werk zu nähern. Staunen, Dankbarkeit, Schock, bestürzte Bewunderung sind die angemessenen Reaktionen, und aus diesen Gefühlen heraus müssen wir die Arbeit anpacken.

Jacob Burckhardt erwähnt in seinem Meisterwerk *Die Kultur der Renaissance in Italien* (1860) Shakespeare nur an einer einzigen Stelle, wo er die vergleichsweise kümmerliche Theaterkultur Italiens unter spanischer Herrschaft behandelt. Ohne jeden Zweifel waren die äußeren Umstände seiner Zeit und seiner Umgebung Shakespeare enorm günstig, aber dieselben Vorteile genossen außer ihm auch Dutzende anderer Dramatiker seiner Generation. Worauf es wirklich ankommt, ist, wie Burckhardt betont, schlicht und einfach, »dass ein solcher Genius überhaupt ein seltenes Geschenk des Himmels ist«. Jacob Burckhardt und Friedrich Nietzsche, seinem jüngeren Kollegen in Basel, verdanken wir die Wiederentdeckung des altgriechischen »agonalen Instinkts«, die Vision von Literatur als einem immerwährenden Kräftemessen. Gewiss, Shakespeare musste am Anfang den Einfluss Marlowes aushalten und ihn überwinden, aber als er dann Falstaff und Hamlet geschaffen und so ganz zu sich selbst gefunden hatte, war er derart übermächtig geworden, dass es einem schwer fällt, sich vorzustellen, er hätte mit irgendjemandem konkurriert. Nach *Hamlet* war Shakespeares eigentlicher Widersacher er selbst, und wenn man die Stücke in der Reihenfolge ihrer Entstehung betrachtet, ergibt sich der Eindruck, dass er dazu verdammt war, sich selbst zur Kapitulation zu zwingen.

Der bewundernswerte Kritiker Charles Lamb machte sich zu seiner Zeit bitter verhasst, weil er die Meinung vertrat, es sei besser, Shakespeares Stücke zu lesen, als sie sich im Theater anzusehen. Wenn man immer nur Ralph Richardson oder John Gielgud oder Ian McKellen zu sehen bekäme, könnte man vielleicht

Lamb widersprechen, wer aber etwa Ralph Fiennes erlebt hat, der in einer schlechten Inszenierung den Hamlet als reicher Leute armes Kind spielt, oder George C. Wolfes naseweise Travestie des *Sturm*, wird ihm eher Recht geben. Der Leser kann sich seine eigene Inszenierung machen und das Stück selbstständig oder mit Hilfe von Hazlitt, A. C. Bradley und Harold Goddard interpretieren. Im Theater muss man mit der Deutung vorlieb nehmen, die einem vorgesetzt wird, und man ist den Launen der jeweils aktuellen politischen Mode wehrlos ausgeliefert. Harry Burger jr. weist in seinem klugen Buch *Imaginary Audition* (1989) auf eine feine Ironie hin:

> Es mutet uns pervers an, und zweifellos zu Recht, wenn wir feststellen, dass die flammende Lust am Theater, die in Shakespeares Texten durchscheint, von einer gewissen Verzweiflung am Theater konterkariert wird, an dem Theater, das diese Texte verführerisch lockt und zugleich von ihnen verführt wird. Es ist eine Verzweiflung am Voyeurismus des Publikums, das der gesprochenen Sprache nicht folgen kann; diese lässt goldene Äpfel an den Wegrand fallen, um der Gier der Hörer, die den Vortrag verschlingen möchten, eine Ersatzbefriedigung zu bieten.

Wahrscheinlich hat das, was hier ironisch als pervers bezeichnet wird, mit Shakespeares scheinbarer Unbekümmertheit um das Fortleben seiner Texte zu tun. Die kreative Verschwendungslust Shakespeares erschien dem immer angestrengten Dichter Jonson zweifellos, zumindest in manchen Momenten, wie Leichtsinn, aber wir sollten uns nicht täuschen lassen. Eine üble Modeströmung in der Literaturwissenschaft möchte den ganzen Shakespeare über den Leisten der krudesten Texte schlagen, die ihm irgend zuzuschreiben sind. Sir Frank Kermode hat eindringlich gegen diese destruktive Praxis protestiert, deren schlimmste Auswüchse in der Oxforder Ausgabe von Gary Taylor zu besichtigen sind. Charles Lamb fand eine liebenswürdige Verbündete in Rosalie Colie, die uns daran erinnerte, was die Herausgeber der First-Folio-Edition, Shakespeares Schauspielerkollegen Heminges und Condell, dem Publikum zuriefen: »Lest ihn also, lest ihn wieder und wieder«, und hinzufügte: »Wir brauchen uns auch nicht dafür zu entschuldigen, wenn wir Chaucers Werk als Lesestoff behandeln, obwohl wir wissen, dass er seine Geschichten dem Publikum vorlas.«

Wenn Shakespeare eigene Stücke wie den *Hamlet* oder den *Lear* am Globe inszenierte, konnte er schwerlich diese Dramen in ihrer ganzen verstörenden Komplexität zur Anschauung bringen. Als Regisseur musste selbst Shakespeare, genauso wie jeder Regisseur und jeder Schauspieler, auswählen, sich entscheiden, er konnte die eine Perspektive nur auf Kosten der anderen hervorheben und musste, ob ihm das schwer fiel oder leicht, die unendliche Fülle von Sinn-Möglichkeiten, die in seinen Dramen steckte, beschneiden. Es muss schon zu Shakespeares Zeit wirkliche Enthusiasten gegeben haben, die seine Texte lesen und studieren wollten, das beweisen die frühen Quarto-Ausgaben: so gut oder schlecht sie immer sein mögen, so wurden sie doch auf den Markt gebracht, verkauft und nachgedruckt. Achtzehn von Shakespeares Stücken waren in separaten Bänden bereits gedruckt worden, bevor 1623 die First-Folio-Ausgabe erschien, als erstes der *Titus Andronicus*, der 1594, im Jahr der Uraufführung, herauskam. Falstaffs erstem Auftritt (noch unter seinem ursprünglichen Namen Oldcastle) folgten 1598 zwei Quarto-Drucke, die 1599, 1604, 1608, 1613 und 1622 neu aufgelegt wurden, und noch nach Erscheinen der First-Folio-Ausgabe druckte man diese Quartos zwei Mal (1632 und 1639) nach. Hamlet, die einzige Figur, die zu Shakespeares Lebzeiten ähnlich populär war wie der Publikumsliebling Falstaff, brachte es in den zwei Jahren nach seinem ersten Auftritt auf zwei Quartos. Worauf es mir ankommt ist: Shakespeare wusste, dass seine Stücke gelesen wurden, und seine Leserschaft war zwar nicht so zahlreich wie sein Theaterpublikum, aber sie war doch keineswegs nur ein kleiner Kreis von Eingeweihten. Ich will mit alledem nicht andeuten, dass es etwa zwei verschiedene Shakespeares gegeben hätte, ich möchte nur daran erinnern, dass der eine Shakespeare subtiler und reicher war, als manche Vereinfacher vom Theater wahrhaben wollen.

William Hazlitt schrieb 1814 einen kurzen Aufsatz mit dem Titel: »Über den Nachruhm und was er Shakespeare bedeutete«. Er gelangte darin zu der Schlussfolgerung – die mancher vielleicht erstaunlich findet –, dass Shakespeare von egoistischem Bedürfnis nach Ruhm vollkommen frei war. Viele Kritiker heutzutage stellen sich den großen Dramatiker gern als einen Andrew Lloyd Webber der Renaissance vor, der Geld scheffelte und sich um die Nachwelt keine Gedanken machte. Ich bezweifle das; Shakespeare war nicht Ben Jonson, aber er war viel mit ihm zusammen und kannte wahrscheinlich seinen eigenen Wert zu genau, um Jonsons und George Chapmans Ängste um das literarische Fortleben nach dem Tod zu teilen. Die Aussagen der Sonette hierzu sind, wie auch sonst in den meisten Dingen, widersprüchlich, aber die Erwartung, literarisch zu überdauern, spielt doch eine wichtige Rolle. Vielleicht hat es der Transzendentalist Coleridge am besten erfasst, wenn er sagt: »Shakespeare ist die Gottheit Spinozas – eine allgegenwärtige Kreativität.«

Spinoza lehrte, wir sollten Gott lieben, aber nicht erwarten, dass Gott uns wiederliebt. Vielleicht war Shakespeare ein solcher Gott, der sich die Verehrung des Publikums gefallen ließ, ohne sich ihm irgend verpflichtet zu fühlen; vielleicht ist tatsächlich Hamlet insofern Shakespeares wahrer Stellvertreter, als er ebendeswegen die Liebe des Publikums gewinnt, weil er sie unverkennbar nicht braucht noch will, so wie er auch sonst niemandes Liebe braucht. Shakespeare war vielleicht stark genug, um auf das Äquivalent von Liebe, den Beifall, der immer auch auf den ewigen Applaus der Nachwelt vorausweist, verzichten zu können. Aber der unermüdliche Experimentator, der eine immer größere Abneigung dagegen empfand, sich zu wiederholen, und Altes nur wiederaufgriff, um etwas radikal Neues daraus zu machen, scheint, auch wenn er sehr wohl darauf achtete, seine souveräne Vorrangstellung zu behaupten, doch ständig seine eigenen inneren Interessen verfolgt zu haben. Das Wesen der Dichtung, so Johnson, ist Erfindung, und in keinem dichterischen Werk, das wir kennen, ist auch nur annähernd so viel Erfindung, vor allem Menschenerfindung, wie in Shakespeares Stücken.

Damit sind wir wieder bei dem zentralen Thema angelangt, um das es in diesem Buch geht, und zugleich bei dem Punkt, in dem meine Position sich von der fast aller heutigen Shakespeare-Interpreten – Universitätsgelehrten, Journalisten und Theaterleuten gleichermaßen – unterscheidet. Es ist sehr gut möglich, dass Shakespeare selbst gar nicht klar war, wie originell seine Darstellung der menschlichen Natur war, genauer gesagt: des menschlichen *Handelns* und des oft widersprüchlichen Verhältnisses zwischen Tat und Wort. Marlowe und Jonson sind sich bei aller Verschiedenheit letztlich darin einig, dass ihnen das Wort mehr gilt als das Handeln, oder jedenfalls betrachteten sie es als die eigentliche Aufgabe des Dramatikers, zu zeigen, dass Worte der wahre Ausdruck des Handelns sind. Shakespeares Skeptizismus bezeichnet die Differenz, die ihn von Marlowe und Jonson gleichermaßen trennt, denn er fordert uns auf, zu sehen, dass wir ganz anders handeln als reden. Was Shakespeares ureigene Darstellungsweise zuallererst ausmacht, ist ein Skeptizismus, der noch weiter geht als der Nietzsches, denn Hamlet weiß, dass er bereits über das hinaus ist, wofür er Worte findet, und folglich liegt in seinem Reden fast immer Verachtung. Falstaff, dem Witz alles ist, kann ohne Verachtung sprechen, aber nicht ohne ein Maß an Ironie, das selbst das Fassungsvermögen seines Schülers Hal überfordert. Manchmal scheint es mir, als wären nicht Hamlet und Falstaff, sondern Jago und Edmund die Charaktere, die am reinsten den Shakespeareschen Geist verkörpern, weil sie so ganz von der unüberbrückbaren Kluft zwischen Wort und Tat leben. Trotz alldem passt das Etikett des Skeptizismus besser zu Montaigne und zu Nietzsche als zu Shakespeare, dessen Denken die Grenzen des Skeptischen sprengt, wieweit auch immer man diesen Begriff fassen mag. Diese Shakespearesche Freiheit hat am besten Graham Bradshaw in seinem großartigen Werk *Shakespeare's Skepticism* (1987) analysiert, das zum Besten gehört, was in neuerer Zeit (d. h. seit A. C. Bradley) über Shakespeare geschrieben wurde.

Nach Bradshaw ist Shakespeares Meisterschaft in der Kunst der ironischen Distanzierung von zentraler Bedeutung für sein Werk, denn sie erzeugt einen praktizierten Skeptizismus, der auch die »natürlichen« Werte in Frage stellt. Dem ist, glaube ich, nur hinzuzufügen, dass Shakespeare von diesem Skeptizismus insofern abkam, als er aufhörte, sich in feindliche Konkurrenz zur Natur zu setzen, und ihre indifferente Macht als gegeben hinnahm. Wir können vielleicht sagen, dass Shakespeare, der ja die ganze Größe der Natur in sich fasste, selbst von der Gleichgültigkeit der Natur und so letztlich auch des Todes Zeugnis ablegte. Aber er fasst auch die noch gewaltigere Größe der Kunst in sich und ist deswegen weder indifferent noch völlig skeptisch, weder ein Glaubender noch ein Nihilist. Seine Stücke machen uns überzeugend klar, dass *sie* sehr wohl zählen, dass die Personen, die darin agieren, *allerdings* Wert und Bedeutung haben, nur nicht in und vor der Ewigkeit.

Manchmal haben diese Figuren Bedeutung für andere, immer aber letztlich für sich selbst – sogar Hamlet und Edmund, sogar der elende Schuft Parolles in *Ende gut, alles gut* und der ranzige Thersites in *Troilus und Cressida*. Wie Jane Austen so wunderbar scharfsichtig beobachtet hat, wird der Wert einer Person bei Shakespeare ihr immer von anderen Personen verliehen, die ihrerseits auf Wertschätzung hoffen. Wir bezweifeln, dass Fortinbras dem Prinzen Hamlet am Ende besonders viel bedeutet, und wir glauben auch nicht mehr so recht daran, dass Hamlet seinen treuen, aber farblosen Freund Horatio gar so übertrieben hochschätzt. Was indes Hamlets eigenen Wert betrifft, so hegen wir, mag Hamlet selbst auch skeptisch sein, keinerlei Zweifel, weil alle Personen in dem Stück, sogar die Feinde des Helden, ihm in der einen oder anderen Weise Respekt erweisen.

Man kann Hamlet in immer neuen Perspektiven betrachten und wird doch nie fertig mit ihm, weil seine Größe und seine Indifferenz nicht so sehr ihn in der Natur als vielmehr die Natur in ihm aufgehen lassen. Falstaffs ähnlich weites Bewusstsein legt uns den Gedanken nahe, dass die Natur erst Sinn und Verstand gewinnen kann, wenn sie sich mit Falstaff assoziiert und etwas von seinem Witz abbekommt. Edmund beschwört fälschlich die Natur als seine Göttin, aber er hat die Natur zu einer rein negativen, alles verschlingenden Wesenheit gemacht, deren Logik praktisch keinerlei Affekt zulässt. Jago, der sich mit mehr Recht auf eine »Theologie der Hölle« beruft, schafft mit Bravour, was er sich vorgenommen hat: er vernichtet die einzige ontologische Wirklichkeit, die er kennt, nämlich die des organisierten Kriegswesens, verkörpert in dem Kriegsgott Othello, und setzt an deren Stelle den anarchischen Krieg aller gegen alle. Jago vollbringt das im Namen eines Nichts, das ihn für seinen eigenen Verlust entschädigen soll: er wurde übergangen und von der einzigen Instanz zurückgewiesen, die ihm einen Wert bedeutet, von Othello, der für die ganze Glorie des Kriegs steht.

Shakespeares Darstellung des Menschen ist kein Zurück zur Natur, auch wenn die Betrachter seiner Stücke bis heute immer das verblüffte Gefühl gehabt haben, seine Männer, Frauen und Kinder seien irgendwie »natürlicher« als andere dramatische oder literarische Figuren. Wenn man der modischen Lehre glaubt, der zufolge das natürliche Ich obsolet geworden und die Vorstellung, es gebe so etwas wie individuellen Stil, überholter Unsinn ist, dann kann man an Shakespeare wie auch an Mozart und Rembrandt eigentlich nur mehr das interessant finden, was er mit allen anderen Künstlern gleich welchen Ranges gemeinsam hat. Die Existenz des eigenen Ich zu bezweifeln ist eine Art elitärer säkularer Häresie, vielleicht beschränkt auf die Sekte der Verfechter des kulturhistorischen Ansatzes. Der Autor ist tot, meinen der Nietzsche-Epigone Foucault und die Seinen, aber die führenden Lyriker, Romanciers und Dramatiker unserer Zeit zeigen sich unbeeindruckt und versichern uns fast unisono, dass sie fortfahren werden, selbstsüchtig ihre ureigenen neuen Ideen zu entwickeln. Ich will Freud nicht die Schuld für das Treiben postmoderner Franzosen in die Schuhe schieben, habe aber den Verdacht, dass seine souveräne Meisterschaft im Erfinden innerer Handlungsinstanzen, denen er ein Eigenleben zuschrieb, den poststrukturalistischen Propheten des Ressentiments und ihrer Lehre vom »Tod des Subjekts« den Boden bereitet hat. Wenn das Ich postuliert und zugleich für nichtig erklärt werden kann, dann kann man auch mit kulturhistoristischer Lässigkeit die Individualität beiseite fegen.

Was passiert mit Sir John Falstaff, wenn wir ihm ein Ich verweigern? Die Frage ist doppelt wunderlich, denn manche würden nur mit den Schultern zucken und sagen: »Na ja, schließlich ist er bloß ein Sprachgebilde«, während einige andere gern entgegnen würden, dass eine so lebendige Darstellung einer so starken Persönlichkeit etwaige Zweifel an der Existenz des Ich restlos beseitigen muss. Sir John für seinen Teil kennt gewiss keine Selbstzweifel, sein Selbstgenuss schließt schwankende Überlegungen à la Hamlet, ob wir zu voll oder zu leer sind, aus. Es ist eine abgrundtiefe Ahnung von Verlust in Falstaff, er spürt, dass er an verratener Liebe sterben wird. Empson, entschlossen, in seinem Umgang mit dem fetten Ritter ja nicht sentimental zu werden, wollte uns einreden, der große Komödiant sei ein gefährlicher

Machiavellist. Empson war ein scharfsinniger Kritiker, aber er hatte offenbar ganz vergessen, dass Shakespeares große Machiavellisten – Jago und Edmund – wissen, dass sie ontologische Nichtse sind, und daran leidet Falstaff nun gewiss nicht. In seiner vor Leben strotzenden Selbstgewissheit ist er ein echtes Kind des Weibs von Bath. Er hätte gern gewollt, dass Heinrich V. ihm die Börse füllte, aber die schreckliche Zurückweisung, die er erfährt, ist nicht in erster Linie eine weltliche Katastrophe.

3

Kann man die Gründe für Shakespeares universale Wirkung angeben, kann man bestimmen, warum wir seine Größe als einzigartig empfinden? Ich bin sicher, dass der Shakespeare der Amerikaner nicht mit dem der Briten noch mit dem der Japaner noch mit dem der Norweger identisch ist, und doch erkenne ich bei jedem etwas wieder, was wirklich Shakespeare ist und was auf seiner triumphalen Wanderung von einer Nation zur anderen nicht beschädigt wird oder verloren geht. Gegen alle Versuche unserer Zeit, herausragenden kulturellen Leistungen ihre Besonderheit abzusprechen, halte ich an der Behauptung fest, dass Shakespeare uns erfunden hat (wer auch immer wir sein mögen) und eben nicht wir Shakespeare erfunden haben. Wenn man ihn beschuldigt, etwa Newt Gingrich oder Harold Bloom erfunden zu haben, muss man nicht unbedingt diesem oder jenem besonderen dramatischen Wert zusprechen, es genügt schon, sich klar zu machen, dass Gingrich eine Parodie Gratianos im *Kaufmann von Venedig* und Bloom eine Parodie Falstaffs ist. Ein Historisierer französischer Mode würde mir das nicht durchgehen lassen, ich weiß, und doch wage ich zu behaupten, dass das Publikum des Globe so verfuhr und nicht anders Shakespeare, der Ben Jonson als Malvolio auf die Bühne brachte und Kit Marlowe als Edmund und William Shakespeare als – wählen Sie selbst! Die Stückeschreiber und Theatermacher, die Shakespeare in seinen

Stücken auftreten lässt, sind inspirierte Amateure: Peter Quince, Falstaff und Hal, Hamlet, Jago, Edmund, Prospero – ich glaube nicht, dass einer aus dieser sehr bunt gemischten Gesellschaft die Stelle des hochgradig professionell arbeitenden Dramatikers Shakespeare vertritt. Die einzigen Rollen, von denen wir wissen, dass er sie selbst gespielt hat, sind die des Geists im *Hamlet* und die des alten Adam in *Wie es euch gefällt.* Man nimmt an, dass sein eigentliches Fach ältere Männer waren, und kann sich fragen, wie viele englische Könige er wohl dargestellt hat. Etliche Kritiker haben ihn vielsagend einen Schauspieler-König genannt – ihnen schwebten wohl Bilder wie die vor, die Falstaff und Hal lebendig werden lassen, wenn sie in ihrem improvisierten Rollenspiel den König Heinrich IV. geben. Vielleicht hat Shakespeare Heinrich IV. gespielt, wir wissen es nicht. Der Schauspielerberuf war eine zweischneidige Sache für Shakespeare und brachte ihm manche Demütigung ein. Wir wissen nicht genau, wie eng die Sonette mit Shakespeares Lebenswirklichkeit zusammenhängen, aber mich überzeugt die Argumentation einiger Gelehrter, die meinen, Falstaffs Beziehung zu Hal habe eine Parallele im Verhältnis des Dichters der Sonette zu seinem Gönner, dem Earl of Southampton, der möglicherweise auch sein Geliebter war. Was immer es war, was Shakespeare mit Southampton erlebte, so hatte es doch jedenfalls eine negative Seite und erinnerte ihn schmerzhaft daran, dass er eben nur ein Schauspieler war und kein König.

Warum Shakespeare? Er hat weit in die Zukunft vorausgewirkt, nicht nur in die des Theaters und der Literatur. Es ist nur wenig übertrieben, wenn man sagt, das einzige dauerhafte Interesse des Menschen, auf das er keinen Einfluss genommen hat, sei die Religion, ihre Praxis ebenso wie die Theologie. Obwohl er sich, weil ihm sein Leben lieb war, vor der Politik nicht weniger in Acht nahm als vor Glaubensfragen, ist seine Wirkung auf die Politik beträchtlich, wenn er sie auch weniger stark bestimmt hat als die

Psychologie oder die Moral (bei aller Vorsicht, die er – auf seine Weise jedenfalls – der Moral gegenüber walten ließ). Der große Menschen- und Sprachschöpfer schmolz das Alte, das er vorfand, ein, um seine Darstellung des Individuums in und aus der Sprache zu formen. Diese Feststellung ist das Zentrum dieses Buchs – ich weiß wohl, dass viele sie für übersteigert halten werden. Es ist aber die schlichte Wahrheit, die bloß deswegen in Vergessenheit geraten ist, weil wir heute, da die Literaturprofessoren alles Mögliche lehren, nur nicht Literatur und über Shakespeare kaum anders reden als über Fernsehserien oder die famose Madonna, viel zu wenig die Wirkung der Literatur auf das Leben beachten. Das elisabethanische Pendant zu dem, was Fernsehen oder Madonna bieten, waren solche Unterhaltungen wie Bärenhatzen und öffentliche Hinrichtungen. Shakespeare war und ist ohne Zweifel populär, aber er war nie Teil dessen, was man heute mit dem kuriosen Begriff »populäre Kultur« fasst, einem Ausdruck, der mittlerweile zu einem Oxymoron geraten ist.
Warum Shakespeare? Wer könnte ihn als Menschenbildner ersetzen? Dickens hat etwas von Shakespeares weltumspannender Universalität, aber seine grotesken und sogar seine eher vorbildhaften Figuren sind Karikaturen, die mehr den Geschöpfen Ben Jonsons als denen Shakespeares gleichen. Cervantes kommt schon eher als Konkurrent in Frage: Don Quijote kann neben Hamlet bestehen, und Sancho Pansa könnte versuchen, es mit Falstaff aufzunehmen, aber wo sind Cervantes' Jago, Macbeth, Lear, Rosalind, Kleopatra? Mir scheint, Chaucer ist wohl der aussichtsreichste Kandidat; er ist Shakespeares eigentlicher Vorfahr und hat zum Wesen von Falstaff und Jago mehr beigesteuert als Marlowe (und Ovid) zu dem egal welcher Shakespeareschen Figur. Gewiss, wir suchen in der Literatur noch etwas anderes als Persönlichkeiten, aber die meisten Menschen sind nun einmal einsam, und Shakespeare war der Dichter der Einsamkeit, die immer auch ein Memento mori ist. Ich bin überzeugt, dass die

meisten von uns lesen und ins Theater gehen, weil sie anderen Ichs zu begegnen hoffen. Wenn man seinem eigenen Ich nachspürt, betet oder meditiert man oder rezitiert ein Gedicht oder verzweifelt in seiner Einsamkeit. Shakespeare ist uns deswegen so wichtig, weil er uns so viele andere Ichs zeigt, die uns größer und deutlicher erscheinen als selbst unsere engsten Freunde oder unsere Geliebten. Ich will nicht etwa sagen, dass Shakespeare uns einen Ersatz für das wirkliche Leben biete, das leider nur allzu oft wie ein unzureichender Ersatz für Shakespeare wirkt. Wir sollten uns in diesen Dingen vertrauensvoll von Oscar Wilde führen lassen, der treffend bemerkt hat, dass die Natur Shakespeare nachahme, so gut sie es eben vermöge. Die Welt ist melancholisch geworden, meinte er, weil eine Marionette, Hamlet nämlich, traurig war. Andere Dichter, unter ihnen Spenser und Blake und Joyce, haben einen Heterokosmos, eine zweite Natur, geschaffen, Shakespeares Welt ist von anderer Art, sie ist weder Natur noch zweite Natur, nicht die gegebene Welt noch eine imaginäre, sondern eine imaginale.

Die »imaginale Welt«, diese Shakespearesche Idee vom Theater, ist von Anne Barton und einigen Späteren in aller Subtilität dargestellt worden. Während Shakespeares Unbehagen an der Theaterpraxis wuchs, entwickelte er ein immer stärkeres stolzes Vertrauen zu seiner Kunst der Menschendarstellung, das ihn für den Verlust an Kontakt zu seinem Publikum teilweise entschädigte. In seiner Desillusionierung sah er die Schauspielerei immer schärfer als eine andere Form der Prostitution, und diese Entfremdung schlug sich in seinem Verhältnis zum Theater überhaupt nieder, das, wie er andeutet, betrügerisch gespenstische Nachbildungen schmutziger Realitäten erscheinen lässt. Was aber ist mit den größeren Schatten, den Männern und Frauen der »dunklen Komödien«, der großen Tragödien und jener Tragikomödien, die wir (nicht Shakespeare) die »späten Romanzen« nennen? Alle Gegnerschaft zum Prinzip der Abbildung läuft letztlich auf eine Wiederholung von Platons Polemik gegen die Dichter hinaus, und doch spüren wir in Shakespeares dialektischem Widerwillen gegen Schatten keinerlei transzendentales Element. Das Transzendentale scheint sich bei Shakespeare nur immer dort zu manifestieren, wo es verschwindet, sich zurückzieht, so hören wir etwa die Musik des Gottes Herkules in dem Moment, da er seinen Liebling Antonius verlässt. Shakespeare selbst, mag er auch noch so düster sein, fällt es sehr schwer, seine Hauptfiguren im Stich zu lassen. Die Vorstellung, Shakespeare hätte wie Ben Jonson seine eigenen Stücke in einem großen Folioband, *William Shakespeares Gesammelte Werke*, zusammengestellt, ist uns unmöglich, und doch ist Prospero wohl kaum eine Figur, die einen Abstieg, einen Wertverlust bezeichnet, seinem Ende, das er selbst gewählt hat, zum Trotz. Wir heutzutage haben Schwierigkeiten, uns ein unverzerrtes Bild von dem Magier zu machen, weil er auf der Bühne oft nur als ein wirrer weißer Kolonialist gezeigt wird, der sich vergebens bemüht, einen rebellischen schwarzen Helden kleinzukriegen – künftig vielleicht sogar zwei von der Sorte, wenn nämlich George C. Wolfes Schnapsidee, auch Ariel schwarz und feindselig (und zudem zu einer Frau) zu machen, um sich greifen sollte. Das alles ändert nichts daran, dass Prospero in Wahrheit Shakespeares (nicht ganz unvermischten) Stolz auf seine eigene magische Kunst, wirkliche Persönlichkeiten zu schaffen, verkörpert.

4

Leeds Barroll, der die etablierte Chronologie der Werke Shakespeares einer sehr scharfsinnigen Revision unterzogen hat, argumentiert überzeugend dafür, dass Shakespeare *König Lear*, *Macbeth* und *Antonius und Kleopatra* in einem Zeitraum von vierzehn Monaten 1606–1607 geschrieben habe. Ein derart erstaunliches Arbeitstempo war, so Barroll, für Shakespeare, der in der Dekade von 1592 bis 1602 nicht weniger als siebenundzwanzig Stücke

verfasste, nichts Ungewöhnliches. Trotzdem ist es schon eine gewissermaßen schockierende Vorstellung, dass Shakespeare gerade diese drei Dramen in so kurzer Zeit aus dem Boden gestampft haben soll – freilich, ich selbst bin jedes Mal, wenn ich den *Lear* lese, von neuem verblüfft, wie ein Mensch eine derart ungeheuerliche, wahrhaft kosmische Katastrophe in welcher Zeitspanne auch immer ersinnen konnte. Ich glaube, wir sind hier wieder auf den Urgrund der heute so verpönten Shakespeare-Vergötterung zurückgeworfen: wir stellen fest, dass es bei Shakespeare nicht mit natürlichen Dingen zugeht, sowenig wie bei Michelangelo und Mozart; die ganze Summe seiner Fähigkeiten ist, wie schon die Zeitgenossen bemerkten, zu groß. Was immer die sozialen und ökonomischen Triebkräfte gewesen sein mögen, die ihn produktiv werden ließen, so waren es doch im Wesentlichen genau dieselben, die auch in Leuten wie etwa Thomas Dekker und John Fletcher wirkten. Das eigentliche Mysterium ist nicht, dass Shakespeare in sechzig Wochen drei Tragödien schaffte, sondern dass er in dieser Zeit oder einer beliebigen anderen den *Lear*, den *Macbeth* und *Antonius und Kleopatra* schrieb.
Mein alter Freund Robert Brustein, Leiter des American Repertory Theatre in Harvard, hat mich heftig dafür getadelt, dass ich die Meinung vertrete, die Schauspieler sollten sich darauf beschränken, Shakespeare lediglich vorzulesen. Natürlich ist es theoretisch durchaus wünschenswert, dass die Stücke tatsächlich aufgeführt würden, da sie aber heutzutage fast ausnahmslos miserablen Regisseuren und unfähigen Darstellern ausgeliefert sind, ist es doch besser, sie nur zu hören als zu sehen. Ian McKellen wäre ein großartiger Richard III., wenn jedoch der Regisseur darauf besteht, dass der königliche Schurke die Züge des englischen Möchtegern-Hitler Sir Oswald Mosley trägt, ist es mir lieber, den bemerkenswerten Schauspieler den Text vorlesen zu hören. Laurence Fishburne dagegen sieht zwar ohne Zweifel eindrucksvoll aus, allerdings stellt sich die Frage, wie lange man ihm

zuhören könnte, wenn er die Rolle des Othello vorlesen wollte. Shakespeares Texte haben tatsächlich etwas von Partituren, die szenisch umgesetzt werden müssen, aber wenn die Theaterkultur ruiniert ist, muss man dann nicht die öffentliche Rezitation der unfreiwilligen Travestie vorziehen?

Bekanntlich ist über Shakespeare mehr geschrieben worden als über die Bibel. Für uns heute ist die Bibel das schwierigste aller Bücher, Shakespeare dagegen ist leicht: paradoxerweise steht sein Werk jedermann offen und provoziert gleichwohl immer neue Interpretationen. Der Hauptgrund dafür liegt, ganz simpel ausgedrückt, in Shakespeares grenzenloser Intelligenz. Seine großen Figuren sind in je besonderer Weise hoch begabt, und einige von ihnen zeichnen sich, so unterschiedlich sie sonst sein mögen, durch überragende intellektuelle Fähigkeiten aus: Falstaff, Rosalind, Hamlet, Jago, Edmund. Sie alle sind intelligenter als wir, mag auch diese Feststellung Formalisten und Historisierern als leer laufende Schwärmerei erscheinen. Aber die Geschöpfe sind hierin nur Spiegelbilder ihres Schöpfers: Shakespeares Intelligenz ist umfassender und tiefer als die irgendeines anderen Autors. Seine ästhetische Leistung ist von der kognitiven Potenz nicht zu trennen. Ich habe den Verdacht, dass genau das der Grund ist, warum die Philosophen Shakespeare so unterschiedlich beurteilen: Hegel und Nietzsche feierten ihn enthusiastisch, während Hume und Wittgenstein ihn für einen überschätzten Klassiker hielten, möglicherweise deswegen, weil sie nicht glauben konnten, dass eine Intelligenz wie die Falstaffs oder Hamlets menschenmöglich ist. Falstaff ist ein Kosmos und zugleich eine Person, der rätselhaftere Hamlet eine Person und ein potenzieller König. Der zweifelhafte Machiavellist Hal ist unverkennbar eine Person und wird ein formidabler König werden, gleichwohl ist er nicht annähernd so wie Falstaff und Hamlet oder auch nur wie Rosalind eine Welt in sich. Der perverse Schöpfer Jago ist ebenso wie Edmund ein Abgrund in sich.

A. D. Nuttall, einem der ganz großen Shakespeare-Forscher, verdanken wir die wunderbare Erkenntnis, dass Shakespeare kein Problemlöser war, keiner, der Schwierigkeiten beseitigte (vielleicht unterschätzten deswegen Hume und Wittgenstein den Schöpfer Falstaffs und Hamlets). Wie Kierkegaard machte Shakespeare das Rätsel der menschlichen Natur erst so recht deutlich. Freud wollte gegen sein eigentliches Genie unbedingt Wissenschaftler sein und verschrieb sich der Reduktion. Shakespeare reduziert seine Personen nicht auf irgendwelche Pathologien oder ödipale Familienromane. Freud erklärt uns die Gesetzlichkeiten, die uns determinieren, aber das sind immer wieder dieselben. So wie Shakespeare die Menschen darstellt, sind diese, wie Nuttall zeigt, auf so viele Weisen gleichzeitig determiniert, dass der schiere Reichtum an Notwendigkeiten die Qualität von Freiheit annimmt. Kierkegaard hat die ihm eigentliche Form der indirekten Kommunikation von Hamlet gelernt. Vielleicht kam Hamlet wie Kierkegaard in die Welt, um sie von der Reduktion zu erlösen. Wenn Shakespeare uns eine weltliche Erlösung bringt, so auch deswegen, weil er die Philosophen verscheucht, die uns restlos wegerklären wollen und so tun, als wäre jeder einzelne Mensch ein wirres Kuddelmuddel, in das sie klare Ordnung bringen müssten.

Ich habe bereits bemerkt, dass wir den allzu ehrgeizigen Versuch, Shakespeare gerecht zu werden, aufgeben und nicht einmal, wie der Ironiker Eliot vorschlägt, danach streben sollten, Shakespeare auf eine neue Art zu verfehlen. Wir können immer neuen Sinn in seinem Werk finden, aber nie *den* Sinn – das wäre, als hätten wir »den Sinn des Lebens« entdeckt. Wittgenstein und die Formalisten, die Theaterleute und die Historisierer versichern uns unisono, dass das wirkliche Leben und Shakespeare zwei ganz verschiedene Dinge seien, aber die Weltöffentlichkeit ist im Lauf von vier Jahrhunderten zu einem anderen Urteil gelangt, und dem ist nicht leicht zu widersprechen. Ben Jonson, Shakespeares klügster Freund und Zeitgenosse, meinte lange Zeit, Shakespeare ziele nach Kunst, aber nach dessen Tod revidierte er diese Ansicht. Als man daran ging, mit seiner Hilfe die First-Folio-Ausgabe zusammenzustellen, hatte er wohl zum ersten Mal überhaupt Gelegenheit, viele der Stücke zu *lesen*, und er scheint sich zu Shakespeares Überzeugung bekehrt zu haben, dass »Kunst selbst Natur« ist. Jonsons Biograf David Riggs widersprach Drydens Behauptung, Jonson habe es Shakespeare gegenüber an Respekt fehlen lassen, und zeigt, dass der eher neoklassizistische Dramatiker zu neuen Einsichten gelangte, als ihm zum ersten Mal Shakespeares Werk in seiner ganzen Spannweite zugänglich wurde. Was Jonson bei seiner Lektüre mit Entzücken entdeckte, ist ebendas, was die Leser und Theaterbesucher bis heute immer wieder neu entdeckt haben, nämlich, dass Shakespeares Figuren mit so viel Kunst gemacht sind, dass sie vollkommen natürlich wirken.

5

Keine Gabe Shakespeares ist schwieriger zu begreifen und adäquat zu beschreiben als seine kognitiven Fähigkeiten. Wie kein zweiter Autor, sei er Dichter, Dramatiker, Philosoph, Psychologe oder Theologe, hat Shakespeare alles noch einmal für sich selbst durchgedacht. Er ist darin ein Vorläufer von Kierkegaard, Emerson, Nietzsche und Freud wie auch von Ibsen, Strindberg, Pirandello und Beckett. So wie die politischen Dinge im England Elisabeths I. und Jakobs I. lagen, war Shakespeare gezwungen, seine Gedanken nicht allzu direkt auszudrücken, und er erlaubte es sich nur selten, handelnde Personen in seinem Namen, als seine Stellvertreter, sprechen zu lassen; selbst dort, wo es so aussieht, können wir doch nicht sicher sein, wer es ist, der da redet. Der Romancier Anthony Burgess meinte, Sir John Falstaff sei der wichtigste Stellvertreter Shakespeares. Als frommer Falstaff-Verehrer mit einem tiefsitzenden Groll gegen alle Roman-Autoren, die es an Dankbarkeit Sir John gegenüber fehlen lassen, wünschte ich, Burgess hätte Recht, aber wissen kann ich es nicht. Ich neige dazu, Shakespeare in Edgar verkörpert zu sehen, vielleicht deswegen, weil Edmund für mich viel von Christopher Marlowe hat, aber restlos überzeugt bin ich nicht. Es ist gut möglich, dass gar keine Figur – nicht Hamlet noch Prospero noch Rosalind – wirklich stellvertretend für ihren Schöpfer spricht. Vielleicht ist sogar die einzigartige Stimme, die wir in den Sonetten hören, genauso fiktiv wie jede andere im Werk Shakespeares, auch wenn es mir sehr schwer fällt, das zu glauben.

Shakespeare spielte mit allem möglichen Gedankengut, das er vorfand oder aufschnappte, wobei er ein oft unheimliches Raffinement an den Tag legte, aber es kann gut sein, dass überhaupt nichts von alledem ihn völlig überzeugte. Wer seine Stücke immer wieder liest und im Theater sieht und sich in Gedanken viel damit beschäftigt, wird sich Shakespeare wohl schwerlich als Protestanten oder Katholiken oder auch nur als christlichen Skeptiker vorstellen. Seine ganze Aufmerksamkeit gilt *dieser* Welt, nicht der Sphäre des Religiösen. Der »Atheist« Marlowe hatte mehr Sinn für Religion als Shakespeare, und Ben Jonson, dessen dramatische Kunst genauso weltlich ist wie die Shakespeares, war (phasenweise jedenfalls, wenn es eben über ihn kam) als Person frömmer. Wir wissen, dass Jonson Sir Francis Bacon Montaigne vorzog; wir vermuten stark, dass Shakespeare diese Vorliebe nicht teilte. Wenn überhaupt eine Verbindung zwischen Shakespeare und Molière herzustellen ist, so könnte diese allenfalls Montaigne stiften: Sein Motto: »Was weiß ich?« könnte man passend beiden Dramatikern auf den Grabstein schreiben.

Was oder wie viel immer es war, was Shakespeare wusste (und es scheint nicht weniger als alles gewesen zu sein), so hatte er doch jedenfalls das meiste davon sich selbst zu verdanken. Dass er von Ovid und Chaucer etwas gelernt hat, ist unverkennbar, und Marlowes schlechter Einfluss, den er triumphal überwand, als er

Falstaff schuf, war anfangs beträchtlich. Von diesen drei Dichtern und allenfalls noch von der Bibel, aber das ging nicht sehr tief, abgesehen, stützte sich Shakespeare auf keine Autoritäten, so wie er auch zur Autorität des Staates keinerlei Zutrauen hatte. Wenn wir den großen Tragödien gegenübertreten – *Hamlet*, *Othello*, *König Lear*, *Macbeth*, *Antonius und Kleopatra* –, haben wir es allein mit Shakespeare zu tun. Wir befinden uns dann in einer geistigen Welt, in der die mitgebrachten moralischen, emotionalen und intellektuellen Gewissheiten uns, die wir ganz unter dem Eindruck des Erhabenen stehen, nichts nützen. Wenn sonst scharfsinnige Wissenschaftler sich der Illusion hingeben, Shakespeare habe irgendwie doch vertrauensvoll an »eine universale moralische Ordnung, die letztlich nie wirklich besiegt werden« könne, geglaubt, dann tappen sie in eine Falle und werden sich im *König Lear* oder im *Macbeth*, wo eine solche Ordnung eben nicht existiert, heillos verirren. Der immer vorsichtige und misstrauische Shakespeare schrieb nur ein einziges Stück, das im elisabethanischen England spielt, nämlich die wahrlich nicht sehr subversive Farce *Die lustigen Weiber von Windsor*. Shakespeare hütete sich davor, eines seiner Stücke im Reich Jakobs I. spielen zu lassen. Der *Lear* und der *Macbeth* behalten den englischen König immer im Auge, während *Antonius und Kleopatra* allzu deutliche Verweise auf die unsauberen Verhältnisse am Hof Jakobs tunlichst vermeidet. Der Tod Christopher Marlowes war Shakespeare eine Lehre, die er nie vergaß, und auch die Foltern, die Thomas Kyd erduldet hatte, und die Einkerkerung Jonsons dienten ihm zur Warnung. Es findet sich in den Stücken kaum je etwas, das die Annahme nahe legte, Shakespeare hätte die herrschende Ordnung stützen oder aber, wie versteckt auch immer, untergraben wollen.

In den Sonetten scheint ein tiefer Kummer über die Widrigkeiten seines Daseins als bloßer »Komödiant« deutlich zu werden, ich glaube aber, dass er es für weit ehrenwerter hielt, den Leuten

Unterhaltung zu bieten als Moral. Wie Marlowe und sogar noch mehr als er wollte Shakespeare sein Publikum an sich binden; er zog bisweilen voller Zorn gegen die Schauspieler vom Leder, aber – anders als Ben Jonson – nie gegen die Zuschauer. Der vernichtende Misserfolg seiner Tragödie *Sejanus* im Globe hatte Jonson tief getroffen. Shakespeare, der selbst in dem Stück mitgespielt hatte, muss bewusst geworden sein, dass seinen eigenen Dramen dergleichen nie widerfahren war, und er musste es auch später nie erleben. Sein Publikum war von Anfang an von Falstaff und Hamlet hingerissen. Ohne Zweifel buhte der Pöbel auf den billigen Plätzen den *Sejanus* nicht zuletzt aus denselben Gründen aus, die dann die Staatsmacht auf den Plan riefen und Jonson eine Anklage wegen »Papisterey und Hochverrat« eintrugen, aber wahrscheinlich fanden die Leute damals das Stück auch ebenso langweilig wie wir. So großartig komisch Jonson sein konnte, wie der *Volpone*, *Der Alchemist* und *Bartholomew Fair* beweisen, so pedantisch öde war er leider im tragischen Genre. Shakespeare langweilte sein Publikum nie, war aber immer auch darauf bedacht, die »Tugendhaften« seiner Zeit nicht zu reizen; erst spätere Pharisäer, am meisten die akademisch gebildeten unserer humorlosen Epoche, fanden Grund, sich moralisch zu empören. Die Tatsache, dass Shakespeare immer noch und immer neuen allerhöchsten Unterhaltungswert hat, und zwar für Menschen aller Kulturen, führt uns wieder zu der ungelösten Frage nach jener mysteriösen Qualität zurück, die ihn über alle historische Bedingtheit erhebt.

Es genügt nicht, wenn wir mit Wittgenstein Skakespeare einen »Sprachschöpfer« nennen, und wir sagen immer noch zu wenig, wenn wir hinzufügen, er sei außerdem ein Schöpfer von Charakteren und von Gedanken gewesen. Shakespeares Kunst der Menschenerfindung umfasst Sprache, Charakter und Gedanken, aber eine noch wichtigere Rolle darin spielen die Leidenschaften. Ben Jonsons Kunst steht insofern der Marlowes näher als der Shakespeares, als Jonsons Figuren nur Karikaturen ohne Innerlichkeit sind. Das ist auch der Grund, weshalb es in seinen Stücken keine dramatischen Konflikte zwischen den Generationen gibt, weshalb das, was Freud »Familienroman« nennt, nicht entstehen kann. Die tiefsten Konflikte bei Shakespeare, in den Tragödien, den Historien, den Romanzen und sogar in den Komödien, sind die zwischen Verwandten. Unsere Vorstellung des Menschen ist für uns untrennbar mit der der Familie verbunden, mit der von Eltern und Kindern, Brüdern und Schwestern, Ehemännern und Ehefrauen. Wir denken diese Beziehungen nicht in Begriffen Homers oder der athenischen Tragödie, nicht einmal in denen des Alten Testaments, weil die Götter oder Gott darin keine wesentliche Rolle spielen, vielmehr denken wir uns Familien als isolierte Gruppen, die, unabhängig vom jeweils gegebenen sozialen Kontext, mit sich allein sind, und das bedeutet nichts anderes als: Wir denken sie uns in Begriffen Shakespeares.

6

Die Veränderlichkeit der Dinge – der Wandel des Glücks und der Zeit – ist Shakespeares großer Gemeinplatz. Der Tod, die endgültige Verwandlung, ist das offensichtlich zentrale Thema in den Tragödien und Historien und die versteckte fixe Idee der Komödien. Noch origineller als in den großen Tragödien thematisiert Shakespeare den Tod in den Tragikomödien, den so genannten Romanzen. Vielleicht sind die Sonette, in denen letztlich immer der Eros regiert, allesamt der Tendenz nach Elegien: Shakespeares Düsternisse erscheinen als Schatten des Todes. In einzigartiger Weise ist Hamlet ein Botschafter des Todes; keine andere Figur, sei sie fiktiv oder historisch, hat eine engere Beziehung zu jenem unbekannten Land, allenfalls Jesus ist hierin Hamlet vergleichbar. Gleichgültig ob man Shakespeares Werk unter dem Begriff der Natur oder der Kunst fasst, bleibt doch die merkwürdige Besonderheit bestehen: Er lehrt uns, was sterben heißt.

Man hat behauptet, das sei es, was Shakespeares Werk den Status einer quasi heiligen Schrift, einer weltlichen Bibel, verleihe. Tatsächlich scheinen mir Shakespeares (oder Montaignes) Texte dieser Ehre eher würdig zu sein als die von Freud oder Marx oder irgendeines französischen Heidegger- oder Nietzsche-Epigonen. Shakespeare ist wie kein zweiter Autor sowohl unterhaltend als auch weise. Die Erkenntnis, dass das vergnüglichste aller Werke zugleich das intelligenteste ist, hat etwas fast Schockierendes an sich – aber Shakespeare löst ja so viele Oppositionen unseres gespaltenen Denkens in nichts auf: Gefühl und Verstand, Profanes und Heiliges, Unterhaltung und Belehrung, Rolle und Person, Natur und Kunst, »Autor« und »Sprache«, historisch wahr und erfunden, Kontext und Text, Subversion und Affirmation. Shakespeare ist das kulturhistorisch Nicht-Determinierte schlechthin, er ist die Kulturgeschichte, die uns determiniert. Vor dieser komplexen Wahrheit erweisen sich alle Versuche als eitel, Shakespeare im Rahmen von anthropologisch, philosophisch, religiös, politisch, psychoanalytisch inspirierten oder von aus dem Geist französischer Theorie geborenen Konzeptionen zu fassen. Nicht wir fassen Shakespeare, sondern er fasst in sich uns, er ist uns immer voraus und immer schon längst dort, wo wir erst hinwollen.
Der letzte Schrei in der akademischen Shakespeare-Deutung ist der Versuch, Shakespeares einzigartige Wirkung als Ergebnis einer kulturellen Verschwörung zu erklären, einer schwindlerischen List des britischen Imperialismus im Kampf des Westens gegen den Osten. Diese schicke Theorie geht mit einer noch albereneren Behauptung einher, nämlich der, dass Shakespeare in Wahrheit kein besserer oder schlechterer Dramatiker gewesen sei als Thomas Middleton oder John Webster. Damit ist die Bresche geschlagen, durch die denn auch prompt der schiere Irrsinn über uns hereinbricht: Middleton hat den *Macbeth* geschrieben, Sir Francis Bacon oder der Earl of Oxford ist der Verfasser von

Shakespeares Werken, oder diese sind, so meinen andere, das Gemeinschaftswerk einer ganzen Horde von Autoren, unter ihnen Marlowe und John Fletcher. Zwar stehen (an den Universitäten) Feminismus, Marxismus, Lacanianismus, Foucaultismus und Derridaismus in höherem Ansehen als die Fraktionen der Baconianer und Oxfordianer, aber im Übrigen sind die Unterschiede nicht bedeutend, und jedenfalls tragen alle gleich wenig zum Verständnis Shakespeares bei. Am Anfang dieses Buchs stand die Abkehr von fast allem, was in der anglo-amerikanischen Welt derzeit über Shakespeare geschrieben und doziert wird. Ich bin so selten wie möglich darauf eingegangen, weil es dem unvoreingenommenen Leser oder Theatergänger, der aufrichtig Shakespeare besser zu verstehen wünscht, keine Hilfe sein kann.

Das Rad der Fortuna und der alles verändernden Zeit steht bei Shakespeare nie still, und wenn wir ihn recht wahrnehmen wollen, müssen wir diese ewige Bewegung, die seine Charaktere prägt, ins Auge fassen. Dantes Figuren können sich anders als die Shakespeares nicht mehr weiterentwickeln; diese stehen, wie bereits bemerkt, den wandlungsfähigen Menschenbildern Chaucers näher als den Figuren irgendeines anderen Autors, eingeschlossen die der Bibel und Ovids, den Shakespeare unter allen lateinischen Schriftstellern am meisten schätzte. Leonard Barker bemerkt in *The Gods Made Flesh*, einer Studie zu Ovids Einfluss auf Shakespeare: »Viele der großen Gestalten von Ovids Gedicht verdanken ihre Identität ihrem Streben, eine neue Sprache zu erfinden.« Metamorphosen bei Shakespeare stehen fast immer in Beziehung zu seinen unermüdlichen Anstrengungen, eine besondere, eigene Sprache für jede wichtigere oder auch weniger wichtige Figur zu finden, eine Sprache, die alle Veränderungen und Wanderungen dieser Personen mitmacht. Der Umschwung bei Shakespeare wird oft mit dem traditionellen Bild vom Rad assoziiert, das bisweilen Fortunas Emblem der Extravaganz, des grenzüberschreitenden Umherschweifens, ist.

Shakespeares zeitgenössisches Publikum liebte Falstaff über alles, sogar mehr als Hamlet. Einige scheint das Rad der Fortuna wenig anzugehen; Falstaff geht an seiner hoffnungslosen väterlichen Liebe zu dem unwürdigen Prinzen Hal zu Grunde. Hamlet stirbt nach einem 5. Akt, in dem er alle seine früheren Identitäten hinter sich gelassen hat. Falstaff ist ein Narr der Liebe, nicht der Fortunas, während Hamlet nur als sein eigener Narr, als ein Opfer seiner selbst, betrachtet werden kann, als der Narr, der an die Stelle des Ersatzvaters Yorick tritt. Es hat seinen guten Sinn, wenn die antithetischen Figuren Lear und Edmund beide das Bild vom Rad heraufbeschwören, allerdings mit ganz verschiedenen Absichten und Wirkungen. Shakespeares Stücke sind unser aller Lebensrad, und sie machen uns deutlich, ob wir Narren der Zeit, der Liebe, des Glücks, Narren unserer Eltern oder unser selbst sind.

Schlusswort:
Vordergrund und Hintergrund

> Ich grüße Sie am Beginn einer großen Karriere, die, wie dieser Erstling beweist, irgendwo einen weiten Vordergrund haben muss.
>
> – Emerson an Whitman, 1855

Der »Vordergrund«, der Whitmans Karriere nach Emersons Meinung vorausliegen muss, ist, wie der eigenartige Wortgebrauch offensichtlich macht, kein Hintergrund. Dieser Begriff wurde im 20. Jahrhundert in der Literaturwissenschaft üblich, um den geistesgeschichtlichen oder durch die sozialen oder politischen Verhältnisse gegebenen Kontext eines literarischen Werks zu bezeichnen. Emerson jedoch meinte einen zeitlichen Vordergrund von anderer Art, ein Vorfeld der poetischen, nicht der äußeren Geschichte, man könnte vielleicht sagen: eine Geschichte, deren Geschichtsschreibung in der Poesie selbst enthalten ist. Der Ausdruck »in den Vordergrund rücken« meint so viel wie »bestimmte Details betonen«, »die Aufmerksamkeit darauf lenken«.

Was ist nun der weite Vordergrund des Sir John Falstaff oder des Prinzen Hamlet oder des Bastards Edmund? Ein Formalist oder Textualist würde sagen, es gebe überhaupt keinen, denn diese Leute bestünden ja nur aus Wörtern. Ein Kontextualist oder Historisierer könnte sagen: Es gibt einen Hintergrund, aber keinen Vordergrund. Ich habe in diesem Buch immer behauptet, Shakespeare erfinde (oder perfektioniere, denn Chaucer war schon vor ihm darauf gestoßen) eine Weise der Darstellung, die sich dadurch auszeichnet, dass sie den Charakteren einen Vordergrund mitgibt: Shakespeare fordert sein Publikum geradezu auf, sich Gedanken darüber zu machen, wie Falstaff und Hamlet und Edmund sein können, was sie sind, welche Talente und Leidenschaften sie haben, was sie umtreibt. Ich frage nicht, wie Falstaff so witzig, Hamlet so skeptisch, Edmund so eiskalt werden konnte; die Mysterien oder Rätsel der Persönlichkeit liegen etwas außerhalb der Shakespeareschen Kunst des Vordergrunds. Shakespeares literarische Kunst, die höchste, die wir je kennen lernen werden, ist ebenso eine Kunst der Auslassung wie der Fülle. Die Stücke sind dort am besten, wo sie am meisten elliptisch sind. Othello liebt Desdemona, aber er scheint sie nicht sexuell zu begehren, denn er weiß ganz offensichtlich nicht, was doch so deutlich spürbar ist, nämlich, dass sie noch Jungfrau ist, und er schläft nie mit ihr. Wie sind Antonius und Kleopatra, wenn sie miteinander allein sind? Warum sind Macbeth und seine so zum äußersten entschlossene Frau kinderlos? Was trägt Prospero mit sich herum, dass er auf seine Zauberkräfte verzichtet und sagt, er werde in seinem wiedergewonnenen Reich dauernd an sein Grab denken. Warum benehmen sich in *Was ihr wollt* alle so vollkommen närrisch und in *Maß für Maß* so verrückt? Warum muss Shylock die Zwangstaufe erleiden und Malvolio so empörend maßlose Grausamkeit? Die Antworten auf alle diese Fragen sind im Vordergrund zu suchen. Ich will mit dem *Hamlet* beginnen, nicht zuletzt deswegen, weil ich glaube, dass auch Shakespeare mit diesem Stück begann, und zwar 1588, denn der *Ur-Hamlet* war sehr wahrscheinlich sein Werk und nicht das von Thomas Kyd. Ein weiterer Grund ist, dass der *Hamlet* schlicht und einfach Shakespeares großer Wurf ist, nicht nur von höchstem Erkenntniswert, sondern auch, T. S. Eliot zum Trotz, ästhetisch aufs Beste gelungen.

In der endgültigen Fassung des *Hamlet* tritt uns der Titelheld als ein junger Mann entgegen, der zusammen mit Rosencrantz, Guildenstern und Horatio in Wittenberg studiert und sich derzeit zu einem Besuch in der Heimat aufhält. Weniger als zwei Monate sind seit dem plötzlichen Tod seines Vaters vergangen, und vor einem Monat hat seine Mutter seinen Onkel geheiratet, der nun als König regiert. Viele Interpreten machen denn auch prompt diese Ereignisse, umso traumatischer, als Hamlet dann auch noch von dem Geist erfährt, dass Claudius ein Brudermörder ist, für die Melancholie des Prinzen verantwortlich. Aber der weite Vordergrund Hamlets erstens in Shakespeares Leben und zweitens im Stück lässt etwas anderes vermuten. Die ungewöhnlichste aller Figuren Shakespeares ist, neben vielem anderen, ein verzweifelnder Philosoph, der sich besonders intensiv mit dem vermaledeiten Problem befasst, dass der Zweck, der »Vorsatz«, der »Erinnrung Knecht« ist. Und als Experimentierfeld seiner Forschungen dient ihm das Theater, das er, wie man sehen wird, genau kennt; er ist ganz offenbar vom Fach, und seine entschiedenen Ansichten weisen ihn als versierten Stückeschreiber aus. Sein Wittenberg ist eigentlich London: er hat an der hohen Schule der Londoner Bühnen studiert. Wir dürfen zusehen, wie er seine Kunst im Dienst seiner Philosophie praktiziert, einer Philosophie, die über den Skeptizismus Montaignes hinausgeht und so den abendländischen Nihilismus erfindet.

Hamlets gelehrigster Schüler ist Jago. Der große Shakespeare-Forscher Harold Goddard, der heute viel zu wenig geachtet wird, bemerkte einmal, Hamlet sei sein eigener Falstaff. Dem ist hinzuzufügen, dass er auch sein eigener Jago ist. A. C. Bradley meinte, Hamlet sei die einzige Figur Shakespeares, die das Stück, in dem sie auftritt, selbst hätte schreiben können. Ich würde gern noch weiter gehen und behaupten, dass Hamlet auch den *Othello*, den *Macbeth* und den *König Lear* hätte schreiben können. In gewisser Weise fallen Hamlet und der Tragödienautor Shakespeare fast in eins zusammen, was nicht heißen soll, dass Hamlet mehr als etwa Ophelia oder irgendeine beliebige andere Figur den Menschen William Shakespeare darstelle, vielmehr ist es eher so, dass Hamlet, indem er Shakespeares Funktion als Autor und Schauspieler übernimmt, auch die Macht gewinnt, Shakespeare als sein Sprachrohr zu benutzen, als seinen Schauspielerkönig, der seine Instruktionen ausführt. Das ist etwas ganz anderes als die Behauptung, Hamlet diene als Sprachrohr Shakespeares: Hier schwingt sich das Geschöpf zum Herrscher über den Schöpfer auf, und Hamlet beutet Shakespeares Erinnerung zu Zwecken aus, die mehr dem Prinzen von Dänemark als dem Menschen Shakespeare angehören. So paradox es ohne Zweifel klingt, lässt doch Hamlet Shakespeares empirisches Ich fahren – »sei es drum« –, um das ontologische Ich des Dramatikers anzunehmen. Ich glaube nicht, dass Shakespeare das so gewollt oder bewusst geplant hat, er hat wohl eher irgendwann gemerkt, dass es geschah, und es geschehen lassen. Zum Vordergrund Hamlets gelangen wir, wie ich zeigen werde, allein durch indirekte Schlüsse und Vermutungen, auf die das Stück selbst uns führt – die Lebenswirklichkeit Shakespeares liefert kaum Anhaltspunkte, die uns irgend helfen könnten, Hamlet besser zu verstehen. Dagegen sind der um seinen Vordergrund erweiterte und »in den Vordergrund gerückte« Hamlet und Falstaff ihrerseits Schlüsselfiguren, die uns zu dem mit sich selbst identischen, immergleichen Ich Shakespeares hinführen. Dieses Gefühl des »Immergleichen« wird von der Person Hamlet, der wandelbarsten und beweglichsten aller Theaterfiguren, auf eine harte Probe gestellt.

Wahrscheinlich hatte Shakespeare Montaigne in Florios handschriftlicher Fassung gelesen. Keiner der Essays mutet mehr Shakespearisch an als der »Über die Erfahrung«, der 1588 entstand, zu der Zeit, als, wie ich vermute, Shakespeare seinen ersten *Hamlet* vollendete. Montaigne sagt, wir seien nichts als Wind, aber der Wind sei weiser als wir, denn er liebt den Lärm und die Bewegung, und sehnt sich nicht nach Solidität und Stabilität, nach Zuständen, die seinem Wesen fremd sind. Ebenso weise wie der Wind, betrachtet Montaigne die Labilität unseres Ich positiv: es ist dauerndem Wandel unterworfen und doch überraschend frei. Wie Shakespeares größte Figuren wandelt sich Montaigne, weil er sich selbst beim Sprechen belauscht. Indem er seinen eigenen Text liest, wird Montaigne Hamlets Vorläufer, der in und durch sich selbst Realität darstellt. Und er wird auch Nietzsches Vorläufer – oder vielleicht besser: er wird, mit Hamlet in eins verschmolzen, zu diesem Vorläufer, dessen Spur in *Jenseits von Gut und Böse* und in *Götzen-Dämmerung* allenthalben sichtbar ist. Montaignes Erfahrungsmensch meidet dionysische Entzückungen und entgeht so dem Ekel, der auf die Ekstase notwendig folgt. Nietzsche hat diesen Aspekt Hamlets in seinem frühen Werk *Die Geburt der Tragödie* eindrücklich beschrieben und Coleridges These, Hamlet denke zu viel (wie Coleridge selbst), überzeugend zurückgewiesen, indem er feststellte, dass in Wahrheit Hamlet zu gut denkt. Ich zitiere die Passage noch einmal, weil sie so hellsichtig ist:

> Die Verzückung des dionysischen Zustandes mit seiner Vernichtung der gewöhnlichen Schranken und Grenzen des Daseins enthält nämlich während seiner Dauer ein *lethargisches* Element, in das sich alles persönlich in der Vergangenheit Erlebte eintaucht. So scheidet sich durch diese Kluft der Vergessenheit die Welt der alltäglichen und der dionysischen Wirklichkeit von einander ab. Sobald aber jene alltägliche Wirklichkeit wieder ins Bewusstsein tritt, wird sie mit Ekel als solche empfunden; eine asketische, willenverneinende Stimmung ist die Frucht jener Zustände. In diesem Sinne hat der dionysische Mensch Ähnlichkeit mit Hamlet: beide haben einmal einen wahren Blick in das Wesen der Dinge getan, sie haben *erkannt*, und es ekelt sie zu handeln; denn ihre Handlung kann nichts am ewigen Wesen der Dinge ändern, sie empfinden es als lächerlich oder schmachvoll, dass ihnen zu-

> gemutet wird, die Welt, die aus den Fugen ist, wieder einzurichten. Die Erkenntnis tötet das Handeln, zum Handeln gehört das Umschleiertsein durch die Illusion – das ist die Hamletlehre, nicht jene wohlfeile Weisheit von Hans dem Träumer, der aus zu viel Reflexion, gleichsam aus einem Überschuss von Möglichkeiten, nicht zum Handeln kommt; nicht das Reflektieren, nein! – die wahre Erkenntnis, der Einblick in die grauenhafte Wahrheit überwiegt jedes zum Handeln antreibende Motiv, bei Hamlet sowohl als bei dem dionysischen Menschen.

Die Einsicht, dass die Erkenntnis das Handeln tötet, ist schon in den nihilistischen Reden formuliert, die Hamlet den Schauspieler-König sprechen lässt (und es ist gut möglich, dass Shakespeare selbst auf der Bühne des Globe dessen Rolle – neben der des Geists – spielte). In *Götzen-Dämmerung* kam Nietzsche später noch einmal auf den dionysischen Hamlet zurück, ohne ihn allerdings beim Namen zu nennen. Ausgehend von Hamlets Dialog »O welch ein Schurk und niedrer Sklav bin ich!«, in dem der Prinz sich selbst schmäht: »mit Worten nur / Wie eine Hure muss mein Herz entladen«, gelangt Nietzsche zu einer Erkenntnis, die ins innerste Wesen Hamlets trifft: »Wofür wir Worte haben, darüber sind wir auch schon hinaus. In allem Reden liegt ein Gran Verachtung.« Der Prinz, der weder an die Sprache noch an sich selbst glaubt, bringt dennoch das Ich in einer Weise zur dramatischen Darstellung, die den heiligen Augustinus, Dante und sogar Montaigne hinter sich lässt, denn dies ist Shakespeares größte Erfindung: das innere Ich, das sich nicht allein immerfort verwandelt, sondern auch immer größer und reicher wird.
Der niederländische Psychiater J. H. Van den Berg, von dem ich viel gelernt habe, bestreitet, dass die Erfindung des Menschen Shakespeares originäre Leistung war. Seiner Meinung nach kam das innere Ich im Jahr 1520, zwei Generationen vor *Hamlet*, zur

Welt: In seiner Schrift *Von der Freiheit eines Christenmenschen* unterschied Martin Luther einen »inwendigen« von einem äußeren, leiblichen Menschen; der innere Mensch hat den Glauben und kann alles entbehren außer das Wort Gottes. Aber anders als bei den großen Mystikern Meister Eckhart und Jakob Böhme wohnt das Wort nach Luther nicht im Menschen, sondern es muss von oben zu ihm kommen. Hamlet empfängt von oben kein anderes als das Wort des väterlichen Geistes, der ihm erscheint, und das hat für ihn keine uneingeschränkte Autorität. Wer mit Hohn davon spricht, dass das Herz sich nur mit Worten entladen muss, wie sollte dem ein sprechender Geist Glauben einflößen? Hamlet ist längst »darüber hinaus«, bevor der Geist ihm erscheint – er hat es, wie sich zeigen wird, schon in seiner Kindheit hinter sich gelassen. Die Beschäftigung mit dem Vordergrund Hamlets ist zentral wichtig (und beängstigend), weil wir hier die Vorgeschichte des ersten wirklich inneren Ich finden, und dieses wurde von William Shakespeare und eben nicht von Martin Luther geschaffen. Shakespeare ließ im zweiten Viertel der Tragödie (beginnend mit der Ankunft der Schauspieler in der 2. Szene des 2. Akts bis zu Hamlets närrisch boshaftem Triumph, nachdem Claudius die Aufführung der *Mausefalle* fluchtartig verlassen hat) etwas zu, was einer Verschmelzung seiner selbst mit Hamlet sehr nahe kommt.

Hamlet ist uns allzu vertraut, und daher fällt uns viel zu wenig auf, wie wunderbar provozierend dieses Stück eigentlich ist. Der Prinz von Dänemark hat ganz offensichtlich die hohe Schule von Wittenberg oft geschwänzt und sich in den Theatern von London herumgetrieben; er ist begierig danach, den jüngsten Klatsch aus der Welt von Shakespeares Theater zu hören, und der Schauspieler-König bringt ihn gern auf den neuesten Stand. Unverkennbar hat Hamlet Shakespeare und seine Truppe im Sinn, wenn er fragt: »Genießen sie noch dieselbe Achtung wie damals, da ich in der Stadt war? Besucht man sie ebenso sehr?«, und das

Publikum des Globe ist wohl in schallendes Gelächter ausgebrochen, wenn Rosencrantz antwortete: »Nein, freilich nicht.« Der Krieg der Theater wird in Helsingör, das offenbar in der unmittelbaren Nachbarschaft des Globe liegt, leidenschaftlich diskutiert. Noch frecher treibt es Shakespeare etwas später, als er in der Person Hamlets die Schauspieler ermahnt, auch wirklich den Text zu sprechen, den er geschrieben hat. Hier ist nun plötzlich nicht mehr Claudius, sondern der Narrendarsteller Will Kemp der eigentliche Schurke des Stücks, und das Rachedrama verwandelt sich in ein Drama von Shakespeares Rache an den armen Schauspielern. In ihrem Klagelied um Hamlet rühmt Ophelia den Geliebten als Hofmann, Krieger und Gelehrten, aber er brilliert nicht weniger als Dramatiker, Schauspieler und Theaterdirektor und im metaphysischen, psychologischen und theologischen Fach. Der vielseitigste aller Helden (oder Helden-Schurken, wie manche meinen) interessiert sich mehr fürs Theater als alle Shakespeareschen Figuren zusammengenommen. »Eine Rolle spielen« ist für Hamlet alles andere als eine Metapher; die Schauspielerei ist auch nicht seine *zweite* Natur, vielmehr ist sie seine eigentliche Gabe und Bestimmung. Fortinbras, der ein Begräbnis mit militärischen Ehren anordnet, weil seiner Meinung nach Hamlet, »wär er hinaufgelangt«, sich unfehlbar als kriegerischer König bewährt hätte, hat keine Ahnung. In Wahrheit hätte Hamlet, wenn er länger gelebt hätte, gekrönt oder nicht, den *Hamlet* geschrieben und anschließend *Othello*, *König Lear* und *Macbeth*. Und Prospero, der nicht-verdammte Faust Shakespeares, wäre Hamlets letzte Epiphanie gewesen.

Shakespeare kann jeder und keiner sein, wie Borges zu Recht feststellt, aber von der 2. Szene des 2. Akts bis zur 2. Szene des 3. Akts des *Hamlet* ist er von dem Titelhelden nur zu trennen, wenn man grimmig entschlossen ist, den Prinzen und den Theatermann auseinander zu halten. Hamlet verhält sich zu Shakespeare genau wie dieser zu seinem Ur-Hamlet: so wie der Dramatiker seinen ersten Protagonisten revidiert, um daraus die Figur des Prinzen zu bilden, so revidiert Hamlet Shakespeares Karriere. Es ist bestimmt kein Zufall, dass Shakespeare in diesem Stück wie nirgends sonst Leben und Kunst in eins verschmilzt. Die Sonette dramatisieren die Zurückweisung, die das lyrische Ich erfahren hat und die dem Leid Falstaffs verwandt ist, aber in *Heinrich IV./2* bricht nichts von der Lebenswirklichkeit des Theaters ein. Im Fall des *Hamlet* kann man gar nicht sinnvoll davon sprechen, dass etwas »einbreche«, denn »unbegrenzte Dichtung« hat per Definition kein außen und innen, ihr ist alles gleichermaßen eigen oder fremd. Das Stück hätte ebenso leicht wie das Falstaffs zu einem zweiteiligen Werk erweitert werden können: es hätte ihm nichts geschadet, wenn Shakespeare seine professionellen Anliegen noch weiter ausgeführt hätte. Wenn Hamlet die Schauspieler ermahnt und instruiert, fällt weder er noch das Stück auch nur im Mindesten aus der Rolle: *Die Mausefalle* ist ein genauso natürlicher Bestandteil der Welt des *Hamlet* wie das mörderisch manipulierte Duell zwischen Hamlet und Laertes, das Claudius in Szene setzt.

Was aber sagt das alles über den *früheren* Hamlet, über seine Existenz vor dem Stück? Es lässt sich gar nicht übersehen, dass er sich schon immer intensiv mit dem Theater beschäftigt haben muss, und wahrscheinlich ist seine Bearbeitung der *Mausefalle* nicht sein erster Versuch im Fach des Stückeschreibers. Die Beschäftigung mit Hamlets Vordergrund führt uns auf sein größtes Paradox: Lange bevor sein Vater ermordet wurde und seine Mutter sich Claudius hingab, war Hamlet ein Theatergenie, das sich selbst inszenierte, getrieben von der Verachtung für alles Reden, da wir ja doch nur Worte für das haben, über das wir hinaus sind. Die apokalyptische Selbstbewusstheit dieser charismatischen Persönlichkeit hätte in mörderischen Taten Ausdruck finden können, ähnlich denen Macbeths, wäre da nicht Hamlets theatralische Sendung. Er ist erst in zweiter Linie Hofmann, Krieger und Gelehrter, zuallererst ist er etwas sonderbar Monströses (und das weiß er): ein königlicher Dramatiker. »The play's the thing«, sagt er und meint es in jedem Sinn dieses Ausdrucks. Keine Dramentheorie kann uns mehr lehren als die Passage von der 2. Szene des 2. Akts bis zur 2. Szene des 3. Akts, wenn wir uns bewusst machen, dass alles, was im *Hamlet* vorher oder nachher passiert, als eine Art Unterbrechung der Vorstellung zu betrachten ist. Das Mysterium Hamlets und das Rätsel Shakespeare werden hier auf den Punkt gebracht.

Shakespeares Hintergrund auszuleuchten ist ein verdrießliches Geschäft, denn es kann uns in keiner Weise verstehen helfen, warum dieser Dramatiker selbst die besten seiner zeitgenössischen Kollegen, Marlowe und Ben Jonson, so turmhoch überragt. Marlowes Faustus ist eine Karikatur, Shakespeares Faustus ist Prospero. Der Doctor Faustus in Marlowes Stück pflegt vertrauten Umgang mit dem Dämon Mephistopheles, der auch nicht mehr als ein Strichmännchen ist. Ariel, Prosperos Helfergeist, ist zwar nicht menschlicher Natur, besitzt aber eine fast ebenso deutlich ausgeprägte Persönlichkeit wie der große Magier. Was Shakespeare mit seiner Epoche verbindet, kann alles Mögliche an Shakespeare erklären, erklärt aber eben nicht, was Shakespeare so weit über alle seine Zeitgenossen erhebt und ihn letztlich einzigartig macht. Wir nähern uns den Figuren Shakespeares und ihrem Vordergrund, indem wir untersuchen, was Shakespeare selbst uns indirekt über sie mitteilt; dieses Unternehmen kann folgerichtig unmöglich darin enden, dass wir zusammentragen, was diese Figuren über Shakespeare mitteilen. Wir können manchmal Vermutungen anstellen, besonders bei unserer Beschäftigung mit Hamlet und Falstaff, die oft hart an den Grenzen von Shakespeares eigenem Bewusstsein zu leben scheinen. Einige wenige Rollen – Hamlet, Falstaff, Rosalind, Jago, Macbeth, Lear, Kleopatra – vermitteln uns das Gefühl wirklich unbegrenzter Möglichkeiten, und doch können wir uns keinen besseren Gebrauch ihrer Talente als den, den Shakespeare gemacht hat, denken. Was Lear betrifft – und in geringerem Maß gilt das auch für Othello und Antonius –, so spüren wir, dass Shakespeare uns die Grenzen erkennen lässt, die ihm als einer jener Figuren gesetzt sind, die Chesterton »große Geister in Ketten« nannte. Vielleicht zählte der Falstaffianer Chesterton auch Hamlet zu diesen Gestalten, denn aus katholischer Sicht ist Hamlet (und ebenso Prospero) eine Seele, die bestenfalls im zweiten Buch der *Göttlichen Komödie* vorkommen könnte. Dante stattet nur seinen Pilger Dante mit einem Vordergrund aus, alle anderen Figuren sind nicht mehr wandlungsfähig; auch die Seelen im Purgatorium werden ja lediglich geläutert und können sich nicht mehr wirklich verändern. Shakespeares Kunst des Vordergrunds sorgt dafür, dass seine Geschöpfe so überraschender Verwandlungen fähig sind, selbst im allerletzten Moment noch, wie das Beispiel Edmunds im *Lear* zeigt. Wer keinen richtigen Vordergrund hat, kann sich nicht selbst beim Reden zuhören.

Shakespeare beherrscht die Kunst der Eröffnung meisterhaft, aber wie weit liegt eigentlich der Anfang eines Shakespeareschen Stücks zurück? Prospero steckt in seinem ersten Gespräch mit Miranda das Vorfeld des *Sturms* ab, aber beginnt das Drama wirklich mit seiner Vertreibung aus Mailand? Die meisten Leute würden eher sagen, es beginne mit dem Sturm, der dem Stück sonderbarerweise seinen Namen gibt und der nach der ersten Szene ausgedient hat. Da es praktisch keine Handlung gibt – man versuche nur einmal, eine Zusammenfassung von dem Stück zu geben –, überrascht es uns nicht, wenn die Gelehrten uns sagen, es gebe keine Quelle dafür. Einen Vordergrund gibt es sehr wohl; auf diesen verweist bereits der raffiniert gewählte Name des Protagonisten: »Prospero« ist die italienische Übersetzung des lateinischen »faustus«, das »der Begünstigte«, »der Günstling« bedeutet. Wahrscheinlich wusste Shakespeare ebenso wie

Marlowe, dass der Name ursprünglich ein Beiname des Simon Magus war, der in einem recht fantastisch anmutenden Zauberduell mit dem heiligen Petrus zu Tode kam. *Der Sturm* ist, so wunderlich das klingen mag, Shakespeares *Doctor Faustus* und völlig anders als Marlowes letztes Stück. Es wäre ganz irreführend gewesen, wenn Shakespeare seinen Magier Faustus statt Prospero genannt hätte. Es gibt keinen Teufel im *Sturm*, es sei denn, man wollte Prospero beim Wort nehmen, wenn er behauptet, Caliban sei einer oder doch wenigstens der Sohn eines Teufels. Dass der Magier Prospero heißt und eben nicht Faust, verweist darauf, dass das Christentum keine wesentliche Rolle in dem Stück spielt. Es kommt nicht darauf an, »schwarze« von »weißer« Magie zu unterscheiden; der Gegensatz, auf den es ankommt, ist der zwischen Prosperos Kunst, die *eine Kunst* ist, einerseits und dem Seelenhandel und der Höllenfahrt des Faustus andererseits.
Hamlet, Prospero, Falstaff, Jago, Edmund, sie alle haben sich in einer Vorzeit entwickelt, deren Bild in dem, was Shakespeare uns explizit vorführt, angelegt, enthalten ist. Während das Vorleben von Hamlet und Prospero von düsteren Erfahrungen geprägt scheint, hat sich Falstaff offenbar schon früh dem Witz zugewandt, so wie Hamlet dem Theater und Prospero den hermetischen Künsten. Prosperos Verzweiflung scheint wie die Hamlets ihren Grund darin zu haben, dass er zu früh zu gut gedacht hat, dagegen ist Falstaff, ein Berufssoldat, der schon früh durchschaut hat, was es mit Schlachtenruhm und Ritterehre auf sich hat, entschlossen, fröhlich zu bleiben, und wird nie verzweifeln. Er stirbt an gebrochenem Herzen, so berichten seine Kumpane, und so scheint denn Falstaffs Verstoßung durch Hal ein Äquivalent in Hamlets Geschichte zu finden, der das Leben selbst von sich stößt und von ihm zurückgewiesen wird.
Es scheint mir passend, dieses Buch mit Falstaff und Hamlet zu beschließen, die so umfassend wie niemand sonst die ganze Fülle

menschlicher Möglichkeiten sichtbar machen. Diese beiden sprechen unüberhörbar zu uns und in unserem Namen, gleichgültig ob wir männlich oder weiblich, jung oder alt sind. Hamlet kann transzendent oder ironisch sein, er ist es jedenfalls in origineller Weise. Ob komisch oder tiefsinnig, Falstaff strahlt immer eine Lebendigkeit aus, die fast unglaublich ist. Wenn wir ganz Menschen sind und uns selbst erkennen, werden wir Hamlet oder Falstaff ähnlich.

Anmerkungen

1 »Ich bin nichts, wenn ich nicht lästern darf«, sagt er bei Schlegel-Tieck.

2 Zitiert nach Cormac McCarthy, *Die Abendröte im Westen*, deutsch von Hans Wolf, Reinbek 1998, S. 170 f.

3 »versündigt« heißt es bei Schlegel-Tieck.

4 Einheitsübersetzung, Stuttgart 1980.

5 »He childed as I fathered«; Wieland: »Er hat Kinder, wie ich einen Vater habe«, Schlegel-Tieck: »Er kind-, ich vaterlos.«

6 »... meine Fantasie zu *würzen*«, heißt es missverständlich bei Schlegel-Tieck.

7 Schlegel-Tieck sagt missverständlich »Lebenskraft«.

8 Deutsch von K. Ziegler und W. Wuhrmann, in: Plutarch, *Große Griechen und Römer*, 6 Bde., Zürich 1954–1965.

9 Nicht so bei Schlegel-Tieck.

10 »joy« – bei Schlegel-Tieck: »Zeitvertreib«.

11 Der Übergang von der »Mispel« (»medlar«) zu dem zudringlichen Pack, das die deutsche Übersetzung »Zwischenträger« nennt (»meddlers«), geht im Englischen zwanglos wortspielend vonstatten; Schlegel-Tieck zieht als Tertium comparationis das »Faule« heran, ein Notbehelf, der immerhin die Blöße bedeckt.

12 Übersetzt von G. Regis, in: William Shakespeare, *Sonette, Epen und die kleineren Dichtungen*, München 1975, S. 211.

13 Nach der Zählung von Schlegel-Tieck ist es die 2.

14 Diese Pointe ist in der Schlegel-Tieck-Übersetzung nicht mehr zu verstehen. Auch Wieland kann sie nicht retten, immerhin deutet

er doch an, wie der Witz funktionieren würde, wenn er auf Deutsch nachzumachen wäre:

»ADRIAN: So kan sie doch ... nicht anders, als von einer
subtilen zärtlichen und angenehmen Temperatur seyn.
ANTONIO: Temperantia war ein hübsches Mensch.«

15 Zitate hier und im Folgenden nach der Übersetzung von F. A. Gelbcke, in: *Die englische Bühne zu Shakespeares Zeit*, Dritter Teil, Leipzig 1890, S. 11–105. Die Orthografie wurde modernisiert.

Harold Bloom
Shakespeare
Erstes Buch: Komödien und Historien
Aus dem Amerikanischen von Peter Knecht

Harold Bloom schreibt in klarer, einfacher Sprache über jedes einzelne von Shakespeares Dramen. Im ersten Buch erzählt er von den Komödien und den großen Historien.

»Das Buch imponiert durch den Reichtum und die Fülle des Wissens, durch exzellente Einzelbeobachtungen, … die er oft in einprägsamen Aperçus dem Leser vermittelt; schließlich durch die Kühnheit seiner Urteile über die Werke Shakespeares wie über die Kritiker, die er mit rhetorischem Schwung beiseite schiebt.« Die Zeit

»Blooms herausragende Bedeutung verdankt sich der überlegenen Höhe seiner Lektüre, dem riesigen Wissensschatz, der ihm zur Verfügung steht, und dem Einfallsreichtum und der Beweglichkeit, mit der er Zusammenhänge im dichterischen Feld herstellt.« New York Review of Books

Berliner Taschenbuch Verlag

Hartwig Schultz

Schwarzer Schmetterling

Zwanzig Kapitel aus dem Leben des romantischen Dichters Clemens Brentano

Mit diesem Buch legt der Romantikforscher Hartwig Schultz die erste moderne Biografie des romantischen Dichtergenies Clemens Brentano vor. In zwanzig thematisch gegliederten Kapiteln entwirft Schultz ein komplexes Bild von einem der begabtesten und zugleich rätselhaftesten Künstler der deutschen Literatur.

»*Das gehört zum literarischen Reiz des Buches: Es ist nicht chronologisch heruntererzählt, sondern als kunstvolle Abfolge verschieden fokussierter Porträts komponiert, die sich allmählich zu einem Gesamtbild verdichten.*« FAZ

»*Extreme hat das ruhelose Leben von Clemens Brentano genug zu bieten. Wohl auch deshalb fehlte seit langem eine Lebensgeschichte. Jetzt ist sie da: klug als Folge von Schlaglichtern angelegt, die das poetische Chaos überschaubar machen. … Das Buch macht neugierig auf seine Dichtungen – genau das, was eine Biografie tun sollte.*« kulturSPIEGEL

Berliner Taschenbuch Verlag

Edward W. Said

Am falschen Ort

Autobiografie · Aus dem Englischen von Meinhard Büning

Die Memoiren des palästinensisch-amerikanischen Autors erzählen vom Verlust der Kindheit und der Heimat.

»*Saids Memoiren sind ein literarisches Meisterwerk. Dieses überwältigend gute, ebenso scharfsinnige wie rührende Buch ist die allerbeste Antwort auf politisch motivierte Enthüllungen aller Art.*« Die Zeit

»*Said ist unter den wirklich wichtigen Intellektuellen unseres Jahrhunderts am richtigen Ort.*«
Nadine Gordimer

»Am falschen Ort *kommt wie ein Blitz aus heiterem Himmel, ein Traum wird wahr. In diesem Buch wird Edward Saids Weg zur Selbstfindung mit großer Eindringlichkeit beschrieben – zweifellos ist er einer der unverzichtbaren Intellektuellen der Gegenwart.*«
Kenzaburo Oe

Berliner Taschenbuch Verlag